年度案例 50佳

―― 律师实务系列 ――

民事·知产卷

《年度案例50佳》编选组 编

人民法院出版社

图书在版编目（CIP）数据

年度案例50佳. 律师实务系列. 民事·知产卷 / 《年度案例50佳》编选组编. -- 北京：人民法院出版社，2024.9

ISBN 978-7-5109-4022-4

Ⅰ. ①年… Ⅱ. ①年… Ⅲ. ①案例－汇编－中国 Ⅳ. ①D920.5

中国国家版本馆CIP数据核字（2024）第025678号

年度案例50佳（律师实务系列）民事·知产卷

《年度案例50佳》编选组　编

策划编辑	赵　刚
责任编辑	杨佳瑞
封面设计	姜安琪
出版发行	人民法院出版社
地　　址	北京市东城区东交民巷27号（100745）
电　　话	（010）67550638（责任编辑）　67550558（发行部查询）
	65223677（读者服务部）
客服QQ	2092078039
网　　址	http://www.courtbook.com.cn
E－mail	courtpress@sohu.com
印　　刷	三河市国英印务有限公司
经　　销	新华书店
开　　本	787毫米×1092毫米　1/16
字　　数	512千字
印　　张	28.5
版　　次	2024年9月第1版　2024年9月第1次印刷
书　　号	ISBN 978-7-5109-4022-4
定　　价	98.00元

版权所有　侵权必究

《年度案例50佳（律师实务系列）》
专家委员会

（按姓氏拼音排序）

白　敏	蔡　虹	车　捷	陈　伟	付　仲	高其才
辜明安	顾永忠	黄明儒	黄武双	季　诺	金可可
黎江虹	李顺德	林　维	刘剑文	刘凯湘	马长生
马一德	潘剑锋	钱明星	沈田丰	师安宁	孙　鹏
唐亚南	童德华	汪世荣	王　迁	王　霞	王正志
王　竹	温世扬	吴　晨	吴光荣	吴汉东	肖胜方
谢鸿飞	许身健	许中缘	杨建伟	杨立新	姚　辉
于宁杰	余凌云	俞卫锋	袁华之	岳琴舫	湛中乐
张　工	张家勇	张丽霞	张丽英	张双根	张新宝
章恒筑	赵万一	赵旭东	郑金都	周光权	

PREFACE 前言

为深入学习贯彻落实党的二十大精神，认真践行习近平法治思想，充分发挥典型案例在统一法律适用、法治宣传、社会预期引领等方面的积极作用，人民法院出版社与教授加案例研究中心联合策划出版"年度案例50佳"丛书。

本丛书的策划及出版主要具有如下几个特点：

高规格

为了保障入选案例的高质量和典型性，征稿之初即组建了"年度案例50佳"专家委员会，从科研院校法学专家、行业协会、学术团体、法律媒体中邀请了59名专家学者，他们不仅多为博士生导师，且是各法学专业领域顶级学者。专家委员会紧贴司法实际需求，围绕稿件所涉法学领域，注重理论与实务结合，对每个入选案例均作出了专业、到位的专家点评。

严选拔

本丛书全部入选案例，皆经过《年度案例50佳》秘书处初选、专家评审、专家复核等多个环节反复论证，层层筛选，确保精品。其中有些案例稿件反复发给作者不断修改完善，做到精益求精。

新体例

"年度案例50佳"的律师实务系列包括"民事·知产卷"和"商事·刑事·行政卷"两种。图书内容经历了反复打磨和推敲，最终从读者的角度及需求出发，回归"书是用来读"的本质来设计图书体例，被誉为"用案例培养法律新人的范式"。体例基本与"法官系列"统一，仍采取了以下创新性的设计，但根据案件类型又有所区别：

民商事类、行政类案件设置【当事人各方观点及思维分析】一栏，分别概述各方当事人观点、理由及思维，让各当事人的观点和想法一目了然，做到知"己"知"彼"；刑事案件则设置【控辩双方观点及思维分析】栏目。

【代理/辩护思路】简要阐述律师对于本案的代理/辩护思路，"透视"律师的代理/辩护思维及适用法律进路。

【代理/辩护点睛】作者提炼案件代理/辩护的亮点及价值，直击该案"灵魂"，体现专业核心竞争力。

同时，允许作者根据案件实际情况（如可能为非诉案件），设置贴合写作思路和案件特点的特殊体例，以达到明晰案情、说理充分、论述多面、效果更佳。

大推广

积极对接新华网、央视网、光明网、法治网、中国法院网、中国网、环球网、今日头条、凤凰网等权威主流媒体，对于入选的作者及案例进行全方位宣传报道，拟开通年度案例50佳短视频平台，让"年度案例50佳"作者的影响力及标签广而告之、深入人心。

本书作为"年度案例50佳"律师实务系列的其中一卷——民事·知产卷，收录了50篇来自全国优秀律师事务所积极推选的优秀案例分析，经过严格选拔、专家评审、编审校对，最终集结成册。本书能够顺利出版，得益于专家委员会的各位专家的评审与点评，特别是中国人民大学张新宝教授为本丛书命名更起到了"画龙点睛"的作用。在此对参与本书案例编选的各位专家学者表示由衷的感谢。对上海市律师协会、四川省律师协会、广东省律师协会、浙江省律师协会、江苏省律师协会、贵州省律师协会、湖南省律师协会、湖北省律师协会、福建省律师协会、江西省律师协会、黑龙江省律师协会、安徽省律师协会、陕西省律师协会等律师协会对推选优秀案例工作的大力支持，深表谢意。此外，非常感谢人民法院出版社和教授加案例研究中心各位老师为丛书体例、内容编辑作出的努力和贡献。

目前，首届《年度案例50佳》系列丛书已经陆续面世，我们有理由相信并期待：每年的《年度案例50佳》投稿、评选、出版，会拨动法律精英人士的心弦，也将成为法律人士的一大盛事！

《年度案例50佳》编选组
二〇二四年六月

CONTENTS 目录

民事篇

❶ 中冶某公司与某煤化工公司建设工程施工合同纠纷案 · 003
——工程总承包竣工验收标准的认定
上海市建纬律师事务所 ／朱树英

❷ 李某诉劳务公司、总包单位建设工程劳务分包合同纠纷案 · 013
——在存在管理的基础上，建设工程违法分包合同的承包人可以依约定向分包人收取合理的管理费
四川谦信律师事务所 ／罗晓平

❸ 李某金、崔某芹诉刘某、张某俊、平安银行武汉分行等确认合同无效纠纷系列案 · 021
——债务履行期届满之前形成的不动产全项委托公证违法性的认定及无权处分中抵押权善意取得的认定
湖北谦顺律师事务所 ／张　君

❹ 甲公司与乙公司技术开发服务合同纠纷案 · 031
——约定任意解除权的行权限制
上海中因律师事务所 ／钟　建

❺ 宝泉公司诉鞍山公司等买卖合同纠纷案 · 040
　　——损害赔偿范围不应当超过订立合同时预见或应当预见的损失范围规则
　　　的适用
　　　北京市隆安律师事务所　　／金作鹏

❻ 刘某诉印某采矿权转让合同纠纷案 · 049
　　——发回重审裁定书作出的事实认定对重审法院的约束力探析
　　　贵州驰宇律师事务所　　／朱浩兴

❼ 张某某诉诸暨市某建筑装饰有限公司装饰装修合同纠纷案 · 057
　　——房屋装修中因拆除承重墙受到行政处罚向对方承担赔偿责任的认定
　　　浙江春森翔律师事务所　　／楼晓蕾

❽ 某公司诉某体育局、某体育学校合同纠纷案 · 064
　　——投资建房合同的效力认定
　　　国浩律师（贵阳）事务所　　／周钰熙

❾ 华仁物业公司与恒丰银行青岛分行、海逸天成公司物业合同纠纷案 · 074
　　——前期物业服务合同的效力问题
　　　北京瀛和律师事务所　　／赵中华　庄宇聪

❿ 浮梁县某影视有限公司诉浮梁县某农业开发公司、浮梁县某村委会、
　　何某等房屋租赁合同纠纷案 · 081
　　——合同僵局的准确认定
　　　江西盛义（婺源）律师事务所　　／汪铮议

⓫ 覃某诉陆某、顾某赠与合同纠纷案 · 089
　　——民事案件中诚信原则的适用
　　　上海市锦天城律师事务所　　／田一柳

⓬ 兴泰典当公司诉惠而浦公司、宁国实业公司合同纠纷案 · 098
　　——应收账款质押场合下，应收账款付款方之付款义务定性
　　　北京盈科（合肥）律师事务所　　／王　璇

⑬ 刘某与 A 银行借款担保合同纠纷案 · 109
——为网贷操作人设定担保责任应明确提示
　　国信信扬（黄埔）律师事务所　／安艳宾

⑭ 关某1、黎某诉樊某、谭某合同纠纷案 · 119
——侵权人家属代为与事故受害方签订赔偿协议，其行为效力的认定
　　广东洛亚律师事务所　／梁小凤　唐静颖

⑮ 集团公司诉环保公司服务合同纠纷案 · 124
——对未列入合同的事项是否属于合同义务的认定
　　上海澜亭律师事务所　／姜费妮

⑯ 杨某、吴某诉王某1、王某2、S 公司等股权让与担保纠纷案 · 133
——关于股权让与担保法律关系定性的司法实践
　　陕西海普睿诚律师事务所　／杜　娟　严　乐

⑰ 某小区业委会诉某房开公司、陈某所有权纠纷案 · 144
——业主委员会有权请求售房单位返还住宅专项维修资金
　　四川荆冠律师事务所　／尹沛覃

⑱ 和睦商贸诉莲花工艺品厂、睿智电器等财产损害赔偿纠纷案 · 150
——消防部门作出的火灾财产损失统计结论不应作为民事诉讼赔偿的依据
　　四川蜀鼎律师事务所　／卢　麒　秦　杨

⑲ 刘某诉曹某贵、某某煤矿等民间借贷纠纷案 · 159
——新债清偿的认定及适用，为当事人争取尽可能多的还款主体是民间借贷纠纷代理的关键
　　北京大成（昆明）律师事务所　／代　晨

⑳ 安徽某药业公司与 M 银行某分行、王某全、陶某红等金融借款合同纠纷再审案 · 170
——表见代理的认定、未经公司决议的担保合同的效力问题、以新贷偿还旧贷中担保责任如何承担
　　北京市中闻律师事务所　／程久余

㉑ **方某诉 W 公司财产保全损害责任纠纷案** · 178
——财产保全导致股票巨额损失的赔偿认定
　　上海七方律师事务所　／周松涛　吕小萌

㉒ **陈某某诉兰某、人保镇江分公司、第三人王某某机动车交通事故责任纠纷案** · 187
——人身损害赔偿案件中收养关系的认定
　　江苏南昆仑律师事务所　／徐亚莉

㉓ **李某某诉陈某网络侵权责任纠纷案** · 194
——医疗机构医生遭网络大 V 以舆论监督之名进行曝光、诽谤的司法定性以及定损
　　广东金桥百信律师事务所　／袁　雨

㉔ **冯某 1、李某诉某医院医疗损害责任纠纷案** · 206
——病历书写规范的合法适用
　　四川华晨（宜宾）律师事务所　／彭方宏

㉕ **某达股份公司与某国际银行厦门分行、中某达公司等保证合同纠纷案** · 216
——第三人基于侵权之诉请求确认合同无效的认定
　　四川明炬律师事务所　／邱永兰

㉖ **温某麟诉刘某夏不当得利纠纷案** · 225
——不当得利以及诉讼时效是否已经超过的认定
　　广东高宽律师事务所　／李　斐　李　靖

㉗ **王某某诉吴某某离婚后财产纠纷案** · 232
——"假离婚"之财产分割条款效力的认定
　　北京市隆安律师事务所上海分所　／付忠文

㉘ **崔某某诉赵某洁、赵某发赠与合同纠纷案** · 239
——配偶诉赠与合同无效的请求权基础分析
　　北京市京师律师事务所　／李梅兰　李跃东

㉙ 吕某、林某某诉林某、俞某民间借贷纠纷案 · 245
——姻亲关系项下借贷纠纷应避免恶意串通损害他人合法权益
上海严嫣律师事务所 / 严　嫣

㉚ 毛某与吴某、路某确认合同效力纠纷案 · 253
——执行和解协议因欺诈而撤销的司法认定标准
北京盈科（上海）律师事务所 / 林　安　李巧玉

㉛ 某国有资产管理公司与某房地产公司、某股份有限公司申请执行人执行异议之诉案 · 262
——房屋抵押权人对房屋被查封后孳息收取的权利能否排除孳息质押权人的强制执行
浙江泽大律师事务所 / 何钰萍

㉜ 李某诉A公司、B公司等执行异议之诉案 · 269
——对案外人提出的应收工程款排除执行异议的审查
四川天投律师事务所 / 张　璐　曾　寻

㉝ 钟某诉丁某、孙某、延某公司、云某公司，第三人吉某公司、睿某公司执行异议之诉案 · 280
——公证债权文书载明的民事权利义务关系与事实不符的认定
上海中因律师事务所 / 刘晓明　严绿臌

㉞ 水泥公司诉建材公司、贸易公司合同纠纷案 · 288
——未执行"剥采比"违约开采矿山的赔偿责任认定
北京德恒（厦门）律师事务所 / 陈水湖　黄桐川　谢柳彬

㉟ 某市生态环境局诉温某某、崔某某等污染海洋环境责任纠纷民事公益诉讼案 · 295
——行为人屡禁不止地倾倒废物、废水入海，不仅需要承担刑事责任或行政责任，还需依法承担民事责任
北京市君泽君（珠海）律师事务所 / 陈育娟

㊱ 吴某诉陈某合伙合同纠纷案 · 305
——诉的利益在确认之诉中的审查规则
四川天润华邦律师事务所 / 何均岚　梁　晶

㊲ 德国 W 公司申请承认和执行外国仲裁裁决案 · 312
　　——外国仲裁裁决在我国承认和执行的实践
　　　　北京大成（成都）律师事务所　／蒋　韬　史　昊

㊳ A 公司与俞某军撤销劳动仲裁裁决案 · 321
　　——竞业限制补偿的履约抗辩权
　　　　上海蓝白律师事务所　／李银燕　董周敏

㊴ 上海某金融中心建设全过程法律服务项目 · 330
　　——工程建设全过程法律风险指引与防范
　　　　上海市建纬律师事务所　／邵万权

知识产权与反不正当竞争篇

㊵ 连接公司诉 A 公司等侵害发明专利权纠纷案 · 341
　　——合法来源抗辩的认定和适用
　　　　北京市德鸿律师事务所　／王雪飞

㊶ 科技集团公司诉国家某部委计算机软件开发合同纠纷案 · 347
　　——关于计算机软件开发合同的软件开发方履行完软件开发合同义务的
　　　标准及付款条件成就的认定
　　　　北京大成律师事务所　／翁　飞

㊷ 山东世纪阳光纸业公司诉山鹰国际公司、山鹰纸业公司商业诋毁
　　纠纷案 · 361
　　——"对未审结案件非客观评论的文章"构成商业诋毁的认定
　　　　山东文康律师事务所　／张　瑜

㊸ T 公司与 Y 公司、J 公司因恶意提起知识产权诉讼损害责任纠纷案 · 371
　　——主观恶意考量因素的认定
　　　　江苏漫修（无锡）律师事务所　／周晓东

㊹ 奥桑公司诉中英奥双公司、吴某等商标侵权及不正当竞争纠纷案 · 378
　　——关于自然人与法人构成共同侵权的司法认定
　　　　广东卓建（广州）律师事务所　／郑昌斌　郑钰腾

㊺ M科技有限公司诉L生物科技有限公司侵害发明专利权纠纷案 · 389
　　——专利使用环境特征的适用
　　　四川力久律师事务所　/王　芸　张　迪

㊻ 常财股份诉开拓公司商标侵权及不正当竞争纠纷案 · 398
　　——历史沿革因素对判定商标侵权及不正当竞争行为影响的认定
　　　浙江金道律师事务所　/史　源　张国华　褚皇琴

㊼ 联合利华（合肥）公司诉成都公司等不正当竞争纠纷案 · 407
　　——包装装潢类不正当竞争纠纷案件侵权及高额赔偿的认定要素
　　　北京大成（上海）律师事务所　/杨宇宙　赵　云

㊽ 厦门某动漫公司诉深圳某科技公司著作权侵权纠纷案 · 417
　　——著作权许可合同的解释规则
　　　广东维邦律师事务所　/屈文静

㊾ 种子集团江苏分公司诉李某贵侵害植物新品种权纠纷案 · 423
　　——侵害植物新品种案惩罚性赔偿的适用
　　　北京中凯（上海）律师事务所　/苗武松　江佳燕

㊿ 腾讯成都公司、深圳腾讯公司诉北笙公司不正当竞争纠纷案 · 432
　　——商业代练干扰竞技网络游戏运营行为不正当性之判定
　　　上海市协力律师事务所　/傅　钢

民事篇

❶ 中冶某公司与某煤化工公司建设工程施工合同纠纷案

——工程总承包竣工验收标准的认定

案件索引

一审：黑龙江省高级人民法院（2017）黑民初158号
二审：最高人民法院（2018）最高法民终1145号
重审一审：黑龙江省高级人民法院（2019）黑民初17号
重审二审：最高人民法院（2020）最高法民终1040号

基本案情

2012年1月，某煤化工公司与中冶某公司签订《2×15万吨煤焦油深加工工程总承包合同》（以下简称《总包合同》）。关于工程承包范围，中冶某公司按照合同约定，完成其承包范围的工程设计、设备材料采购、施工、试运行服务及为工程验收、投产、达产、达标等有关工作，实现设计、采购、施工各阶段工作的合理交叉与紧密融合，并对工程的安全、质量、进度、造价、HSE全面负责。工程开工日期为总承包合同生效之日，工期为9~20个月；质量标准为合格；合同总价为32250万元。

2012年2月28日，某煤化工公司与中冶某公司签订《2×15万吨煤焦油深加工工程焦油蒸馏二系总承包合同》（以下简称《二系总包合同》），约定：中冶某公司按照合同约定，完成其承包范围的工程设计、设备材料采购、施工、试运行服务及为工程验收、投产、达产达标等有关工作，实现设计、采购、施工各阶段工作的合理交叉与紧密融合，并对工程的安全、质量、进度、造价、HSE全面负责，具体内容为二系焦油蒸馏装置（除已签总承包合同二

---

* 本案例为非诉案件。

系焦油蒸馏基础）的全部工程；工期9个月；质量标准为合格；合同总价为1700万元。该合同通用条款部分和专用条款部分约定内容与《总包合同》的约定基本一致。

《总包合同》及《二系总包合同》合同签订后，中冶某公司进行施工。施工中，双方当事人及监理单位形成多份《工程中间验收单》，并签订了多份《焦油加工项目建筑物移交清单》。

2013年11月30日，案涉工程中的各项工作均经过竣工验收，质量等级为合格。

2014年6月30日，案涉工程中的2#精酚变电所、警卫室及大门、精酚装置、精萘装置、厂区外线及地上、地下管网经过竣工验收等级为合格。某煤化工公司已在上述单位工程的《建设工程竣工验收报告》中签章。

2014年2月25日、9月17日，七台河矿区建设工程质量监督站分别针对上述单位工程出具《煤炭工业建设工程单位工程质量认证书》。

2014年5月26日，某煤化工公司向中冶某公司发送《关于加快竣工验收手续签署工作的函》。

根据某煤化工公司相关工作日志记载，2013年9月至2014年9月18日，案涉一系列工程试车过程中出现馏分脱酚生产装置生产产品含酚指标化验合格率低；工业萘初馏塔和精馏塔液位计浮球频繁掉落失灵；工业萘管式炉内油管弯头开裂，多次出现喷油、冒烟、明火的情况；酚盐分解生产装置系统管路频繁发生结晶堵塞。

2014年7月29日至2015年6月9日，某煤化工公司与中冶某公司多次就案涉工程试车过程中存在的问题及问题解决方案等发出往来函件。

2015年3月20日至3月24日，某煤化工公司与中冶某公司召开会议，形成《关于焦油加工总承包项目粗加工部分试生产出现问题协商会议纪要》。该会议的议题为"研究某煤化工公司焦油加工总承包项目粗加工部分试生产出现的剩余问题，并协商确定解决方案"。

2015年10月28日，中冶某公司向某煤化工公司发送邮件，其中包含三个附件，分别为：2015年9月29日的《关于粗加工工段申请最终验收的函》，申请粗加工工段最终验收；2015年10月27日的《关于精加工工段申请解除质保的函》，申请2015年10月精加工工段质保期结束；2015年10月28日的《关于申请申报工程量的函》，申请申报剩余工程量。

2018年12月11日，某煤化工公司与中冶某公司对案涉的焦油深加工工程进行了现场勘察。

2014年11月10日，双方当事人签订《竣工资料移交证明》，中冶某公司向某煤化工公司移交竣工资料三套，正本20部208册（副本共414册），竣工图纸两套。

某煤化工公司给付中冶某公司款项共计281359529.37元。

一审法院经审理认为：某煤化工公司与中冶某公司签订的《总包合同》《二系总包合同》系双方当事人的真实意思表示，不违反法律、行政法规的效力性强制性规定，又无导致合同无效的其他情形，合法有效，双方当事人应当遵照履行。根据当事人起诉、答辩及举证质证情况，本案中应解决以下焦点问题：（1）中冶某公司是否完全履行合同义务；（2）某煤化工公司是否应给付中冶某公司剩余工程价款。

中冶某公司在二审中向法院提交司法鉴定申请，请求法院指定司法鉴定机构鉴定案涉工程设计和设备是否符合有关质量合格的标准、案涉工程不正常运转影响投产的质量缺陷的原因及其责任、案涉工程的修复方案及修复费用。

二审法院经审理认为：中冶某公司请求支付剩余工程价款至少需在案涉工程的竣工检验程序完成之后，可以在完成竣工检验程序、案涉工程达到竣工验收标准和合同约定的质量标准，或者双方之间出现工程视为竣工验收等情形后，就剩余工程价款另寻法律途径解决。最后二审法院判决：驳回上诉，维持原判。

核心争议焦点

1. 中冶某公司是否完全履行了合同义务？
2. 某煤化工公司是否应给付中冶某公司剩余工程价款？

当事人各方观点及思维分析

一、上诉人（中冶某公司）观点及理由

1. 案涉工程已通过质量验收，合同约定的付款条件已经成就，某煤化工公司应依约支付中冶某公司剩余全部工程价款（包括质保金）。

案涉工程于2014年6月30日通过竣工验收，工程已经完成实物交付。合同约定竣工验收为缺陷责任期起算点，该约定符合《建设工程质量保证金管理办法》的规定，目前约定的一年缺陷责任期已经届满，包括质保金在内的全部工程价款付款条件已经成就。案涉工程符合合同约定的质量标准和要求，某煤化工公司接受工程并投入试运行后发现的质量问题不属于设计、施工质量问题或设备问题。即使诉争设备存在一定的质量瑕疵，也仅涉及工程竣工验收后的质量保修责任，某煤化工公司不能据此对抗中冶某公司的全部工程价款请求。案涉工程已经移交并转移给某煤化工公司占有，依据《最高人民法院关于审理建设工程施工合同纠纷案件适用法律问题的解释》第13条①的规定，某煤化工公司在接受工程并投产使用后，不能再以工程存在质量问题提出抗辩。

2. 一审法院在重审本案时未向中冶某公司释明质量司法鉴定事项，应当启动而未启动工程质量鉴定，存在程序瑕疵，导致认定本案基本事实不清，损害了中冶某公司的权益。

案涉工程质量问题的性质，并不能由双方当事人举证证明，需要通过司法鉴定来认定，进而查明案涉工程是否存在足以否定已经办理竣工验收的质量问题以及存在质量问题的原因。案涉工程试车过程中存在问题的原因主要是某煤化工公司实际操作不当、原料不合格以及设备长期未投入施工造成的正常损耗。双方当事人对于案涉工程设计和设备是否合格发生争议，该争议完全可以通过启动工程质量的司法鉴定辅助判断。如果鉴定意见确认工程质量合格，案涉质量问题系某煤化工公司操作不当等问题所致，则应当支持中冶某公司的诉讼请求，由某煤化工公司承担操作不当的责任。一审法院未查明案涉设备能否持续正常运转，能否投产、达产、达标以及影响设备正常运转的原因等关键事实，违反法定程序，认定事实不清，适用法律错误。

二、被上诉人（某煤化工公司）观点及理由

1. 中冶某公司只完成了投料试车前的工程和设备的实物移交，未完成后续的投料联动试车、生产考核和竣工验收。

2. 案涉工程在投料试车时存在诸多问题，中冶某公司一直没有整改，导

---

① 该解释现已失效，2020年公布的《最高人民法院关于审理建设工程施工合同纠纷案件适用法律问题的解释（一）》已将本条修改为第14条。

致试车屡试屡败，无法进行后续的生产考核和最终竣工验收。

根据合同约定和双方提供的证据，足以认定中冶某公司没有完成其承包项目的投料试车、生产考核和最终竣工验收，某煤化工公司有权拒付包括质保金在内的剩余工程价款。一审判决认定事实清楚，适用法律正确，审理程序合法，应予以维持。

三、思维分析

《民法典》第799条第1款规定："建设工程竣工后，发包人应当根据施工图纸及说明书、国家颁发的施工验收规范和质量检验标准及时进行验收。验收合格的，发包人应当按照约定支付价款，并接收该建设工程。"笔者从国内有关法律法规出发，结合国际EPC项目竣工试验流程和通常做法，对此案作出相关思维分析。

（一）本案总承包商是否完成了竣工试验操作流程以及发包人应否支付约定工程款问题

工程总承包模式下，承包商是否完成竣工试验判断标准有两点：一是完成各阶段竣工试验后，发包商委派的工程师是否签署承包商提交的试验结果报告；二是完成各阶段竣工试验后，工程师超出合同约定的回复期限没有回复承包商的，视为认可竣工试验结果。承包商提出试验结果的前提是完成各阶段的竣工试验，即完成竣工试验操作流程。只有不可归责于总承包商的原因导致竣工试验未完成或者不合格的，承包商才可以免责。

就本案而言，发承包双方在合同中约定，竣工检验包括无负荷试车、负荷试车、保证值的考核、竣工验收四个阶段。中冶某公司自述，案涉焦油深加工工程进行过整体负荷试车（投料试车），但部分工程没有达标；案涉工程尚未进入生产考核程序，部分装置没有达到72小时稳定运行的标准。由于负荷试车检验没有完成，下一阶段保证值的考核检验没有进行，故竣工试验程序没有完结。虽然中冶某公司主张案涉工程试车过程中出现的问题系由某煤化工公司原材料、操作或者设备质量问题造成，但未能完成相关举证。

（二）涉案工程实物交接，是否表明发包人已放弃验收权

根据《最高人民法院关于审理建设工程施工合同纠纷案件适用法律问题的解释（一）》第14条"建设工程未经竣工验收，发包人擅自使用后，又以使用部分质量不符合约定为由主张权利的，人民法院不予支持"的规定，发

包人放弃验收权的条件一是建设工程未办理竣工验收手续；二是发包人擅自使用。2014年5月26日，某煤化工公司向中冶某公司发送《关于加快竣工验收手续签署工作的函》，进一步说明中冶某公司合同义务没有完成，加快办理竣工验收手续签署的目的是给后期内业工作争取时间。

（三）涉案工程由于竣工试验操作程序尚未完成，还不具备办理竣工验收手续的约定条件，因此，一、二审法院认定案涉工程未办理竣工验收手续

中冶某公司虽然主张其向某煤化工公司申请过竣工证书，但没有提供证据予以佐证。按照《总包合同》约定，竣工验收分两阶段执行：于单机试车后联动试车前向业主办理工程及设备中间交接，即实物移交……于装置投料试车出合格产品并考核达标后向业主办理工程竣工手续。本案实物移交也只是说明工程及设备的中间交接，并非竣工试验完成，不构成竣工验收和工程接收，也非某煤化工公司擅自使用。故此，二审法院认定：案涉工程不同于一般实物交接的建设工程，案涉工程尚不具有适用《最高人民法院关于审理建设工程施工合同纠纷案件适用法律问题的解释（一）》第14条规定的条件，中冶某公司根据该条规定主张案涉工程存在的问题仅仅是工程验收合格后的质量维修问题，缺乏事实和法律依据。

工程总承包项目旨在交付满足合同使用功能、具备合同使用条件的工程，因此，竣工试验是整个项目的关键环节，是工程总承包商申请工程验收的前提条件，也是检验工程总承包商是否按合同约定设计和施工的最重要的环节。竣工试验应按顺序分阶段进行，上一阶段试验通过后下一阶段试验才可进行。各阶段试验完成后，试验结果报告的提交与回复作为竣工试验流程完成以及是否合格的依据，注意将试验结果报告与竣工验收工作和工程接收工作的启动相关联。明确不可归责于承包商的原因导致工程未能完成竣工试验的具体情形，主要包括发包人未组织投料试车、发包人未提供相关配合工作、发包人提供的原材料质量不符合相关规定。

代理思路

本案是一个集工程设计、设备采购和施工组织为一体的标准的工程总承包纠纷案件。就本案的办案思路而言，作为本案上诉人代理人，笔者认为，如果总承包人自己不主动提出解决问题的思路和方案，便不能协助法官准确

解决这些司法实践中的新问题。

在传统的施工总承包领域，针对质量缺陷，承包人会举证强调自己按图组织施工，工程已通过验收，不应承担责任。在工程总承包项下，总承包人的设计和施工的合同责任已经合一，施工总承包的"照图施工"的传统观念已不能成立。

案涉项目为工程总承包项目，总承包人按照合同约定的技术规范、现行相关国家、行业标准进行设计和施工，且案涉工程已经竣工验收合格并交付使用，并不存在导致试车失败的质量问题，故申请对本项目粗加工运行阶段中所暴露的问题进行鉴定，鉴定其设计和设备是否符合合同约定的技术规范、相关国家标准和规范。

在本案发回重审二审的过程中，笔者针对案件存在的六项质量缺陷，提出要求对设计依据和验收规范即发包人签约时已认可适用的标准和规范进行鉴定，目的是以此证明总承包人并无过错。

代理点睛

本案系典型的设计、采购、施工"三合一"的工程总承包纠纷案件，在司法鉴定问题上明显反映出不同于一般施工总承包案件的疑难复杂性。该案件历经黑龙江省高级人民法院一审驳回总承包人诉请、最高人民法院二审发回重审、黑龙江省高级人民法院重审一审仍坚持原判，也就是说，总承包人面临的是最高人民法院重审二审的最后一次机会。

最高人民法院重审二审过程中，笔者提出：涉案工程为炼焦行业，项目设计，设备和施工主要执行国家及行业标准，没有具体可适用的国家或行业标准时可按照《合同法》第62条规定执行通常标准。此外，完全可以由与行业联系密切的炼焦行业协会或者金属学会作为本案的鉴定单位。庭审中审判长表示将对律师提出的国家、行业、通常标准规定作进一步了解，并索要了相关规定的资料。

最高人民法院将本案发回原审法院重新审理时明确："关于工程是否存在质量问题以及存在何种程度的质量问题应予重审查明""本案重审时，应当向负有举证证明责任的当事人释明可对质量问题申请鉴定，以便查明下列事实：案涉工程是否存在影响整体竣工验收的根本质量问题；诉争质量问题与单项竣工验收报告的关系应如何认定，是属于设计问题、施工问题还是操作不当的原因"。

原审法院并未贯彻、执行，其原因在于原审法院仍按施工总承包的审理思路审理工程总承包案件，对于工程总承包案件的质量争议如何进行鉴定、鉴定的对象是什么、鉴定的标准是什么、没有专门的鉴定单位该如何处理、应由谁承担举证义务、如不提出申请该承担什么法律后果等一系列需要释明的法律问题并未解释明确。

审判观点

一审法院经审理认为：按照《总包合同》约定，中冶某公司完工后需组织竣工检验，包括无负荷试车、负荷试车、保证值的考核、竣工验收和竣工验收资料的移交。单位工程竣工验收并非涉案工程整体验收，仅为工程验收第一阶段，案涉工程尚未进入生产考核程序，尚未完成竣工验收的第二阶段。中冶某公司虽然主张曾书面发函向某煤化工公司申领过接收证书和履约合格证，但在指定期限内未能提交相关证据。中冶某公司无证据证明：（1）试车阶段某煤化工公司提供的原材料不符合约定或者相关行业标准；（2）试车中出现的问题系因某煤化工公司操作人员操作不当所致，即使存在此问题也是中冶某公司对操作人员的培训辅导未达到约定效果所致；（3）按约定设备质量问题应由中冶某公司承担。中冶某公司主张工程联动负荷试车过程中出现的问题系由某煤化工公司过错所致，没有事实根据。据此可以认定，中冶某公司未能完成《总包合同》约定的义务。中冶某公司诉请某煤化工公司给付工程款及迟延利息，缺乏事实和法律依据，法院不予支持。

二审法院经审理认为：双方当事人在合同中约定案涉工程为"交钥匙工程"，承包人中冶某公司负责工程设计、设备材料采购、施工至工程试运行、投产达产达标等全过程和最终效果。按照《总包合同》约定，中冶某公司完工后需组织竣工验收，整个工程的竣工验收大致分为实物移交和装置投料试车并考核达标两个阶段执行。

实物移交，是指在单机试车后、联动试车前向发包人某煤化工公司办理工程及设备中间交接；承包人于装置投料试车系统产出合格产品并考核达标后向业主办理工程竣工手续。装置投料试车并考核达标，属于竣工检验。根据本案现有证据，尚不能认定案涉工程在实物移交后，未完成竣工检验程序系发包人某煤化工公司原因所致。案涉工程尚未进入保证值考核阶段，竣工检验程序尚未完成。中冶某公司主张案涉剩余工程价款和质保金的给付条件未成就。

案例编写人 上海市建纬律师事务所 朱树英

专家点评

> **张新宝** 中国人民大学法学院教授、博士生导师，中国法学会法学期刊研究会会长，中国法学会网络与信息法学研究会副会长
>
> 　　本案是一个较为复杂的建设工程施工合同纠纷，历经高级人民法院一审、最高人民法院二审、高级人民法院重审一审和最高人民法院重审二审四次审判。代理人抓住最高人民法院重审二审的机会，要求落实最高人民法院发回原审法院重新审理时提出的审判指引，最终获得支持。
>
> 　　一个值得注意的问题是：上级法院对于发回重审的案件作出明确的裁判指引，但是原审法院对此等裁判指引未作回应，既不遵照执行也不作出有针对性的说理，而是作出与原审判决相同的判决。其后果往往是案件再次上诉，并被上级法院从实体上改判。如何纠正下级法院的此等作为，需要从制度设计方面进行检讨。

相关法条

《中华人民共和国合同法》

　　第八条[①] 依法成立的合同，对当事人具有法律约束力。当事人应当按照约定履行自己的义务，不得擅自变更或者解除合同。

　　依法成立的合同，受法律保护。

　　第六十条[②] 当事人应当按照约定全面履行自己的义务。

　　当事人应当遵循诚实信用原则，根据合同的性质、目的和交易习惯履行通知、协助、保密等义务。

---

① 该法已失效，本条对应《民法典》第465条。
② 该法已失效，本条对应《民法典》第509条。

《最高人民法院关于审理建设工程施工合同纠纷案件适用法律问题的解释》

第十三条[①]　建设工程未经竣工验收,发包人擅自使用后,又以使用部分质量不符合约定为由主张权利的,不予支持;但是承包人应当在建设工程的合理使用寿命内对地基基础工程和主体结构质量承担民事责任。

《最高人民法院关于适用〈中华人民共和国民事诉讼法〉的解释》

第一百零八条第二款　对一方当事人为反驳负有举证证明责任的当事人所主张事实而提供的证据,人民法院经审查并结合相关事实,认为待证事实真伪不明的,应当认定该事实不存在。

---

① 该解释已失效,本条参见《最高人民法院关于审理建设工程施工合同纠纷案件适用法律问题的解释(一)》第14条。

❷ 李某诉劳务公司、总包单位建设工程劳务分包合同纠纷案

——在存在管理的基础上，建设工程违法分包合同的承包人可以依约定向分包人收取合理的管理费

案件索引

一审：河南省郑州航空港经济综合试验区人民法院（2022）豫0192民初3808号

二审：河南省郑州市中级人民法院（2022）豫01民终19899号

再审：河南省高级人民法院（2022）豫民申1685号

基本案情

总包单位承建总包项目后，将劳务部分分包给劳务公司，劳务公司又将部分劳务分包给李某。

李某分包劳务竣工后，向劳务公司报送了竣工结算资料，双方对竣工结算总价本身无争议，但对于三大扣款项目存在争议而未完成竣工结算。

第一个扣款争议项：李某将部分承包范围内工程甩项，甩项部分费用按劳务公司与李某合同计算应扣除约28万元，劳务公司安排其他班组提供劳务实际花费约26万元，李某在与下属班组结算时扣除了下属班组13万余元，劳务公司要求对李某甩项工程扣除28万余元，但李某只同意扣除5万元。

第二个扣款争议项：部分工程质量不合格，但李某拒不整改，劳务公司委托其他单位整改，劳务公司要求李某承担整改费用2万余元，但李某不同意。

第三个扣款争议项：合同中只约定了按照李某劳务费总金额的4%收取管理费，但是并未约定由谁向谁收取。劳务公司主张向李某收取管理费，李

某不同意。

故李某将劳务公司、总包单位诉至法院,要求劳务公司、总包单位向其支付欠付劳务费、4%管理费及前述费用资金利息。

且在李某起诉劳务公司、总包单位之前,李某两个下属班组分别对李某、劳务公司、总包单位提起诉讼。在本案诉讼过程中,李某两个下属班组的诉讼均结束,裁判结果均是由李某支付劳务费、劳务费利息及诉讼费,由劳务公司承担连带责任。前述两个案件终审裁判文书生效后,李某仅履行了金额较小案件的裁判文书义务,对于金额较大案件的裁判文书则由人民法院强制执行。

李某认可将法院从劳务公司扣划的本金纳入劳务公司向其支付的劳务费范畴,但是对人民法院扣划的劳务费利息及诉讼费、执行费则不予认可。

本案经历了一审、二审和再审,二审法院支持了劳务公司应收取李某4%的管理费、李某应承担质量不合格的整改费用、李某应自行对其合同向对方承担责任等绝大部分上诉请求。再审予以维持。

核心争议焦点

1. 人民法院从劳务公司执行的李某下属班组劳务费利息、诉讼费、执行费是否应由李某承担?

2. 4%的管理费是否应该收取,以及到底应该由劳务公司向李某收取,还是由李某向劳务公司收取?

3. 李某甩项工程到底应按什么金额扣除其劳务费?

当事人各方观点及思维分析

一、第一个争议焦点下的各方观点及思维分析

李某观点及思维:因劳务公司未及时支付劳务费,导致自己无法向下属班组支付劳务费,故应由劳务公司承担下属班组的劳务费利息、诉讼费、执行费。

劳务公司观点及思维:合同具有相对性,李某应自行对其下属班组承担责任;且在魏某起诉之前,劳务公司向李某支付劳务费比例高达99.06%,李首先，劳务公司在案涉项目施工过程中，需要统筹、安排、协调、管理各班组展开劳务作业，推动项目进展。其次，在完成每一道工序之后，劳务公司均需要组织相应班组自检，还要组织后续班组进行他检，更需要配合总包单位、监理单位、业主单位进行各种验收。

（4）李某并未派人帮助劳务公司进行管理。

李某没有提供任何证据证明其所谓管理人员从事了与李某无关，但却与劳务公司有关的管理性工作。故李某所谓帮劳务公司提供了管理之主张不能成立。

（5）李某须向劳务公司支付管理费 229596.73 元。

三、劳务公司与李某至今未完成竣工结算，应在竣工结算时足额扣除李某甩项工程劳务费 280560 元

李某在二审期间以其与蒋某、张某的两条通话录音，提出"结算资料是劳务公司制作，双方已完成结算"的主张。劳务公司认为李某这一主张不能成立。具体原因如下：

1. 李某认可原审判决书关于双方未完成结算之判决

原审判决书判决劳务公司与李某未完成结算，且在李某所报送结算资料的基础上扣除了应由李某承担的修复费用。劳务公司认为，原审判决书这一判决是正确的。且李某对于原审判决书之判决并无异议，已认可了前述判决的内容，却在二审中提出自相矛盾之主张，显然难以成立。

2. 应足额扣除李某甩项工程劳务费 280560 元

劳务公司在原审中所提交的证据足以证明应扣减李某甩项工程劳务费 280560 元。劳务公司为了证明在李某对承包范围内的部分工程甩项后，劳务公司自 2019 年 9 月到 2019 年 12 月，帮李某完成甩项工程——清理钢管，故劳务公司需在本案中扣除 280560 元，为此先后向原审法院提交了 10 份证据。

四、蒋某、张某的录音不能达到结算已完成、仅应扣除 5 万元甩项工程劳务费的证明目的

李某提交的其与蒋某、张某的两条录音并非在二审期间才能取得的资料，不属于新证据，不宜作为证据采信。且这两条录音不能达到李某的证明目的，原因如下：第一，原审判决书已判决李某与劳务公司未完成结算，李某也无异议。第二，初步审核结果不能代表最终双方签字盖章的竣工结算资料。不

论项目上谁签字，均只是属于项目上的初步审核；只有初步审核之后的资料，才会进入劳务公司内部进行最终审核；只有最终审核完成、双方签字盖章确认之后，才会形成最终结算资料。故项目部初步审核只是竣工结算中的第一道程序而已，项目部初步审核结果不能替代最终审核结果，更不能代替最终双方签字盖章的结算资料。第三，蒋某再次明确告知李某他们所办理的结算系初算，不具效力。蒋某已在录音中明确表示，他们所进行的审核、所办理的结算只是属于初算，还需要劳务公司内部多重审核，才能形成最终结算资料，他们的签字不发生效力。第四，张某录音足以证明李某明知劳务公司盖章后才完成最终结算。

五、假设劳务公司还应向李某支付劳务费，梅某案件中判决劳务公司承担连带责任的所有费用应预留

在梅某诉李某、劳务公司、总包单位劳务合同纠纷案（即梅某案件）中，法院一审判决李某向梅某支付劳务费及利息；劳务公司对上述款项承担连带责任。故劳务公司也应预留梅某案件中劳务公司应承担的连带责任费用。

综上所述，本案中应在李某报送竣工结算资料的基础上，扣减魏某案中劳务公司被法院扣划的全部款项、管理费、质量不合格整改费用及足额扣除李某甩项工程劳务费。扣除前述四类款项后，劳务公司已超额支付李某劳务费，李某应依法返还。即便假设劳务公司还应向李某支付劳务费，也应预留梅某案件的所有费用。

代理点睛

一、代理人从宏观、微观等多角度提出，上游的劳务公司应向下游的李某收取管理费，该观点得到二审法院和再审法院的支持

首先，通过分析总包单位与劳务公司合同、劳务公司与李某合同，通过对两份合同计价模式、单价对比，从微观角度得出4%的管理费具有平衡报价作用之结论。

其次，从劳务公司在下属分包班组合同履行过程中的管理付出、建设工程行业上下游利润差异等宏观角度，得出上游收取下游管理费属于正常的经营行为之结论。

最后，从李某未向劳务公司派出管理人员帮助劳务公司管理、李某认可判决李某无权向劳务公司收取管理费的角度，得出李某无权向劳务公司收取管理费之结论。

二、违法分包合同发包人承担连带责任，不改变合同相对方李某的合同义务，李某无权将自己对下属班组之责任转嫁给劳务公司

首先，从合同相对性的角度充分阐述了作为合同相对方的李某应对魏某承担全部合同义务；劳务公司将部分劳务工程违法分包给李某，劳务公司基于违法分包对李某欠付魏某的劳务费承担连带责任，故劳务公司所支付款项属于劳务公司对李某已付款项，须在本案中扣除。

其次，从劳务公司在魏某起诉之前已向李某支付了几乎全部劳务费，而李某未按与魏某的合同约定支付劳务费，故因李某迟延支付所产生的劳务费利息、诉讼费、执行费均应由李某承担。

因此，下属班组不能因为分包单位未及时付款，而将自己对合同相对方的责任转嫁给上家分包单位。

审判观点

法院生效裁判观点：

1.李某向劳务公司支付管理费229596.73元。理由：建设工程领域，上游向下游收取管理费的现象普遍存在，按通常理解应为劳务公司向李某收取管理费；且劳务公司与李某约定的管理费费率也未明显失衡。

2.劳务公司被法院扣划的劳务费、劳务费利息、诉讼费、执行费视为劳务公司对李某支付的款项，在本案中予以扣除。理由：魏某系李某下面的班组，李某对魏某有最终支付责任，因李某未履行生效判决确定的义务，法院扣划了劳务公司款项，该款在本案中应视为劳务公司支付给李某的款项，应在本案中予以扣除。

案例编写人　四川谦信律师事务所　罗晓平

专家点评

于宁杰 中华全国律师协会常务理事，福建省律师行业党委副书记、福建省律师协会会长

建设工程领域违法分包合同的承包人能否根据合同约定向分包人收取管理费？相关裁判观点认为，应在查明承包人是否存在管理的基础上，结合案件具体情况依法公平合理处理。如果承包人参与工程管理，则可根据参与工程施工管理协调程度等具体情况酌情支持一定的管理费。本案代理人在主张管理费时，不仅阐述了劳务公司实际参与的具体管理工作（包括统筹、安排、协调、管理各班组展开劳务作业，在每道工序完成后组织各班组进行自检、接受他检、配合总包单位进行各种验收等）；而且，还通过对两份合同（即总包单位与劳务公司合同、劳务公司与李某合同）的计价模式、单价对比分析，主张4%的管理费具有平衡报价和双方利益的作用，论证较为充分，对办理此类案件具有一定参考意义。

相关法条

《中华人民共和国合同法》

第八条① 依法成立的合同，对当事人具有法律约束力。当事人应当按照约定履行自己的义务，不得擅自变更或者解除合同。

依法成立的合同，受法律保护。

《最高人民法院关于适用〈中华人民共和国民法典〉时间效力的若干规定》

第一条第二款 民法典施行前的法律事实引起的民事纠纷案件，适用当时的法律、司法解释的规定，但是法律、司法解释另有规定的除外。

《最高人民法院关于审理建设工程施工合同纠纷案件适用法律问题的解释》

第二条② 建设工程施工合同无效，但建设工程经竣工验收合格，承包人请求参照合同约定支付工程价款的，应予支持。

---

① 该法已失效，本条对应《民法典》第465条。
② 该解释已失效，本条参见《最高人民法院关于审理建设工程施工合同纠纷案件适用法律问题的解释（一）》第24条。

❸ 李某金、崔某芹诉刘某、张某俊、平安银行武汉分行等确认合同无效纠纷系列案
——债务履行期届满之前形成的不动产全项委托公证违法性的认定及无权处分中抵押权善意取得的认定

案件索引

1. 确认房屋买卖合同无效：
一审： 湖北省武汉市青山区人民法院（2021）鄂0107民初3166号
二审： 湖北省武汉市中级人民法院（2021）鄂01民终16413号
2. 确认抵押权无效：
一审： 湖北省武汉市青山区人民法院（2022）鄂0107民初3994号
二审： 湖北省武汉市中级人民法院（2023）鄂01民终5567号

基本案情

原告李某金、崔某芹系夫妻，因第三人刘二、张三向被告张某俊借款50万元，用登记在原告李某金名下的武汉市青山区现代花园A4栋×门×号的房屋作抵押担保。2015年3月19日，第三人以二原告的名义与被告张某俊在公证处签订了《借款合同》《房屋抵押合同》《委托书》，约定借款期限2个月，月息2.88%，抵押物为武汉市青山区现代花园A4栋×门×号的房屋，如到期不能偿还借款，则全权委托被告张某俊代为出售上述房屋、代为办理房屋买卖交易和过户等。上述《借款合同》《房屋抵押协议》《委托书》于同一天办理了公证手续。

2015年3月19日，被告张某俊向原告李某金转款50万元，向案外人何某新转款50万元，共计出借100万元。借款到期后，第三人刘二、张三向被告张某俊还款67万元，案外人何某新还款52万元，共计还款119万元。原

告认为借款已还清,被告张某俊认为借款没有还清。

2016年4月20日,被告张某俊根据公证处出具的《委托书》,将案涉房屋以60万元的价格出卖给了被告刘某,并签订了《武汉市存量房买卖合同》。2016年5月19日,在被告刘某没有支付分文购房款的情况下,被告张某俊将案涉房屋过户到被告刘某名下。2016年12月27日,被告刘某又将该房屋抵押给平安银行武汉分行贷款60万元,贷款期限20年,并办理了抵押登记。后来,原告发现自己的房屋已过户到被告刘某名下且被抵押给银行,由此产生纠纷,导致诉讼的发生。

2021年4月,原告李某金、崔某芹诉被告刘某、张某俊、第三人刘二、张三、平安银行武汉分行确认房屋买卖合同无效一案,由湖北省武汉市青山区人民法院立案受理,案号为(2021)鄂0107民初3166号。原告的主要诉讼请求为判决《武汉市存量房买卖合同》无效。一审法院经审理后,认为案涉《委托书》属于全权委托,与流押条款具有同质性,《委托书》应认定无效;同时认为二被告难脱恶意串通之嫌;被告张某俊以二原告名义与被告刘某签订的《武汉市存量房买卖合同》,不是原告的真实意思表示。法院判决《武汉市存量房买卖合同》无效。二被告不服一审判决提起上诉。二审法院经审理后驳回上诉,维持了一审判决。

在取得第一阶段诉讼胜利后,原告开始准备第二阶段的诉讼。2022年6月,原告李某金、崔某芹诉被告刘某、平安银行武汉分行、第三人张某俊抵押权纠纷一案,由湖北省武汉市青山区人民法院立案受理,案号为(2022)鄂0107民初3994号。原告的诉讼请求为:(1)请求判决平安银行武汉分行对现代花园房屋的抵押权无效;(2)请求判决被告刘某、平安银行武汉分行协助办理抵押权涂销手续;(3)请求判决被告刘某在抵押权涂销后,协助办理房屋所有权恢复登记至原告李某金名下。

一审法院经审理后认为,被告刘某将案涉房屋抵押给平安银行武汉分行,构成无权处分。但平安银行武汉分行支付对价,善意取得抵押权,该抵押权有效,判决驳回了原告的诉讼请求。

原告不服一审判决,提起上诉。二审法院经审理后撤销了一审判决,直接改判支持了原告在一审中的诉讼请求。

在本案一审、二审诉讼过程中,李某金、崔某芹两位老人先后去世,其诉讼权利和义务由其独生子享有和承担。

3.李某金、崔某芹诉刘某、张某俊、平安银行武汉分行等确认合同无效纠纷系列案

核心争议焦点

1. 确认房屋买卖合同无效的争议焦点：

（1）不动产全项委托公证如何在法律上定性？经过公证处公证的案涉《委托书》是否属于流押条款，是否违反了禁止流押的规定？

（2）二被告之间是否属于恶意串通，损害原告利益？

2. 确认抵押权无效的争议焦点：

（1）被告刘某将案涉房屋抵押给平安银行武汉分行，是否属于无权处分？

（2）无权处分中的抵押权是否适用善意取得？平安银行武汉分行在发放贷款过程中，是否尽到了审慎的注意义务？是否属于善意取得抵押权？

当事人各方观点及思维分析

一、确认房屋买卖合同无效案当事人观点及分析

原告认为：（1）被告明知借款已还清，仍相互勾结，签订买卖合同，属于恶意串通。（2）被告刘某在购买案涉房屋时，没有支付分文购房款，双方急于过户成交，不符合正常的房屋交易习惯，其目的就是转移原告房屋所有权。主观上恶意串通明显。（3）被告刘某不属于善意第三人，其购房时没有支付分文购房款，看房时也没有告知原告自己要买房，所有权人不知情。被告刘某隐瞒了购房的情况，在办理房屋过户登记时，故意不通知原告，明知原告不同意出卖房屋，仍然相互串通办理了过户登记。（4）原告与被告在签订《借款合同》《房屋抵押协议》的同时，还签订了全项委托公证的《委托书》，即在借款履行期届满之前就提前约定如不能偿还借款，则被告张某俊有权自行出售房屋办理过户，这等同于房屋所有权归被告张某俊所有，该《委托书》的内容违反了禁止流押的规定，属于无效约定。综上，被告张某俊以原告名义与被告刘某签订的《武汉市存量房买卖合同》无效。

被告张某俊认为：（1）《武汉市存量房买卖合同》是基于原告二人公证授权行使，《委托书》都是二原告亲自去公证处办理，在当时的法律背景下完全是合法有效的行为。（2）委托书授权期间是在房屋抵押合同抵押期之后，即处理房产期间，是在借款人借款期限届满后，不是在法律规定的债务履行期

届满前,故不属于流押条款。(3)被告张某俊与被告刘某不存在恶意串通。

被告刘某认为:由于自己的房屋拆迁导致无房居住,自己与张某俊又是街坊,张某俊提供了案涉房屋的信息,自己才购买了该房屋,自己是善意第三人,签订的《武汉市存量房买卖合同》应受法律保护。

二、确认抵押权无效案当事人观点及分析

原告认为:(1)基于生效的判决书,被告刘某丧失了案涉房屋所有权,无权对该房屋进行抵押,所以被告刘某的行为构成无权处分。(2)被告平安银行武汉分行能否取得案涉房屋抵押权,取决于其受让该房屋抵押权时是否为善意。根据《物权法》第106条第3款"当事人善意取得其他物权时,参照前两款规定"之规定,抵押权属于物权中的担保物权,因此,善意取得制度适用于抵押权。抵押权的善意取得同样要满足三个条件:善意、支付合理对价、办理登记。具体到本案中,平安银行能否取得抵押权,取决于其是否为善意。(3)有众多证据表明,平安银行武汉分行在受让案涉房屋抵押权时,并不构成善意,不能取得抵押权。

被告平安银行武汉分行认为:(1)二被告之间签订的《个人抵押贷款合同》合法有效。尽管《武汉市存量房买卖合同》被生效判决认定为无效,但《个人抵押贷款合同》与《武汉市存量房买卖合同》分属独立的法律关系,即使《武汉市存量房买卖合同》无效,并不等于《个人抵押贷款合同》无效。(2)平安银行武汉分行依据国家公权力机关出具的房屋权属登记信息办理抵押登记,房屋权属明确,故享有对案涉房屋的抵押权。(3)对于被告刘某的无权处分行为,平安银行武汉分行属于善意第三人,如果原所有权人有损失,有权向无处分权人请求损害赔偿。

被告刘某认为:签订《个人抵押贷款合同》和办理抵押登记时,房屋登记在刘某名下。平安银行武汉分行在抵押权设立时发放了贷款,支付了对价,符合抵押权善意取得的要件。

一审法院经审理后认为:被告刘某对案涉房屋享有所有权的基础已经不存在,其将案涉房屋进行抵押,构成无权处分。但平安银行武汉分行在办理贷款抵押时无法得知被告刘某对该房屋无处分权,平安银行武汉分行的抵押权构成善意取得,判决驳回原告的全部诉讼请求。

原告不服一审判决,提起上诉,理由如下:

(1)平安银行武汉分行没有进行充分的实地调查,在明知实际居住人与

产权登记人不一致时未尽到合理的进一步调查义务。根据《商业银行法》《贷款通则》《个人贷款管理暂行办法》之规定，银行受理个人贷款申请后，贷款调查以实地调查为主，应履行尽职调查手段，对实现抵押权的可行性进行严格审查。根据公安机关对被上诉人刘某作的《询问笔录》，平安银行武汉分行明知案涉房屋内有两位老人居住（本案一审原告），而刘某从未在该房屋居住，表明房屋的实际居住人与房产证登记的权利人不一致。平安银行武汉分行应当就不一致的原因作进一步的调查和核实，以避免将他人的房屋进行抵押，给真正的权利人造成损失，所以平安银行武汉分行存在重大过失。（2）平安银行武汉分行作为专业的金融机构，在明知案涉房屋没有交付给刘某，且房屋实际使用人也并非刘某的情况下，也有义务继续核实真实的产权人，该义务并没有超出平安银行武汉分行在设立抵押权时应当注意的合理限度。（3）被上诉人刘某的行为属于恶意抵押贷款。其明知案涉房屋内有两位老人居住，不能腾退，两位老人对该房产有争议，但刘某仍将该房屋进行抵押，构成恶意抵押贷款。（4）平安银行武汉分行明知案涉房屋内有两位老人实际居住，却没有对两位老人进行询问和调查，没有发现真正的权利人不是刘某，生效判决书判决刘某和张某俊的买卖行为无效对此进一步予以证明，所以平安银行武汉分行不构成善意取得抵押权。

被上诉人平安银行武汉分行、刘某都认为：一审判决认定事实清楚，适用法律正确，请求维持一审判决。

二审法院经审理后认为：（1）平安银行武汉分行在法院二审指定的期间未提交到案涉房屋下户查勘的证据，平安银行武汉分行作为专业的金融机构，未经下户查勘即签订《个人抵押贷款合同》并办理抵押权登记，未尽到审慎的注意义务，不构成善意。（2）案涉房屋一直由李某金、崔某芹居住，刘某在未支付房屋对价及未实际占有、使用房屋的情况下，通过签订抵押贷款合同，办理案涉房屋抵押登记的合法形式阻止李某金、崔某芹通过法律途径取回案涉房屋的所有权，属于以合法形式掩盖非法目的，故案涉《个人抵押贷款合同》中关于房屋抵押的条款无效。所以二审法院撤销了一审判决，改判支持了上诉人的诉讼请求。

作为原告的代理律师，接受当事人的委托后，对全案进行了分析。鉴于

案涉房屋已过户登记到刘某名下,且抵押给平安银行的客观事实,向当事人释明想直接要回房屋,在法律上几乎不可能。所以,征得当事人同意后,决定采取分两步走的方案进行诉讼:

1. 第一阶段:先确认房屋买卖合同无效。为此,代理律师首先去不动产登记部门调取了《武汉市存量房买卖合同》等房屋买卖交易资料。其次,去公证处调取了《借款合同》《房屋抵押合同》《委托书》的全部公证资料。最后,去某街派出所调取了被告刘某、张某俊的《询问笔录》,获取了大量的证据资料。通过对上述资料的搜集整理,发现了以下重大事实:被告刘某在签订《武汉市存量房买卖合同》时,没有支付分文购房款就办理了过户登记,明显不符合交易习惯;全权委托的委托书是在借款履行期届满之前形成的,具有流押条款的性质;被告张某俊实际上出借100万元,原告及案外人何某新实际还款119万元,借款已还清。基于上述事实和收集的证据,代理律师确定以恶意串通损害原告利益和《委托书》违反了禁止流押的规定为依据,起诉确认房屋买卖合同无效。

2. 第二阶段:根据房屋买卖合同无效的判决,起诉确认银行抵押权无效、涂销抵押权和协助办理房屋所有权恢复登记至原告名下。为此,代理律师调取了被告刘某与平安银行武汉分行签订的《个人抵押贷款合同》《平安银行零售信贷面谈面签声明》《贷款用途承诺书》《平安银行零售信贷出账确认书》《武汉地区住宅室内装饰装修工程》《房地产抵押估价报告》《个人贷款申请表》等抵押贷款的全部材料。通过对上述资料的整理和分析,代理律师能确认以下重要事实:(1)被告刘某将案涉房屋抵押给平安银行,属于无权处分。(2)被告刘某没有参与办理银行抵押贷款流程,包括贷款银行、装修公司、评估公司都是张某俊负责联系,刘某并不知情,只是配合签字,目的就是套取银行贷款。(3)《个人抵押贷款合同》约定的贷款用途是房屋装修,但实际上并没有用于房屋装修,而是被当作购房款支付给了张某俊。(4)平安银行的贷款实际由张某俊偿还,刘某不负偿还义务。(5)案涉房屋一直由原告居住使用,刘某从未居住使用,且平安银行武汉分行工作人员没有下户进行实地调查核实,没有发现真正的产权人。基于上述事实和收集的证据,代理律师确定以无权处分和不构成善意取得为依据,起诉确认抵押权无效及其他诉讼请求。

实践证明:该两步走的方案,最后成功达到了预先设计的效果,帮助原告要回了房屋。

诉讼方案设计合理恰当，诉讼结果达到了预期目标。

2017年8月，司法部发布《关于公证执业"五不准"的通知》，其中第3条明确规定"不准办理涉及不动产处分的全项委托公证"，不得办理一次性授权全部重要事项的委托公证，不得在公证书中设定代为收取售房款等内容，其目的是打击当时流行的"以房养老"骗局，保护老年人合法权益，防止老年人上当受骗。而本案不动产全项委托公证发生在2015年3月19日，并不适用司法部上述通知，但本案造成的后果同样是被别有用心的人利用公证的《委托书》将房屋出售给他人，让两位老人丧失了自己的房屋。对此种不动产全项委托公证如何在法律上给予定性是本案的一个亮点，具有典型意义。不动产全项委托公证的《委托书》都是提前委托，都是在借款履行期届满之前形成的委托，委托的内容包括解除抵押，出售房屋，代收房款，办理房屋买卖交易和过户，办理银行贷款面签，办理水、电、气、物业等交接手续。上述权利的行使等同于拥有所有权，即在借款履行期限届满之前约定，如不能按期偿还借款，则案涉房屋的所有权归出借人。故《委托书》与流押条款具有同质性，是变相的流押条款，违反了禁止流押的规定，该《委托书》无效。

无权处分中的善意取得通常针对的是不动产所有权，但本案中的无权处分针对的是抵押权，无权处分中的抵押权是否有效，同样要满足三个条件：善意、支付对价、办理登记。本案中因平安银行武汉分行未派人下户查勘，没有进行实地核实，未发现实际居住人与登记的产权人不一致，未尽到审慎的注意义务，不构成善意。

被告刘某恶意办理抵押登记，其目的就是阻止原告取回房屋所有权。此种以合法形式掩盖非法目的的条款应属无效，故《个人抵押贷款合同》中关于房屋抵押的条款无效。

一、湖北省武汉市青山区人民法院（2021）鄂0107民初3166号和湖北省武汉市中级人民法院（2021）鄂01民终16413号中的审判观点摘要

一审法院评判如下：（1）被告张某俊出售房屋实现债权，违反法律禁止性规定。债务履行期届满后，抵押权人未受清偿时，抵押权人和抵押人可以协议折价取得抵押物，但抵押权的行使必须依照法定程序或者通过与抵押人协议，或者通过法院诉讼，抵押权人无权擅自处分抵押物。（2）被告张某俊自行将抵押房屋过户给被告刘某，此系通过私力实现债权。该行为不符合《物权法》及《担保法》关于抵押权实现的规定，也与当事人的真实意思表示相悖。（3）二原告与被告张某俊签订《借款合同》《房屋抵押合同》的同时，与被告张某俊签订了《委托书》。该《委托书》中授予被告张某俊包括解除抵押，出售房屋，办理房屋买卖、交易和过户手续等权利，也就是说，张某俊具有处分抵押房产的权利，而所有权中最关键的就是处分权。张某俊得到公证授权《委托书》后，实际上已具有代二原告处分该房屋的权利。因此，全权委托被告张某俊出售抵押房屋的行为与流押条款具有同质性，应认定为无效。（4）被告张某俊以二原告名义与被告刘某签订《房屋买卖合同》，存在恶意串通。被告刘某在明知案涉房屋由原告实际居住，且其在未支付任何购房款的情况下，与张某俊仅凭原告事先出具的《委托书》即完成了将原告用作担保还款的抵押房产直接过户到刘某名下。尽管后来刘某以申请贷款的方式支付了购房款，但该笔贷款至今每期还款实际由张某俊在进行支付，二被告难脱恶意串通之嫌。

综上，被告张某俊以二原告名义与被告刘某签订的《武汉市存量房买卖合同》依法应为无效。

二审法院经审理后，同样认为：第一，李某金、崔某芹出具《委托书》之时，双方之间的《借款合同》约定的借款期限并未届满。一审法院认定，李某金、崔某芹全权委托张某俊出售抵押房屋的行为与流押条款具有同质性，应认定为无效，并无不当。第二，张某俊、刘某对于合同签订及履行的情况不符合日常房屋交易常理，不足以证实刘某签订合同的真实意思是购买并实际取得使用案涉房屋，双方难逃恶意串通之嫌。综上所述，一审判决认定事实清楚，适用法律正确，应予维持。

二、二审法院湖北省武汉市中级人民法院（2013）鄂01民终5567号审判观点摘要

二审法院经审理后认为：（1）如果平安银行武汉分行在签订案涉《个人抵押贷款合同》前到案涉房屋下户查勘，应当知晓李某金、崔某芹并没有将案涉房屋卖给刘某的意思表示和行为，亦未收到刘某购买房屋的价款。二审

中,平安银行武汉分行在法院指定的期间内未提交到案涉房屋下户查勘的证据,未经下户查勘即签订抵押贷款合同并办理抵押权登记,不构成善意取得抵押权。(2)案涉房屋一直由李某金、崔某芹居住,刘某在未支付购房对价及未实际占有、使用房屋的情况下,通过签订抵押贷款合同、办理房屋抵押登记的合法形式,阻止李某金、崔某芹通过法律途径取回案涉房屋的所有权,属于以合法形式掩盖非法目的,合同无效。故案涉《个人抵押贷款合同》中关于房屋抵押的条款无效。

综上,二审法院认为:平安银行武汉分行在案涉房屋上设定的抵押权无效。二审法院判决撤销一审判决,改判支持了上诉人的上诉请求。

案例编写人 湖北谦顺律师事务所 张 君

袁华之 中华全国律师协会建设工程与房地产专业委员会主任

本案以不动产抵押担保为起点,辐射流押条款效力、合同效力认定、善意取得判断标准、诉讼权利行使等多个层面的法律问题。判决结果虽仅影响一套房屋的产权归属,但对原告合法权益的维护、市场正常交易秩序的维持而言,无疑具有重大意义。尤其在早年不法分子利用不动产全项委托公证导致诸多老年人受骗的背景下,本案的处理过程及结果能够体现公正司法、弘扬社会正气。

在案涉房屋已过户并办理抵押登记的情况下,试图"一步到位"、直接起诉请求办理抵押权涂销和产权变更登记等手续显然不具有可行性。本案代理人关注到案件难点问题,结合当事人实际需求,以结果为导向,制定"两步走"的诉讼方案,并在诉讼过程中细致梳理案件事实、全面搜集相关证据,圆满达成诉讼目标,值得肯定。

相关法条

《中华人民共和国合同法》

第五十二条① 有下列情形之一的，合同无效：

（一）一方以欺诈、胁迫的手段订立合同，损害国家利益；

（二）恶意串通，损害国家、集体或者第三人利益；

（三）以合法形式掩盖非法目的；

（四）损害社会公共利益；

（五）违反法律、行政法规的强制性规定。

《中华人民共和国物权法》

第一百零六条② 无处分权人将不动产或者动产转让给受让人的，所有权人有权追回；除法律另有规定外，符合下列情形的，受让人取得该不动产或者动产的所有权：

（一）受让人受让该不动产或者动产时是善意的；

（二）以合理的价格转让；

（三）转让的不动产或者动产依照法律规定应当登记的已经登记，不需要登记的已经交付给受让人。

受让人依照前款规定取得不动产或者动产的所有权的，原所有权人有权向无处分权人请求赔偿损失。

当事人善意取得其他物权的，参照前两款规定。

第一百八十六条③ 抵押权人在债务履行期届满前，不得与抵押人约定债务人不履行到期债务时抵押财产归债权人所有。

第一百九十五条④ 债务人不履行到期债务或者发生当事人约定的实现抵押权的情形，抵押权人可以与抵押人协议以抵押财产折价或者以拍卖、变卖该抵押财产所得的价款优先受偿。协议损害其他债权人利益的，其他债权人可以在知道或者应当知道撤销事由之日起一年内请求人民法院撤销该协议。

抵押权人与抵押人未就抵押权实现方式达成协议的，抵押权人可以请求人民法院拍卖、变卖抵押财产。

抵押财产折价或者变卖的，应当参照市场价格。

---

① 该法已失效，参见《民法典》第146条、第153条、第154条。
② 该法已失效，本条对应《民法典》第311条。
③ 该法已失效，本条对应《民法典》第401条。
④ 该法已失效，本条对应《民法典》第410条。

4 甲公司与乙公司技术开发服务合同纠纷案

——约定任意解除权的行权限制

一审：上海知识产权法院（2020）沪73知民初1293号
二审：最高人民法院（2022）最高法知民终232号

一、合同约定的主要权利义务

2017年9月11日，甲公司与乙公司签订了《软件销售合同》，约定：许可软件（软件产品）是指合同附件一所列的，乙公司依法取得软件著作权人授权，且拥有可转授权甲公司按约定方式使用的合法权利；乙公司应自收到约定的产品费用、合同生效之日起15个工作日内，向甲公司交付合同附件一约定的许可软件。《软件销售合同》的附件一为"软件产品清单"，其中标明所交付的软件为"标准化软件"，版本为"U8+V12.5"，"模块明细"具体包括："流向管理""费用结算""客户管理"均各自为8个用户可用；"网页自动采集"应实现3家商业公司"取数"；"营销管理"满足5个用户使用；"移动营销"满足80个终端使用。甲公司应自合同生效之日起5个工作日内支付全款的90%，即196595元；安装完成后，在双方签订"产品安装确认单"之日起5个工作日内，支付全款的10%，即21843元。

2017年9月12日，甲公司与乙公司签订《实施服务合同》，约定："实施"是指结合甲公司的业务经营发展状况，将许可软件应用于其业务系统。项目实施过程中，乙公司的实施顾问将指导甲公司制订合理的业务解决方案、数据准备方案、业务必要的实施文档。在项目实施过程中，乙公司同时提供项目管理服务；实施目标是实施模块成功上线，在软件标准功能范围内，满足甲公司各部门的业务需求；实施开发服务的总价格为 85500 元（含税 6%），于合同签订之日且收到乙公司开具的金额为合同价款 40% 的增值税专用发票后 5 个工作日内支付 34200 元，乙公司收到首付款之日起 3 个工作日内安排实施工程师入场并提交实施计划确认项目启动时间；测试通过、签订《系统测试报告》（初验）之日且自收到乙公司开具的金额为合同价款 40% 的增值税专用发票后 5 个工作日内支付 34200 元；项目验收（合同第 1.3.4 条内容）完成之日且自收到乙公司开具的金额为合同价款 20% 的增值税专用发票后 7 个工作日内支付 17100 元；乙公司应严格遵循合同并按照工作任务书的具体约定向甲公司提供相关实施服务，并仅就合同及工作任务书中约定的内容提供实施服务。

二、违约责任的相关条款

《软件销售合同》约定：如果乙公司发生 2 次及以上的违约，或任何一次违约经甲公司通知后 5 日内仍未纠正的，甲公司有权解除合同，乙公司应向甲公司支付合同价款 30% 的违约金并赔偿甲公司的所有损失，违约金不足以弥补甲公司损失的，乙公司应全额赔偿甲公司全部损失。该合同第 4.7 条约定：若《实施服务合同》提前解除或终止，则《软件销售合同》自《实施服务合同》解除或终止之日起提前终止，乙公司应返还甲公司已支付的全部费用。

《实施服务合同》约定：乙公司未在合同约定的功能要求范围内交付实施的，应向甲公司提交书面解释、经甲公司认可；若乙公司未能提交合理解释或甲公司不认可的，甲公司有权提前解除合同，乙公司应当返还甲公司所支付的全部费用；同时，双方应解除《软件销售合同》，乙公司返还甲公司就该合同已支付的全部费用，乙公司还应向甲公司支付合同金额 30% 的违约金并赔偿甲公司损失……违约方承担的违约责任金额最多仅相当于合同约定的专业服务费总价的 30%。

三、其他文件签署情况

甲公司与乙公司还签订有《甲公司 CRM 上线前剩余需求汇总》。

四、合同履行情况

1. 2017 年 9 月 15 日、2017 年 10 月 27 日，甲公司分别向乙公司支付合同款 230795 元、21843 元，共计 252638 元。

2. 2017 年 9 月 25 日，乙公司将项目计划以电子邮件方式发送给甲公司，其发送的《计划工作内容》中的工作计划细化为了不同时间节点完成的工作内容，《计划工作内容》中还注明：在满足正式上线的必要条件下，保证于 2017 年 12 月 14 日正式上线。正式上线的必要条件包括：（1）所有配置均已完成并测试通过；（2）所有基础数据都已整体导入系统；（3）确认操作用户完成培训并可以正常操作。实际工作进度以每天工作内容确认为标准，存在计划提前或延后的可能，可能影响正式上线的因素包括：（1）基础数据整理和确认；（2）操作用户是否配合培训；（3）实际培训时间可按计划进行。

3. 2017 年 11 月 28 日，甲公司向乙公司发送电子邮件，认为：乙公司应交付的系统操作未达到甲公司的要求，上线时间已经严重滞后。乙公司就此向甲公司发送电子邮件解释了甲公司对系统操作提出异议及尚未上线的原因。

4. 2017 年 11 月 29 日，甲公司再次询问乙公司对项目继续履行还是终止履行的意见；乙公司回复称"已跟实施顾问确认好，第二天会重新梳理项目需求并确认上线时间"。

5. 2017 年 12 月 7 日，乙公司以电子邮件方式告知甲公司：附件是待整理的相关表格表样，以及系统内相关档案的信息。其中，需要整理的是医生、产品、代表权限维度表，以及用于流向采集的医院、产品维度表。

6. 2017 年 12 月 11 日，乙公司以电子邮件方式告知甲公司项目的剩余事项。

7. 2017 年 12 月 15 日，乙公司以电子邮件方式通知甲公司：针对甲公司的 CRM 项目，已经完成功能配置及确认工作。

8. 2017 年 12 月 21 日，乙公司以电子邮件方式通知甲公司：CRM 系统已经进入试用阶段，试用阶段持续至 2017 年年底，后根据实际情况切换至正式账号使用；在使用过程中遇到的问题，乙公司将尽量及时解答和处理。该份电子邮件的附件为一份系统上线报告，乙公司在电子邮件中指出，根据双方之前的约定，需要签订系统上线报告以确认系统正式进入上线阶段，因此请甲公司予以确认。甲公司对此回复称：销售部同事已经在试用 CRM 系统，从第一天来看，还是有很多的小问题需要改善解决，当然，其中也有甲公司一些基础数据完善的问题，所以这段时间需要乙公司全力支持配合；此外，甲公司还询问乙公司是否已完成销售助理和商务助理的单独培训工作。

9. 2018年1月8日，甲公司以电子邮件方式向乙公司提出其认为CRM系统不能满足需求的主要问题。

10. 2018年1月17日，乙公司针对甲公司提出的问题作出具体回复，并认为部分问题还需要双方沟通以确认是否因理解错误所致。

11. 2018年3月1日，甲公司向乙公司发送电子邮件称：由于甲公司参与涉案项目的人员日常工作都非常繁忙，为了能更高效率地完成梳理工作，请乙公司提供提纲和人员来进行整理；甲公司希望乙公司能将已发送的时间表进一步细化到每天上下午的具体工作，以及需要甲公司项目对接人与乙公司顾问进行讨论的时间，以便于甲公司进行内部协调。

12. 2018年3月3日，乙公司以电子邮件方式回复称：附件是乙公司列出的此次调研提纲；甲公司若有追加，可以电子邮件方式告知。

13. 2018年5月9日，甲公司向乙公司发送《合同解除通知函》，主张：因乙公司提供的产品服务在几个方面不能满足甲公司的需求，依据《实施服务合同》及《软件销售合同》约定的合同解除条款，《实施服务合同》及《软件销售合同》于该函发送之日起解除，并由乙公司退还甲公司已支付的合同价款。

14. 乙公司在合同履行过程中，未能获得合同约定的相关里程碑文件。

核心争议焦点

《软件销售合同》是否依据合同约定予以解除？

当事人各方观点及思维分析

原告一审时观点：因乙公司没有按原告要求履行各项义务，无法满足原告的实际需求，合同中约定的解除权行使条件已经成就，故原告有权解除合同。

原告二审时观点：原审判决无视合同中的约定解除条款，适用法定解除的标准进行论证，属于对解除权的错误适用。甲公司签订涉案合同的目的在于取得一款符合其个性化需求的软件。《实施服务合同》的履行过程中，乙公司存在未按约定提供实施服务、未交付相关文件、未按时交付合格的软件产品、已交付软件无法满足甲公司基本需求等数项违约行为，也未向甲公司提交任何书面解释。因此，甲公司有权根据《实施服务合同》第 4.2 条和《软件销售合同》第 4.7 条的约定解除合同。

被告一审时观点：就《软件销售合同》而言，被告依约交付了标准软件，原告已经接受，标准软件销售的交易已经完全依约完成，不存在导致合同目的不能实现的解除事由以及销售合同约定的原告可单方解除销售合同的情形。就《软件开发合同》而言，原告主张的其享有的约定解除权条款实际系附条件解除权，全案证据表明原告系单方恶意促成条件成就——无理由拒不接受被告成果，依法视为条件不成就，其无权行使约定的附条件解除权。

被告二审时观点：涉案销售及开发合同中的合同义务被告已经履行完毕，且原告也依约支付了大部分款项，原告所主张开发成果不符合合同约定，属于无正当理由拒不接受符合开发需求清单的开发成果的行为，属于违背诚信的违约行为，约定解除条件不存在，原告诉请无事实及法律依据。

代理思路

第一，原告主张约定解除权无事实及法律依据，约定解除的条件并不成立。就软件销售合同而言，原告依约交付了标准软件，被告已经接受，标准软件销售的交易已经完全依约完成，不存在导致合同目的不能实现的解除事由以及销售合同约定的原告可单方解除销售合同的情形。就软件开发合同而言，原告主张的其享有的约定解除权条款实际系附条件解除权，全案证据表明原告系单方恶意促成条件——无理由拒不接受原告成果，依法视为条件不成就，其无权行使约定的附条件解除权。包括本次诉讼在内的原告三次诉讼中均已表明：涉案销售及开发合同中被告的合同义务已经履行完毕，且原告也依约支付了大部分款项，原告所主张的开发成果不符合合同约定，属于无正当理由拒不接受符合开发需求清单的开发成果的行为，属于违背诚信的违约行为，约定解除条件不存在，原告诉请无事实及法律依据。

第二，即便约定解除权条件成就时，是否就意味着根据合同享有解除权的当事人请求法院确认合同解除的诉讼请求能得到 100% 的支持呢？最高人民法院 2019 年 11 月颁布的《全国法院民商事审判工作会议纪要》第 47 条对此给予了否定性回答。该条规定："合同约定的解除条件成就时，守约方以此为由请求解除合同的，人民法院应当审查违约方的违约程度是否显著轻微，是否影响守约方合同目的实现，根据诚信原则，确定合同应否解除。违约方的违约程度显著轻微，不影响守约方合同目的实现，守约方请求解除合同的，人民法院不予支持；反之，则依法予以支持。"由此可见，法院对合同约定解除是有所限制的。

就本案软件开发合同而言，即便被告存在一定的逾期交付开发成果的现象，也不能据此认定其属于原告违约行为，现有证据表明，原告在开发过程中多次对其需求进行细化乃至变更，逾期交付主要系原告自身原因造成。

最高人民法院民法典贯彻实施工作领导小组认为："如果审判实践中任由当事人约定的解除权事由发生即承认当事人行使合同解除权的效力，显然是对'当事人意思自治'的过于放任，也与'促进交易'这一合同立法的核心价值相悖。而且，如果对当事人约定的解除权事由概不作深入审查，极易产生变相鼓励解除权人滥用合同解除权，借机牟取不当利益或造成违约方过高损失的投机行为，诱发合同履行的道德风险。因此，立足于公平正义的解释立场以及对当事人利益平衡的考量，我们认为，对于违约方违约程度显著轻微的情形，即使形式上符合当事人事先所约定的行使合同解除权的事由，仍有必要对守约方行使约定解除权加以限制，由此才能更好地平衡当事人之间的利益关系，维护交易安全。"[①]

第三，即便合同约定的原告单方解除权不是附条件解除权而是任意解除权，那么被告认为，原告诉请也不应得到支持。该等条款有违合同法诚信、等价有偿、促进交易基本原则精神的，也是显失公平的，被告也从未有过赋予原告此等任意解除权的真实意思，被告也并不认可该等条款系原告享有的约定任意解除权。参照上述纪要第47条之审理规则及前述最高人民法院民法典贯彻实施工作领导小组关于合同约定解除权的审查观点，被告认为：在被告已经实际履行完毕开发合同，并不存在明显违约行为，只是原告单方恶意拒绝接受成果的情况下，原告诉请不应得到支持。

第四，原告主张一般合同通用法定解除权不成立。无论是《合同法》还是《民法典》，法定解除权的基本标准是相对方存在违约行为足以导致主张法

---

① 最高人民法院民法典贯彻实施工作领导小组主编：《中华人民共和国民法典合同编理解与适用（一）》，人民法院出版社2020年版，第636~637页。

定解除权方不能实现合同目的。现有证据不能证明被告有足以导致原告不能实现合同目的的违约行为，相反，被告开发成果满足开发需求清单，被告委托开发合同的合同目的已经实现。

第五，原告主张委托合同、技术开发合同委托人特定法定任意解除权不成立。委托人法定任意解除权系需在委托开发合同开发任务履行完毕前行使，且应根据个案情况支付费用报酬、赔偿受托方损失。首先，如前所述，被告合同义务已履行完毕，合同开发任务已执行完毕，原告未在开发任务完成前行使委托人法定任意解除权的，不得再行使。

代理点睛

诚信、等价有偿、促进交易是民法基本精神，约定解除权不等于可以无条件任意行使，违约方的违约程度显著轻微，不影响守约方合同目的的实现，守约方请求解除合同的，人民法院不予支持。

任意解除权不能任意行使，否则不利于鼓励交易的合同法经济效率原则，更不利于形成诚信、等价有偿的市场经济公序良俗，而让意思自治沦为强势一方滥用强势地位制定显失公平的霸王条款的工具。

审判观点

一审法院认为：合同约定的解除条件成就时，守约方以此为由解除合同的，应当审查违约方的违约程度是否显著轻微，是否影响合同目的的实现，根据诚信原则，确定合同是否应予解除。在被告过错程度的认定方面，被告对于有关文档的交付存在一定瑕疵，对软件开发违约程度轻微。在违约行为的后果认定方面，根据软件勘验结果，被告仅有2项功能未开发完成，且未开发完成的功能不影响软件主体功能的正常运行，该违约行为不足以导致原告合同目的的不能实现，涉案合同尚可继续履行。因此，根据诚信原则，对于原告诉请不予支持。

二审法院认为：本案中，乙公司在履行《实施服务合同》过程中的违约行为仅体现为未开发"供应商表"模块。"供应商表"即为用表格形式显示供应商信息，该表格的缺失不影响整个系统的正常运行，甲公司亦未说明该缺失对其使用软件来监测销售代表的推广活动有何不利影响，且在甲公司提供相关数据后，乙公司即能在较短时间内开发完成该"供应商表"。因此，原审法院认定乙公司的该项违约行为程度轻微，不足以产生解除《实施服务合同》的法律后果，是正确的。

案例编写人　上海中因律师事务所　钟　建

专家点评

姚辉　　中国人民大学法学院教授、博士生导师，中国法学会民法学研究会常务理事

在违约方无明显违约恶意、违约事实对合同目的未产生实质性影响，而合同解除反将使双方利益严重失衡的情形下，有无必要限制一方当事人对于约定解除权的行使，是一个争议较大的问题。较为主流的观点认为，合同是市场化配置资源的主要方式，人民法院在审理合同纠纷案件时，要坚持鼓励交易原则，充分尊重当事人的意思自治，审慎适用合同解除制度。在合同约定的解除条件成就时，守约方以此为由请求解除合同的，人民法院应当审查违约方的违约程度是否显著轻微，是否影响守约方合同目的的实现，根据诚信原则，确定合同应否解除。违约方的违约程度显著轻微，不影响守约方合同目的的实现，守约方请求解除合同的，人民法院不予支持；反之，则依法予以支持。

相关法条

《中华人民共和国合同法》

第八条[①]　依法成立的合同，对当事人具有法律约束力。当事人应当按照约定履行自己的义务，不得擅自变更或者解除合同。

依法成立的合同，受法律保护。

---

① 该法已失效，本条对应《民法典》第465条。

《最高人民法院关于适用〈中华人民共和国民法典〉时间效力的若干规定》

第一条 民法典施行后的法律事实引起的民事纠纷案件，适用民法典的规定。

民法典施行前的法律事实引起的民事纠纷案件，适用当时的法律、司法解释的规定，但是法律、司法解释另有规定的除外。

民法典施行前的法律事实持续至民法典施行后，该法律事实引起的民事纠纷案件，适用民法典的规定，但是法律、司法解释另有规定的除外。

5 宝泉公司诉鞍山公司等买卖合同纠纷案

——损害赔偿范围不应当超过订立合同时预见或
应当预见的损失范围规则的适用

案件索引

一审：黑龙江省鸡东县人民法院（2020）黑0321民初616号
二审：黑龙江省鸡西市中级人民法院（2020）黑03民终423号
重审一审：黑龙江省鸡东县人民法院（2022）黑0321民初51号
重审二审：黑龙江省鸡西市中级人民法院（2022）黑03民终1223号

基本案情

2012年1月6日，宝泉公司与鞍山公司签订《供货合同》与《技术协议》。合同签订后，宝泉公司按照合同约定向鞍山公司支付货款合计350万元。鞍山公司收到货款后于2012年4月14日至2012年6月19日期间陆续向宝泉公司随车发送案涉锅炉部分部件。2012年4月20日，宝泉公司与安装公司签订《锅炉安装工程承包合同》，约定由安装公司负责安装案涉锅炉本体。2012年4月27日的随车发货清单载明图纸2套。在案涉锅炉安装过程中，鞍山公司曾派工作人员到宝泉公司安装现场，但未全程在现场提供技术指导和技术服务。

2013年1月2日，案涉锅炉安装完毕，开始启动试运行。但案涉锅炉一直达不到合同约定的燃煤技术指标，在宝泉公司的要求下，鞍山公司于2013年1月5日派工作人员对案涉锅炉使用的燃煤进行调试，经过现场调试试验，发现使用1600大卡的无烟煤矸石无法达到燃烧状态。双方对案涉锅炉试运行问题又互通函件，仍无法解决案涉锅炉的问题。

2013年12月7日，宝泉公司、鞍山公司和安装公司三方在宝泉公司形成会议纪要：（1）锅炉出力尚未达到额定参数；（2）锅炉全部水冷壁发生波浪式弯曲，斜顶棚水冷壁下塌，且均有继续发展趋势；（3）鞍山公司对缺少的个别配件，按宝泉公司提供明细无偿再供；（4）锅炉安装存在缺陷。同时也明确了鞍山公司、安装公司存在着技术指导不到位、管理缺失、供货无交接、安装质量存在缺陷等问题。安装公司明确承认："由于安装单位没能及时去除返料器膨胀节上的临时固定螺栓，致使膨胀节失效，同时按合同属于安装公司负责安装的给煤机及落煤管间膨胀节没有按图纸中的技术要求安装，此两项使得炉膛向下膨胀受阻，是导致水冷壁炉膛变形损坏的根本诱因，并负有责任。"

2017年5月22日，研究所答复：因宝泉公司与锅炉制造单位存在其他争议，因此一直未书面申请颁发使用登记手续，市质量技术监督局特种设备安全监察科也未予颁发使用登记手续。

核心争议焦点

宝泉公司与鞍山公司在合同履行中，双方是否存在违约行为以及应否承担违约责任？

当事人各方观点及思维分析

一、原告代理人观点及思维分析

1. 被告交付锅炉设备的质量不合格，没有达到《供货合同》以及《技术协议》约定的锅炉技术标准和燃煤技术指标，因此给原告造成了直接经济损失。

2. 被告交付锅炉设备的质量不合格、发货无序以及发货时间延误给原告雇用的安装公司造成安装困难、不能进行安装作业，导致安装费用上涨。

3. 被告没有按照《供货合同》及《技术协议》的约定履行锅炉安装现场技术服务和调试义务，致使被告另行聘请其他咨询公司完成现场技术指导及调试工作。在此过程中，原告与被告多次沟通未果。

原告主张被告具有锅炉安装指导义务，而被告并未完整履行其合同义务，并且被告提供的锅炉设备质量不合格、发货无序且发货延误，导致不能正常开展安装作业。在锅炉试运行过程中，由于锅炉质量技术问题无法解决，也并没有获得被告的解决方案,因此产生了一系列损失。

二、被告代理人观点及思维分析

(一)宝泉公司为《供货合同》的买方,仅能依据购买锅炉后鞍山公司的违约行为给其造成的实际损失主张权利

宝泉公司主要诉请为赔偿案涉锅炉使用过程中的燃煤差价损失,而锅炉的使用人为宝鑫公司,宝泉公司不是锅炉使用方,而是燃煤的供货方,无权主张燃煤差价损失,判决鞍山公司向宝泉公司支付宝鑫公司使用锅炉的燃煤差价损失突破了合同相对性。

(二)鞍山公司按照《供货合同》的约定履行了全部合同义务,不存在违约行为

鞍山公司向宝泉公司交付的锅炉不存在质量问题,且宝泉公司未在合同约定的质量检验期内就锅炉质量问题向鞍山公司提出异议,应视为锅炉质量符合约定。案涉锅炉在鞍山公司完成交付后,已被安装和使用,证明鞍山公司的交货是有序和完整的,并且完全履行了技术指导义务。

(三)宝鑫公司违规作业产生的损失应当由其自身负担

锅炉属于特种设备,其使用必须符合国家强制性规定,否则属于非法使用。而宝鑫公司使用锅炉期间,并未取得《锅炉使用登记证》,属于违规作业,在非法使用锅炉生产作业期间所产生的"燃煤差价损失"应由其自身负担。

(四)锅炉受损为安装问题而并非锅炉生产质量问题,损失与鞍山公司不具有因果关系

锅炉受损的原因并非鞍山公司生产质量问题,而是由于安装公司不具备专业资质且没有按照图纸中技术要求进行安装而导致锅炉不能正常运转。锅炉长期非法使用并经过重大维修,在发现问题后,仍长期非法使用锅炉,使锅炉在存在安装缺陷的情况下继续受损,发现燃煤差价损失后仍长期继续使用任由损失扩大。锅炉安装公司安装与使用方式不妥是造成"损失"的根本原因,锅炉受损与被告没有因果关系,不应当由被告承担损害责任。

(五)原告的损害赔偿范围超过合同签订时可预见的损失,因而无权主张赔偿

原告主张的损害赔偿范围远远高于合同标的,更超过了合同双方订立合

同时预见或应当预见到的因违约可能造成的损失,更不能放任损害赔偿范围扩大,因此原告无权就扩大的损失请求赔偿。

首先,厘清原被告关系。根据合同显示,双方为买卖合同关系而并非安装服务关系,用以界定双方权利义务,表明锅炉安装并非被告合同义务,提供安装图纸以及必要指导仅为买卖合同的附随义务,且被告已经履行完毕。锅炉安装有误产生的损失的责任承担主体应当是安装人而并非出卖人。法律以及双方合同均对于"货物质量检验期间"予以明确规定和约定,原告提出质量问题不符合法律规定及合同约定期间,尽管有质量问题也不应当由被告承担责任。原告主张的燃煤差价损失远高于合同订立时可预见的损失,且不符合法律规定的"过错相抵""责任相当"原则。

笔者系被告代理人,在本案中的主要代理思路如下:

一、本案原告主体不适格

原告因非合同当事人而无权以合同纠纷为由提起诉讼。案涉锅炉的实际使用方为案外人,而原告只是合同签订主体而非使用主体,不存在任何实际损失,无权主张锅炉燃煤差价损失。

二、被告已按照合同约定履行了交货义务,且合同标的质量符合合同约定

被告同时已按照合同约定完成现场指导、提供安装图纸等附随义务。被告已经履行了案涉合同约定的全部义务,不存在违约行为,因此不应当承担任何违约责任。

三、被告仅就锅炉质量问题承担责任,而不应当赔偿安装不当造成的损失

原告所主张赔偿责任能否得到支持,取决于锅炉安装之后的锅炉整体是否存在质量问题,以及锅炉是否正确使用。被告仅负责生产锅炉各部分部件,对于由于锅炉整体安装原因及安装后因使用原因造成的损失不具备承担责任的基础,因此不应当承担燃煤差价损失。

四、原告及安装人员并没有合法资质，其安装行为为非法安装行为

案涉锅炉并未取得《锅炉使用登记证》，意味着锅炉整体、锅炉作业场地、锅炉水质、锅炉操作人员等系列作业条件均不具备，并不具有燃烧作业的必要前提，原告使用锅炉的行为为非法运行，因此其非法运行而产生的损失并不能由被告承担。

五、原告主张的"燃煤差价"损失无事实和法律依据

原告所主张的"燃煤差价损失"是在其所谓试运行锅炉期间产生的，试运行并非正式生产，原告主张试运行期间每天 400 吨的燃煤消耗也不合常理，且没有实际发生。原告所主张的损失违反《民法典》第 584 条所规定的可预见损失规则、第 591 条规定的减损规则以及第 592 条规定的过失相抵规则，因此原告所主张的燃煤差价并不符合法律规定。原告在锅炉验收、安装、使用、维修过程中均存在过错，其所主张的损失是由于其自身原因产生的，损失和责任应当由其自身承担。

一、信息公开行政诉讼的运用，证明案涉损失为安装方责任

本案历经较为完整的诉讼流程，代理律师注意到本案所涉设备为特种设备，其生产、安装和运行应当具有严格的国家许可和标准，因此针对特种设备安装和运行合规性问题提起行政信息公开诉讼，从而在民事诉讼程序中详细论证了诉讼主体适格性、案涉产品质量损害原因、锅炉试运行和启动的资质欠缺问题。

二、侵权损害范围不得超过签订合同时可预见和应当预见的范围规则

《合同法》对侵权损害赔偿范围的规定遵循着责任相当原则，代理律师团队坚持要求适用《合同法》规定的"过错相抵""减损规则""责任相当原则"等条款的规定，主张适用《合同法》第 113 条"可预见性限制"的规定，向合议庭强调原告公司诉请赔偿损失额超过了订立合同时预见或者应当预见到的因违约可能造成的损失，并主张我方当事人无义务承担因对方没有采取适

当措施导致损失扩大的部分与其因自身过错导致的损失部分的损害赔偿,将损害赔偿范围按照法律规定加以限缩。同时,援引《最高人民法院关于审理买卖合同纠纷案件适用法律问题的解释》第22条"买卖合同当事人一方违约造成对方损失,对方主张赔偿可得利益损失的,人民法院在确定违约责任范围时,应当根据当事人的主张,依据民法典第五百八十四条、第五百九十一条、第五百九十二条、本解释第二十三条等规定进行认定"之规定,认为原告公司的主张不仅没有正确适用《合同法》的规定,同时也不符合过渡到《民法典》后一脉相承的对于损失赔偿范围认定的规则。

一、关于燃煤差价损失问题

该问题的根本原因是案涉锅炉不能使用设计煤质的无烟煤矸石,关于这一问题,由于重审中仍然没有进行鉴定,故只能依据现有证据进行评判。本案中宝泉公司、鞍山公司和安装公司三方共同签署会议纪要,该纪要内容是三方达成的共识,其中载明"由于安装单位没能及时去除返料器膨胀节上的临时固定螺栓,致使膨胀节失效,同时按合同属于安装公司负责安装的给煤机及落煤管间膨胀节没有按图纸中技术要求安装,此两项使得炉膛向下膨胀受阻,是导致水冷壁炉膛变形损坏的根本诱因,并负有责任"。根据该纪要内容,可以确定锅炉在安装过程中没有被正确安装这一事实,三方共同认可安装公司存在未按照鞍山公司提供的图纸进行安装及未及时去除返料器膨胀节上的临时固定螺栓致使膨胀节失效的过错,且安装过错系锅炉故障的直接诱因。由于一审法院审理过程中没有进行鉴定,所以对于安装公司的上述过错与锅炉不能使用设计煤质无烟煤矸石之间是否存在因果关系及相关参与度没有明显的证据来确定或者排除,但是本案不争的事实是案涉锅炉因为安装公司的上述过错已经受损并直接导致锅炉故障,此为三方共识并形成纪要。一审判决存在如下问题:首先,该热力计算书并不能直接导致鉴定的结论不利于鞍山公司;其次,在安装过程中已经出现了安装过错导致锅炉故障,忽视了会议纪要关于安装过错系锅炉故障直接诱因的共识;最后,依据宝泉公司与鞍山公司签订的供货合同和技术协议,热力计算书是与安装说明书、使用说明书等在锅炉交付时附带的基础资料,在本案中已不属于鞍山公司单独持有的证据材料。故一审法院的这一事实认定和法律依据不足，二审法院予以纠正。

二、关于宝泉公司能否主张燃煤差价损失的问题

本案中，案涉锅炉没有被正确安装，安装公司的安装过错导致锅炉出现故障并进行修理，且燃煤差价损失不在供货合同约定的索赔范围之内，故鞍山公司主张燃煤差价损失超出了其订立合同时预见或者应当预见到的因违约可能造成的损失范围，法院予以采信。

宝泉公司与鞍山公司签订的技术协议约定，鞍山公司派驻现场的技术服务人员对锅炉的安装提供技术和监理服务，案涉锅炉安装过程中出现了安装公司对锅炉的部分配件没有按照图纸进行安装等问题，故对锅炉安装过程中出现的安装过错及锅炉故障，鞍山公司和安装公司均负有责任。因会议纪要明确后期发生的材料费用由三方另行商定，而三方对此尚未协商确定，宝泉公司主张的延期安装损失包括材料费及人工费，故一审判决鞍山公司给付宝泉公司该项损失无事实及合同依据；宝泉公司主张延期导致的人工费，仅提供了安装公司单方出具的损失计算明细，但未能提供其他证据证明该笔费用已实际发生，故一审判决支持该项损失无事实依据。

三、关于明远公司技术指导调试费用的问题

案涉《锅炉技术指导及调试合同》的双方系宝鑫公司与明远公司，根据宝泉公司与鞍山公司签订的供货合同及技术协议约定，鞍山公司仅提供技术服务而非提供安装服务，故一审判决由鞍山公司给付宝泉公司关于明远公司指导调试费用无事实依据。

四、关于鞍山公司要求宝泉公司给付剩余货款及垫付部件款的问题

双方签订的供货合同约定"设备安装完毕，正常运行付25%设备款，剩余5%为质保金，设备正常运行12个月或者全部设备运抵需方施工现场18个月后一次性付清"。由于安装过程中出现故障，锅炉未能达到约定的质量标准，宝泉公司给付剩余货款的条件未成就，关于材料费用三方当事人也未协商确定，故对鞍山公司的该项上诉请求，法院不予支持。

案例编写人 北京市隆安律师事务所 金作鹏

专家点评

许中缘　中南大学法学院院长、教授、博士生导师，中国民法学研究会常务理事

合同是交易主体对资源再分配、实现财富创造的理性工具，也是当事人谋划未来、规避风险的必然措施。若违约赔偿责任泛滥无际，势必会影响交易主体参与合同交易的积极性，损及合同本身所具有的交易功能。因此，为维护对价关系的公平性及保障市场交易的安全性，《民法典》第584条规定了违约损害赔偿责任的"可预见性限制规则"。本案中，宝泉公司与鞍山公司属买卖合同法律关系，鞍山公司仅需保障锅炉质量与提供一定的技术指导服务，并不负有锅炉安装义务，燃煤差价损失不在供货合同约定的索赔范围之内。此外，锅炉属于特种设备，其生产、安装和运行应当具有严格的国家许可和标准，案涉锅炉存在安装和运行合规性问题，加之安装公司的安装过错导致锅炉出现故障，故鞍山公司主张燃煤差价损失超出了其订立合同时预见或者应当预见到的因违约可能造成的损失范围。本案判决正确区分行政法律关系与民事法律关系，合理分配双方责任，值得肯定。

相关法条

《中华人民共和国合同法》

第一百零七条[①]　当事人一方不履行合同义务或者履行合同义务不符合约定的，应当承担继续履行、采取补救措施或者赔偿损失等违约责任。

第一百一十三条第一款[②]　当事人一方不履行合同义务或者履行合同义务不符合约定，给对方造成损失的，损失赔偿额应当相当于因违约所造成的损失，包括合同履行后可以获得的利益，但不得超过违反合同一方订立合同时预见到或者应当预见到的因违反合同可能造成的损失。

《最高人民法院关于民事诉讼证据的若干规定》

第九十五条　一方当事人控制证据无正当理由拒不提交，对待证事实负

---

① 该法已失效，本条对应《民法典》第577条。
② 该法已失效，本条对应《民法典》第584条。

有举证责任的当事人主张该证据的内容不利于控制人的，人民法院可以认定该主张成立。

《最高人民法院关于审理买卖合同纠纷案件适用法律问题的解释》

第二十二条　买卖合同当事人一方违约造成对方损失，对方主张赔偿可得利益损失的，人民法院在确定违约责任范围时，应当根据当事人的主张，依据民法典第五百八十四条、第五百九十一条、第五百九十二条、本解释第二十三条等规定进行认定。

6 刘某诉印某采矿权转让合同纠纷案

——发回重审裁定书作出的事实认定对重审法院的约束力探析

案件索引

一审： 贵州省高级人民法院（2015）黔高民初字第 69 号
二审： 最高人民法院（2017）最高法民终 623 号
重审一审： 贵州省高级人民法院（2018）黔民初 57 号
重审二审： 最高人民法院（2019）最高法民终 1979 号

基本案情

柏果煤矿系个人独资企业，登记投资人为刘某。2013 年，印某向刘某支付 800 万元转让款，并先后与刘某签订《股权转让协议书》《协议书》等协议，主要约定：（1）刘某将柏果煤矿 97% 股份份额作价 2.134 亿元转让给印某。（2）刘某收到 800 万元后 7 日内，印某负责通知刘某所有的债权人，债权人将其债权凭据经刘某确认后相应债务（利息计算至 2012 年 8 月 16 日）转移给印某，视为印某已向刘某支付与债务转移金额相同的转让价款。（3）印某配合刘某解除其此前与案外人签订的《股权转让协议书》，案外人已付刘某的 1400 万元视为印某支付给刘某的款项。（4）印某支付第一期转让价款 800 万元后，可参与煤矿生产经营管理，刘某在一定期限内将煤矿的所有证照移交印某。其余转让价款，印某应在同年 8 月 5 日前支付 50%，在同年 11 月 5 日前全部付清，且此部分价款应从同年 6 月 5 日起按 3% 的月利率计付利息，在每月 5 日以前把利息汇入刘某指定账户，直至款项结清为止；如印某不按约定按时付款超过 1 个月，则本协议自动失效，印某放弃所有股权，刘某无偿收回股权。（5）为弥补刘某损失，印某自愿补偿刘某 1140 万元，并保证该（补偿）款于 2013 年 8 月 5 日付清，否则承担违约金 1000 万元。（6）刘某保留的3%股份作价660万元，不参加煤矿的利润分配及亏损承担，而由印某以3%的月利率在每月5日前支付相应利息给刘某；在适当时候再另行协议将该3%份额一并转给印某。（7）当柏果煤矿符合办理法人变更及其他过户条件时，刘某必须无条件配合印某办理相关过户手续；如刘某不配合办理法人变更手续，则应支付3000万元违约金给印某，且应继续配合办理法人变更手续。（8）合同签订后煤矿一切生产管理事务由刘某委托印某全权代理，印某从2012年10月8日起每月支付刘某8000元工资。前述合同签订后，刘某向印某出具《委托书》，授权印某负责柏果煤矿的生产经营管理，其中包括"对外签署合同""与其他集团公司合作重组的谈判"等，印某据此接管该煤矿，负责煤矿的生产经营管理。

《股权转让协议书》签订前，印某委托包某贝代表其向柏果煤矿债权人出具了《柏果煤矿投资生产经营人员向债权人承诺书》，向债权人承诺还款金额及还款计划，并承诺2014年5月1日前全部还清。《股权转让协议书》签订次日，印某出具一份关于委托案外人代其办理2012年8月16日之前刘某的借款借条确认事宜的《委托书》中，表明其爱人包某贝向债权人所作上述承诺继续有效。

2013年7月，刘某将柏果煤矿营业执照、采矿许可证等证件及其他资料移交给印某。庭审中，刘某、印某当庭确认签订合同的真实意思系将柏果煤矿的采矿权人变更为印某。

因政策原因，刘某未能将柏果煤矿过户给印某个人名下，在此情形下，第三人德鑫公司、柏果煤矿、印某三方特别签订《兼并重组协议书》，约定将柏果煤矿兼并重组到德鑫公司名下，印某因此享有该煤矿兼并重组后的相关权益。2013年11月26日，刘某代表柏果煤矿与德鑫公司签订《采矿权转让合同》。2013年12月，柏果煤矿的采矿权变更登记到德鑫公司名下。2015年11月22日，刘某在报社刊登《遗失声明》，谎称柏果煤矿相关证照不慎遗失，声明作废，并办理新的营业执照、公章，重新控制柏果煤矿。

2013年7月27日，刘某之妻王某真向印某出具关于收到印某支付的有关款项的《收条》中确认转移债务为1.8亿余元。经双方确认，《股权转让协议书》约定印某承担的全部债务已清偿金额1亿余元（包含利息）。截至2014年8月22日，印某总计向刘某实际直接支付4253万元，其中，在2013年11月5日前已支付3720万元，尚有465万余元存在迟延支付事实。

刘某向贵州省高级人民法院提起诉讼，诉请：（1）解除关于柏果煤矿《股权转让协议书》等相关协议；（2）印某根据《审核鉴定报告》归还经营期间全部利润，以及相关证照和资料；（3）印某支付转让款利息88万余元；（4）印某按照《协议书》约定支付违约金1000万元；（5）印某承担律师费及审计费共计217万余元。印某提起反诉，反诉请求主要为判决解除双方签订的《股权转让协议书》等协议；确认印某对《股权转让协议书》确认的债务不再承担清偿责任；刘某向印某支付违约金3000万元；刘某向印某返还根据《股权转让协议书》确认的债务中印某已代付的9979万余元；刘某返还印某已付转让款4253万余元；刘某赔偿印某投入损失2689万余元；刘某赔偿代刘某支付的债务、赔偿款契税等造成的损失共计363万余元。本案发回重审后，印某变更反诉请求为：（1）确认印某享有柏果煤矿97%的所有者权益（投资者权益）；（2）责令刘某停止侵害印某行使柏果煤矿经营管理权，并责令刘某及其委派的管理人员撤出柏果煤矿。

核心争议焦点

案涉《股权转让协议书》等相关协议应否解除？

当事人各方观点及思维分析

刘某观点：一是印某存在严重的违约行为：（1）刘某拥有3%的股权折合人民币660万元，印某应按3%的月利率每月5日前支付给刘某。截至2016年4月13日，刘某重新实际接管并经营煤矿之时，应支付股权利息收入共计871万元，此款项至今未支付。（2）印某从2012年10月8日起每月支付刘某8000元工资。截至2016年4月13日未支付工资共计33万余元，此款项至今未支付。（3）尽管印某已经承接柏果煤矿所有债务，但全部债权人均未同意免除刘某的还款义务。根据债务人转移义务应征得债权人同意的规定，本案债务转移行为不发生法律效力。印某尚欠债权人8000余万元的行为，也应视为对刘某的违约。（4）印某补偿刘某1140万元应于2013年8月5日前付清，此款于2013年11月2日才支付完毕，超过合同约定的期限，印某应付给刘某违约金1000万元。二是本案采矿权转让合同目的无法实现。根据政策规定，印某不具备主体条件，柏果煤矿的采矿权不能变更登记至印某名下，并已于2013年12月变更登记至德鑫公司名下，故该采矿权转让合同的目的无法实现。

印某观点：印某对刘某不存在严重违约行为，合同主义务已经履行完毕，刘某主张解除合同没有事实和法律依据，应予驳回。（1）印某应当支付给刘某的转让价款和补偿金合计4185余万元，实际支付4253万元，支付给刘某的其他债务款205万余元，已经超额支付了全部转让款。双方关于将采矿权转让至印某名下的约定因与兼并重组政策相悖而不能履行，后双方协议变更为将柏果煤矿兼并重组至德鑫公司名下，2013年12月采矿权转让合同经行政审批许可，此时才发生法律效力。印某在2013年11月26日签订兼并重组合同当天就付清了全部转让尾款，即便根据原协议约定有迟延履行的事实，但印某具有正当理由，且刘某也接受了印某支付的转让价款。因此，印某没有严重违约行为。（2）案涉合同系承债式收购合同，印某承接1.8亿元债务后，该债务已经发生转移，并在印某与债权人之间产生法律约束力。印某未按期足额偿还债务的，即使要承担违约责任也是对债权人承担，而不是刘某。况且，根据《审核鉴定报告》，印某承接的债务为1.799亿余元，已支付1亿余元，履行了大部分偿债义务。虽存在延期偿付全部债务的事实，但在相关部门的协调下，已经同债权人代表达成了新的还款合意，对原转让协议付款期限的约定进行了变更。因此，印某未足额偿还债务的行为对刘某不构成违约。

代理思路

本案经最高人民法院裁定发回重审后，代理律师才接受当事人印某的委托代理本案。经与委托人充分沟通，查阅案件材料，代理律师发现刘某没有偿付能力，即便解除案涉合同，实际上也很难实现委托人的诉讼利益。经过分析研究，最终决定变更诉讼策略，确定如下代理思路：

1. 将原主张解除案涉合同、退还转让款及赔偿相应款项的反诉请求变更为：确认印某享有柏果煤矿97%的所有者权益（投资者权益），并责令刘某撤出柏果煤矿，移交管理权；

2. 核实印某已实际支付转让款的金额，确定合理履行情况；

3. 分析印某承接的刘某及柏果煤矿债务的性质，以论证案涉合同无法解除也达不到解除条件。

首先，本案系经最高人民法院发回重审的案件，且发回重审裁定书认定案涉合同因双方达成解除的合意而发生合同解除的法律效力。现该发回重审裁定书系二审法院作出，该裁定书作出事实认定的效力一般情况下及于重审法院，即重审法院原则上不得针对同一事实作出相反的认定。但本案的特殊之处在于，最高人民法院作出的合同已经解除的认定系基于原一审中双方均主张合同解除这一事实，但印某在重审程序中已依法将原来解除合同的诉请变更为确认投资者份额，即最高人民法院作出前述认定的基础事实已经发生改变，重审法院根据改变后的基础事实可以作出不同的认定。基于此，本案发回重审后，重审法院并未采纳最高人民法院的观点直接认定合同已经解除，而是综合考量案涉合同履行程度、合同目的实现情况等，作出案涉合同解除没有事实及法律依据的认定。

其次，案涉合同不具备法定解除的条件。合同解除后的法律效果是：尚未履行的，终止履行。已经履行的，恢复原状或采取其他补救措施，并有权请求赔偿损失。本案中，一方面，刘某及柏果煤矿的债务已实际转移给印某，印某也据此向债权人出具了《柏果煤矿投资生产经营人员向债权人承诺书》，该债务转移已在印某与债权人之间产生法律效力。未经债权人同意，人民法院不能径行判决印某不承担已实际承接的债务，何况部分债权人已起诉印某承担还款责任。如案涉合同解除，按照法律规定，印某没有履行的债务不再履行，但是此前债务转移已经发生法律效力，其他尚未受偿的债权人仍可要求印某履行已承接的债务，案涉合同仍无法终止履行，这必然和合同解除的法律后果相悖。因此，该解除合同的条件之一无法通过人民法院判决实现。另一方面，印某已清偿债务1亿余元，按照合同解除的法律后果，印某可以主张恢复原状（即返还），但印某根本不能也没有权利向债权人主张返还，此时只能向刘某主张赔偿损失。然而，刘某重新控制柏果煤矿后，印某根本不能有效防止刘某以柏果煤矿的名义加大煤矿负债，以致其个人及煤矿负债累累。如继续认定案涉合同解除，即使生效法律文书确定了刘某承担责任的数额，但其也已经丧失了履行生效法律文书的能力，这必将导致印某的合法权益无法得到维护和实现，同时还要承担煤矿的对外债务，会极大地损害印某的合法权益，也达不到合同解除的法律效果。因此，案涉合同根本达不到解除的法定条件。

审判观点

（2015）黔高民初字第 69 号：本案双方当事人均主张解除合同，但对于解除合同理由、解除合同目的及责任承担的认定均不相同，不能认为双方就解除合同达成了一致合意。何况双方主合同义务已履行完毕，合同目的已实现，故原被告主张解除合同的理由于法无据。

（2017）最高法民终 623 号：本案所涉合同已经成立并生效，刘某、印某均要求解除合同，虽双方解除合同的理由不同，对合同解除后责任承担也并未达成一致意见，但不影响刘某、印某就解除合同这一事项本身达成合意，本案所涉合同因双方协商一致而解除。一审判决认为不能认定双方就解除合同达成合意确有不当。根据《合同法》第 97 条的规定，合同解除后，尚未履行的，终止履行；已经履行的，根据履行情况和合同性质，当事人可以要求恢复原状，采取其他补救措施，并有权要求赔偿损失，合同解除后，应当查明双方实际履行合同情况，在此基础上根据当事人的请求正确判定当事人是否承担恢复原状、采取其他补救措施或赔偿损失等责任。故撤销一审判决，发回重审。

（2018）黔民初 57 号：本案系承债式收购合同，合同依法已生效。

第一，印某清偿所承接柏果煤矿债务是债务转移还是债务加入。刘某主张印某未按《承诺书》及《股权转让协议书》约定履行对债权人如期偿还债务的义务，且此项违约比例高达 44.04%，对刘某构成根本违约，《股权转让协议书》应当予以解除。该问题的实质为印某代偿债务的行为究竟是构成债务转移还是债务加入。根据《合同法》第 84 条的规定，债务人将合同义务全部或者部分转移给第三人的，应当经债权人同意。（1）从合同签订来看，印某在与刘某签订案涉《股权转让协议书》前，其妻包某贝就单方对案外债权人作出清偿承诺并经印某追认。之后印某与刘某签订协议并自愿将涉案债务转移到自身，双方所签订合同亦明确印某负有清偿其所承接柏果煤矿债务的义务，故，刘某已与印某达成合意由印某代偿柏果煤矿债务，印某对债权人亦作出清偿承诺。（2）合同实际履行过程中，案外债权人经印某通知，将持有的《借条》交给刘某之妻核对确认截至 2012 年 8 月 16 日的借款本息数额。债权人的该行为视为债权人已同意该部分债权由印某进行清偿。印某事实上已按约履行了部分还款义务，已清偿金额 1 亿余元。因此，可以认定经债权人同意，印某的代偿行为已构成债务转移。（3）刘某主张案涉《股权转让协议书》的性质为债务加入,并提供借条、偿还清单等证据证明在印某未按约代偿债务的情况下,其实际向案外债权人履行了柏果煤矿所欠的部分债务,但其所提供的证据系复印件,印某对该证据三性不予认可,法院依法不予采信。(4)庭审中印某对尚欠的债权人债务的剩余清偿责任并未推卸,并表示愿意继续清偿。故,印某实际承担了双方约定的代偿义务,其偿债行为已构成债务转移,若印某未能按时清偿,则其应对案外债权人而不是对刘某承担违约责任。至于其清偿所承接柏果煤矿债务过程中对案外债权人是否构成违约,则不在本案审理范围内,应由相应的债权人另行主张权利。

第二,双方合同目的是否已经实现。《股权转让协议书》签订后,印某已按约定支付了全部合同价款,刘某则按约定已将煤矿交付印某实际控制经营管理,且双方当事人基于合意已将交易煤矿兼并重组到印某指定的第三人德鑫公司名下。可见,双方合同主要义务已经履行完毕,合同目的已经实现,不符合《合同法》第94条规定的合同法定解除的情形,故刘某关于解除《股权转让协议》和《补充协议》等相关协议的理由无事实依据和法律依据,依法不予支持。

(2019)最高法民终1979号:第一,《股权转让协议书》签订后,印某已经支付了全部转让款,刘某已将柏果煤矿交由印某经营管理,采矿权也已变更登记到印某指定的德鑫公司名下,双方的合同目的已经实现。故刘某以《股权转让协议书》无法履行为由请求解除合同,并主张《补充协议》无效,无事实和法律依据,法院不予支持。第二,刘某主张,印某存在违约行为,根据合同约定,任意一方未按协议条款履行义务即视为违约,守约方有权要求继续履行协议或终止协议。法院认为:印某在支付转让款的过程中确实存在迟延付款行为,但该违约行为显著轻微,未影响双方合同目的实现且合同已经履行完毕,刘某以该履约瑕疵为由要求解除合同,既不符合本案实际情况,亦与交易公平原则和交易安全原则相悖。

案例编写人 贵州驰宇律师事务所 朱浩兴

专家点评

吴光荣　　国家法官学院民商事审判教研部教授、司法审判研究中心研究员

实践中，原告以被告存在根本违约为由请求解除合同，被告虽然不承认原告有法定解除权但也同意解除合同的情形确实存在。对于这种情况，合理的做法是按协议解除处理。新公布的《最高人民法院关于适用〈中华人民共和国民法典〉合同编通则若干问题的解释》采取的也是这个思路。本案的特殊性在于原二审发回重审的裁定是基于双方都同意解除合同作出的，但是案件发回重审后，因当事人变更诉讼请求，导致再按协议解除处理便失去了基础，故在原告没有法定解除权的情况下，法院只能驳回原告关于解除合同的诉讼请求。

相关法条

《中华人民共和国合同法》

第八十四条① 债务人将合同的义务全部或者部分转移给第三人的，应当经债权人同意。

第九十七条② 合同解除后，尚未履行的，终止履行；已经履行的，根据履行情况和合同性质，当事人可以要求恢复原状、采取其他补救措施，并有权要求赔偿损失。

---

① 该法已失效，本条对应《民法典》第 551 条第 1 款。
② 该法已失效，本条对应《民法典》第 566 条第 1 款。

7 张某某诉诸暨市某建筑装饰有限公司装饰装修合同纠纷案

——房屋装修中因拆除承重墙受到行政处罚向对方承担赔偿责任的认定

案件索引

一审：浙江省诸暨市人民法院（2022）浙0681民初9195号
二审：浙江省绍兴市中级人民法院（2022）浙06民终4963号

基本案情

张某某系诸暨市暨阳街道某小区44幢1单元302室房屋的业主。2021年10月31日，经张某某同意，其女儿吴某某（甲方）与某建筑公司（乙方）签订装饰装修施工合同，对该处住宅进行重新装修。合同约定由某建筑公司以包工包料的形式对位于诸暨市暨阳街道某小区44幢1单元302室的房屋进行装饰装修施工，总价款为138000元，工期自2021年11月6日至2022年1月6日，合同约定某建筑公司指派邵某某为乙方驻工地代表，还约定"甲方工作：如确实需要拆改原建筑结构或设计管线，应负责到所在地房管部门或物业管理部门办理相应审批手续，并承担有关费用；乙方工作：未经甲方同意和所在地房管或物业管理部门批准，不得随意拆改原有建筑承重结构及各种共用设备管线；违约责任：（1）由于甲方原因导致延期开工或中途停工，甲方应补偿乙方因停工、窝工所造成的损失，每停工或窝工一天，甲方付乙方200元；甲方未按合同的约定付款，每逾期一天，按逾期未付款的20%支付违约金。（2）由于乙方原因逾期竣工，每逾期一天，乙方按甲方已付款的20%向甲方支付违约金。（3）甲方未办理有关手续，强行要求乙方拆改原有建筑承重结构及共用设备管线，由此发生的损失或事故（包括罚款）由甲方负责并承担责任。（4）乙方擅自拆改原有建筑承重结构或共用设备管线，由此发生的损失或事故（包括罚款）由乙方负责并承担责任"。

协议签订后，某建筑公司对涉案房屋按约定时间进行装修施工，2021年11月9日因被举报，某建筑公司停止施工。同日诸暨市综合行政执法局根据举报发现涉案房屋涉嫌违法装修，于2021年11月12日开展立案调查，经诸暨市综合行政执法局查明并经浙江科鉴检测校准有限公司评估，自2021年11月6日至11月10日装修期间涉及装修变动墙体六处，拆除及变动墙体中涉及承重结构五处，分别为：（1-3）/B轴墙体、（3-5）/B轴墙体、（3-5）/C轴墙体、3/（B-D）轴墙体、（2-4）/F轴墙体。2021年12月14日诸暨市综合行政执法局分别向张某某和某建筑公司送达了诸综执听告字〔2021〕第02-0215号、第02-0217号《行政处罚（听证类）告知书》，告知双方拟作出行政处罚决定的事实、理由、依据及内容，并告知其享有的权利。2021年12月16日张某某提出申请听证，诸暨市综合行政执法局2022年1月2日召开听证，于2022年1月23日出具听证报告，2022年2月18日对张某某作出诸综执罚决字〔2021〕第02-0215号《行政处罚决定书》，处罚决定书认为张某某的装修行为违反了《浙江省房屋使用安全管理条例》第10条第1款"住宅房屋装修不得拆除、变动房屋基础、梁、柱、楼板、承重墙、外墙等建筑主体或者承重结构，不得超过原设计标准增加房屋使用荷载"的规定，已构成房屋使用安全责任人违法进行房屋装修的行为，鉴于该违法行为对周边居民造成的影响较大，但考虑到张某某年纪较大等实际情况，依据《浙江省房屋使用安全管理条例》第37条"房屋使用安全责任人和房屋装修经营者违反本条例第十条规定进行房屋装修的，由县（市、区）住房城乡建设主管部门责令限期改正，处五万元以上十万元以下罚款"的规定，对房屋使用安全责任人张某某作出罚款8万元的行政处罚。因某建筑公司未申请听证，诸暨市综合行政执法局于2021年12月31日对其作出诸综执罚决字〔2021〕第02-0217号《行政处罚决定书》，处罚决定书认为某建筑公司的装修行为违反了《浙江省房屋使用安全管理条例》第10条"住宅房屋装修不得拆除、变动房屋基础、梁、柱、楼板、承重墙、外墙等建筑主体或者承重结构，不得超过原设计标准增加房屋使用荷载。非住宅房屋装修确需拆除、变动房屋基础、梁、柱、楼板、承重墙、外墙等建筑主体或者承重结构，或者超过原设计标准增加房屋使用荷载的，房屋使用安全责任人应当委托原设计单位或者具有相应资质等级的设计单位出具设计方案，并委托具有相应资质的施工单位施工。施工单位应当按照设计单位出具的设计方案进行施工。房屋装修经营者不得承接违反本条第一款、第二款规定的装修工程"的规定，已构成房屋装修经营者违法进行房屋装修的行为，鉴于该违法行为情节严重、社会影响较大，依据《浙江省房屋使用安全管理条例》第 37 条的规定，对房屋装修经营者某建筑公司作出罚款 10 万元的行政处罚。2021 年 11 月 9 日后，某建筑公司停止施工，并根据相关部门对危房承重结构的研究方案要求，做好恢复加固工作。

2021 年 12 月 23 日，张某某向某建筑公司发送解除合同通知函，通知某建筑公司：（1）解除双方于 2021 年 10 月 31 日签订的装修合同；（2）某建筑公司需向张某某承担返还款项、赔偿违约金以及造成各项损失等违约责任；（3）在收到通知 5 日内协商解决解除后的各项事宜。2022 年 1 月 5 日，双方协商重新签订了新的装修施工合同，仍由某建筑公司以包工包料的形式对张某某名下的位于诸暨市暨阳街道某小区 44 幢 1 单元 302 室的房屋进行装饰装修施工，总价款为 88000 元，价款已全部结清。

2022 年 4 月 25 日，张某某向法院起诉：认为某建筑公司擅自拆改原有建筑承重结构，违规操作，造成其被处罚 8 万元，故请求法院判令某建筑公司赔偿其行政处罚罚金 8 万元。某建筑公司于 2022 年 6 月 5 日向法院提起反诉：认为张某某明知房屋本身系危房却未履行告知和说明义务且未对拆改原建筑结构办理审批手续就要求进行装修，导致其被处罚 10 万元，故反诉要求赔偿其行政处罚罚金 10 万元及因停工造成的损失 11000 元。

核心争议焦点

双方签订的装饰装修合同，系双方当事人真实意思表示，且未违反法律法规的强制性规定，应属合法有效。本案的核心争议焦点为：一是张某某、某建筑公司是否因拆除承重墙的行为受到行政处罚向对方承担赔偿责任？二是张某某应否承担赔偿某建筑公司停工损失的违约责任？

当事人各方观点及思维分析

张某某认为：合同约定由某建筑公司以包工包料的方式承包张某某房屋装修工程，合同约定工程总价款 138000 元以及工期、付款方式、双方的权利义务、违约责任等内容，其中合同第 7 条第 4 款明确约定不得擅自拆改原有建筑承重结构或共用设备管线，因此发生的损失或事故（包括罚款），由某建筑公司负责并承担责任。协议签订后张某某依约支付了首期工程款，某建筑公司进场施工后擅自拆除了原有承重墙，2021 年 11 月 9 日诸暨市综合行政执法局根据举报发现涉诉房屋实施了违法装修，2022年2月18日诸暨市综合行政执法局作出诸综执罚决字〔2021〕第02-0215号行政处罚决定书，对张某某作出8万元的行政处罚，张某某认为系某建筑公司违规操作导致张某某被处罚，该8万元行政处罚的损失应当由某建筑公司承担。

某建筑公司认为：其不存在擅自拆改原有建筑承重结构或共用设备管线的情形，因张某某未履行到相关部门审批的合同义务，导致双方被诸暨市综合行政执法局认定房屋使用安全责任人和房屋装修经营者违法进行房屋装修，分别被处罚款8万元及10万元，2022年1月5日，双方协商一致，重新签订了一份合同，由某建筑公司继续施工，工程价款为88000元，现款已结清，人已入住，在此情况下张某某要求某建筑公司承担其行政处罚款8万元，于情于理于法均不符。反而是张某某的行为已构成违约，应由其赔偿某建筑公司行政处罚金10万元及停工造成的损失11000元。

代理思路

代理人对于代理本案某建筑公司的代理思路：（1）张某某存在违反合同约定的情形。按合同约定张某某应在开工前一天，向某建筑公司提供经物业管理部门认可的施工图纸或做法说明1份，并向某建筑公司进行现场交底，如确实需要拆改原建筑结构或设计管线，负责到所在地房管部门或物业管理部门办理相应审批手续，并承担有关费用。但事实上对于需要拆改的原建筑结构，张某某没有到相关部门去履行审批手续，属违反合同约定。（2）某建筑公司不存在合同所约定的擅自拆改原有建筑承重结构或共用设备管线的情形。某建筑公司是按照张某某的要求并经其同意才进行的二房改三房工作，没有擅自拆改原有承重结构，按照老旧房的装修习惯，改什么样的结构都由房东先说要求，再由装修公司确定方案，房东满意并同意方案后方可按要求施工。（3）张某某未告知涉案房屋属危房的事实。该房屋装修自2021年11月6日开工，2021年11月9日被举报，某建筑公司事后才知所装修房屋楼层属于经检测过的危房，但在签订合同时张某某作为房东不但未履行告知和说明义务，还隐瞒该事实，致使某建筑公司在不知情的情况下施工。（4）2021年12月23日双方解除原合同，并于2022年1月5日重新签订一份装修施工合同，由某建筑公司继续施工，价款为88000元，工期为2022年1月5日至3月21日，现工程款已结清，人已入住。因此，某建筑公司反诉要求张某某赔偿其没有履行审批手续导致某建筑公司被诸暨市综合行政执法局罚款10万元，并因张某某原因延误工期55天，根据原合同约定因张某某原因导致延期开工或中途停工，应补偿某建筑公司因停工、窝工所造成的损失，每停工或窝工一天按200元计，违约金计11000元。

代理点睛

随着经济社会发展，城市房屋室内装饰装修活动日渐增多，但是在装修中，常有私拆承重墙的情况发生，严重威胁到其他住户生命财产安全，引发社会广泛关注。对于房东和装修公司而言，拆了承重墙后容易被行政处罚，在这种情况下，房东和装修公司的责任又该如何划分，是否可向对方主张承担赔偿责任？

本案中，某建筑公司在对张某某房屋装修过程中涉及拆除承重墙，导致张某某及某建筑公司分别以房屋使用安全责任人及房屋装修经营者的身份被行政执法局处以罚款。根据双方签订的合同及提供的证据，张某某将涉案房屋以包工包料的形式承包给某建筑公司装修，某建筑公司对于拆除墙体事宜从设计到施工均参与其中，虽然装修公司作为承揽方系根据定作人张某某的指示履行合同义务，但作为从事住宅装修的专业机构，对国家制定的住宅装饰装修规范及所装修房屋结构的了解理应比张某某更全面，特别是对装修过程中拆除改动的墙体是否属于承重墙应有较高的注意义务，否则就要承担赔偿责任。

但是，张某某作为房屋业主，其理应了解装修房屋的整体结构及房屋是否属于危房，作为定作人对某建筑公司拆除承重墙的行为理应是知晓且同意的，所以也应承担相应的责任。

当然，对于装修时拆除承重墙等违法装修行为，相对而言，装修装饰公司的责任会更大一些。

审判观点

一审法院经审理认为：张某某与某建筑公司签订的装饰装修合同，系双方的真实意思表示，且未违反法律法规的强制性规定，应属合法有效。某建筑公司在明知相应墙体为承重墙且影响安全的情形下仍建议张某某予以改动直至被相关部门作出处罚，存在主要过错，同时应对张某某及其自身造成的损失负主要赔偿责任；张某某作为房屋业主，理应了解装修房屋的结构及是否属于危房，其作为定作人对某建筑公司拆除承重墙的行为理应是知晓且同意的,其主张的某建筑公司擅自拆改墙体明显与常理不符,故其对损失的发生也存在过错,应对某建筑公司及其自身造成的损失负部分赔偿责任。根据双方的过错程度,由张某某、某建筑公司各负40%、60%的赔偿责任,即某建筑公司应赔偿张某某因行政处罚造成的损失共计48000元,张某某应赔偿某建筑公司因行政处罚造成的损失共计4万元,双方责任相抵后,某建筑公司尚应赔偿张某某8000元。

根据双方合同约定来看,"由于甲方原因导致延期开工或中途停工,甲方应补偿乙方因停工、窝工所造成的损失",然而,本案因某建筑公司在装修施工中拆除承重墙被有关部门查处导致停工,由此可见,某建筑公司停工并不能归责于张某某,现某建筑公司请求张某某赔偿停工损失,于法无据,不予支持。

据此,依照《民法典》第577条之规定,判决某建筑公司应赔偿张某某损失共计8000元,驳回张某某和某建筑公司的其他诉讼请求。

张某某不服一审判决,提起上诉。二审中,双方均未向法院提交新的证据。经审理,二审法院对一审法院认定的基本事实予以确认。二审法院认为:双方在行政处罚中均存在过错,上诉人张某某的过错体现在:现有证据并不能体现上诉人张某某按约向被上诉人某建筑公司提供了物业管理部门认可的施工图纸或做法说明;上诉人张某某作为屋主理应知晓涉案房屋为危房,但上诉人张某某自称其并不知晓,更未告知被上诉人某建筑公司,被上诉人某建筑公司在不知该情况的背景下同意上诉人张某某关于在涉案房屋内改造三间房间的要求;涉案装修事宜由上诉人张某某的女儿代为管理,其在公安询问笔录中明确陈述其知道被上诉人某建筑公司敲掉承重墙并予同意,现张某某女儿又全盘否认其当时陈述,依据不足,因为通过微信聊天记录可知,被上诉人某建筑公司只是让张某某的女儿说双方系朋友关系,其他如实陈述。因此,就行政机关对双方的罚单,上诉人张某某存在一定的过错,一审法院综合本案案情认定上诉人张某某承担其中40%的责任,并无明显不当之处,综上,判决驳回上诉,维持原判。

案例编写人　浙江春森翔律师事务所　楼晓蕾

专家点评

张家勇 中南财经政法大学法学院教授、博士生导师，中国法学会案例法研究会副会长，中国法学会民法学研究会常务理事

在房屋装饰装修活动中，近年来频发私拆承重墙等违规装修行为，引发重大安全隐患，甚至造成无法挽回的重大损失，引发社会广泛关注。本案的典型性在于，因违规装修使当事人受到行政罚款的，受害方可以主张相应的违约损害赔偿。因违约行为使对方遭受行政处罚而产生经济损失的，能否将该种损失视为可赔偿的违约损失，关键问题是，将行政罚款通过违约赔偿转嫁，是否背离行政处罚的目的，扰乱行政管理秩序。一般认为，行政罚款保险因违反公序良俗原则应属无效，通过赔偿方式转嫁行政罚款损失亦具有类似属性，纵然当事人在合同中明确约定，法院也应对其进行效力审查。不过，司法实践中就此存在不同做法，理论上也关注不多，本案有助于促进理论与实践对前述问题的深入思考。

相关法条

《中华人民共和国民法典》

第五百七十七条　当事人一方不履行合同义务或者履行合同义务不符合约定的，应当承担继续履行、采取补救措施或者赔偿损失等违约责任。

《浙江省房屋使用安全管理条例》

第十条　住宅房屋装修不得拆除、变动房屋基础、梁、柱、楼板、承重墙、外墙等建筑主体或者承重结构，不得超过原设计标准增加房屋使用荷载。

非住宅房屋装修确需拆除、变动房屋基础、梁、柱、楼板、承重墙、外墙等建筑主体或者承重结构，或者超过原设计标准增加房屋使用荷载的，房屋使用安全责任人应当委托原设计单位或者具有相应资质等级的设计单位出具设计方案，并委托具有相应资质的施工单位施工。施工单位应当按照设计单位出具的设计方案进行施工。

房屋装修经营者不得承接违反本条第一款、第二款规定的装修工程。

第三十七条　房屋使用安全责任人和房屋装修经营者违反本条例第十条规定进行房屋装修的，由县（市、区）住房城乡建设主管部门责令限期改正，处五万元以上十万元以下罚款。

8 某公司诉某体育局、某体育学校合同纠纷案
——投资建房合同的效力认定

案件索引

一审：贵州省贵阳市中级人民法院（2020）黔01民初91号
二审：贵州省高级人民法院（2022）黔民终615号

基本案情

某体育学校系某体育局下属事业单位，某体育局名下有划拨土地一块，在该划拨用地上建有某体育学校的老校区。由于校区教学楼、学生宿舍等设施老旧，急需改造，2004年10月9日，某体育学校自筹资金1300万元对学校学生住宿楼、食堂、教室和办公楼进行整体改造项目申请立项。2004年10月18日，省发改委批复同意某体育学校的校园改扩建工程项目。2004年12月8日，某体育局向市规划局去函申请对某体育学校的老旧教学设施进行改造。2005年2月28日，市规划局就某体育学校的改造方案报市政府批示同意。在此过程中，某体育学校通过招商引资的方式引入民营企业投资建房，由民营企业全额投资对老校区进行改造，某体育学校无需投入任何资金即可获得新的教学设施。2005年5月31日，某公司与某体育学校签订了《合同》，约定由某公司全额出资改造某体育学校的教学环境，进行拆旧建新，某公司负责出资建设新教学楼、办公楼、学生训练及生活用房，建设完成后无偿移交给某体育学校，同时公司在建设学校时可以配建一部分商业门面及仓库等房屋，建成后该部分商业用房由某公司使用，使用期15年。使用期间某公司自主经营、独立核算，但每年需向某体育学校交纳20万元管理费。合同约定某公司投资建成的所有房屋产权归属于某体育学校，某公司不享有所有权，只享有使用权，合同约定的使用期限届满后，某公司有优先租用权。其中《合同》第9条特别约

定：在某公司使用期内如遇政府拆迁，所得补偿若属某体育学校使用权部分，该补偿归某体育学校所有，若属某公司使用权部分则归某公司所有。

2007年新校区实际竣工总建筑面积21843平方米，公司与某体育学校就建成后的房屋进行了分配使用，其中，体育学校分配使用面积约11560平方米，占比53%，主要为教学楼、办公楼、食堂、学生宿舍；某公司分配使用面积9458平方米，占比43%，主要为门面、地下仓库；另有4%的公共道路面积由双方共用。新校区建成后，应某体育学校上级单位省体育局的要求，双方将建成后的房屋资产及相关资料向某体育局进行了报备。某公司实际从2007年9月获得相关房屋的使用权。在某公司使用期间，因当时的市场竞争环境影响，该区域商业门面房的实际经营效益不佳，为弥补某公司亏损，体育学校与某公司又于2011年7月20日签订了《补充协议》，双方根据现有房屋的实际使用状况，约定将某公司的使用期限调整为16年零6个月，即在原使用期限的基础上延长一年半的时间。后来，市场慢慢回暖，某公司开始正常经营使用房屋，通过营销宣传进行广泛招商等方式，某公司将门面房和仓库出租给小商户，收取租金，商户主要经营陶瓷洁具产品，最终形成了当地较为有名的陶瓷洁具市场。

当某公司使用至第11年时（即2018年），该片区房屋被纳入政府征收范围。2018年12月，某体育学校正式通知某公司停止经营，某公司即停止使用房屋，实际只使用了11年零3个月。因该片区的土地性质及权属系登记在某体育局名下的划拨用地，因此，征收局在对房屋进行产权及合法性认定时，将该划拨土地上建成的所有房屋均认定为某体育局名下资产，某体育局才是被征收人，某体育学校不是被征收人。2019年9月16日，征收局与某体育局签署了《房屋征收货币补偿协议》，包括该公司投资建成的某体育学校新校区全部房屋对应的征收补偿款均归属于某体育局。后该公司找到某体育学校要求按照《合同》第9条的约定分配对应的征收补偿款，某体育学校称其不是被征收人，未获得征收补偿款，某体育局对合同内容不予认可，不同意分配。该公司到法院提起诉讼，要求二被告某体育局、某体育学校共同向原告某公司支付其使用房屋部分对应的征收补偿款约1亿元。

1.关于案涉《合同》的效力，应如何认定？

2. 关于案涉《合同》责任承担主体,应如何认定?

3. 关于案涉房屋的征收补偿款,应如何分配?

当事人各方观点及思维分析

一、关于案涉《合同》的效力

原告某公司观点:双方的合作内容仅仅是联合建房,并非房地产合作开发,建成房屋由双方自行使用,不对外销售,也未发生土地及房屋的产权转移,未侵犯产权人利益。因此,这类案件有别于《最高人民法院关于审理涉及国有土地使用权合同纠纷案件适用法律问题的解释》所调整的房地产合作开发行为,应为一般的合同行为,在双方意思表示真实且不违反法律、行政法规的强制性规定的前提下,合同依法有效。

被告某体育学校、某体育局观点:案涉《合同》只是某体育学校与某公司签订的,某体育局未参与签署该《合同》,不知悉合同的具体内容,特别是第9条关于征收补偿款如何分配的约定,某体育局不予认可。某体育局称划拨土地登记在其名下,属于自己的资产,必须征得某体育局同意才能进行处分,其他人无权作出处分该资产的意思表示。故某体育学校对于《合同》第9条的约定实际上处分了某体育局的所有权,未经某体育局同意,属于无权处分,因而无效。

二、关于案涉《合同》的责任承担主体

原告某公司观点:某体育局与某体育学校应对案涉《合同》项下的征收补偿款支付义务承担共同连带责任。首先,某体育局与某体育学校系直属关系,某体育局将划拨土地分配给某体育学校使用并允许某体育学校建房,某体育学校有权就建房事宜与原告签署合同,因此,作为《合同》的直接相对方,某体育学校应当对原告承担责任;其次,因本案原告起诉主张分配的征收补偿款,实际在某体育局名下,原告基于《合同》投资建设的房屋最终归属于某体育局名下,某体育局作为财产权利人及受益方,应当同时承担义务及责任;最后,某体育局作为某体育学校的上级主管单位,又是案涉土地的权利人,就某体育学校在其土地上进行校园改造一事是明知的,因此,某体育局完全知道或应当知道某体育学校与原告的合同内容,该合同的法律后果

同样及于某体育局。

被告某体育学校、某体育局观点：案涉《合同》系某体育学校与某公司签订的，某体育局不知情、不认可，该合同不能对抗某体育局。且合同内容涉及处分某体育局名下的资产，未经某体育局同意，该合同约定属于无权处分，相关条款应认定为无效条款。

三、关于案涉房屋的征收补偿款如何分配

原告某公司观点：《合同》合法有效，应当按照《合同》第9条的约定，属于原告使用部分的房屋对应的征收补偿款应全部归原告所有。

被告某体育学校、某体育局观点：《合同》第9条的约定属无权处分，应属无效条款。征收补偿款系针对产权人的补偿，应归属于案涉土地及房屋的产权人，原告不是产权人，无权获得征收补偿款。

代理思路

作为原告代理律师的核心观点是：（1）案涉合同性质应为联合投资建房合同，合同依法有效；（2）体育学校作为案涉改扩建项目的建设主体，针对《合同》第9条的约定为有权处分，依法有效；（3）本案是联合投资建房的合同分配纠纷，而非征收补偿纠纷，《合同》第9条的约定是关于联建合同的分配条款，在合同及条款有效的前提下，应依据合同约定进行分配，不存在对国有资产的处置和处分的问题。具体分述如下：

首先，关于合同性质，笔者认为系联合投资建设合同（或为联建关系的无名合同）。

案涉合同背景为：某体育学校作为事业单位法人，因其教学设施老化，某体育局为将其进行升级改造，以某体育局名义为某体育学校改建项目立项，对某体育学校现有教学设施进行改扩建，引进民营企业作为投资人，与某体育学校签订联建合同。

合同约定由原告投入全部建设资金对某体育学校现有环境进行拆旧建新综合改造，建成后的项目产权归某体育学校，原告获得部分建筑物的使用权，并特别约定在原告使用期内遇到征收时，对相应征收补偿款的分配。由此可见，原告与某体育学校的联合投资建设行为，既未改变土地性质，亦未发生土地使用权转让，就建成后的建筑物也未发生对外出售等转让行为，不属于

房地产开发经营项目。与某体育局代理人引用司法解释所调整的入市房地产开发经营行为具有本质区别，更不符合租赁合同的法律特征。

其次，关于《合同》第9条的效力问题，笔者认为有效。

如前所述，案涉合同性质为联合投资建设合同，其合同效力应依据《合同法》《民法总则》（现为《民法典》）加以判定。案涉合同主体一方为事业单位法人，一方为民营企业，合同内容系双方真实意思表示，并不违反法律、行政法规的强制性规定，依法有效。

被告称划拨土地登记在某体育局名下，故某体育学校在《合同》第9条的约定实际上处分了某体育局的所有权，因而无效。对此，我们不予认可，理由如下：

1. 案涉土地虽登记在某体育局名下，但系某体育局划拨给某体育学校使用的土地，在原告投资改扩建之前，某体育学校就一直占有使用着该土地，原告与某体育学校的合作建房行为只是在旧址范围内进行拆旧建新改造，并未超出某体育学校的原有土地使用范围。且因办理体校相关建设手续所需，某体育局还为某体育学校出具了土地使用证明。因此，某体育学校拥有《合同》项下土地的使用权，其引进原告资金在旧址范围内进行拆旧建新改造，属有权处分行为。

2. 某体育局作为某体育学校的主管机关，由其发起某体育学校改扩建项目的立项批复及规划审批程序，是其履行对其所属事业单位国有资产管理的应尽义务，符合《事业单位国有资产管理暂行办法》第7条规定的主管机关有权对下属事业单位占有、使用的国有资产进行优化配置、调剂使用的权利，同时，也符合《贵州省省级行政事业单位国有资产使用管理暂行办法》第3条的规定。

3. 某体育学校的改扩建项目一直系由某体育局策划并上报审批，因此，某体育局对某体育学校与原告的联合投资建设行为是知晓并认可的。关于合同内容，从原告证据中两证人均已证实，整个合同条件的谈判、合同条款的拟定以及最终的合同签署，均是经某体育局审核同意的，因此，该合同条款也是某体育局的真实意思表示。

4. 关于《合同》第9条产生的背景，是因为当时某体育学校改扩建工程较大，原告投资额巨大，但合同约定只有15年的使用期，无法保障原告的投资回报，因此《合同》第13条又约定15年满后转为优先租用。但是，当时的体育市场环境较差，双方均预见到后期可能会被拆迁，一旦拆迁，合同约定原告的投资回报均无法实现。在此情况下，为了保障原告投资的安全性和公平性，才在《合同》第9条设定了征收补偿款的分配条款，有该条款的存在，原告才同意投资建设。

5. 从合同公平性来看，被告在未投入任何资金的情况下，无偿获得了55%建筑物的使用权，最终分配获得了1亿余元的征收补偿款；而原告在2007年投入了3000多万元建设资金的情况下，有偿获得45%建筑物的使用权，最终按照合同约定分配了1亿余元的征收补偿款。相比之下，被告的获益远远大于原告，且自始至终，被告的国有资产都是保值增值的。如果没有原告的投资建房行为，就不会有被告资产的存在，被告也不会获得任何征收补偿款。因此，《合同》第9条的约定是合法有效且公平合理的。

最后，原告对其使用的建筑物部分的征收补偿款是否享有权利，以及如何计算的问题。

根据原《物权法》第241条"基于合同关系等产生的占有，有关不动产或者动产的使用、收益、违约责任等，按照合同约定；合同没有约定或者约定不明确的，依照有关法律规定"之规定，笔者认为，本案《合同》是有效且约定明确的，原告有权依据合同约定主张分配其使用建筑物部分的征收补偿款。该征收补偿款应当全额计算，即第三人就原告使用的建筑物部分实际支付多少征收补偿款，原告就应当分配多少。

代理点睛

代理律师接受委托后，组织团队成员分别前往相关部门开展了大量调查取证工作，前往房屋现场进行查勘，委托公证机构对房屋面积及分配使用情况进行了现场指认和保全。组织召开多次专题会议，对案件证据材料进行了深入分析和讨论，搜索了全国诸多同类案例，并归纳汇总后提交承办法官参考，还原了当时历史背景下民营企业投资模式的多样性、共通性。合作建房模式在实践中是常见的，最高人民法院诸多案例均认定这种联建合同是有效的。这类联建合同是当时特殊经济环境下的产物，并且至今仍被市场主体广泛适用。若轻易认定其无效，将对市场营商环境造成严重冲击。某公司的代理律师通过大量事实证据、法律法规、生效案例等汇总成强有力的代理观点，最终得到了法院认可。

因案件涉及某体育局资产，关系国有资产保护问题，理应慎重，但民营企业的权益也应当重视。即使是保护国有资产，也应当是依法保护，否则会严重侵害民营企业的利益。历来民营企业在与政府及国有单位合作过程中一般处于弱势地位，本案关系民营企业的切身利益，社会关注度较高，若处理不当，将会打击民营企业的投资信心，对当地今后的政企合作以及市场经营环境会造成严重破坏。本案代理律师通过对合同背景的深入理解和分析，还原了案件事实，加之对法律规定的正确适用，最终获得了法院认可，保障了民营企业的合法权益，维护了稳定的市场营商环境。

审判观点

法院生效裁判认为：某公司的投资建设行为，是其租赁建成后房屋的对价之一（另还有租金）。不论双方是否约定公司使用建成的房屋应支付租金，公司对建成房屋的使用都已经支付了对价。某体育学校、某体育局签约的真实意思表示是通过出租土地，让某公司投资完成房屋的建设并将房屋出租以获取收益，其缔约目的落实在通过租赁房屋获取租金收益上。案涉土地虽然是国有划拨土地，但其规划用途为体育馆和商业，属于可以从事商业经营的土地，且从《城市房地产管理法》第56条规定可以看出，法律并不完全禁止国有划拨土地从事商业经营。案涉《合同》《补充协议》均系当事人的真实意思表示，未违反法律、行政法规的禁止性规定，合法有效。某体育学校系某体育局下属单位，从2004年申请改造立项，到与某公司签订《合同》等筹资金新建房屋，再到房屋建成后分配使用、交纳管理费等过程来看，某体育局策划项目并上报审批，对某体育学校与某公司的签约和房屋分配使用情况，某体育局均是知晓并且认可的，在长达14年的合同履行过程中，某体育局从未提出过任何异议，且在诉讼中，某体育局与某体育学校亦立场相同、主张一致，现某体育局主张某体育学校与某公司签订的第3条、第9条合同内容系无权处分而无效，与事实不符，违背诚信原则，其主张不能成立。

案涉房屋系某公司出资修建，某公司收回其投入的方式为低价获得部分房屋的使用权，使用期限为16年零6个月。房屋建成后，某公司依约对分配给其使用的房屋进行使用管理，对外出租获取收益，即某公司系通过低价获得房屋使用权再对外转租获取收益的方式逐步收回其建房所付出的成本，合同期满后，案涉房屋将全部归还给某体育局和某体育学校，某公司要求按照约定使用的面积获得对应全部拆迁补偿款无法律依据。而从双方合同约定来看，如遇政府拆迁，某公司对应使用权部分应获得补偿，某体育局和某体育学校所提某公司无权获得拆迁补偿的主张不能成立，依据评估报告所采用的收益年限法将该使用权部分的补偿理解为对应房屋剩余使用年限所产生的收益，符合双方合同约定本意和合理预期。

关于剩余使用年限的认定。2007年案涉房屋建成后，双方对建成后的房屋进行了分配使用，于2007年10月16日进行交接，某体育学校于2018年12月31日通知某公司离场。案涉房屋虽然于2007年4月19日竣工验收，但对于如何分配使用尚未进行交接，直至2017年10月16日进行分配使用并交接后某公司才能实际对案涉房屋进行使用，而对于截止时间，虽然某公司自用的房屋搬离时间为2019年11月，但自某体育学校通知某公司离场时起，租户陆续搬离，某公司未收取后续租金，其自用房屋继续使用系为配合拆迁工作，不能视为某公司继续占有使用案涉房屋。认定某公司剩余使用年限为5年3个月16日正确。

关于补偿款计算方式的问题。根据《房地产估价报告》，该报告的估价方法为收益法，估价对象房地产虽合法性认定为商业、训练馆及教学楼等，但在实际使用中，部分训练馆等用于经营洁具市场，现状使用用途与产权认定用途不一致，评估时考虑了市场经营收益；报告同时载明，案涉房屋所占用土地的性质系国有划拨土地，评估结果已经扣减了应补缴的土地出让金，房地产评估价值包含房屋所占用的国有划拨土地使用价值，土地价值和房屋价值无法区分，只有二者的结合才能得到评估价。根据评估报告载明的计算公式 $V=A/Y-g\{1-[(1+g)/(1+Y)]n\}$，其中n表示使用年限，依据某公司按照合同约定剩余使用年限为5.25年，将n替换代入公式计算出某公司应获得的补偿款3779万元并无不当。

租赁物由承租人出资修建，承租人收回建造成本的方式为低价租赁部分所修房屋，其与普通租赁合同中的承租方在权利义务上应有所区别。案涉合同中约定在承租方使用期内如遇政府拆迁，所得补偿若属出租方使用权部分，则其补偿归出租方所有；若属承租方使用权部分，则其补偿归承租方所有。房屋所有权人以签订合同的出租方并非房屋所有权人为由否定该合同的效力，法院通过梳理房屋所有权人与签订合同的出租方的上下级关系以及合同的履行情况，得出房屋所有权人对合同签订及履行情况完全知情的结论，对其违背诚信原则的行为进行负面评价，认定其应受该合同约束。在认定合同有效的基础上，从双方合同条款的表述探求双方当事人的真实意思表示，双方的本意在于约定的低价租赁期未届满时如不能继续履行该合同，则应给予承租方相应的补偿,该补偿不同于直接对所有权的补偿,不能依据使用面积直接分配拆迁补偿款。法院结合评估报告中的预期收益评估法,在扣除土地出让金后,用承租方剩余使用年限代入公式得出相应的补偿金额,该方式既保证了土地出让金按规定上缴国家,不会造成国有资产流失,又保护了出资建房的民营企业的合法权益,对其预期收益进行了有效弥补。

案例编写人　国浩律师（贵阳）事务所　周钰熙

专家点评

钱明星　北京大学法学院教授、博士生导师,中国法学会民法学研究会副会长

诚信是社会主义市场经济的基础,而诚信的维护需要法治。本案正是依法推动政府机关、国有企业和事业单位诚信履约,维护民营企业合法权益的典范。首先,本案以合同形式确定下来的经营模式是市场主体在市场竞争中合理利用资源的结果,双方约定并未违反法律强制性规定,是合法有效的合同,应当依法受到保护。其次,合同签订后,各方主体应当全面、诚信地履行合同义务。作为政府机关、事业单位的被告某体育局、某体育学校,应当承担因未诚信履约的责任。原告某公司代理律师抓住了案涉合同的核心要义,运用法律手段有效维护了企业资本和交易的安全。最后,被告某体育局所获补偿款,是原告某公司参与合作、付出投资的结果,原告理应获得相应的分配。本案的处理,符合社会主义市场经济的公平交易原则,有利于维护良好的市场交易秩序。

相关法条

《中华人民共和国合同法》

第八条[①]　依法成立的合同,对当事人具有法律约束力。当事人应当按照约定履行自己的义务,不得擅自变更或者解除合同。

[①] 该法已失效,本条对应《民法典》第465条。

依法成立的合同，受法律保护。

第六十条[①] 当事人应当按照约定全面履行自己的义务。

当事人应当遵循诚实信用原则，根据合同的性质、目的和交易习惯履行通知、协助、保密等义务。

《中华人民共和国物权法》

第二百四十一条[②] 基于合同关系等产生的占有，有关不动产或者动产的使用、收益、违约责任等，按照合同约定；合同没有约定或者约定不明确的，依照有关法律规定。

---

① 该法已失效，本条对应《民法典》第509条第1款、第2款。
② 该法已失效，本条对应《民法典》第458条。

9 华仁物业公司与恒丰银行青岛分行、海逸天成公司物业合同纠纷案

——前期物业服务合同的效力问题

案件索引

一审： 济南铁路运输中级法院（2019）鲁71民初87号
二审： 山东省高级人民法院（2020）鲁民终2866号
再审： 最高人民法院（2022）最高法民再223号

基本案情

2013年9月，华仁物业公司与开发商环海公司签订了《前期物业服务合同》，约定由华仁物业公司提供前期物业管理服务。2015年1月，环海公司向海逸天成公司出售该项目的部分房屋，双方在《商品房预售合同》中约定，由开发商指定的前期物业管理公司华仁物业公司对除海逸天成公司购买范围之外的区域进行管理服务，且海逸天成公司有权对其购买范围内的物业及附属设施指定物业企业提供管理服务。2015年2月，海逸天成公司通过房屋出租中介将案涉房屋出租给恒丰银行青岛分行（以下简称恒丰银行）办公使用。华仁物业公司自接手项目后，对该项目相关物业管理区域（包含案涉房屋）提供了物业管理服务。2019年1月，华仁物业公司向恒丰银行发出催缴通知函及律师函，要求支付物业服务费及逾期缴费产生的违约金。恒丰银行认为：其在入住案涉房屋后，始终通过委托其他单位提供物业服务，未接受过华仁物业公司的物业服务，认为华仁物业公司与环海公司签订的《前期物业服务合同》对其不具有约束力。双方由此产生争议。

核心争议焦点

华仁物业公司与环海公司签订的《前期物业服务合同》,对海逸天成公司、恒丰银行是否具有法律约束力?

当事人各方观点及思维分析

再审申请人(原告方)主要观点:(1)华仁物业公司系经依法选聘,且《前期物业服务合同》经过主管部门备案,是合法有效的物业服务合同。(2)原一、二审法院不适用《最高人民法院关于审理物业服务纠纷案件具体应用法律若干问题的解释》,适用法律错误。该解释第1条规定,建设单位依法与物业服务企业签订的前期物业服务合同,对业主具有约束力,业主以其并非合同当事人为由提出抗辩的,人民法院不予支持。(3)华仁物业公司提供的物业服务的范围针对的是海逸天成项目的共用部位和共用设施设备,并不包括恒丰银行的办公区域。海逸天成项目公共区域的保安、保洁、共用设施设备维护等工作一直以来由华仁物业公司负责,恒丰银行、海逸天成公司享受华仁物业公司提供的物业服务。(4)《前期物业服务合同》未能完全履行的根本原因在于恒丰银行拒绝华仁物业公司在其封闭的海逸天成项目共有部分提供物业服务。因此,华仁物业公司有权要求继续履行该合同。(5)华仁物业公司委托北京展康物业服务评估监理有限公司对海逸天成项目前期物业服务费用进行了评估,证明其履行了物业服务合同的约定。

再审被申请人(被告方)主要观点:(1)海逸天成公司与开发商已在《青岛市商品房预售合同》中约定排除了由华仁物业公司对海逸公司购买区域提供物业服务,华仁物业公司亦以实际行动表明其已同意由恒丰银行自行进行物业管理,恒丰银行不应再向华仁物业公司支付物业服务费。(2)恒丰银行自行委托第三方对案涉区域进行物业管理是基于银行业对金融机构营业场所监管的特殊要求,并非故意拒绝华仁物业公司提供物业管理服务。(3)即使认为《前期物业服务合同》对海逸天成公司及恒丰银行具有约束力,因华仁物业公司事实上仅提供了部分物业服务,原审判决根据华仁物业公司实际提供物业服务的情况酌定物业服务费完全正确且公平合理。(4)海逸天成公司为案涉裙楼(六层会所除外)的唯一业主,恒丰银行对该区域进行封闭并自行委托第三方进行物业管理并未影响其他业主对公共部位及共用设施的使用,未侵害其他业主的合法权益,恒丰银行已委托第三方自行对案涉区域所涉的相关公共部位及共用设施进行物业管理,在该范围内华仁物业公司并未提供任何管理服务,恒丰银行不应按照《前期物业服务合同》约定的标准向华仁物业公司支付全部物业服务费用。

代理思路

作为华仁物业公司的代理人,代理思路围绕本案的争议焦点"《前期物业服务合同》对海逸天成公司和恒丰银行是否具有约束力"展开:

1.《前期物业服务合同》合法有效,其为双方当事人真实意思表示,不存在合同无效或可撤销的情形,且经过主管部门备案,是合法有效的物业服务合同。

2.《最高人民法院关于审理物业服务纠纷案件具体应用法律若干问题的解释》第1条规定,建设单位依法与物业服务企业签订的前期物业服务合同,以及业主委员会与业主大会依法选聘的物业服务企业签订的物业服务合同,对业主具有约束力。业主以其并非合同当事人为由提出抗辩的,人民法院不予支持。

3. 物业服务的范围是针对小区的共用部位和公用设施设备。华仁物业公司提供的物业服务的范围针对的是海逸天成项目的共用部位和共用设施设备,并不包括恒丰银行的办公区域。海逸天成项目公共区域的保安、保洁、共用设施设备维护等工作一直以来由华仁物业公司负责,恒丰银行、海逸天成公司享受华仁物业公司提供的物业服务。

4. 未能完全履行《前期物业服务合同》的原因:根本原因在于恒丰银行拒绝华仁物业公司在其封闭的海逸天成项目共有部分提供物业服务,华仁物业公司有权要求继续履行该合同。

5. 证明华仁物业公司已经履行了《前期物业服务合同》约定的义务:华仁物业公司委托北京展康物业服务评估监理有限公司对海逸天成项目前期物业服务费用进行了评估,证明其履行了物业服务合同的约定。

代理点睛

该案通过最高人民法院作出的生效判决,确认了以下裁判规则:

一是前期物业服务合同对业主的约束力。根据原《物权法》《合同法》《最高人民法院关于审理物业服务纠纷案件具体应用法律若干问题的解释》[①]的有关规定，建设单位依法与物业服务企业签订的前期物业服务合同，业主以其并非合同当事人为由提出抗辩的，人民法院不予支持。此外，《物业管理条例》还规定，建设单位与物业买受人签订的买卖合同应当包含前期物业服务合同约定的内容。建设单位与物业买受人之间不仅针对房屋买卖合同达成了合意，且达成了对前期物业服务合同关系的法定概括转让。当区分所有权建筑物的专有权在建设单位和业主之间发生转让时，建设单位依法订立的前期物业服务合同关系根据法律规定也一并转让。建设单位依法订立的前期物业服务合同直接对业主产生法律拘束力，最终目的是维护区分所有权建筑物中全体业主的共同利益。物业服务合同的内容包括对建筑物公共区域和附属设施进行管理、修缮养护，绿化保养，清洁卫生，公共秩序维护等。这些服务内容涉及全体业主的共有部分及共有利益。如果允许单个业主在购买房屋的同时自由排除前期物业服务合同的约束，不接受物业服务人的管理服务、不支付应当分摊的物业费，将导致物业服务人对其余业主提供的管理服务质量难以为继，最终将损害全体业主的共同利益。

二是对"一个物业管理区域由一个物业服务企业实施物业管理"原则的确认，封闭专有部分空间不能构成排除物业服务的事由。《物业管理条例》规定的这一原则，对于物业领域常见的"大小物业"问题具有明确的区分意义。例如，本案中恒丰银行自行委托第三方保安、保洁公司为其提供秩序维护及保洁服务，但该保安、保洁公司均属于某一项物业服务的外包公司，不能视为案涉项目整体物业管理区域的物业管理单位，其无法为本项目提供全面的物业服务，不符合该项目持续稳定、高质量发展的要求。因此，恒丰银行即便将部分物业服务外包给第三方公司，仍不能排除华仁物业公司对本项目的整体物业管理权利。

三是业主行业的特殊性一般不能构成排除物业服务的理由。本案中，恒丰银行主张其承租的案涉房屋客观上独立于本项目的其他塔楼，具有封闭性。且其自行负责或委托第三方对案涉区域进行物业管理，是基于银行业对金融机构营业场所监管的特殊要求。事实上，诸如特殊行业的财产保管、商业秘

---

① 现为《民法典》及《最高人民法院关于审理物业服务纠纷案件适用法律若干问题的解释》。

密等，一般在业主的建筑物专有部分内有所体现。而物业服务本质是采取合理的措施保护业主的人身、财产安全，并不会妨碍银行这类特殊行业的经营管理。在没有法律法规明确对金融机构物业服务人的资质作出限制的情况下，恒丰银行以行业特殊性作为拒绝接受华仁物业公司物业服务的答辩理由不成立。

四是商品房预售合同中开发商与业主的约定不能约束物业服务人。本案中，恒丰银行和海逸天成公司在诉讼中陈述，海逸天成公司与开发商已在《青岛市商品房预售合同》中约定排除了由华仁物业公司对海逸天成公司购买区域提供物业服务，海逸天成公司购买案涉物业时已明确拒绝接受《前期物业服务合同》的内容。最高人民法院认为：第一，建设单位作为前期物业服务合同的签订者，又在商品房预售合同中同意买受人在具体使用该房屋时有权指定物业服务企业对购买范围内的物业及附属设施进行管理和服务，有违诚信原则。如对上述行为予以支持，将使以招投标方式选聘具有相应资质的物业服务企业的制度失去应有意义。第二，即使业主与建设单位签订《商品房买卖合同》另行约定，也不能排除合法有效的《前期物业服务合同》对业主具有的约束力。第三，华仁物业公司并未参与商品房预售合同的签订，事后亦未追认上述条款，诉讼中亦未表示反对，依合同相对性原则，上述条款不能约束华仁物业公司。个别业主与建设单位之间关于排除前期物业服务合同条款适用的约定，并不能对抗前期物业服务合同，业主依然应受到前期物业服务合同的约束。第四，单个业主不能解聘和选聘物业服务人。业主有权依法更换物业服务人，但应由全体业主依法共同决定。

审判观点

该案经济南铁路运输中级法院一审、山东省高级人民法院二审。两审法院均认为，海逸天成公司及恒丰银行未明确表示自愿接受案涉前期物业合同的约束，也未与华仁物业公司就物业服务有关事项达成合意，因此，前期物业合同对其不产生法律上的约束力，故华仁物业公司向恒丰银行主张物业服务费及违约金没有法律依据。

最高人民法院再审认为：根据原《物权法》及《物业管理条例》（2007年修订）的有关规定，首先，华仁物业公司与开发商环海公司签订的前期物业合同合法有效，海逸天成公司作为案涉房屋的业主，受该前期物业合同的约束。其次，一个物业管理区域由一个物业服务企业实施物业服务。华仁物业公司对案涉房屋的物业服务管理权利源于法定，海逸天成公司及恒丰银行分别作为业主及物业使用人，其二者签订的合同不能排除前期物业合同的约束，亦不能以未接受物业服务为由不履行交纳物业费的义务。即使恒丰银行自行从第三方购买物业服务，其也应当依据前期物业合同的约定向华仁物业公司交纳物业费。据此，最高人民法院撤销了原一、二审判决，改判支持华仁物业公司的再审请求。

案例编写人　北京瀛和律师事务所　赵中华　庄宇聪

谢鸿飞　中国社会科学院法学研究所研究员、博士生导师，中国法学会民法学研究会副会长

物业管理公司提供的服务具有公共性，其收取的物业费是用于整体物业设施维修保养、正常秩序维护所必要的费用。本案的再审法院结合原《物权法》《物业管理条例》以及相关司法解释，综合运用价值衡量的方法进行体系解释、目的解释，认定前期物业服务合同对物业使用人具有约束力。再审的审理对物业管理公司、开发商、业主与物业使用人之间的法律关系梳理清晰，说理充分，明确物业使用人对案涉区域自行聘请第三方进行物业管理与"一个物业管理区域由一个物业服务企业实施物业管理"并不冲突，二者属于不同的法律关系。本案的裁判理念体现出对全体业主共同利益和物业服务企业合法权益的重视与维护，业主、物业使用人与物业管理公司应加强沟通协调，以形成高质量物业服务与按时支付物业费的良性循环。

《中华人民共和国民法典》

第九百三十九条　建设单位依法与物业服务人订立的前期物业服务合同，以及业主委员会与业主大会依法选聘的物业服务人订立的物业服务合同，对业主具有法律约束力。

《中华人民共和国物权法》

第八十一条① 业主可以自行管理建筑物及其附属设施，也可以委托物业服务企业或者其他管理人管理。

对建设单位聘请的物业服务企业或者其他管理人，业主有权依法更换。

《最高人民法院关于审理物业服务纠纷案件具体应用法律若干问题的解释》

第一条② 建设单位依法与物业服务企业签订的前期物业服务合同，以及业主委员会与业主大会依法选聘的物业服务企业签订的物业服务合同，对业主具有约束力。业主以其并非合同当事人为由提出抗辩的，人民法院不予支持。

《物业管理条例》

第二十一条 在业主、业主大会选聘物业服务企业之前，建设单位选聘物业服务企业的，应当签订书面的前期物业服务合同。

---

① 该法已失效，本条对应《民法典》第 284 条。
② 该解释已于 2020 年修正，本条已被删除。

⑩ 浮梁县某影视有限公司诉浮梁县某农业开发公司、浮梁县某村委会、何某等房屋租赁合同纠纷案

——合同僵局的准确认定

案件索引

一审：江西省浮梁县人民法院（2021）赣0222民初248号
二审：江西省景德镇市中级人民法院（2021）赣02民终984号
重审一审：江西省浮梁县人民法院（2022）赣0222民初595号

基本案情

家住江西省婺源县的程某想在自己家乡及隔壁县市开设数字影院，在有了于婺源县开设数字影院的成功经验后，程某于2015年元旦之后，对江西省浮梁县进行了一番市场调查，计划在浮梁县再开设一家数字影院。

2015年2月6日，程某作为乙方与甲方浮梁县×××村委会（以下简称村委会）原村主任范某代表村委会签订了一份《房屋租赁（协议）合同》，该合同约定："一、甲方将位于浮梁县城民福路西侧金苑大酒店三层［毛坯房，未装修，所有权人为浮梁县××农业开发公司（以下简称开发公司），该公司是村委会的下属企业］出租给乙方使用。二、甲方出租给乙方的房屋只限开设影城及相关配套用途，未经甲方书面同意，乙方不得改变本房屋的影城用途。三、乙方及顾客有权与他人平等使用公共区域，包括一至三楼出入口、楼梯间、电梯、公共走廊、洗手间等所有公共场所及附属设施、设备。四、租期为十五年，自2015年2月1日至2030年1月31日止，期满后同等条件下，乙方享有优先权。五、租赁价格按双方实测面积，每平方米每月16元。六、租

赁期前三年租金不变，第四年起每壹年租金增加 5%，以此类推。七、房产交付装修之日起 16 个月为装修试营业期，甲方不收取租金。八、乙方按实际面积每年付租金 154828.80 元。另在此合同签约前付甲方保证金 10 万元，装修完成，开业前甲方应将保证金退还乙方。九、乙方在租赁期内由于自身原因产生的费用及本身应缴税费等费用均由乙方自行缴纳。十、协议签订后，乙方应依法办理相关证照，甲方协助办理，费用乙方承担。十一、乙方入场装修前，甲方确保符合乙方影城要求的水、电、网络接口安装到位，否则视为甲方违约。十二、甲乙任何一方违约导致合同终止都必须向对方支付 100 万元的违约金和直接经济损失。十三、甲方未能在乙方开业之前办妥房屋权属证明或其他所需的许可证和手续而造成乙方无法营业的，视为甲方违约。十四、开业之前，甲方应将一楼商场主通道、入口及一楼至三楼的公共通道、电梯、步行梯扶手及地面砖安装好并可正常使用，否则视为甲方违约。十五、本协议生效后，双方对协议内容的变更或补充应采取书面形式作为本协议的附件。附件与本协议具有同等法律效力。"

合同签订后，程某向村委会交纳了 10 万元保证金，并雇请人员进行装修。2015 年 4 月 2 日，程某将开设的影院登记注册为浮梁县某影视有限公司（以下简称影视公司），法定代表人为程某。2015 年 6 月 19 日，影视公司取得电影放映经营许可证。装修及办证过程中程某才知道该房屋因建筑承包商未拿到工程款项，房屋并未完全交付给村委会和开发公司。

因影城所在的金苑大酒店工程进度迟滞，2016 年 1 月 29 日，村委会作为甲方与作为乙方的影视公司签订了一份《关于浮梁某影城房屋租赁合同的补充协议》（以下简称《补充协议》），该协议载明：由于影城场地房屋出租方，即甲方所属的开发公司在浮梁县城民福路西侧的金苑大酒店项目建筑工程进度的原因，导致乙方投资的浮梁某影城在全部装修完毕和办理好全部审批手续和证件后，原本可以正常开业而不能开门营业，现签订如下补充协议条款：甲方同意从消除乙方营业障碍并使乙方影城可以正常营业时起计算乙方影城房屋租赁合同的起租期及租赁期限和主合同的装修试营业免租期，并在主合同基础上增加免租期 6 个月，以保证乙方的合法权益不受侵害，促进主合同的继续履行。

然而，《补充协议》签订后，包括电梯在内的影城的相关设施，村委会仍未完善，虽经浮梁县文广局、浮梁县委宣传部等相关领导出面多次协调，问题仍未得到解决，致使影城不能正常营业。影视公司为影城进行的装饰装修、

10. 浮梁县某影视有限公司诉浮梁县某农业开发公司、浮梁县某村委会、何某等房屋租赁合同纠纷案

购买放映所需设施设备等近300万元的投入难以看到回报。此后，影视公司与村委会、开发公司历经长达4年的谈判，均未能达成一致。

因开发公司与案外人存在债务纠纷被诉并被强制执行，2020年10月26日浮梁县人民法院作出（2018）赣0222执180号执行裁定，将坐落于浮梁县民福路金苑大酒店302室的房产所有权归第三人何某等5个自然人所有，房屋所有权自裁定送达第三人时起转移。随后，何某等人找到影视公司，要求提高房屋租金或以他们提出的模式合作，否则就拆走设备腾出房屋。

至此，2021年4月7日，影视公司遂以村委会、开发公司、何某等人为被告向浮梁县人民法院起诉，请求人民法院判令解除其与村委会签订的《房屋租赁（协议）合同》及《补充协议》，并判令村委会、开发公司、何某等人共同赔偿影视公司因被告根本违约造成影视公司投入的资金损失、违约金、可得利益损失及返还押金等各项费用及损失合计人民币4872866元。江西省浮梁县人民法院判决开发公司返还押金10万元，驳回影视公司其他诉讼请求。影视公司不服一审判决，向江西省景德镇市中级人民法院提出上诉，江西省景德镇市中级人民法院经审查，裁定将本案发回一审法院重审。重审后法院判决解除之前签订的《房屋租赁（协议）合同》及《补充协议》，影视公司向何某等人交付案涉房产，开发公司向影视公司返还押金10万元，开发公司一次性赔偿影视公司损失人民币2924984.82元，影视公司向开发公司支付租金607013.73元（可与损失冲抵）。

核心争议焦点

1. 《房屋租赁（协议）合同》《补充协议》是否应予解除？
2. 合同如果解除，各方当事人的责任和损失如何认定？

当事人各方观点及思维分析

影视公司观点：（1）村委会、开发公司、何某等人在房屋租赁合同中存在根本违约，合同陷入僵局应予解除。（2）影视公司的损失系因村委会、开发公司、何某等人单方根本违约致影视公司无法实现合同目的，合同解除后影视公司的损失应由村委会、开发公司、何某等人承担。

影视公司的理由：影视公司法定代表人程某2015年与村委会签订合同，

在完成影院的装修及办理各项证件后，村委会及村干部即以各种方式阻止影院的正常开业，这从影院内各项设备一直处于荒废的种种迹象中即可看出，所以村委会、开发公司在房屋租赁合同的履行过程中存在根本违约。何某等人在法院两次拍卖流拍后，以低于市场价从法院购得该处房产时，知道或应当知道该房产使用权人系影视公司的影院，因该影院在浮梁县城挂牌存在了5年之久，浮梁县城已人尽皆知，且在法院的拍卖公告中也明确载明了该房屋的使用权人系该影院，但何某等人还是购买了该房产，明显可以看出何某等人愿意承受该房屋项下的各项权利和义务。故影视公司在向村委会、开发公司主张权利时，可一并向受让人何某等人主张权利。

何某等人在收到法院执行裁定后即联系影视公司法人程某，当面向程某将事先拟好的《合作模式告知书》交给程某，要么提高房屋租金，要么程某按告知书列明的模式和何某等人合作，若不按何某等人的方案执行，20日内将清除设备、腾空房屋，以明示的方式不履行原房屋租赁合同，何某等人亦构成根本违约。故何某等人应与村委会、开发公司共同承担根本违约责任。

村委会和开发公司观点：影视公司的诉讼主体错误，影视公司具有违约行为，法院应判决驳回影视公司全部诉讼请求。

村委会和开发公司的理由：本案中影视公司2015年2月6日与村委会签订房屋租赁合同，但该租赁房屋的合法所有人是开发公司，其是独立法人，所以影视公司起诉的适格被告应是开发公司。影视公司并未向村委会和开发公司支付过租金，村委会和开发公司向影视公司催索过租金，均未果，因此，影视公司的行为已构成违约。故应判决驳回其全部诉讼请求。

何某等人观点：影视公司不是本案的适格主体，何某等人从未表示过不履行合同，影视公司以何某等人存在预期违约行为，认为何某等人构成根本违约要求解除合同不符合法律规定，请求法院判决驳回影视公司的诉讼请求。

何某等人的理由：（1）本案的承租人是案外人北京某投资管理有限公司（以下简称北京投资公司），而非本案的影视公司，故影视公司不是本案适格主体，不享有诉权。（2）影视公司诉称何某等人曾向影视公司发出过一份《合作模式告知书》，但没有证据证明该告知书系何某等人制作，即使该告知书系何某等人制作，该告知书也只是一份要求变更合同的要约，承租人对该要约可以同意，也可以拒绝，或者对该要约进行变更形成新的要约。（3）因预期违约而解除合同是指当事人一方在履行期限届满前明确表示或者以自己的行为表明不履行主要债务，而本案中，出租人早在2015年就已将租赁房屋

10. 浮梁县某影视有限公司诉浮梁县某农业开发公司、浮梁县某村委会、何某等房屋租赁合同纠纷案

交付给承租人,即出租人早已履行了合同的主要债务,故影视公司以何某等人存在预期违约行为而要求解除合同没有法律依据。(4)构成根本违约的条件是合同一方迟延履行债务或者没有其他违约行为致使不能实现合同目的,而本案中,何某等人既没有迟延履行债务即不交付租赁房屋,也不存在致使承租人不能实现合同目的的违约行为。(5)村委会、开发公司在何某等人购买租赁房屋前是否存在根本违约,何某等人并不清楚。即使合同因村委会和开发公司根本违约而解除,承租人也只能向违约方主张,而无权向何某等人主张。

代理思路

起诉前,影视公司了解到村委会曾因涉嫌单位犯罪被法院判处罚金1000余万元,且未执行完毕,若只起诉村委会,即使其在本案中根本违约亦无能力承担影视公司的损失,则影视公司获得胜诉判决后其诉讼利益不可实现。经仔细深入研究发现,其所属的开发公司尚有财产可供执行,何某等人也与本案有关,故能判决开发公司和何某一起承担违约责任或只由开发公司承担责任,则影视公司的诉讼利益均可期待。

案涉合同继续履行已不可能,影院自具备营业条件后至起诉时已4年有余,光设备老化再更新、设施陈旧再更换等问题就得再作出巨额投入,而4年被浪费的时光,影院已被其他新兴产业文化逐渐替代,落后于时代,丧失了市场,唯有从解除合同追究违约责任着手,才能从根本上解决损失问题。

代理点睛

代理人代理本案前与当事人就本案的利弊进行了充分的沟通,制订了完整的诉讼策略,故在案件代理出现重大困难时,代理人和当事人坚定方向坚持走,利用对方人多不能形成一致意见的背景,使得二审法院作出合同出现僵局,应当解除合同这一有利于当事人发回重审的裁定。其价值体现在案件发回重审后,法院调整了思路,最终使己方获得了胜诉,实现了当事人利益的最大化。

审判观点

法院生效裁判认为：（1）自2015年2月6日签订租赁合同以来，影视公司未能通过租赁案涉房屋实现其经营影院的合同目的，村委会、开发公司、何某等人亦未能通过租赁案涉房屋实现其收取租金的合同目的，且各方当事人就是否继续履行合同不能达成一致意见。故案涉租赁合同已陷入合同僵局，如不能解除将给各方当事人造成更大损失，该合同应当依法解除。（2）案涉租赁合同签订后，因开发公司拖欠工程款，导致包括案涉影院在内的整栋房屋建设工程迟滞，影响了影院的装修和营业。补充协议签订后，村委会、开发公司未能按合同约定履行包括通电、安设电梯等义务，且以不同方式阻止影院正常营业，虽经有关部门领导出面协调，仍未果，开发公司在合同履行过程中存在根本违约行为，且给影视公司带来了可以预见的损害，依法应承担违约责任。影视公司在不能营业、合同目的难以实现的情况下，不依法及时解除合同，而是以拒不支付房租的方式继续占有租赁物，导致损失的继续扩大，应承担交付租金的相应责任。何某等人作为案涉影院房产的买受人，明知所购房产在购买之前存在租赁合同关系，对买受人具有约束力，本应积极促成原合同的继续履行，而不是以提高房租等形式更改原租赁合同约定的权利义务，亦有过错，本应承担相应违约责任，但鉴于在购买前影院并未正常营业，且影视公司在接到何某等人的告知书后决定解除合同，故可不承担赔偿责任。（3）影视公司为经营影院而花费的装修、设备购置等费用，经评估为1924984.82元，该费用系影院的合理支出费用，应予认定。租赁合同中约定，违约方应赔偿守约方违约金100万元，开发公司根本违约在先且过错大于影视公司，故开发公司应赔偿影视公司违约金100万元。另，开发公司收取的装修押金10万元也应退还影视公司。开发公司自2015年2月6日将案涉房产交付影视公司后至2020年10月2日房产被拍卖前，一直未收取租金，除去合同约定的免租期，其有权按合同约定获取租金。故影视公司应自2016年12月6日起至2020年10月26日止向开发公司支付租金607013.73元。综上，法院依法作出判决：开发公司向影视公司返还押金10万元，开发公司一次性赔偿影视公司损失人民币2924984.82元，影视公司向开发公司支付租金607013.73元（可与损失冲抵）。

案例编写人　江西盛义（婺源）律师事务所　汪铮议

10.浮梁县某影视有限公司诉浮梁县某农业开发公司、浮梁县某村委会、何某等房屋租赁合同纠纷案

专家点评

许中缘　　中南大学法学院院长、教授、博士生导师，中国民法学研究会常务理事

　　合同的本质是交易，交易的本质就是合理划分商业风险。因此，合同法一方面要鼓励交易，另一方面要使当事人合理谋划商业风险。当然，这二者经常是一致的。因此，合同当事人在交易不能达成时，可能就需要合理规避商业风险。"违约的补救应以效率为其追求的主要目标"，其目标并不是强迫允诺人履行其允诺，而是补偿因违约所致的损失，当损害赔偿足以保护受害人时，则不采用实际履行方式，这也是合理谋划商业风险的应有之义。本案中，案涉合同事实上存在继续履行费用过高的问题，已不宜以继续履行的方式承担违约责任，且如仍认定案涉合同应继续履行，将导致各方损失不断扩大，不利于解决各方根本矛盾。本案法院对已至僵局的案涉租赁合同作出予以解除的判决，并合理分担相关当事人的法律责任，不仅成功实现了法律定分止争的目的，还体现了法律对于交易安全和交易效率的保护价值，值得肯定。

相关法条

《中华人民共和国民法典》

　　第五百六十六条　合同解除后，尚未履行的，终止履行；已经履行的，根据履行情况和合同性质，当事人可以请求恢复原状或者采取其他补救措施，并有权请求赔偿损失。

　　合同因违约解除的，解除权人可以请求违约方承担违约责任，但是当事人另有约定的除外。

　　主合同解除后，担保人对债务人应当承担的民事责任仍应当承担担保责任，但是担保合同另有约定的除外。

　　第五百七十七条　当事人一方不履行合同义务或者履行合同义务不符合约定的，应当承担继续履行、采取补救措施或者赔偿损失等违约责任。

　　第五百七十八条　当事人一方明确表示或者以自己的行为表明不履行合同义务的，对方可以在履行期限届满前请求其承担违约责任。

第五百八十条 当事人一方不履行非金钱债务或者履行非金钱债务不符合约定的,对方可以请求履行,但是有下列情形之一的除外:

(一)法律上或者事实上不能履行;

(二)债务的标的不适于强制履行或者履行费用过高;

(三)债权人在合理期限内未请求履行。

有前款规定的除外情形之一,致使不能实现合同目的的,人民法院或者仲裁机构可以根据当事人的请求终止合同权利义务关系,但是不影响违约责任的承担。

第五百八十五条 当事人可以约定一方违约时应当根据违约情况向对方支付一定数额的违约金,也可以约定因违约产生的损失赔偿额的计算方法。

约定的违约金低于造成的损失的,人民法院或者仲裁机构可以根据当事人的请求予以增加;约定的违约金过分高于造成的损失的,人民法院或者仲裁机构可以根据当事人的请求予以适当减少。

当事人就迟延履行约定违约金的,违约方支付违约金后,还应当履行债务。

第七百零八条 出租人应当按照约定将租赁物交付承租人,并在租赁期限内保持租赁物符合约定的用途。

⑪ 覃某诉陆某、顾某赠与合同纠纷案

——民事案件中诚信原则的适用

🔲 案件索引

一审： 上海市徐汇区人民法院（2022）沪 0104 民初 14017 号
二审： 上海市第一中级人民法院（2023）沪 01 民终 9978 号

🔲 基本案情

覃某与陆某、顾某系同事关系。覃某早年离婚，儿女随前妻出国，一直在国内自己一人生活。陆某、顾某对其多加照顾，三人遂结成忘年之交。2000 年，覃某购得位于上海市徐汇区的 40 平方米的房屋一间（系争房屋）。2004 年，覃某书写《遗嘱》，"因为陆某、顾某对其多加照顾，因此系争房屋及房屋中所有设施、物品全部归陆某、顾某所有"。2005 年 5 月，覃某手写《赡养及财产赠送协议》，称在过去十年中，虽然没有建立赡养关系，但陆某、顾某做了赡养中方方面面的工作，现提出建立赡养关系，要求陆某、顾某对其继续进行赡养。2005 年 10 月，覃某（作为出卖人）与陆某、顾某等就系争房屋签订了《房屋转让合同》，约定转让价款为 20 万元，对过户时间、房屋交付、付款期限和付款方式以及违约责任均未作出约定。2005 年 12 月，系争房屋的产权变更登记至陆某、顾某名下。但陆某、顾某并未按照《房屋转让合同》的约定向覃某支付 20 万元转让价款，双方并未办理房屋交接手续，系争房屋由覃某长期居住使用。

2019 年，时年 94 岁的覃某与 62 岁的吴女士相识，于 2020 年 6 月登记结婚。2019 年 7 月，覃某向上海市徐汇区人民法院提起诉讼，要求确认《房屋转让合同》无效。该案中，覃某称《房屋转让合同》中出卖人一方的签名系陆某、顾某伪造，覃某从未知道系争房屋过户至陆某、顾某名下的事实。在上海市徐汇区人民法院组织下，对《房屋转让合同》中覃某的签字进行鉴定。《司法鉴定意见书》确认《房屋转让合同》等材料上的签字为覃某本人签署。覃某遂撤回本次起诉。

2021年4月，覃某再次向上海市徐汇区人民法院提起诉讼，要求解除《房屋转让合同》。在该案审理中，覃某称因陆某、顾某等同意给其养老，覃某才同意将房屋过户给陆某、顾某等，但并非出售给陆某、顾某。但因陆某、顾某等没有履行赡养义务，因此要求解除《房屋转让合同》，并将系争房屋变更登记回覃某名下。法院经审理后认为：《房屋转让合同》的签署并不具有房屋买卖的合意，其实质是一种附义务的赠与。行为人与相对人以虚假的意思表示实施的民事法律行为无效，以虚假的意思表示隐藏的民事法律行为的效力，依照有关法律规定处理。因双方并无买卖的意思表示，故双方签订的《房屋转让合同》应为无效。因此，法院驳回了覃某提出的解除《房屋转让合同》的诉讼请求。二审法院维持了上海市徐汇区人民法院作出的一审判决。

2022年8月，覃某第三次向上海市徐汇区人民法院提起诉讼，要求撤销其将系争房屋赠与陆某、顾某的赠与行为，并将系争房屋变更登记至覃某名下。覃某提出，其将系争房屋转让予陆某、顾某的原因，是陆某、顾某同意给覃某养老。但陆某、顾某并未履行扶养、赡养义务，因此诉至法院要求撤销赠与行为。陆某、顾某认为其已经履行了赡养义务，因此不同意覃某的诉请。

在本案审理过程中，陆某、顾某等提供照片、微信聊天记录、短消息记录、网络购物记录等，证明陆某、顾某等陪伴覃某、照顾覃某、双方一起旅游等事实；此外，陆某、顾某等亦提供了2019年陆某、顾某前往看望覃某欲履行赡养义务，而被覃某拒绝的证据材料。

法院经审理后认为：民事主体的人身权利、财产权利以及其他合法权益受法律保护，任何组织或者个人不得侵犯。民事主体从事民事活动，应当遵循诚信、公平原则，不得违背公序良俗。根据审理查明的情况，覃某自行书写《赡养及财产赠送协议》并签字，陆某、顾某虽然未签字，但是双方随后办理了房屋过户手续，双方以实际行动履行了该协议，故双方之间成立了附赡养义务的赠与关系。按照覃某在《赡养及财产赠送协议》上的叙述，陆某、顾某在赠与房屋前已经照顾覃某十余年，且覃某对此十分满意，在赠与房屋后至覃某第一次诉至法院，长达十几年间，并未有证据表明陆某、顾某等不履行赡养义务或双方发生矛盾。此外，覃某在第二次诉至法院时陈述，覃某因其自身婚姻关系变化需要家庭养老，需要房屋，实质并非陆某、顾某二人不愿意履行赡养义务，因此，覃某以陆某、顾某不履行赠与合同所附义务为由，提出撤销赠与，缺乏事实依据。同时，法院认为：老龄化社会下，提倡个人通过合同等方式建立赡养关系，作为社会养老机制的有益补充。本案中，在陆某、顾某已照护覃某多年的情况下，覃某撤销赠与，有违和谐社会善良风俗，而随意撤销赠与也不利于赡养关系的稳定。综上，对于覃某的诉请，法院不予支持。

上海市徐汇区人民法院作出一审判决后，覃某向上海市第一中级人民法院提起上诉。上海市第一中级人民法院审理后认为：民事主体从事民事活动，应当遵循诚信原则，秉持诚实，恪守承诺。根据覃某书写的《赡养及财产赠送协议》，覃某认可了陆某、顾某等十多年来对其所作出的赡养行为，虽然2005年5月15日前，双方未曾签订过赡养协议，但是覃某通过其自己书写的上述行为对赡养行为进行了确认，并在之后将系争房屋以买卖的形式对赡养行为进行了确认，覃某以实际行动完成了赠与行为。陆某、顾某以其长期的行为一直在履行赡养义务，覃某在2019年前从未对此提出异议，更能证明此节事实。二审法院遂作出判决，认为一审判决认定事实清楚，适用法律正确，应予维持。

核心争议焦点

1. 2019年覃某提起的确认合同无效纠纷案，其核心争议焦点为覃某在《房屋买卖合同》上的签名是否系伪造。

2. 2021年覃某提起的房屋买卖合同纠纷案，其核心争议焦点为《房屋买卖合同》是否符合法定的解除条件。

3. 2022年覃某提起的赠与合同纠纷案，其核心争议焦点在于陆某、顾某是否履行了其在赠与合同项下所附的赡养义务，覃某是否可以撤销其将系争房屋赠与陆某、顾某的行为。

当事人各方观点及思维分析

一、2019年确认合同无效案中当事人观点及分析

覃某在庭审中声称，他从未签署过《房屋买卖合同》，亦不知道系争房屋过户至陆某、顾某名下的事实。此外，覃某还提出，由于陆某、顾某长年照顾覃某，双方关系很好，因此陆某、顾某完全有可能取得覃某的身份证件以办理房屋过户手续。陆某、顾某认为该《房屋买卖合同》系双方协商一致后签署，不存在伪造覃某签名的情况。之后，覃某在该案中申请对《房屋买卖合同》及《上海市房地产登记申请书》上覃某的签字进行鉴定。2020年4月26日，《司法鉴定意见书》表示该些材料上覃某的签字为本人所签，覃某撤回该案起诉，法院亦同意了覃某的撤诉请求。

二、2021年房屋买卖合同纠纷案中当事人观点及分析

覃某认为：陆某、顾某未按照《房屋买卖合同》的约定支付系争房屋的转让价款，属于对《房屋买卖合同》的严重违约，要求撤销《房屋买卖合同》。

陆某、顾某认为：双方在签署《房屋买卖合同》时，曾口头约定无需支付《房屋买卖合同》项下的转让价款，作为对价，系争房屋会让覃某居住到百年。在过去的十多年中，双方都按照该口头约定来履行双方的义务，从未提出异议。覃某从未要求陆某、顾某支付转让价款的事实，也佐证了双方之间的口头约定。既然有此约定，双方就应继续履行，《房屋买卖合同》不应解除。

法庭经审理后认为：双方签署的《房屋买卖合同》虽名为买卖合同，但根据《房屋买卖合同》的约定、合同履行情况，双方的房屋买卖并不符合正常的交易流程，结合双方身份关系、覃某书写的《遗嘱》以及《赡养与财产赠与协议》的内容以及双方庭审中的陈述，双方在签订《房屋买卖合同》时，并不具有房屋买卖的合意，其实质是一种附义务的赠与。根据相关法律规定，行为人与相对人以虚假的意思表示实施的民事法律行为的效力，依照有关法律规定处理。因双方并无买卖的意思表示，故双方签订的买卖合同应为无效。覃某要求解除买卖合同并要求陆某、顾某支付转让价款，没有事实和法律依据，法院不予支持。

三、2022年房屋赠与合同纠纷案中当事人观点及分析

本案中，覃某提出诉讼请求，要求撤销将系争房屋赠与陆某、顾某的行为，并要求将系争房屋变更登记至覃某名下。覃某认为：根据2021年的房屋买卖赠与合同纠纷的判决，覃某与陆某、顾某之间并不存在房屋买卖合同关系，双方之间的法律关系实际是一种附义务的赠与关系。覃某提出，其将系争房屋赠与陆某、顾某，所附的条件是陆某、顾某对覃某的赡养义务。但陆某、顾某在取得房屋后，并未对覃某履行赡养义务。因此，要求撤销该赠与行为。

作为本案被告的陆某、顾某不同意覃某的诉讼请求。陆某、顾某自双方认识以来，一直履行着赡养义务。系争房屋在2005年已经登记至陆某及顾某名下。在2021年房屋买卖合同判决认为双方之间是附义务的赡养关系之前，覃某从未提出陆某、顾某存在不赡养的情形。而覃某在2019年开始多次诉讼，以各种理由拿回系争房屋，原因并非陆某、顾某不履行赡养义务，而是覃某因婚姻关系的变更，需要房屋来维持婚姻关系。覃某态度的巨大变化，亦不符合公平公正原则。

代理思路

作为陆某、顾某的代理人，主要代理思路如下：

双方之间形成的法律关系，系附义务的赠与法律关系。覃某于2005年书写的《赡养及财产赠送协议》虽然仅有覃某的签字而未经陆某和顾某签署，但双方在《赡养及财产赠送协议》书写完成后的5个月内即签署了《房屋转让合同》并办理了系争房屋的产权变更登记手续。上述文书的书写、签署及手续的办理，说明双方之间实际达成了覃某将系争房屋赠与陆某及顾某，而陆某、顾某对覃某进行赡养的合意，双方之间形成附义务的赠与法律关系。

覃某书写的《遗嘱》《赡养及财产赠送协议》中的众多记载，说明了陆某、顾某在系争房屋权属变更以前对覃某给予了无微不至的照顾及关心，已经实际上开始履行其赡养义务。《遗嘱》《赡养及财产赠送协议》中记载："我的房屋及家中所有设施、物品全部归陆某、顾某所有。因为他们以胜似亲人的关爱帮我度过伤病痛，关注我的日常生活，做了许多事情，使我获得充实快乐，平安度过晚年。""在过去的十多年中，虽然没有建立赡养关系，但陆

某、顾某做了赡养中许多方方面面的事情，现明确提出建立赡养关系，想通过法律确定财产的归属权。一旦覃某过世，覃某的房屋及家中的所有物品均归陆某、顾某所有，并得到法律的保护。"上述记载能够说明即使在《遗嘱》《赡养及财产赠送协议》书写前，陆某及顾某已实际对覃某进行了赡养，才使得覃某自愿写下上述文书并将系争房屋转让给陆某及顾某。

陆某、顾某在系争房屋转让及变更登记完成后，仍继续履行其赡养义务。就此节事项，代理人给出的理由是自系争房屋在2005年完成产权变更后至2019年覃某第一次提起诉讼期间，覃某从未以任何形式，对陆某、顾某履行赡养义务的行为提出任何异议。如果陆某、顾某确实未按照《赡养及财产赠送协议》的约定履行赡养义务，从逻辑角度而言，覃某总会提出异议。但无论从书面记载，还是证人证言陈述，覃某都不能提供任何合理的证据，证明陆某、顾某在履行赡养义务上是存在过错或缺失的。此外，陆某、顾某也提供了在2005年至2019年期间，陆某、顾某陪伴覃某外出旅游、参加各项活动所留存的照片，以及陆某、顾某为覃某购买日常衣物、用品的购买记录等证据材料。上述证据，也侧面证明陆某、顾某履行了赡养义务。

自2019年覃某向陆某、顾某提起第一次合同撤销之诉起，所提供的证词前后矛盾，不符合诚信原则。在2019年第一次合同撤销之诉中，覃某称其从未在《房屋转让合同》上签字，《房屋转让合同》上覃某的签字，是由陆某、顾某伪造的。关于系争房屋办理变更登记这一事项，覃某称：陆某、顾某与其关系融洽，双方经常往来，基于对陆某、顾某的信任，覃某也将身份证等重要证件交由陆某、顾某保管，因此，陆某、顾某才有机会使用覃某的身份证办理了系争房屋产权变更登记手续。覃某还称：在2019年前，覃某从未知晓其居住的房屋已经发生登记变更事项。代理人认为：上述证言，正能说明双方关系良好，陆某、顾某也一直对覃某进行赡养。此外，在该次诉讼中，覃某向法庭陈述，其在2019年与妻子相识并结婚，需要房子，因此才向法院提起诉讼。代理人认为：上述证言说明覃某提起诉讼，要求撤销系争房屋赠与的原因，并非陆某、顾某未履行赡养义务，而是覃某不再想把系争房屋赠与陆某、顾某，而罔顾双方之间已经履行了近20年的附义务赠与，单方面要求撤销赠与。

庭审中，陆某、顾某向法庭提交了相关证据，包括：（1）将陆某、顾某的微信账号拉黑，拒绝与其联系；（2）将前往覃某家中探望的陆某、顾某拒之门外，拒绝与其见面；（3）挂断陆某、顾某的电话，拒绝与其沟通。代理人提出，如果覃某的目的是希望陆某、顾某履行赡养义务，正常情况下，应与陆某、顾某见面、商谈，而非阻碍或拒绝陆某、顾某对赡养义务的履行。此种不正常的行为恰好说明覃某的目的并非要求陆某、顾某履行赡养义务，而是阻止该附义务赠与的所附义务的履行，进而撤销该次赠与。代理人认为：对于附条件的民事法律行为，当事人为自己的利益不正当地阻止条件成就的，视为条件已经成就，本案中，即视为陆某、顾某已经履行了赡养义务。

代理点睛

本案中，陆某及顾某的代理律师着重于拆解《赡养及财产赠送协议》中约定的陆某及顾某应履行的赡养义务，并向法庭系统罗列了一系列证据材料，证明陆某及顾某已经履行了该协议中所约定的赡养义务。代理律师结合覃某缔结新的婚姻关系正是在覃某第一次起诉前这一事实，向法庭说明覃某诉请撤销赠与的真正原因。此外，代理律师还向法庭提供了在覃某第一次起诉陆某、顾某后，即拒绝陆某及顾某再行履行赡养义务，该行为即构成《民法典》规定的不正当阻止条件成就的行为。上述"明确赡养义务"——"确认赡养义务的履行"——"赡养义务被拒绝"三个事实的构成及明确，形成了逻辑闭环，使得法庭了解陆某、顾某长久以来一直诚信履行赡养义务，而覃某因为自身利益，在长年接受陆某、顾某的赡养后试图撤销赠与，直至最终作出原告败诉的判决。

审判观点

本案中，一审法院认为：民事主体的人身权利、财产权利及其他合法权益受法律保护，任何组织或者个人不得侵犯。民事主体从事民事活动，应当遵循诚信、公平原则，不得违背公序良俗。覃某自行书写《赡养及财产赠送协议》并签字，陆某、顾某虽未签字，但双方随后办理了系争房屋的产权过户手续，双方以实际行动履行了该协议，因此双方之间成立附赡养义务的赠与关系。根据《赡养及财产赠送协议》的叙述，陆某、顾某在取得赠与房屋前已照顾覃某十余年，且覃某对此十分满意，在赠与房屋后至覃某第一次起诉陆某、顾某前，长达十几年内，并未有证据证明陆某、顾某不向覃某履行赡养义务或双方发生矛盾。再根据覃某在另案中的陈述，覃某因其自身婚姻关系变化需要家庭养老，需要房屋，实质并非陆某、顾某不愿意履行赡养义务，因此覃某以陆某、顾某不履行赠与合同约定的义务为由，提出撤销赠与，缺乏事实依据。一审法院还认为：在老龄化社会下，提倡个人通过合同等方式建立赡养关系，作为社会养老机制的有益补充。在本案陆某、顾某已经照护覃某多年的情况下，覃某撤销赠与，有违和谐社会善良风俗，而随意撤销赠与也不利于赡养关系的稳定。根据《民法典》的相关规定，判决驳回覃某的全部诉讼请求。

二审法院在认同一审法院判决理由的基础上，还提到覃某在婚姻关系变化前后，即反悔欲推翻之前业已完成的赠与行为，实无诚信。对于陆某、顾某进行的赡养行为，覃某在近年来不予接受，欲形成陆某、顾某等人不尽赡养义务，实无诚信，也有违构建社会主义和谐社会的宗旨。因此，二审法院认为一审判决认定事实清楚，适用法律正确，应予维持。

案例编写人　上海市锦天城律师事务所　田一柳

专家点评

谢鸿飞　中国社会科学院法学研究所研究员、博士生导师，中国法学会民法学研究会副会长

自然人通过合同方式建立赡养关系，不失为社会养老机制的有益补充，也是在老龄化社会背景下所提倡的有效方式。建立附赡养义务的赠与关系后，双方都应遵循诚信、公平的原则履行合同。诚信作为民法的基本原则之一，又被称为民法的"帝王条款"，既是守法原则，又是司法原则。人民法院充分考虑到当事人履行赡养义务、房屋已办理变更登记以及婚姻关系发生变化和撤销赠与的事实，运用诚信原则，将道德规范上升为法律的强制性要求——赠与财产的权利一旦转移，不能任意撤销赠与。民事审判中对诚信原则的适用是法官能动司法的体现，通过贯彻诚信原则，将审判结果维持在公正的水平线上。作者以案释法凸显了诚信原则的作用，弘扬了社会主义核心价值观。

《中华人民共和国民法典》

第六条 民事主体从事民事活动,应当遵循公平原则,合理确定各方的权利和义务。

第七条 民事主体从事民事活动,应当遵循诚信原则,秉持诚实,恪守承诺。

第八条 民事主体从事民事活动,不得违反法律,不得违背公序良俗。

第六百五十七条 赠与合同是赠与人将自己的财产无偿给予受赠人,受赠人表示接受赠与的合同。

第六百六十一条 赠与可以附义务。

赠与附义务的,受赠人应当按照约定履行义务。

⑫ 兴泰典当公司诉惠而浦公司、宁国实业公司合同纠纷案

——应收账款质押场合下,应收账款付款方之付款义务定性

案件索引

一审: 安徽省合肥市蜀山区人民法院(2018)皖 0104 民初 6192 号
二审: 安徽省合肥市中级人民法院(2019)皖 01 民终 5987 号
再审: 安徽省高级人民法院(2022)皖民再第 166 号

基本案情

2014 年 9 月 1 日,兴泰典当公司与宁国实业公司签订《典当合同》,约定宁国实业公司以公司存货为当物向兴泰典当公司典当借款 900 万元。

2014 年 9 月 1 日当日,兴泰典当公司、宁国实业公司与惠而浦公司(原合肥荣事达三洋电器股份有限公司)三方签订一份《协议书》。《协议书》约定:"经宁国实业公司、惠而浦公司双方审核确认,截至 2014 年 7 月 31 日,宁国实业公司对惠而浦公司享有到期、无争议应收账款债权共计人民币 975.85 万元。"《协议书》同时约定如下担保方式:"(1)惠而浦公司支付宁国实业公司应收账款时,须保留上述到期且无争议应收账款不低于人民币 975.85 万元暂不支付,由惠而浦公司保管并用于担保宁国实业公司履行典当合同约定还款义务,直至兴泰典当公司典当合同权利的实现。(2)如上述典当合同到期后宁国实业公司按约履行了还款义务,则兴泰典当公司在 3 日内向惠而浦公司出具解除担保函,届时宁国实业公司可自由支取该款。如宁国实业公司未按约履行典当合同约定的清偿义务,无论典当物是否被处置用于清偿债务,惠而浦公司都应在接到兴泰典当公司书面支付通知之日起 3 日内将上述全部保留应收账款人民币 975.85 万元直接以转账方式支付至兴泰典

当公司指定账户。（3）除兴泰典当公司书面同意外，在任何情况下，惠而浦公司均应确保将该款支付给兴泰典当公司并支付至指定账户。否则，只要兴泰典当公司未获全部清偿，惠而浦公司均应对宁国实业公司拖欠兴泰典当公司的当金、综合费用等典当合同约定全部付款义务承担连带担保责任，期限为两年。"《协议书》中应收账款基本情况条款处加盖了惠而浦公司财务专用章，《协议书》尾部加盖宁国实业公司公章、兴泰典当公司公章和惠而浦公司公章。

典当借款期限届满后，三方同意办理了2次展期，分别签署了2014年12月2日《补充协议》和2015年1月20日《补充协议》。展期期满后三方于2015年11月30日签署《还款协议》，确认截至2015年11月30日，宁国实业公司对惠而浦公司享有到期、无争议应收账款债权共计人民币10721600元。惠而浦公司承诺上述应收账款全部用于清偿宁国实业公司拖欠兴泰典当公司的债务，具体为自2015年11月16日起，根据惠而浦公司与宁国实业公司约定的付款进度直接偿还所欠兴泰典当公司的典当款，直接全部清偿。

其间，兴泰典当公司于2015年1月19日、2015年9月9日、2016年11月25日、2018年3月13日4次致函惠而浦公司，要求惠而浦公司按《协议书》约定履行相应清偿义务，将保留应收账款人民币975.85万元直接以转账的方式支付至指定账户。惠而浦公司4次均出具回执表示函件收悉，各份回执上均由惠而浦公司财务人员霍某某签名或加盖惠而浦公司公章。

2018年10月22日，惠而浦公司给兴泰典当公司发送一份《告知函》，称："我司收到贵司致我司的一封函件，要求我司连带清偿宁国实业公司欠贵司的债务共计人民币975.85万元。我司收到此函后，公司上下高度重视，对此事进行了深入的调查，现回复如下：我公司无签署相关协议审批流程及相关协议文本，也没有收取贵司发出的其他函件的记录。因此，我公司不认可我公司与贵司签署过相关担保协议及收取过贵司相关函件。另外，我公司管理层及法务部门在收到本函件前，对于给贵司担保一事均不知晓。我公司作为一个上市公司，对于对外担保行为的决策非常严格，且担保决策需要经过董事会通过并进行公开披露。我公司建议：请贵司提供签署协议的过程及我公司经办人员姓名，并对印章进行鉴定"。

2018年10月23日，兴泰典当公司给惠而浦公司回函说明各份协议签章过程均由兴泰典当公司工作人员前往惠而浦公司办公大楼，由惠而浦公司财务霍某某牵头在惠而浦公司现场当面办理，同时兴泰典当公司建议惠而浦公司进一步复核上述情况,如无误,按相关程序办理并加强内控管理;如签章涉嫌伪造,兴泰典当公司将按照程序报送公安部门处理。

后惠而浦公司未予以回复,也未清偿宁国实业公司所欠兴泰典当公司当金本息,故兴泰典当公司提起诉讼,要求宁国实业公司、惠而浦公司承担还款责任。

核心争议焦点

一、一审、二审争议焦点

1. 案涉协议及回执中惠而浦公司印章是否真实,是否属于惠而浦公司真实意思表示,是否具有无效情形?
2. 惠而浦公司是否应向兴泰典当公司承担还款责任?

二、再审争议焦点

1. 案涉协议性质如何认定,惠而浦公司担保种类属于保证还是应收账款质押?
2. 案涉协议效力如何认定,是否具有无效情形?
3. 惠而浦公司应否向兴泰典当公司承担还款责任?

当事人各方观点及思维分析

一、一审、二审当事人各方观点及思维分析

(一)惠而浦公司观点及思维分析

1. 观点。案涉协议不是惠而浦公司真实意思表示,均为无效,惠而浦公司不承担还款责任。

2. 理由。2014年9月1日《协议书》和2014年12月2日《补充协议》虽然加盖了公章,但经鉴定和样本比对不一致,不是真章,协议无效。2015年11月30日《还款协议》,落款处加盖的是财务专用章,虽然是真章但不产生对外签署协议的效力,财务专用章只能用于核对账目。因此,案涉《协议

书》《补充协议》《还款协议》不是惠而浦公司真实意思表示，均为无效，惠而浦公司不承担还款责任。

3. 思维分析。惠而浦公司认为：公司对外签约的意思表示真实与否需综合印章真实性和印章使用范围来判断，必须满足印章真实且合同上加盖公章或合同章两个条件，方能代表公司签约的真实意思表示。

（二）兴泰典当公司观点及思维分析

1. 观点。案涉协议属于惠而浦公司真实意思表示，均为有效，惠而浦公司应承担还款责任。

2. 理由。虽然 2014 年 9 月 1 日《协议书》和 2014 年 12 月 2 日《补充协议》与送检样本不符，但之后的《补充协议》《还款协议》和回执的印章经鉴定与样本印文一致，且从内容上看与 2014 年 9 月 1 日《协议书》和 2014 年 12 月 2 日《补充协议》有一致性和关联性，惠而浦公司已对 2014 年 9 月 1 日《协议书》和 2014 年 12 月 2 日《补充协议》的内容予以确认。因此，案涉《协议书》《补充协议》《还款协议》是惠而浦公司真实意思表示，协议有效，惠而浦公司应承担还款责任。

3. 思维分析。兴泰典当公司认为，意思表示真实与否不能仅凭单份材料上的印章是否属实来判断，而应当结合协议履行全过程的行为来判断。在后签署的协议如果确认了在先的协议内容，即便在先协议印章不真实，也能证明对外签约是公司的真实意思表示。

二、再审当事人各方观点及思维分析

（一）安徽省人民检察院抗诉观点及思维分析

1. 观点。案涉协议设置了惠而浦公司的担保责任，兴泰典当公司未审查惠而浦公司是否对担保作出股东大会决议或董事会决议，案涉协议无效。

2. 理由。案涉协议设置了惠而浦公司的担保责任，但惠而浦公司并未形成董事会决议或者股东大会决议，兴泰典当公司也没有对惠而浦公司董事会决议或者股东大会决议等进行审查，故兴泰典当公司不属于善意相对人，案涉协议无效。

3. 思维分析。安徽省人民检察院抗诉时不再关注印章真实性问题，而是提出了新的争议焦点，即公司对外担保是否经过相关决议程序，进而以公司对外担保未形成董事会决议或者股东大会决议为由，认定案涉协议无效。

（二）惠而浦公司观点及思维分析

1. 观点。案涉协议性质为保证合同，惠而浦公司对外担保未经过股东会决议和董事会决议，协议无效，惠而浦公司不应承担还款责任。

2. 理由。三方当事人之间不存在应收账款出质登记，不存在质权。案涉担保协议性质为保证合同，一审、二审案由、裁判事由与援引法律均为保证。兴泰典当公司作为非银行金融机构，明知惠而浦公司章程对担保事项的决议机关有明确规定，但其未尽到审查义务，协议无效。兴泰典当公司在明知霍某某无代表权的情况下与惠而浦公司签订所谓担保协议，该协议对惠而浦公司不发生法律效力。

3. 思维分析。惠而浦公司不仅关注公司对外担保应当经过相关决议程序，还提出审查担保决议的责任在兴泰典当公司，以此来加重兴泰典当公司的举证证明责任。

（三）兴泰典当公司观点及思维分析

1. 观点。案涉协议在性质上并不是惠而浦公司为他人提供连带保证责任的保证合同，而是宁国实业公司以应收账款提供质押的担保合同，无须经过董事会或者股东大会决议，协议有效。

2. 理由。2014年9月1日《协议书》约定，宁国实业公司将其在惠而浦公司处的应收账款担保其在兴泰典当公司处的当金，并确认了宁国实业公司对惠而浦公司享有的应收账款债权，约定了惠而浦公司保管上述应收账款，并按照约定条件直接支付给兴泰典当公司。该协议在性质上并不是惠而浦公司为他人提供连带保证责任的保证合同，而是宁国实业公司以应收账款提供质押的担保合同，提供担保的主体是宁国实业公司而不是惠而浦公司，因此该《协议书》不适用《公司法》关于公司对外担保的规定，不需要经过惠而浦公司董事会或者股东大会决议，兴泰典当公司没有相应审查义务。案涉应收账款即使未办理登记，也只是不发生物权公示效力，不影响合同效力。

3. 思维分析。兴泰典当公司进一步变更了争议焦点，从合同条款出发，明确案涉协议是宁国实业公司以应收账款提供质押的担保合同，提供担保的主体是宁国实业公司而不是惠而浦公司。在应收账款质押场合下，应收账款付款方的付款义务是履行自身债务而不是承担保证责任，无须经过股东大会或董事会决议。

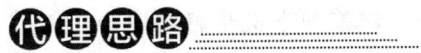

笔者作为宁国实业公司的代理律师，代理思路主要如下：

首先，抗诉书对《协议书》的定性错误。2014年9月1日当事人之间签署的《协议书》在性质上并不是惠而浦公司为他人提供连带保证责任的保证合同，而是宁国实业公司以应收账款提供质押的担保合同，提供担保的主体是宁国实业公司而不是惠而浦公司，因此，该《协议书》不需要经过惠而浦公司董事会或者股东大会决议，不适用《公司法》关于公司对外担保的规定，兴泰典当公司没有必要审查董事会或者股东（大）会决议。

案涉2014年9月1日签订的《协议书》明确约定了"三方友好协商，就宁国实业公司在惠而浦公司处应收账款担保其在兴泰典当公司处当金等还款责任达成如下协议"，《协议书》第1条记录的基本情况是关于应收账款的基本情况，确认了宁国实业公司基于《合作协议》对惠而浦公司享有到期、无争议的应收账款债权，惠而浦公司财务对此盖章确认，因此《协议书》第2条第1款明确约定了惠而浦公司需保管上述应收账款，不得向宁国实业公司支付。三方之间法律关系如图1所示：

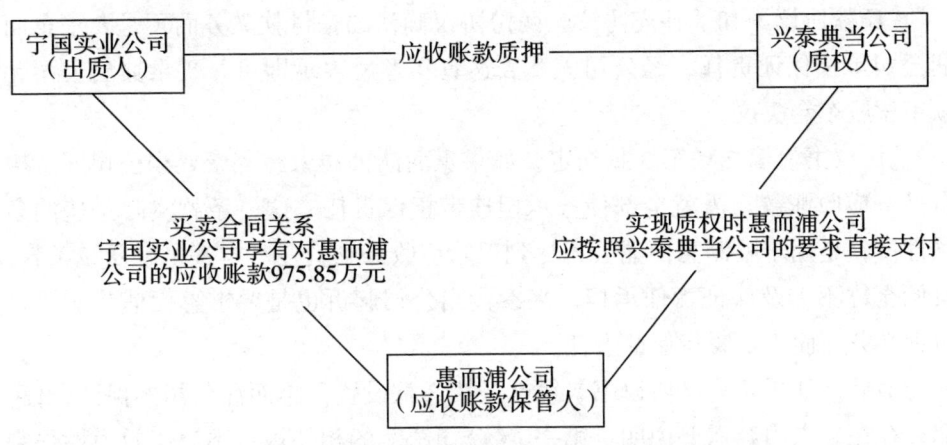

图1 本案中三方当事人的法律关系示意图

《协议书》第2条第2款约定，如果宁国实业公司未付款，惠而浦公司应当在收到兴泰典当公司通知后将975.85万元应收账款直接支付给兴泰典当公司，因此，惠而浦公司付款是基于应收账款付款方的付款义务而不是基于保证责任。此后签订的《补充协议》《还款协议》及《告知函》均反复提及要求惠而浦公司将应收账款支付给兴泰典当公司，该款项本就是惠而浦公司欠付的债务，只是收款主体从宁国实业公司变为兴泰典当公司，该还款行为没有增加惠而浦公司任何债务负担。

根据《协议书》约定，案涉应收账款质押不存在任何无效事由，合同系各方真实意思表示，合法有效。案涉应收账款质押即便未办理登记也只是不发生物权公示效力，并不影响合同效力。

其次，虽然2014年9月1日签订的《协议书》上惠而浦公司公章的真实性存在争议，但惠而浦公司承担付款责任的直接依据是2015年1月20日签署的《补充协议》和2015年11月30日签署的《还款协议》，该两份协议加盖的惠而浦公司公章和财务章经鉴定确认了真实性，是惠而浦公司的真实意思表示，一审、二审和再审判决对此均予以确认。

《补充协议》中惠而浦公司同意承担全部债权，《还款协议》中惠而浦公司承诺应收账款用于清偿债务，明确了惠而浦公司的付款义务的范围、金额和履行时间等细节。该两份协议中均提到了根据2014年9月1日《协议书》签署，因此惠而浦公司在签署时不可能不知晓2014年9月1日《协议书》的情况，也不可能作出错误的意思表示。

《还款协议》和《补充协议》两份协议确认的是付款义务而不是要求惠而浦公司承担保证责任，经公司盖章表达真实意思表示即可，兴泰典当公司无须审核股东会决议。

《协议书》第2条第3款约定，如果惠而浦公司未经兴泰典当公司同意擅自处分应收账款，需就全部债务承担连带担保责任。这一条款实际是违约条款性质，是用于限制惠而浦公司尽到保管应收账款责任。本案未触及该条款，自始至终不涉及保证责任承担，兴泰典当公司起诉也是要求惠而浦公司履行付款义务，而不是履行保证责任。

最后，如果认为《协议书》第2条第3款设置了惠而浦公司的保证责任，那么存在三点内容需要说明：第一，《公司法》的相关规定不属于效力性强制性规定，不导致产生合同无效的后果；第二，公司盖章的情况下推定相对人属善意相对人，应由惠而浦公司举证证明相对人存在恶意，而不是由相对人证明自身为善意；第三，即便认为该条款不成立或无效，也不影响《协议书》中其他条款的效力。

第一，《公司法》是组织法，主要规范公司的组织和行为，2018年修正的《公司法》第16条是对公司担保内部决议流程的规定。而公司作为市场交易主体参与经济活动时，其签订合同的行为应受《民法典》总则编及合同编的调整，《公司法》第 16 条不属于效力性强制性规定，不导致合同无效的后果。

第二，惠而浦公司作为独立法人，对外意思表示以公章形式作出，尽管《协议书》上惠而浦公司公章的真实性存在争议，但《补充协议》《还款协议》及《告知函》回执上的惠而浦公司公章均鉴定属实，从整体协议内容来看，惠而浦公司确认了第一份《协议书》的内容，惠而浦公司的意思表示是真实清晰的。如果本案存在表见代理或表见代表，兴泰典当公司可能需要审查公司内部决议，但在签约文件有公章的情况下，且兴泰典当公司到惠而浦公司当面办理了签章，即尽到了审查义务。以公章形式签署合同，合同相对人推定为善意，若惠而浦公司认为兴泰典当公司不是善意相对人，应由惠而浦公司举证证明兴泰典当公司存在恶意、恶意串通等情形，而不是由兴泰典当公司举证证明自己为善意。

第三，即使认为该条款未经决议不成立或无效，也不影响《协议书》其他条款的效力。本案惠而浦公司付款并不是基于该保证责任条款，而是基于其作为应收账款保管方履行付款义务。

代理点睛

本案争议焦点发生了多次变更，一审、二审时核心争议焦点是印章真实性问题，检察院抗诉时提出的核心争议焦点是公司对外担保是否经过决议流程，而代理人在代理再审案件时，发现了本案隐藏的争议焦点实际是案涉协议条款的定性问题，只有先明确协议条款是否设置了惠而浦公司的保证责任，才需要进一步讨论公司对外担保是否经过决议程序。

在应收账款质押场合下，存在三方交易结构，应收账款付款方有义务保管应收账款并按照协议约定付款，这起到了担保协议顺利履行的效果，但这并不是设置了应收账款付款方的保证责任。保证责任是保证人用自己的财产无偿为他人清偿债务，但应收账款的付款方本就是债务人，应收账款付款方的付款行为没有增加自身债务。因此，在应收账款质押场合下，应收账款付款方的付款义务是履行自身债务而不是承担保证责任。

代理人的这一代理思路，成功帮助兴泰典当公司回避了担保决议流程审查问题，取得了胜诉结果。

审判观点

一、案涉协议性质

案涉协议属于担保合同，案涉协议条款分别约定了应收账款质押担保和保证担保。

2014年9月1日《协议书》对担保事项作出全面约定，所约定的担保方式是以财产提供担保，担保财产为应收账款债权，即宁国实业公司对惠而浦公司享有的应收账款债权975.85万元。据此，能够认定担保方式为应收账款质押担保，担保人为该应收账款的债权人宁国实业公司。按照协议约定，该应收账款质押担保中，惠而浦公司承担如下三项义务：（1）保留应收账款不低于人民币975.85万元暂不支付；（2）保管应收账款并用于担保宁国实业公司履行典当合同约定的还款义务；（3）根据兴泰典当公司通知，将全部保留应收账款人民币975.85万元直接支付至兴泰典当公司指定账户。上述三项义务均不属于惠而浦公司自身承担的担保责任，作为应收账款付款人，惠而浦公司的付款行为属于履行其自身债务，而不属于其对本案典当债务承担担保责任。因此，案涉协议上述约定，属于宁国实业公司提供应收账款债权质押担保，惠而浦公司作为应收账款付款人配合付款。

然而，2014年9月1日《协议书》在第2条第3项约定：除兴泰典当公司书面同意外，在任何情况下，惠而浦公司均应确保将该款支付给兴泰典当公司并支付至指定账户。否则，只要兴泰典当公司未获全部清偿，惠而浦公司均应对宁国实业公司拖欠兴泰典当公司的当金、综合费用等典当合同约定的全部付款义务承担连带担保责任，期限为两年。该约定属于惠而浦公司自身为案涉典当债务提供担保，其担保方式为惠而浦公司在特定情形下履行案涉典当债务，属于人的担保，构成保证担保。

综上，案涉协议关于以宁国实业公司在惠而浦公司处应收账款担保其案涉典当债务的约定，是以财产提供担保，属于应收账款质押担保；关于在特定情形下惠而浦公司对案涉典当债务承担连带担保责任的约定，是人的担保，属于保证担保。对同一债务提供不同形式担保的做法，在社会实践与司法实践中均属常见。案涉协议属于担保合同，上述不同条款分别约定了应收账款质押担保和保证担保。

二、案涉协议关于应收账款质押约定的效力

案涉协议关于应收账款质押的约定，因未办理出质登记，未能产生质权，但三方当事人意思表示一致，对于以应收账款担保案涉典当债务的履行作出约定，相关约定不存在法定无效情形，应当认定相关约定成立并生效。案涉协议关于以宁国实业公司在惠而浦公司处应收账款担保其在兴泰典当公司处当金等还款责任的约定，在三方当事人之间具有法律约束力，当事人应当履行案涉协议的该项担保约定。

在质押担保约定中，惠而浦公司作为应收账款付款人，仅具有配合付款的义务，而不是应收账款质押担保的担保人，因此，惠而浦公司签订案涉协议中的质押条款，无须经过惠而浦公司董事会、股东会或股东大会作出决议。

三、案涉协议中关于惠而浦公司承担保证责任约定的效力

兴泰典当公司原审起诉主张权利，其诉讼请求依据的事实与理由为案涉协议相关约定，既包括关于惠而浦公司在应收账款范围内还款的约定，也包括惠而浦公司对案涉典当债务承担连带担保责任的约定。原审审理中未区分兴泰典当公司诉讼请求涉及的质押与保证等不同法律关系。兴泰典当公司在再审中明确其要求惠而浦公司履行应收账款的付款义务，而不是履行保证责任。对照原审判决给付判项内容，以及兴泰典当公司再审确认的诉讼请求及理由，能够认定，兴泰典当公司起诉主张并被原审判决支持的权利，属于应收账款质押担保项下的权利，不属于惠而浦公司保证担保项下的权利。基于案涉协议关于质押担保与保证担保在担保范围上的重合，在认定案涉协议关于质押担保的约定有效后，关于保证的约定是否有效，不影响本案裁判。

检察机关抗诉书所指出的兴泰典当公司对惠而浦公司提供担保是否经过相关决议程序未进行形式审查的问题，根据再审情况，对于惠而浦公司保证担保是否有效不作为本案裁判依据，对于惠而浦公司提供担保是否经过相关决议程序、兴泰典当公司是否进行了形式审查等，不作为本案争议事项进行裁判。

案例编写人　北京盈科（合肥）律师事务所　王　璇

专家点评

王竹　四川大学法学院教授、博士生导师，四川智慧社会智能治理重点实验室主任，四川大学市场经济法治研究所所长

　　本案代理人具有较高的专业水准，代理思路值得肯定。首先，在协议性质的认定问题上，面对检察院的抗诉，代理人主张案涉协议的性质为质押合同而非保证合同，为准确界定案涉三方的权利义务关系提供了必要条件。其次，在协议效力的问题上，代理人通过另外两份协议，合理推定案涉协议的效力，并指出应收账款质押场合下应收账款付款方的付款义务并非保证责任，进而推定应收账款付款方签订案涉协议中的质押条款时无须经过法律规定的公司决议流程。最后，代理人结合相关法律规定，详细论述了即使认为案涉协议部分条款设置了保证责任，该条款的效力也不影响协议中其他条款的效力。代理人的观点最终得到了再审法院的支持，有力地维护了被代理人的合法权益。

相关法条

《中华人民共和国民法典》

　　第四百四十五条第一款　以应收账款出质的，质权自办理出质登记时设立。

《中华人民共和国公司法》

　　第十六条[①]　公司向其他企业投资或者为他人提供担保，依照公司章程的规定，由董事会或者股东会、股东大会决议；公司章程对投资或者担保的总额及单项投资或者担保的数额有限额规定的，不得超过规定的限额。

---

① 该法已于2023年修订，本条被修改为第15条第1款。

⑬ 刘某与 A 银行借款担保合同纠纷案

——为网贷操作人设定担保责任应明确提示

案件索引

一审： 广东省深圳前海合作区人民法院（2020）粤0391民初3073号（原告刘某与被告A公司保证合同纠纷）

二审： 广东省深圳市中级人民法院（2021）粤03民终4007号（上诉人刘某与被上诉人A公司保证合同纠纷）

仲裁： 广州仲裁委员会（2021）穗仲案字第27443号（申请人A公司与被申请人B公司、刘某金融借款合同纠纷）

另诉： 广东省广州市中级人民法院（2022）粤01民特76号、77号（申请人刘某与被申请人A公司申请确认仲裁协议效力纠纷）

调查意见书： 中国银行保险监督管理委员会深圳监管局深银保监举复〔2022〕第02105号

再审： 广东省高级人民法院（2022）粤民申4322号（再审申请人刘某与被申请人A公司保证合同纠纷）

基本案情

刘某曾作为法定代表人代表B公司通过网上贷款流程向A银行申请企业贷款，并签订相应的借款合同。在刘某离职后，由于公司贷款逾期未还，A银行以一份带有刘某电子签名的个人保证合同为据，要求刘某承担连带保证责任，但刘某确认在贷款过程中并未签署过个人保证合同。

为维护其合法权益，刘某向深圳市前海合作区人民法院申请确认保证合同无效。案件审理过程中，A银行提交了《A银行贷款申请操作流程示例》，该流程显示了下列内容：

贷款操作分为两步：第一步是申请贷款，主要包括提交申请信息、进行身份认证和签订借款额度合同等材料；第二步是在贷款申请通过且银行同意发放贷款后，借款方进行申请放款的操作。在第一步申请贷款的过程中，在申请页面的"我已阅读并同意"的"相关协议"中仅有《借款额度合同》及相关的材料，并无个人担保合同。在A银行通过审核并同意贷款后，申请人进行第二步操作，即申请放款时，A银行在此处的"我已阅读并同意相关协议"中的"相关协议"处，设置有隐形链接，点击该"相关协议"的链接，打开的界面里出现了涉案保证担保合同。但无任何程序明确告知或提醒借款操作人，需要提供个人担保，且此处的"相关协议"也没有设置强制点开进行查看的功能，就可直接进行后续操作（在A银行提供的演示视频中，可以听到工作人员的讲话声音，在这里明确说不用点开查看）。刘某在未经任何明确提示的情况下，没有点击查看、阅读"相关文件"，从而未看到涉案保证合同的名称及内容，以为是和第一步流程中已看过并已同意的材料一致或类似，便勾选了"我已阅读并同意相关协议"。

在每次申请放款的过程中，刘某都是通过A银行设置的刷脸等安全验证方式，对公司的用款申请进行确认，该验证确认在每一次放款申请流程中仅有一次，而在该申请放款流程中"我已阅读并同意相关协议"的链接打开的界面下，均放置有借款合同和保证合同。但最终本该出现在借款合同上法定代表人签章处的刘某电子签名，却出现在了保证合同中，而借款合同上没有刘某的电子签名。

对于上述A银行的行为，原告刘某向广东省深圳市中级人民法院提起上诉。广东省深圳市中级人民法院维持了一审判决，并未支持原告方的上诉主张。

此后，A银行向广州仲裁委员会提起仲裁，要求刘某承担连带担保责任。对此，刘某一方向广东省广州市中级人民法院提起确认仲裁条款无效诉讼，中止了仲裁程序。

在广东省广州市中级人民法院作出与广东省深圳市中级人民法院基本相同的认定结果后，刘某方选择向中国银行保险监督管理委员会深圳监督局进行投诉。该局对此作出《银行保险违法行为举报调查意见书》，认定A银行该操作设置存在问题，应予整改，为刘某仲裁应诉增添了更有力的证据。

在仲裁庭审中，刘某方结合上述证据材料，详细阐述了A银行贷款流程中存在的担保陷阱，证明刘某在代表公司签订贷款合同时，始终未见过个人保证合同，更未作出签署该保证担保合同的意思表示，全面论证了保证合同未合法成立，形成有利局面。A银行在仲裁开庭后，经全面考量，最终撤回仲裁申请。之后，广州仲裁委员会作出（2021）穗仲案字第27443号仲裁决定书，同意A银行撤回仲裁申请，不再要求刘某为前述公司贷款承担连带担保责任。

核心争议焦点

涉案保证合同是否合法有效成立。

当事人各方观点及思维分析

一、A银行观点

刘某在担任B公司法定代表人时，代表公司通过网上贷款向A银行申请了企业贷款并签订了《借款额度合同》《保证担保合同》和《最高额保证担保合同》，前述合同均有刘某本人的电子签名，刘某应当对公司贷款承担连带清偿责任。

二、刘某观点

刘某在代表公司向A银行申请企业贷款时，仅作为法定代表人代表B公司签署借款合同，从未看到涉案保证合同，也从未作出同意承担保证责任的意思表示，银行此举有"套路"操作者、虚构涉案保证合同的嫌疑，自己不应承担保证责任。

代理思路

全面研究案情后，作为刘某代理人，笔者认为：A银行的流程设置，存在明显过错，明显属于故意设置签约陷阱，并擅自挪用进行贷款操作的人员电子签名，让身为借款公司法定代表人的操作人，在不知情的情况下，成为该笔借款的担保人。在这种情况下，所谓的保证担保合同并未形成有效要约，即A银行要与刘某签订保证合同的要约，并未到达受要约人刘某，而刘某更未作出任何要签署保证合同、承担担保责任的承诺。因此，涉案保证担保合同未依法成立，刘某不需要承担担保责任。

鉴于上述基本判断，在代理人建议下，刘某主动向A银行提起诉讼，主张案涉担保合同未合法成立，应认定合同无效。在庭审过程中，刘某方还在A银行提交的证据中发现了关键信息，即前述演示视频中银行工作人员的语音陈述"这里不用点开"。

借此，代理人在此后的一审、二审、另诉确认仲裁条款无效、向深圳银保监局投诉、广州仲裁委员会仲裁等一系列诉讼活动中，紧紧围绕该关键事实与法律关系，从以下几点展开全方位的举证与分析论证：

一、涉案保证合同无明确要约与承诺，缺乏双方合意，担保合同上的刘某签名系A银行擅自挪用签名伪造而成的，涉案保证合同未合法成立

1.从事实上看，现有证据已证实：A银行故意在签约流程已经完成后的放款申请流程中的隐蔽界面，放置一份新的、与借款本身法律关系不同的担保合同（本该出现在申请借款时，或另设担保合同签约程序），并未对此作任何明确提示且设置无须点开查看即可勾选，同时采用"我已阅读并同意"这一模棱两可的字眼蒙蔽操作人，让人误以为是指在网贷流程第一步中"已阅读并同意"的材料因此无须点开查看，存在欺骗和误导的意图；刘某一直是以法定代表人的身份进行贷款申请的操作，而并无跳出该角色以个人身份进行任何操作。A银行在涉案贷款过程中，从未就涉案担保事项向刘某发出过明确的要约，刘某自始至终也不知晓该涉案两份担保合同的存在，也未作出签署该担保合同的意思表示。

首先，根据刘某提交的证据《A银行贷款申请操作流程示例》及庭审中双方确认的事实可知，该贷款分为两步：第一步是申请贷款，第二步是申请放款。在第一步申请贷款的过程中，刘某代表公司进行借款申请的操作，而在申请页面的"我已阅读并同意"的"相关协议"中仅有《借款额度合同》（该合同内容及条款完整，属于正式借款合同而非框架协议）及相关的材料，无个人担保合同。在A银行通过审核并同意贷款后，申请人需要申请放款。A银行在此处的"我已阅读并同意相关协议"中的"相关协议"处，设置了隐形链接，"相关协议"的链接里放入了涉案保证合同。

其次，刘某明确，在申请放款的过程中未点击此处的"相关协议"，亦未见过涉案保证合同。当时刘某认为，此时已到了申请放款阶段，此处的"我已阅读并同意相关协议"指的是"已阅读并同意"申请贷款时的"相关协议",且刘某在此"我已阅读并同意相关协议"的前页面已输入用款金额,已了解贷款期限及利息等,关于本次借款需要明确的信息均已清楚,没想到在不需要点开确认的界面里添加了要求其个人承担担保责任的协议。因此,刘某没有点击阅读相关文件,从而在未看到涉案保证合同的情况下勾选"我已阅读并同意相关协议"。所以,刘某自始至终对涉案保证合同均不知情,更未作出为该贷款提供个人保证的明确意思表示。

再者,对于A银行设置的在申请放款时在隐蔽处放入涉案保证合同且不予提示的网上操作流程,中国银行保险监督管理委员会深圳监督局作出《银行保险违法行为举报调查意见书》,认定该操作设置存在问题,应予整改。

最后,在每次的申请放款过程中,刘某都是通过A银行设置的刷脸等安全验证方式,对B公司的用款申请进行确认,该行为均是其作为公司的法定代表人身份而进行的。该验证确认在每次放款申请流程中仅有一次,在该流程中"我已阅读并同意相关协议"的链接界面下均放置有借款合同和保证合同。但该借款合同上的法定代表人签章处,没有刘某的签名,反而在保证合同中使用了刘某的签名。显然,是A银行将刘某通过刷脸等方式授权银行使用在借款合同中的电子签名擅自挪用至保证合同中。

2.从逻辑关系和法律关系、法律性质上看,A银行的设置明显不合理、不合法,未遵守诚信原则和合同自愿原则,且存在欺诈消费者的故意。

从上述事实中可以看出,A银行的网贷流程操作设计存在多处明显不合常规的操作手法,不符合要求法定代表人承担担保责任的正常逻辑与通常做法:

(1)在借贷关系中设置担保关系,属于增加当事人且增设法律关系的行为。网上操作流程本应单独设置担保签约程序,明确提出签署保证合同、建立担保关系的要约,并由相对方收到要约后,作出明确承诺。本案操作流程中没有单独设立程序,没有明确提出或就此作出提示,更未在审查并同意贷款申请之前,要求刘某本人同意提供担保之后再审查贷款申请。

(2)在申请借款的流程中,在没有提供担保的情况下,A银行已审批同意了贷款申请和《借款额度合同》,说明该笔贷款并不必须由法定代表人提供担保。即使需要担保,也需要审核担保人的担保能力,并要求提交能证明其个人偿还能力方面的信息及资料进行审核,而A银行并未要求刘某提交该方面的信息和资料。

(3)在申请放款流程中的"我已阅读并同意相关协议"处,本应直接展示"相关协议"的清单,A银行却设置成需要在此处点击后,在打开的隐蔽界面才能看到新的合同。增设新的合同且需要新的当事人确认签署,"相关协议"应当设置强制阅读程序或明确提醒,但此处的程序却允许操作人不查看"相关协议"清单及内容,即可直接勾选"我已阅读并同意相关协议"。

(4)申请放款时刘某勾选了"我已阅读并同意相关协议",并点击"确认借款",但其签章却未出现在《借款合同》(申请放款时的借款合同,并非一份新的借款合同,而是对当次用款的确认材料)中,反而只出现在了保证合同中。

二、A银行设置的签署个人保证合同的流程,违反了《电子签名法》的规定,该电子签名不可靠

根据刘某提交的证据《A银行贷款申请操作流程示例》及A银行代理人当庭陈述,A银行系将保证合同及具体放款时的借款合同,一同放置在申请放款程序中的"我已阅读并同意相关协议"中"相关协议"链接的界面里。这就导致操作者在点击确认借款时,一次性授权签署了多份合同,这样的操作设置无法确认操作者的具体意思表示。根据我国《电子签名法》第8条的规定,审查数据电文作为证据的真实性,应当考虑生成、储存或者传递数据电文方法的可靠性。本案中,在电子签名人并未看到具体协议名称的情况下,就设置使用电子签名的程序,且电子签名对应的合同材料不止一份,从而不能形成一次同意签名对应一份合同的一一对应关系,却导致发生非签名人本意的挪用签名,即签名人本意是在借款合同上使用其电子签名,A银行却将其电子签名使用在保证合同上。由此可见,该操作设置导致电子签名的传递方法不可靠,该电子签名依法应属无效。

三、涉案贷款不应由刘某承担保证责任,刘某没有为涉案贷款提供个人担保的主观需求,也没有能力代为偿还该笔贷款

刘某并非借款人B公司的股东,更非该公司的实际控制人。作为受聘的经营管理人员,刘某并无提供担保以促成该笔贷款的主观需要,也并没有为该笔百万元贷款提供担保的客观能力。

据了解,B公司的全资股东由于资金链断裂,现已无力向B公司提供经营所需资金,因而B公司也无力偿还涉案贷款,若由刘某个人偿还该笔几十万元的剩余贷款,不仅不公平不合法,也将为其个人及家庭带来不可承受的沉重打击。

综上，刘某从未收到 A 银行要求其提供个人保证的要约，也未作出提供个人保证的意思表示及承诺，A 银行设置的贷款流程存在明显的陷阱和移花接木式的欺诈行为，涉案保证合同从未成立，且违反合同自愿和诚信原则。

在深圳两审法院驳回刘某主张合同无效的起诉后，A 银行就刘某贷款担保义务向广州仲裁委员会提起仲裁，代理人在此期间经向深圳银保监局投诉并终于获得《银行保险违法行为举报调查意见书》，认定 A 银行案涉贷款流程存在问题，并将此关键证据提交广州仲裁委员会。

在仲裁庭审中，针对 A 银行网贷流程中申请放款时在隐蔽处擅自放入涉案保证合同且不予提示的情况，我方着重阐述论证 A 银行贷款流程中的陷阱，证明刘某在代表公司签订贷款合同时，始终未见过个人保证合同，更未作出签署该保证担保合同的意思表示，全面论证了保证合同未合法成立。

最终，A 银行在仲裁开庭后不久，向仲裁委员会撤回仲裁申请。

代理点睛

1. 经过深入分析，代理人确定核心问题后，建议当事人刘某主动出击，在深圳提起对 A 银行的诉讼，请求法院认定涉案保证合同未有效成立。这证明，做好准备主动出击，不但不能避免继续被动，反而使对方不得不在未做好稳妥准备的情况下草率应对，从而露出破绽。

2. 在主动起诉 A 银行要求确认担保合同无效的案件中，A 银行的代理人提交了对涉案贷款流程进行演示的证据，代理人团队通过仔细审阅，从该演示中发现其程序设置中存在的问题。虽然法院在全面审理后仅以无权管辖为由驳回起诉从而未对代理人主张作实质认定，代理人却通过审阅对方证据材料，获得了对证明己方主张非常有利的证据。这说明，案件应诉工作需要极为细致，在做好自己的应诉工作的同时，仔细审查对方的应诉工作也常会有意外收获。

3. 面对 A 银行反过来提起的要求刘某承担担保责任的仲裁案，代理人在争取到当事人的继续信任后，据理力争，积极应诉，以 A 银行提供的能够说明其贷款流程存在重大问题的材料作为证据，向深圳银保监局提出投诉，最终认定 A 银行该操作设置存在问题，应予整改。不仅为仲裁案争取到了更有利的局面，也通过该投诉，推动了 A 银行规范设置网贷流程，维护了网络贷款中借款人及操作人员的合法权益。

办案各方观点

广东省深圳前海合作区人民法院及广东省深圳市中级人民法院作出（2020）粤0391民初3073号、（2021）粤03民终4007号裁定，认为刘某在进行提款操作时，有过刷脸通过的记录，且刷脸通过时间与前述两份担保合同中的签名时间间隔很短，结合刘某勾选了"我已阅读并同意相关协议"，认定两份保证合同均为刘某本人签署，保证合同有效，并应当依据合同仲裁条款由广州仲裁委员会进行审理，法院无管辖权，驳回刘某起诉。

广东省广州市中级人民法院作出（2022）粤01民特76号、77号裁定，以上述两裁定为依据认定保证合同有效，应当依据合同仲裁条款由广州仲裁委员会进行审理，法院无管辖权，驳回刘某起诉。

广东省高级人民法院作出（2022）粤民申4322号裁定书，同样未对保证合同的成立问题进行实质审理，以刘某在保证合同上的签名为由认定合同有效，驳回刘某再审申请。

但中国银行保险监督管理委员会深圳监管局出具的深银保监举复〔2022〕第02105号《银行保险违法行为举报调查意见书》对我方当事人主张作出有利认定。鉴于银保监会的批复内容，A银行在庭审后向广州仲裁委员会提交撤回仲裁申请，广州仲裁委员会作出（2021）穗仲案字第27443号决定书，同意A银行撤回仲裁申请。

案例编写人　国信信扬（黄埔）律师事务所　安艳宾

专家点评

张家勇　　中南财经政法大学法学院教授、博士生导师，中国法学会案例法研究会副会长，中国法学会民法学研究会常务理事

在订立案涉网贷合同过程中，由于银行以设置隐蔽链接的方式，将公司贷款合同与法定代表人为该贷款提供担保的个人保证合同采取一体处置方式，导致签约法定代表人未能注意其表述所蕴含的不同法律效果。在格式合同签订过程中，格式条款提供方有义务采取合理方式提示对方注意与其有重大利害关系的异常条款。网贷合同为典型的格式合同，以设置隐蔽链接的方式进行提示，且对方可以无须点开链

接而直接进入下一步签约程序，实际上就令因疏忽而签约的对方承担了异常条款所产生的全部风险，与格式条款规制的法律目标相背离。最高人民法院在最新发布的《最高人民法院关于适用〈中华人民共和国民法典〉合同编通则若干问题的解释》第10条中明确规定，"……仅以采取了设置勾选、弹窗等方式为由主张其已经履行提示义务或者说明义务的，人民法院不予支持"。因未尽提示义务的格式条款"不构成合同的内容"，故本案中刘某与A银行间保证合同不成立。

相关法条

《中华人民共和国民法典》

第四百七十一条　当事人订立合同，可以采取要约、承诺方式或者其他方式。

第四百七十二条　要约是希望与他人订立合同的意思表示，该意思表示应当符合下列条件：

（一）内容具体确定；

（二）表明经受要约人承诺，要约人即受该意思表示约束。

第四百八十三条　承诺生效时合同成立，但是法律另有规定或者当事人另有约定的除外。

第四百八十八条　承诺的内容应当与要约的内容一致。受要约人对要约的内容作出实质性变更的，为新要约。有关合同标的、数量、质量、价款或者报酬、履行期限、履行地点和方式、违约责任和解决争议方法等的变更，是对要约内容的实质性变更。

第四百九十一条　当事人采用信件、数据电文等形式订立合同要求签订确认书的，签订确认书时合同成立。

当事人一方通过互联网等信息网络发布的商品或者服务信息符合要约条件的，对方选择该商品或者服务并提交订单成功时合同成立，但是当事人另有约定的除外。

《中华人民共和国电子签名法》

第八条　审查数据电文作为证据的真实性，应当考虑以下因素：

（一）生成、储存或者传递数据电文方法的可靠性；

（二）保持内容完整性方法的可靠性；

（三）用以鉴别发件人方法的可靠性；

（四）其他相关因素。

《中华人民共和国民事诉讼法》

第一百二十七条　人民法院对下列起诉，分别情形，予以处理：

（一）依照行政诉讼法的规定，属于行政诉讼受案范围的，告知原告提起行政诉讼；

（二）依照法律规定，双方当事人达成书面仲裁协议申请仲裁、不得向人民法院起诉的，告知原告向仲裁机构申请仲裁；

（三）依照法律规定，应当由其他机关处理的争议，告知原告向有关机关申请解决；

（四）对不属于本院管辖的案件，告知原告向有管辖权的人民法院起诉；

（五）对判决、裁定、调解书已经发生法律效力的案件，当事人又起诉的，告知原告申请再审，但人民法院准许撤诉的裁定除外；

（六）依照法律规定，在一定期限内不得起诉的案件，在不得起诉的期限内起诉的，不予受理；

（七）判决不准离婚和调解和好的离婚案件，判决、调解维持收养关系的案件，没有新情况、新理由，原告在六个月内又起诉的，不予受理。

14 关某1、黎某诉樊某、谭某合同纠纷案

——侵权人家属代为与事故受害方签订赔偿协议，
其行为效力的认定

案件索引

一审： 广东省台山市人民法院（2022）粤0781民初3522号
二审： 广东省江门市中级人民法院（2023）粤07民终698号

基本案情

二原告关某1、黎某系关某2的父亲及母亲，谭某系樊某的母亲。2016年11月7日，被告樊某醉酒后驾驶轿车搭载关某2与另一辆车发生碰撞，造成两车损坏、关某2死亡的道路交通事故。

事故发生后，谭某作为樊某的代理人与关某3（关某1的亲哥哥，以亲属身份作为关某1的代理人）协商一致后达成《交通事故损害赔偿协议书》，协议约定：（1）甲方（樊某）支付关某2的殡葬费36000元。（2）甲方（樊某）再赔付关某2家属65万元，其中已包括关某2的死亡补偿费及家属精神损失费等。

2016年12月2日，黎某根据《交通事故损害赔偿协议书》的约定向所在地的市公安局、市人民检察院、市人民法院出具了对樊某的谅解书。谭某在黎某出具谅解书前向关某1及黎某支付赔偿款386000元，包括丧葬费36000元及协议中约定需一次性支付的35万元。但约定分期赔付的余下30万元并未如期履行，截至2022年5月25日止，樊某及谭某所应支付的赔偿款尚余148000元未赔付。

为此，关某1、黎某将樊某及谭某诉至法院，要求其支付剩余赔偿款，且樊某及谭某应承担连带赔偿责任。

核心争议焦点

在侵权人未明确出示授权时,侵权人家属代为与事故受害方签订赔偿协议,侵权人是否应就赔偿协议承担支付责任?

当事人各方观点及思维分析

一、原告方观点及分析

原告方认为:首先,樊某作为案件的侵权人,应当承担赔偿责任,并且樊某在刑事案件中将履行赔偿义务作为减轻责任的理由,樊某已知晓赔偿协议的内容并予以认可,赔偿协议的效力及于樊某;其次,谭某作为樊某的代理人签署赔偿协议,且谭某代樊某支付了部分赔偿款,应视为谭某自愿履行协议中约定的赔偿义务,明确表示与樊某一同承担赔偿责任。

原告方从责任承担角度出发,认为谭某作为樊某的代理人,代理效果应当及于樊某。另外,谭某已以行为及庭审中的明确意思表示说明其同意共同承担赔偿责任,那么为了最大化保障原告方的权益,樊某及谭某应共同承担赔偿责任。

二、被告方观点及分析

被告方主张:案涉赔偿协议未经樊某本人确认,对樊某不具有法律约束力,协议由谭某签订,仅应由谭某承担赔偿责任。

即被告方为缩小责任人的范围,主张谭某未取得樊某的授权,其签订协议的行为不产生代理的效果。

代理思路

本案中,为证实谭某的代理效果及于樊某,原告代理人从以下几方面逐步论述:

1. 谭某作为侵权人樊某的母亲及代理人与受害人亲属签订赔偿协议,其代理效果应当归于侵权人樊某。

赔偿协议已载明:谭某为樊某的母亲及代理人,那么,即使樊某未签名确认，谭某已在协议中明确其为樊某的代理人，是以樊某的名义与受害人家属签订协议，并非以自己的名义签订协议。因此，《赔偿协议》理应对被代理人樊某发生效力，樊某理应承担该协议内约定的赔偿责任。

2. 侵权人樊某已明确知悉且确认了赔偿协议内容，作为侵权责任人其理应承担赔偿责任。

樊某是侵权责任人，本就应承担赔偿责任，并非赔偿协议以外的当事人。侵权人樊某已在刑事案件中以该协议书及对该协议书的履行行为向法院争取减轻处罚，即说明樊某明确知悉且确认由谭某作为其代理人与受害人家属签署赔偿协议，赔偿协议理应对被代理人樊某发生效力。

3. 即使谭某确未取得樊某的授权，谭某也应构成表见代理，且侵权人樊某已追认代理行为，赔偿协议的效力仍应及于樊某。

谭某作为樊某的母亲帮助樊某参与协商处理赔偿事宜是完全符合人之常情的。在樊某因被刑事拘留而无法到场签字的情况下，受害人家属有理由相信谭某是有权代理作为赔偿义务人的樊某签署赔偿协议的。即使法院不认可被告谭某为有权代理，谭某的行为也理应构成表见代理。并且，樊某以赔偿协议的履行情况向法院争取减轻处罚，是以实际行动对赔偿协议进行追认，可以说明该代理行为有效。谭某已明确同意共同履行赔偿协议，那么，侵权人樊某应与其母亲一同向受害人家属履行赔偿义务。

代理点睛

本案中，一审法院认为侵权人未出示明确授权，并非赔偿协议的当事人。代理人则从代理效果的归属出发，论证了侵权人家属代理侵权人签署赔偿协议时，即使侵权人未能出具授权，侵权人本就对受害方的损失负有直接赔偿责任，赔偿协议实际上是侵权人对受害方予以赔偿，侵权人的亲属代理签署的赔偿协议的效力及于侵权人。侵权人在未明确对赔偿协议提出异议时，应视为同意按照协议内容对受害者的损失予以赔偿。

因此，本案认定了侵权人的赔偿责任，能够最大化地保障受害方的合法权益，同时也避免了侵权人逃避因其行为所导致的赔偿责任，在案件中弘扬了社会主义核心价值观。

审判观点

广东省台山市人民法院于2022年10月24日作出一审判决,认为谭某作为樊某代理人与关某2的亲属签订《交通事故损害赔偿协议书》,未有证据显示谭某取得了樊某的授权,故谭某在未取得授权的情况下以自己的名义签署涉案协议,实则为谭某主动承担樊某的赔偿责任,樊某并非合同约束的当事人,因此,一审法院并未支持樊某承担支付责任。

后关某1及黎某上诉,广东省江门市中级人民法院经审查后,认为谭某系代理樊某签署协议,虽樊某未在协议中签名确认,但根据樊某在刑事案件中的主张可知,樊某知道赔偿协议的存在且明确知道赔偿协议的内容,且樊某未提出异议,因此,协议效力应及于樊某。故二审法院撤销一审判决,判决樊某及谭某连带向关某1支付剩余赔偿款。

案例编写人 广东洛亚律师事务所 梁小凤 唐静颖

专家点评

姚辉 中国人民大学法学院教授、博士生导师,中国法学会民法学研究会常务理事

侵权人家属代为与事故受害方签订赔偿协议时未出示明确授权,确实属于无权代理。然而,"无权"并非"无效",在构成表见代理或者被代理人追认的情况下,即使代理人行为当时未获得授权,其行为同样可以产生代理的效果,亦即由被代理人本人承担法律后果。本案中,谭某作为樊某的母亲帮助樊某参与协商处理赔偿事宜,在樊某因被刑事拘留无法到场签字的情况下,受害人家属从情理上讲完全有理由相信谭某乃有权代理作为赔偿义务人的樊某签署赔偿协议。樊某虽未在协议中签名确认,但根据樊某在刑事案件中的主张可知樊某知道且明确知道赔偿协议的内容且未提出异议,站在赔偿权利人的角度看,成立表见代理;从赔偿义务人角度看,其行为也构成了追认。

《中华人民共和国民法典》

第一百六十二条 代理人在代理权限内,以被代理人名义实施的民事法律行为,对被代理人发生效力。

第一百七十二条 行为人没有代理权、超越代理权或者代理权终止后,仍然实施代理行为,相对人有理由相信行为人有代理权的,代理行为有效。

第五百七十七条 当事人一方不履行合同义务或者履行合同义务不符合约定的,应当承担继续履行、采取补救措施或者赔偿损失等违约责任。

第五百八十三条 当事人一方不履行合同义务或者履行合同义务不符合约定的,在履行义务或者采取补救措施后,对方还有其他损失的,应当赔偿损失。

15 集团公司诉环保公司服务合同纠纷案
——对未列入合同的事项是否属于合同义务的认定

案件索引

一审：上海市徐汇区人民法院（2021）沪0104民初2784号
二审：上海市第一中级人民法院（2022）沪01民终304号

基本案情

2018年9月29日，集团公司与环保公司签署了《建筑垃圾处置服务协议书》（以下简称《服务协议》），协议约定由集团公司委托环保公司对某场地中的建筑垃圾进行资源化处理，处置时间为2018年9月29日至2018年12月31日，集团公司分两期支付环保公司服务费3878400元。

2018年9月，环保公司开始进场清运，集团公司于2018年10月10日支付了首付款387840元（根据《服务协议》的约定，首付款启动费即为协议总价的10%），环保公司于2018年10月提前完成全部垃圾处置清运工作。集团公司未支付《服务协议》约定的剩余款项并要求环保公司开展复垦工作，复垦工作并未在《服务协议》中列明。

因为复垦土地需要相关手续，因此包括集团公司、环保公司、政府街道等6个部门单位共同盖章，以《备案登记表》的形式批准了环保公司的复垦工作，后集团公司开展复垦回填工作。

2019年2月1日，环保公司向集团公司出具《承诺书》，主要内容：我司与贵司关于某场地清运垃圾及复垦工作已近尾声，但因我司在施工中也存在很多问题，如复垦泥土过高、回填量超多等。鉴于此，我司郑重承诺，在春节后，组织力量，严格按照集团公司的要求进行整改，直到集团公司满意为止；另因为春节将近，我司还未对农民工的工资进行发放，集团公司能否先支付部分工程款150万元，余款待工程达标后再予支付等。

2019年2月3日，集团公司支付环保公司150万元，转账凭证记载的摘要为某场地建筑垃圾项目资源处理款。

2019年8月5日，环保公司再次向集团公司出具《承诺书》，主要内容：因我司在复耕某场地的过程中未及时控制复土量，造成复耕余土过多，未及时清运处置，因此特作以下承诺：从2019年8月11日开始至2019年8月31日全部清理完成；确保清运过后场地平整，达到集团公司及镇政府验收标准；施工过程中的环境卫生及安全均由我公司负责等。后环保公司又陆续出具了清运方案、计划等函件。

2020年7月3日，镇政府组织集团公司、环保公司及其他单位召开专题会议，并形成《关于加快市委督查交办件（编号X0410016）整改推进专题会议的纪要》（以下简称《会议纪要》），主要内容：会议听取了各相关部门对某场地渣土处置方法的意见和建议，共同制订处置方案，明确由环保公司作为处置主体，并于2020年7月底前完成渣土清运工作，最迟不超过8月10日；处置土方位置由总包负责安排，处置土方量严格按照卸点审批备案数量4万立方米处置，不得超量处置，如发现超量立即上报城管执法部门等。

2020年10月13日，镇政府出具《关于编号X0410016市委督查交办件的销项报告》（以下简称《销项报告》），主要内容：交办问题主要为某场地综合整治地块，现场堆积大量渣土，未采取覆盖等防尘措施；经镇政府2019年4月11日对现场进行调查，发现此地块所有人为集团公司，备案登记申请渣土量为17590吨，现场实际堆放渣土量约11万吨；环保公司已完成堆土位置与围墙不小于3米距离的处置工作；截至2020年9月底，环保公司已完成渣土清运工作，并将现场恢复原貌等。

2020年12月，集团公司认为环保公司没有完成《服务协议》下约定的义务，没有经相关政府部门验收合格，而且某场地中仍有大量土方未清运完成，已严重影响集团公司对于某场地的正常经营使用并产生了巨大经济损失。据此，集团公司以环保公司未按约完成《服务协议》项下约定的工作、违约事实清楚且情节严重为由，根据《服务协议》的约定，集团公司有权解除《服务协议》，要求环保公司退还全部已支付款项并承担相应违约责任并赔偿损失。因双方多次协商无果，集团公司遂提起诉讼。

环保公司不同意集团公司的全部诉讼请求。环保公司认为：《服务协议》约定的服务内容仅限于清运、处置建筑垃圾，不包括土地复垦。环保公司已经完全按照《服务协议》履行，无任何违约行为。相反，集团公司未按《服务协议》约定支付相应服务费，已构成违约，因此，环保公司提出反诉，要求集团公司支付应付未付服务费的剩余款项及相应利息。

一审法院判决驳回集团公司全部本诉请求并支持环保公司的全部反诉请求。集团公司上诉。二审维持原判。

核心争议焦点

1. 建筑垃圾资源化处理服务是否包括土地复垦服务？
2. 集团公司是否可以就环保公司出具的《承诺书》要求环保公司清运余土？

当事人各方观点及思维分析

一、集团公司观点及理由

观点：《服务协议》项下的服务内容包括建筑垃圾清运和土地复垦。目前土量超标，故视为环保公司未完成《服务协议》约定的建筑垃圾资源化处理义务。

理由：

1. 环保公司出具的系列《承诺书》，《承诺书》属于《服务协议》的一部分；
2. 目前场地里还存有大量余土，超过了《备案登记表》约定的回填数量。

思维分析：因为《服务协议》约定的内容非常笼统，仅为"建筑垃圾资源化处理"，未明确定义具体的工作内容，因此，集团公司结合环保公司多次单方面出具的关于复垦的《承诺书》、清运方案计划等文件，将这些文件视为《服务协议》的附件，将复垦视为建筑垃圾资源化处理的一部分，这样即便环保公司已经完成了前期的垃圾清运工作，集团公司也可因为环保公司没有完成垦土工作而否决其在《服务协议》项下的全部合同义务，以此拒付全部服务费并要求环保公司承担违约责任、赔偿损失。

二、环保公司观点及理由

观点：诉争《服务协议》仅包括建筑垃圾清运处置一项服务内容，不包含垦土。环保公司出具的系列《承诺书》实为环保公司向集团公司发出的催款函，且垦土工作本身也已按照承诺清运完毕，不存在超量堆放的问题。

理由：

1.《服务协议》本身没有将垦土写进合同。

2. 环保公司虽然发送了《承诺书》，但是集团公司根据《承诺书》的请求在相应时间内确实支付了部分款项，《承诺书》只是催款之用（2019年2月1日环保公司出具《承诺书》希望集团公司先支付部分工程款150万元，2019年2月3日集团公司即支付给环保公司150万元）。

3. 2020年10月，镇政府出具的《销项报告》证明环保公司确实已将余土清运完毕，场地处于集团公司的控制之下，不排除还有其他方向里进土，因此2020年10月环保公司离场后的场地状况均与环保公司再无瓜葛。

思维分析：

1. 从协议约定的内容出发：明确垦土不属于《服务协议》的内容，因此只要垃圾清运工作完成，集团公司就应当支付服务费用。

2. 从因果关系出发：关于垦土，双方并未就垦土达成新的合同，也没有具体约定完工标准，集团公司缺少判断环保公司与场地里现有土量具有直接因果关系的证据。

3. 从法律关系出发：垃圾清运的请求权基础是《服务协议》，如果集团公司基于余土尚未清运完毕起诉要求环保公司继续清运，则属于侵权，二者分属不同的法律关系，不能在同一案由中进行主张。

代理思路

笔者为本案环保公司的代理人。

结合前文分析，若环保公司欲收回全部服务费并且不承担任何违约责任，则必须证明垦土不属于《服务协议》约定的内容，且应尽量将垦土排除于本案之外，不能因为垦土影响服务费的收取，也不能因为垦土而产生新的赔偿，并基于该思路出发寻找支持环保公司主张的证据，代理人通过询问当事人、现场实地走访、翻阅卷宗、档案，找到以下突破口：

一、寻求镇政府为环保公司作证,证明服务内容不包含垦土

经仔细审阅《服务协议》,代理人发现镇政府作为见证方参与了《服务协议》的签订并加盖了镇政府的公章,代理人经与法院沟通,为查明本案事实真相,说服法院追加镇政府为第三人,后镇政府作为第三人当庭明确协议内容仅包含垃圾清运,不包含垦土,奠定了胜诉基础。

二、提供《销项报告》作为证据,证明即便是垦土也已清运完毕

集团公司起诉的证据中并无《销项报告》,实际上《销项报告》也是镇政府主导、集团公司和环保公司共同参与的,代理人在了解到存在《销项报告》的事实之后,果断将《销项报告》作为证据进行提交,意在证明即便环保公司义务做了合同约定之外的垦土工作,也是已经照章办事、清运完毕,已将场地恢复原状,不存在任何违约或者侵犯集团公司权利的情况,同时明确撤场时间为 2020 年 10 月,也就是在该时间段之后,某场地内的一切情况均与环保公司无关。由于该份文件同样也由镇政府主导,因此开庭时也就该节事实着重询问镇政府,得到的答复是:"《销项报告》出具之日,环保公司已完成了某场地的渣土清运工作,处置了多余的土堆,平整了场地,并采取了防尘措施。"最后,还通过镇政府明确了"对于某场地的土量堆高和回填并无国家或行业标准,亦无法律法规规定",证明了即便是在垦土方面,环保公司也无任何过错,集团公司不得基于垦土向环保公司寻求任何赔偿。

三、提供环保公司进出土记录,证明进出土量符合要求

从举证责任角度而言,如集团公司主张环保公司进土过多,则应由集团公司举证证明环保公司实际进土量,此为本证。即在民事诉讼中负有证明责任的一方当事人提出的用于证明自己所主张事实的证据,事实上集团公司缺乏相关证据。

而环保公司本身存在记录进土、出土的记录,包括时间、车数、车牌等,恰恰可以证明实进土量和实出土量,此为反证,也就是没有证明责任的一方当事人提出的为证明对方主张事实不真实的证据。

经代理人提醒,环保公司找到了当时项目现场的工作人员,并找出了记录进土、出土情况的详细记录,将其作为证据提交,证明了环保公司实际进土量与《备案登记表》确定的进土量相当,而出土量远高于进土量,也就是

环保公司为不是自己所进的土已经承担了额外的外运工作，环保公司没有主张垦土运输进出的费用，集团公司自然更不可能还要求环保公司进行赔偿，强化了法院的自由裁量心证。

本案的主要代理亮点是用集团公司提交的证据帮助环保公司达到证明目的。

基于代理人的代理思路已经帮助环保公司获得一审胜诉，集团公司提起上诉并在二审中提交了新的证据，分别是：

第一，《公证书》和《测绘报告》旨在证明集团公司于一审判决之后现场仍然高低不平且杂乱不堪，并非一审法院认定的渣土清运完毕和现场已恢复原貌；

第二，保安公司出具的《情况说明》《车辆进出登记簿》各一份，以证明环保公司于2019年4月21日至2020年8月15日期间对某场地内的土方进行外运但至今没有清运完毕。

这两组证据看似非常有力，但是中间却有较大破绽，代理人考虑，如果可以将集团公司所提交的证据为环保公司所用，强化环保公司所提交证据的真实性，则能够较大程度上达到环保公司的待证目标，所以二审中的质证环节至关重要，代理人质证如下：

1. 对《公证书》《测绘报告》的真实性及合法性认可，对关联性不予认可：公证书出具的日期是在2020年1月13日的《销项报告》之后，某场地清运之后至目前的状况与环保公司无关；根据《测绘报告》可推算出土石方合计90827.20立方米，根据1立方米土约等于2.3吨~2.5吨土的换算公式，目前某场地土方量约为208902.56吨~227068吨，而《销项报告》记载2020年环保公司清运之前场地里约有11万吨土，也就是测绘时的土量是清运之前的2倍，结合《车辆进出登记簿》记载的环保公司整改时又是只出不进的，绝不可能不减反增，所以显然目前场地上的渣土与环保公司无关，环保公司不应承担任何责任。

2. 对《情况说明》《车辆进出登记簿》的真实性、合法性及关联性均不予认可；相关保安公司作为证人应出庭作证，且其与集团公司可能存在利害关系；就《情况说明》的内容而言，集团公司对于环保公司自2019年4月至2020年8月至少出运过4000余车的事实是确认的，登记簿的记录与环保公司在一审中举证的实际出土量、期间及车牌存在重合，一定程度上反映了环保公司提交证据的真实性。

虽然看似集团公司提交的证据是为了证明目前场地里余土过多、没有清运完毕，但是通过剖析时间、土量，反而发现如果按照集团公司提交的证据，土在不断地被往外运，但是场地内的土量却不减反增，显然不合常理，这动摇了法官对于场地内的土都是环保公司一家运进去的心理确信，再结合车辆的进出情况，记录环保公司在镇政府整改时只出不进的事实以及出土车数大于进土车数的事实，更加明确环保公司已经在为不是自己所进的土承担额外的运出工作，完全将集团公司基于垦土要求环保公司进行赔偿的可能性消灭了。

综上可见，代理人将法律知识和行业专业知识进行了有机结合。环保公司是一家专业从事垃圾无害化资源处置的环保企业，在本案的代理过程中涉及较多的专业名词和行业知识，比如资源化处置是否包含垦土、运输车数和每车土量的换算公式、如何分析一份测绘报告中的挖方量和填方量等。这些专业领域的知识，法官也不一定能够完全理解，如何将专业知识转化成法官能够认可且对被代理方有利的论点，不仅非常考验代理人的法律功底，还是对代理人的行业知识进行的一场考试，各方代理人谁的行业知识更透彻，谁就更有可能赢下这场诉讼。

本案中，集团公司的代理人在庭上直言，因为环保公司是行业内的专家，所以环保公司应该比任何方都更加清楚《测绘报告》中土量相关公式的转换，其本意是想为自己提交的《测绘报告》据理力争，却未想到经过环保公司专业领域内的公式换算，反而削弱了集团公司场地内土量与环保公司的因果关系，法院据此更加确信某场地土量现状与环保公司无关，集团公司不应当据此要求环保公司赔偿。

审判观点

一、一审法院的观点

（一）建筑垃圾资源化处理服务是否包括土地复垦服务

1. 建筑垃圾资源化处理服务包括土地复垦服务的举证证明责任应由集团公司承担。

2.《服务协议》约定了环保公司在提供服务时应当按照相关部门批准的运

输路线进行清运处置,该约定明显针对建筑垃圾清运服务,但对如何复垦无任何描述。

3.《服务协议》鲜少约束集团公司,集团公司系协议主导方,但其未对自己主张的土地复垦服务作出任何明确约定,有悖常理。

4.镇政府明确建筑垃圾资源化处理的服务内容并不包括土地复垦。

(二)集团公司是否可以就环保公司出具的《承诺书》要求环保公司清运余土

1.法院已认定服务内容仅包括建筑垃圾清运处置,而环保公司出具的《承诺书》则以清运余土为主要内容,二者的主要义务并不一致,故法院对集团公司主张《承诺书》属于《服务协议》附件的意见不予采纳。

2.环保公司发出的《承诺书》未载明清运余土的数量和标准,集团公司在得到环保公司的承诺后,也没有对清运余土的标准作出明确要求,甚至在庭审时对此标准仍不明确。

3.镇政府出具的《销项报告》明确,截至《销项报告》出具之日,环保公司已经完成了渣土清运和场地平整工作,并将多余土堆进行了处置。

另外,集团公司明确表示在法院无法认定《承诺书》系《服务协议》附件的情况下,则以侵权请求权为基础主张环保公司的责任。本案系服务合同纠纷,仅审查双方之间的合同关系,而侵权纠纷不属本案审查范围,故法院不予处理,集团公司可另行主张权利。

一审法院判决驳回集团公司的全部诉请,支持环保公司的全部反诉请求。

二、二审法院的观点

二审法院对一审法院查明的事实予以确认,所概括的争议焦点同一审法院一致。

关于第一项争议:

(1)根据该协议见证方镇政府在本案诉讼中的表述,足以认定《服务协议》项下的服务内容不包括土地复垦。

(2)环保公司出具的《承诺书》中关于余土清理及土地平整的工作内容,在环保公司不予认可的情况下,无法证明属于《服务协议》项下的服务内容。

关于第二项争议:

(1)镇政府于2020年10月13日出具的《销项报告》显示,截至2020

年9月底,环保公司已完成渣土清运工作并将现场恢复原貌;

(2)集团公司以侵权为请求权基础要求环保公司承担责任,故对于集团公司在本案中提出的要求环保公司清运复垦土地并承担全部清运费及赔偿土地空置损失的诉讼请求,不属于本案服务合同纠纷的审理范围。

二审驳回集团公司上诉,维持原判,该案目前已强制执行完毕。

案例编写人 上海澜亭律师事务所 姜费妮

专家点评

> **王竹** 四川大学法学院教授、博士生导师,四川智慧社会智能治理重点实验室主任,四川大学市场经济法治研究所所长
>
> 本案律师的代理思路具有较高的专业水准,值得肯定。首先,代理人积极行使代理权,通过询问当事人、现场实地走访、翻阅卷宗档案等方式,摸排查清本案的待证事实,全面收集证据,主动与镇政府沟通并说服其作为第三人出庭明确案涉协议的具体内容,为最终胜诉奠定了基础。其次,代理人将法律行业与环保行业的专业知识进行有机结合,将证据中的环保专业名词和公式转化为人民法院容易理解的"法言法语",相关观点得到了法院认可,体现了代理人跨领域的专业水准。最后,代理人破除对方的证据壁垒,出其不意地运用对方提交的证据来帮助己方被代理人达到证明目的,构筑起防卫体系,并恰当运用反诉,最终实现反败为胜。

相关法条

《最高人民法院关于适用〈中华人民共和国民事诉讼法〉的解释》

第九十一条第一项 人民法院应当依照下列原则确定举证证明责任的承担,但法律另有规定的除外:

(一)主张法律关系存在的当事人,应当对产生该法律关系的基本事实承担举证证明责任;

第一百零八条第二款 对一方当事人为反驳负有举证证明责任的当事人所主张事实而提供的证据,人民法院经审查并结合相关事实,认为待证事实真伪不明的,应当认定该事实不存在。

⑯ 杨某、吴某诉王某1、王某2、S公司等股权让与担保纠纷案

——关于股权让与担保法律关系定性的司法实践

📑 案件索引

一审： 陕西省咸阳市中级人民法院（2019）陕04民初94号
二审： 陕西省高级人民法院（2021）陕民终414号
重审一审： 陕西省咸阳市中级人民法院（2021）陕04民初69号
重审二审： 陕西省高级人民法院（2022）陕民终486号

📑 基本案情

杨某、吴某系H公司股东，王某1和王某2系S公司股东。2016年11月14日，S公司（甲）、H公司（乙）、王某1（丙）、王某2（丁）、杨某（戊）、吴某（己）签订六方《协议书》，约定：乙方因"某天地"项目运转资金短缺，戊、己将持有乙方共75%的股权以1500万元转让给丙、丁作为担保和保障，由丙丁双方为乙方担保，甲方借给乙方5000万元……丙方出资840万元用于收购戊方持有乙方42%的股权、出资160万元用于收购己方持有乙方8%的股权，丁方出资500万元用于收购己方持有乙方25%的股权……甲方借给乙方5000万元，借款期限18个月，利息为年息18%……若乙方未按期向甲方偿还本金及利息，视为乙方违约，每日按未支付欠款总额千分之二向甲方支付违约金，同时向甲方支付所欠借款总额20%的违约金。另约定：为了使乙方"某天地"项目正常运转，丙丁支付给戊己1500万元转让款到账后，戊己应当立即将该笔款项借给乙方，用于乙方正常经营。协议签订后，戊方已将乙方行政公章、合同专用章、财务专用章交由丙丁双方委托的专人保管。在借款期内，丙丁双方不实际参与乙方的正常管理，乙方开

发的"某天地"项目继续由戊方负责管理。

协议书第五部分约定了"股权回购",若乙方提前或按期全额偿还了通过丙丁双方担保向甲方所借的5000万元本息,丙方同意戊方出资840万元回购其持有的乙方42%的股权,同意己方出资160万元回购其持有乙方8%的股权;丁方同意己方出资500万元回购其持有的乙方25%股权,但戊己双方应向丙丁支付股权转让款18%的年收益……若乙方提前或按期全额偿还了甲方5000万元本息,且戊己双方已向丙丁双方支付了1500万元转让款和18%的年收益,丙丁双方应无条件配合戊己双方办理相关股权回购手续。若丙丁双方拒绝戊己双方回购75%的股权,且以持有乙方75%的股权为由强行接管乙方,视为丙丁双方违约,丙丁双方应向戊己双方支付2亿元违约金。

协议书第六部分约定了"违约责任",若乙方未按协议约定偿还甲方5000万元本息款,戊方应向丙丁双方支付2000万元违约金,同时丙丁双方将以持有乙方75%股权的身份,正式全面接管乙方的运营管理。

协议书签订后,S公司向H公司转款5000万元;2016年11月15日,杨某、吴某及王某1、王某2完成了股权变更登记手续;2016年11月16日,王某1、王某2向杨某、吴某分别支付840万元、660万元;次日,杨某和吴某分别向H公司转款840万元、660万元。

2017年7月28日,S公司与H公司签订了《借款合同书》,约定在2016年11月14日签订的借款协议基础上增加借款2500万元。H公司未还清本息前,王某1、王某2不能转让持有H公司共计75%的股权。

2018年至2019年,S公司与H公司先后分别进行了6次对账,签署《借款对账确认函》,对账明细中均包含王某1、王某2向杨某、吴某支付的1500万元及产生的利息。

后H公司未能按期偿还借款,且H公司项下项目地块升值,预计未来升值空间较大。2019年6月起,王某1、王某2多次通知杨某召开H公司股东会议,拟进行H公司法定代表人变更、选举执行董事和监事、其他管理人员人事任免等,杨某担心王某1、王某2通过工商登记上75%的股东身份,变更公司法定代表人,恶意侵占其与吴某原合法持有的H公司股权,遂引发本案争议。

2019年6月,杨某委托律师团队代理起诉王某1、王某2,接受代理后,本案成功诉前保全并立案,杨某核心诉请主张为:(1)确认《协议书》第6条流质条款约定无效;(2)确认杨某、吴某系案涉75%股权的合法股东。

2021年1月,陕西省咸阳市中级人民法院一审判决杨某败诉,律师团队代理杨某上诉至陕西省高级人民法院。2021年9月二审法院裁定发回重审;2022年7月,陕西省咸阳市中级人民法院判决支持杨某诉请,判决本案为"股权让与担保"而非"股权转让",75%股权归杨某、吴某所有。后王某1、王某2上诉至陕西省高级人民法院。2023年2月,陕西省高级人民法院下发终审判决:驳回上诉、维持原判。

核心争议焦点

案涉《协议书》中股权转让的性质及效力如何界定?《协议书》中第6条的约定是否有效?

当事人各方观点及思维分析

一、杨某、吴某及H公司的观点、理由及思维

杨某、吴某及H公司主张案涉《协议书》系结合借款及股权让与担保的协议,其中股权转让交易实质是为S公司向H公司提供借款的非典型担保措施,构成股权让与担保,案涉75%的股权合法所有权人应仍为杨某、吴某,王某1、王某2无权行使股东权利。理由如下:

1.《协议书》签署的背景系为缓解H公司资金紧张,由S公司提供资金借款,并非以股权转让为核心目的,其中条款亦明确股权转让是为公司提供担保与保障。

2. H公司75%的股权市值为3亿余元,仅以工商登记注册资本金的75%核算交易价格1500万元,明显并非真实股权转让交易对价。

3.《协议书》明确约定了对王某1、王某2在受让股权后的股东权利行使限制,并不符合股权转让交易中受让方的交易利益。

4.《协议书》中约定H公司未还款,王某1、王某2以股东身份接管H公司明显构成流质,该条款应属无效,H公司75%股权的合法所有权人应仍为杨某、吴某。

二、王某 1、王某 2 及 S 公司的观点、理由及思维

王某 1、王某 2 及 S 公司主张案涉《协议书》所涉股权转让系各方真实意思表示，且已实际履行完毕，并不违反法律法规的强制性规定，合法有效，应肯定该股权转让交易的现状。理由如下：

1. 根据《协议书》签订的背景、股权转让部分的约定及后续实际履行而言，案涉《协议书》及股权转让约定是当事人的真实意愿表达，且不违反法律法规强制性规定，合法有效。

2. 对于股权转让部分的约定，不论是从构成要件还是从法律后果上看，均与让与担保制度不一致，不属于股权让与担保。

3. 关于协议所涉股权回购，实质上是设置"看涨期权"的对赌，如无其他无效事由，应认定有效并支持实际履行。

4. 案涉《协议书》中没有关于设立质权的约定，争议的 75% 股权也并非办理出质登记或设立权利质权，不存在"质物"的概念基础，案涉《协议书》第 6 条约定不属于"流质"条款，系对已转让股权的行权条款，应属合法有效。

代理思路

笔者系原告代理律师，主要代理思路如下：

一、案涉协议的性质系借款及担保协议，75% 股权构成让与担保，而非股权转让

股权让与担保系债务人或第三人向债权人或其指定主体让与股权而形成的担保。其形成虽必然具有形式上股权转让的外观，但本质系为担保所设，应当结合交易目的、协议约定、履行情况、对价支付等方面准确定性，以确保担保的效果。

1. 从交易背景和协议目的来看，《协议书》签署系为融资而设定的借款。《协议书》首段"H 公司因资金短缺，需要借助外部资金支持，杨某、吴某将持有 H 公司共 75% 的股权合计以 1500 万元转让给王某 1、王某 2 作为担保和保障"，可见当事人签署《协议书》的目的就是给 H 公司融资，前提是杨某、吴某以 75% 股权进行担保；在后续 6 次对账中，亦再次印证了当事人的

真实意思表示系借款，包括该 1500 万元，且就此计算固定利息。

2. 从交易对价及公允性来看，1500 万元并非真实的"股权转让款"。1500 万元是以股权转让形式而提供的借款，按照 H 公司注册资本金 2000 万元的 75% 简单计算，签订协议时 H 公司的市场股价约 3.86 亿元，75% 的股权价值约 3 亿元，该价值与 1500 万元相差巨大，完全不符合股权交易常理，严重偏离市场交易的公允性。

3. 从协议约定及实际履行来看，王某 1、王某 2 既未行使股东权利，也未履行股东职责。正因 75% 股权属于担保性质，王某 1、王某 2 并无股权的所有权，从协议约定即可反映：不参与经营权、股权禁止流转、股权回购及固定的股权回购利息等；事实上二人也从未行使过任何股东权利，无论 H 公司经营状况如何，其不承担股东风险，均按年化 18% 收取固定收益，足见其仅有股东之"名"，而无股东之"实"。

4. 从股权回购约定来看，体现了借贷和担保的显著特性。《协议书》第 5 条明确约定了股权回购的条件、价款、税费、违约责任和年固定收益条款，只要 H 公司偿还 S 公司借款本息，主债权清偿，担保物权随之消灭，王某 1、王某 2 须无条件将 75% 股权返还给杨某、吴某；而真实的股权转让行为具有终局性，一方获得转让价款，一方取得股权所有权即交易完毕。

5. 关于债权主体与股权受让主体的对应性问题。认定是否构成股权让与担保，应探究当事人之间的真实意思表示，不应片面、机械、教条地适用法条。股权让与担保的形式应当包括将股权让与债权人指定的主体或者具有支配关系的特定主体。本案中，王某 1、王某 2 系 S 公司股东，体现 S 公司的意志，二人虽非 5000 万元的债权人，但其与 S 公司存在的特殊关系，实质上是 S 公司通过多层嵌套模式，使王某 1、王某 2 以股权投资名义保障其固定收益。尽管二人登记为 H 公司股东，但应当参照与此最相近的担保物权的规定，认定其具有担保效力；在主债务期满仍未履行的情况下，S 公司和王某 1、王某 2 对所持有 H 公司 75% 股权的拍卖变卖所得价款享有优先受偿权，但杨某、吴某对 H 公司享有的股东权利并未丧失，本案完全符合让与担保的属性。

二、《协议书》第 6 条为典型的流质条款，当属无效

《协议书》第 6 条约定："若 H 公司未按协议约定偿还 S 公司 5000 万元本息……王某 1、王某 2 双方将以持有 H 公司 75% 股权的身份，正式全面接管 H 公司的运营管理……"根据该条约定的内容及字面意思来看，以 75% 股权股东的身份"全面接管"公司，实质即是"到期不履行，财产所有权归债权人"的约定。

根据《民法典》第 428 条①、《最高人民法院关于适用〈中华人民共和国民法典〉有关担保制度的解释》第 68 条第 2 款②、《全国法院民商事审判工作会议纪要》第 71 条第 1 款③规定，当事人约定债务人不能清偿到期债务，担保财产归债权人所有的，系属典型的流质条款，流质条款当属无效，债权人只能就担保财产拍卖、变卖所得价款优先受偿，而无权直接取得所有权。

显然，《协议》第 6 条的规定，构成了法律禁止的流质条款，违背了避免债权人乘债务人之急迫而滥用其优势地位的立法目的，与担保物权的实现只能通过清算进行而非直接取得所有权的法律禁止性强制性规定相违背，该条款应属无效。

代理点睛

1.本案系真实股东与登记股东之间争夺公司控制权之争，系典型的股权让与担保纠纷，法律关系复杂。律师团队思维敏锐、通盘处理，在立案之时当即启动诉前"双保全"，即禁止公司变更法定代表人及管理层，并冻结了案涉 75% 股权，为案件后续推进占据主动地位。该案件是陕西省咸阳市中级人民法院 2019 年的首例行为保全案例，对行为保全的适用具有实践指导意义。

2.本案股权让与受让人与债权人并非同一人，须打破法律规定的让与担保定义中"将股权让与债权人"的主体对应性问题，加之全国此类案件数量较少，审判认定存在难度。在一审判决不利于被代理人的情况下，律师团队通过对系列证据的认定推演，反驳对方抗辩观点，进一步从基础法律关系及

---

① 第 428 条规定，质权人在债务履行期限届满前，与出质人约定债务人不履行到期债务时质押财产归债权人所有的，只能依法就质押财产优先受偿。
② 第 68 条第 2 款规定，债务人或者第三人与债权人约定将财产形式上转移至债权人名下，债务人不履行到期债务，财产归债权人所有的，人民法院应当认定该约定无效，但是不影响当事人有关提供担保的意思表示的效力……
③ 第 71 条第 1 款规定，债务人或者第三人与债权人订立合同，约定将财产形式上转让至债权人名下，债务人到期清偿债务，债权人将该财产返还给债务人或第三人，债务人到期没有清偿债务，债权人可以对财产拍卖、变卖、折价偿还债权的，人民法院应当认定合同有效。合同如果约定债务人到期没有清偿债务，财产归债权人所有的，人民法院应当认定该部分约定无效，但不影响合同其他部分的效力。

法理基础上寻求认定的思维逻辑,最终成功说服二审合议庭明确指导意见后发回重审,为后续重审指明了审查方向和重点,奠定了最终全面胜诉的基础。

3. 本案系全国股权让与担保的典型案例,也是陕西省首例"债权人与受让人不同"情形下的股权让与担保纠纷案,一定程度上弥补了全国司法实践的空白,对后续案件的审理和统一裁判观点极具参考作用,同时强化了司法实务中穿透式审判思维的重要性,也为全国审判工作发展起到指导和借鉴意义。

4. 本案有效地化解了陕西省当地两大民营企业间的诉讼争议,间接保障了 H 公司项下重点项目的开发建设,同时也契合了陕西省"三个年"活动中"高质量项目推进年、营商环境突破年"的政策引导方向。因此,本案例也被评为"陕西法院服务保障营商环境优化典型案例之一"。

审判观点

一、案涉《协议书》股权转让条款在性质上系股权让与担保

《协议书》约定股权转让条款的性质应当结合签约目的、投资人是否行使股东权利、承担公司经营风险、股权转让价格、是否约定股权回购等因素综合分析判断,不能仅凭《协议书》约定的股权转让的外观判断。

1. 从签约目的看,《协议书》关于杨某、吴某转让 H 公司股权的目的是为《协议书》约定的借款提供担保和保障。《协议书》约定,为了使 H 公司"某天地"项目正常运转,杨某、吴某将自身持有 H 公司部分或全部共 75% 的股权合计以 1500 万元转让给王某 1 和王某 2 作为担保和保障,由王某 1、王某 2 双方为 H 公司担保,S 公司借给 H 公司人民币 5000 万元。该约定明确了杨某、吴某股权转让的目的在于担保和保障《协议书》中约定的借款事宜。涉案 1500 万元股权转让款的用途为:"为了使 H 公司'某天地'项目正常运转,王某 1、王某 2 支付给杨某、吴某共计 1500 万元股权转让款到账后,杨某、吴某应当即将该笔款借给 H 公司,用于 H 公司正常经营",故该笔款项名义上是股权转让款,实际上仍属给 H 公司的借款范畴。

2. 从王某 1、王某 2 是否行使股东权利、承担 H 公司经营风险来看,王某 1、王某 2 名为 H 公司股东,实际不行使股东权利,不承担公司的经营风险。《协议书》约定"在借款期内,王某 1、王某 2 双方不实际参与 H 公司

正常管理，H公司开发的'某天地'项目继续由杨某负责管理，杨某必须保证合法经营有效管理"，即王某1、王某2虽为H公司股东，但不实际享有股东权利。

3.《协议书》约定了借款和股权转让款的固定收益，符合到期还本付息的债权投资形式。《协议书》第五部分约定："若H公司提前或按期全额偿还了通过王某1、王某2双方担保向S公司所借的5000万元本金及利息，王某1同意杨某出资840万元回购其持有H公司42%的股权，同意吴某出资160万元回购其持有H公司8%的股权；王某2同意吴某出资500万元回购其持有H公司25%的股权，但杨某、吴某双方应向王某1、王某2支付股权转让款18%的年收益。若H公司提前或按期全额偿还了S公司5000万元本金及利息，且杨某、吴某双方已向王某1、王某2双方支付了1500万元转让款和18%的年收益，王某1、王某2双方应无条件配合杨某、吴某双方办理相关股权回购手续。"以上约定表明，王某1、王某2支付的股权转让款是为了提高交易增信，确保S公司借款和其以股权转让款名义借给H公司的债权能够得到充分有效的实现，在符合约定利息收益以及资本金的情况下退出，符合到期还本付息的债权投资形式。

4.从交易的对价来看，股权转让、股权回购通常反映股权的真实价格；而让与担保中受让方获得股权的对价一般为主合同借款的本息或者象征性的股权价格。本案中，虽然杨某、吴某提供的《资产评估报告》《房地产抵押价格初评估报告》不能必然证明《协议书》签订时H公司资产总价值超过3.8亿元、75%股权价值达到2.85亿元，但是依据常识即可判断：拥有上百亩地处城市核心地段的待开发土地、上万平方米待售面积的楼盘的H公司75%的股权，让王某1、王某2以1500万元股权转让对价获得明显不符合常理。

5.人民法院在审理案件中应当运用穿透式审判思维，查明当事人的真实意思，探求真实的法律关系。本案中王某1、王某2受让杨某、吴某在H公司的股权，系为S公司向H公司提供借款及其以股权转让款形式提供借款的担保。王某1、王某2系S公司股东，其虽不是5000万元本金及利息的债权人，但其与S公司存在的特殊关系，说明S公司通过多层嵌套模式，以王某1、王某2股权投资名义保障其固定收益回报。一审法院认定《协议书》关于股权转让的条款系股权让与担保认定事实清楚，适用法律正确。王某1、王某2登记为H公司股东，可以参照最相近的担保物权的规定，认定其具有担保效力。在主债务期限届满后仍未履行的情况下，S公司和王某1、王某2对变价后的股权价值享有优先受偿权，但杨某、吴某对 H 公司享有的股东权利并未丧失。王某 1、王某 2 以其不是 5000 万元本息债权的权利主体为由否认《协议书》股权转让条款为股权让与担保，没有事实和法律依据。

综上，《协议书》约定的股权转让条款本质是股权让与担保，王某 1、王某 2 上诉主张没有事实及法律依据，法院不予采纳。

二、《协议书》关于"王某 1、王某 2 将以持有 H 公司 75% 股权的身份，正式全面接管 H 公司的运营管理"的约定无效

《最高人民法院关于适用〈中华人民共和国民法典〉有关担保制度的解释》第 68 条规定，债务人或者第三人与债权人约定将财产形式上转移至债权人名下，债务人不履行到期债务，债权人有权对财产折价或者以拍卖、变卖该财产所得价款偿还债务的，人民法院应当认定该约定有效。当事人已经完成财产权利变动的公示，债务人不履行到期债务，债权人请求参照《民法典》关于担保物权的有关规定就该财产优先受偿的，人民法院应予支持。债务人或者第三人与债权人约定将财产形式上转移至债权人名下，债务人不履行到期债务，财产归债权人所有的，人民法院应当认定该约定无效，但是不影响当事人有关提供担保的意思表示的效力。根据以上规定，《协议书》关于"王某 1、王某 2 将以持有 H 公司 75% 股权的身份，正式全面接管 H 公司的运营管理"的约定，实质上是将作为让与担保的股权归债权人 S 公司和其股东所有，人民法院应当认定该约定无效。一审法院据此认定案涉《协议书》第 6 条约定的"H 公司未按协议约定偿还 S 公司 5000 万元本金及利息，王某 1、王某 2 将以持有 H 公司 75% 股权的身份，正式全面接管 H 公司的运营管理"无效，合法有据，二审法院予以维持。

案例编写人　　陕西海普睿诚律师事务所　　杜　娟　严　乐

> **张家勇**　　中南财经政法大学法学院教授、博士生导师，中国法学会案例法研究会副会长，中国法学会民法学研究会常务理事
>
> 　　案涉交易的基本结构是，H 公司向 S 公司借款，S 公司两股东为前述借款提供担保，同时 H 公司两股东将 75% 股权有偿转让给 S 公司

两股东并约定回购条件。鉴于当事人将股权转让与借款偿还挂钩，且股权受让方在借款届期前不参与公司经营管理和利润分享，也不得再转让股权，因此，案涉股权转让应属以股权让与形式提供担保。不过，本案的特殊性在于，前述股权让与担保的交易采取了更加复杂的股权回购交易形式，属于结合了股权让与担保（对S公司两股东的反担保）和股权回购交易形式（名为股权转让款实为借款的本息偿还担保）的复合型非典型担保，这使得前述股权让与担保的交易目的更加隐蔽，其典型性、疑难性亦由此而生。只有认识到这一点，相关问题的处理才能抓住关键。

相关法条

《中华人民共和国民法典》

第五百零二条第一款 依法成立的合同，自成立时生效，但是法律另有规定或者当事人另有约定的除外。

第五百零九条第一款、第二款 当事人应当按照约定全面履行自己的义务。

当事人应当遵循诚信原则，根据合同的性质、目的和交易习惯履行通知、协助、保密等义务。

《最高人民法院关于适用〈中华人民共和国公司法〉若干问题的规定（三）》

第二十二条 当事人之间对股权归属发生争议，一方请求人民法院确认其享有股权的，应当证明以下事实之一：

（一）已经依法向公司出资或者认缴出资，且不违反法律法规强制性规定；

（二）已经受让或者以其他形式继受公司股权，且不违反法律法规强制性规定。

第二十四条第一款、第二款 有限责任公司的实际出资人与名义出资人订立合同，约定由实际出资人出资并享有投资权益，以名义出资人为名义股东，实际出资人与名义股东对该合同效力发生争议的，如无法律规定的无效情形，人民法院应当认定该合同有效。

前款规定的实际出资人与名义股东因投资权益的归属发生争议，实际出资人以其实际履行了出资义务为由向名义股东主张权利的，人民法院应予支持。名义股东以公司股东名册记载、公司登记机关登记为由否认实际出资人权利的，人民法院不予支持。

《最高人民法院关于适用〈中华人民共和国民法典〉有关担保制度的解释》

第六十八条　债务人或者第三人与债权人约定将财产形式上转移至债权人名下，债务人不履行到期债务，债权人有权对财产折价或者以拍卖、变卖该财产所得价款偿还债务的，人民法院应当认定该约定有效。当事人已经完成财产权利变动的公示，债务人不履行到期债务，债权人请求参照民法典关于担保物权的有关规定就该财产优先受偿的，人民法院应予支持。

债务人或者第三人与债权人约定将财产形式上转移至债权人名下，债务人不履行到期债务，财产归债权人所有的，人民法院应当认定该约定无效，但是不影响当事人有关提供担保的意思表示的效力。当事人已经完成财产权利变动的公示，债务人不履行到期债务，债权人请求对该财产享有所有权的，人民法院不予支持；债权人请求参照民法典关于担保物权的规定对财产折价或者以拍卖、变卖该财产所得的价款优先受偿的，人民法院应予支持；债务人履行债务后请求返还财产，或者请求对财产折价或者以拍卖、变卖所得的价款清偿债务的，人民法院应予支持。

债务人与债权人约定将财产转移至债权人名下，在一定期间后再由债务人或者其指定的第三人以交易本金加上溢价款回购，债务人到期不履行回购义务，财产归债权人所有的，人民法院应当参照第二款规定处理。回购对象自始不存在的，人民法院应当依照民法典第一百四十六条第二款的规定，按照其实际构成的法律关系处理。

17 某小区业委会诉某房开公司、陈某所有权纠纷案

——业主委员会有权请求售房单位返还住宅专项维修资金

案件索引

一审： 四川省泸州市江阳区人民法院（2022）川 0502 民初 5130 号

基本案情

案涉小区房屋由某房开公司建设开发并销售。2012 年，某房开公司先后公示了 2 份《缴纳物业维修基金明细表》，表上记载案涉小区 435 户、地下停车库共计缴纳维修资金 1887551 元。2013 年，某房开公司分两次向专项维修资金监管账户交存共计 1439850 元，后经泸州市住房和城乡建设局多次催缴，该公司一直未履行交存剩余 447701 元的义务。2022 年，某房开公司法定代表人陈某在自书的《承诺》及补充内容中表示，愿按其 15% 的股份比例承担欠缴资金中的 67455 元，并自 2022 年 8 月 1 日起每月从案涉小区车库租金收入中拿出 5000 元代某房开公司垫付维修资金。

2021 年 2 月至 3 月，案涉小区成立了第二届业主委员会（以下简称某小区业委会）并完成备案登记。2022 年 5 月，某小区业委会以书面征求意见的方式召开业主大会，表决同意授权业委会代表全体业主对某房开公司代收业主专项维修资金而未代缴至专户的行为提起诉讼。2022 年 9 月，某小区业委会诉至四川省泸州市江阳区人民法院，请求判令被告某房开公司返还原告住宅专项维修资金 447701 元并支付资金占用利息，被告陈某对其中的 77155 元承担连带责任。

法院经审理后认为：原告作为业主按照业主大会议事规则选举产生的业主权益代表机构，系经合法程序产生并完成备案登记，有权按照法定程序和条件代表业主行使有关权利。根据《住宅专项维修资金管理办法》第 15 条的

规定，业主委员会对住宅专项维修资金的划转负有管理和接收的职责。原告就本案提起诉讼已经超半数表决权的业主同意，故其有权代表业主行使诉讼权利。小区业委会成立后，被告某房开公司应当根据《民法典》第 281 条和《物业管理条例》的有关规定，将住宅专项维修资金移交业委会管理。本案原告要求被告移交欠缴的专项维修资金并支付资金占用利息，具有事实和法律依据。陈某对某房开公司欠缴的专项维修资金作出代偿的相关承诺构成债务加入，陈某应当在其自愿承担的债务范围内与某房开公司承担连带责任。遂判决：被告某房开公司应向原告移交专项维修资金 447701 元并赔偿资金占用期间利息，被告陈某对其中的 77155 元承担连带清偿责任。一审判决后，双方当事人均未上诉，一审判决已发生法律效力。

核心争议焦点

1. 原告是否为本案适格主体？
2. 原告是否有权请求被告某房开公司移交住宅专项维修资金？

当事人各方观点及思维分析

原告某小区业委会认为：第一，业委会具有民事诉讼主体资格，这一点在司法实践中已基本达成共识，如最高人民法院（2005）民立他字第 8 号函即表达了该观点。第二，业委会作为业主大会的执行机构，其职责即依据业主大会的决定维护业主的共同利益，其中也应当包括对住宅专项维修资金的管理，且依照《住宅专项维修资金管理办法》第 15 条的规定，业主大会成立后，住建部门本就应通知银行将业主交存的维修资金划转到业主大会设立的专户中，并将有关账目移交业委会管理，业主大会和业委会对维修资金本就负有接收和管理的职责。第三，在案证据足以证明本案原告系经依法设立并已备案登记，依照法定程序通过业主大会决定授权提起本案诉讼。综上，本案被告某房开公司代收维修资金后并未足额交存至住建部门设立的专户，严重侵害小区业主的共同利益，案涉小区业主大会已经成立，原告某小区业委会在职责范围内经业主大会授权提起本案诉讼，要求被告某房开公司将欠缴的维修资金移交原告管理并无不妥，应当得到法律的支持。

被告某房开公司认为：原告主体不适格，被告某房开公司未收取原告的维修资金，不应承担返还义务。

被告陈某的意见与被告某房开公司一致。

代理思路

经检索，该案为四川省内首例业主方向售房单位追讨维修资金的案例，省内并无前迹可循，原告代理人主要思路如下：

一、确认案涉资金归属与管理方式

依照《民法典》第281条和《住宅专项维修资金管理办法》第9条、第10条、第11条、第15条、第37条的规定，业主交存的住宅专项维修资金属于业主共有，在业主大会成立前由物业所在地直辖市、市、县人民政府建设（房地产）主管部门开立专户代管，业主大会成立后则划转到业主大会开设的专户中管理。违规挪用维修资金的，由县级以上地方人民政府建设（房地产）主管部门追回挪用的住宅专项维修资金，没收违法所得，可以并处挪用金额2倍以下的罚款。

二、确认诉讼主体与诉讼权利基础

尽管此类维修资金属于业主所有，但个别业主不能对共有的维修资金主张权利。此类维修资金属于全体业主共同所有，售房单位未将代收资金存入专户的行为涉及全体业主的共同利益。有关共有和共同管理权利的重大事项应由业主共同决定，个别业主无权自行起诉。

依照《民法典》和《物业管理条例》的相关规定，业主大会依照法定程序并经法定人数的业主同意作出的决定对全体业主均具有法律约束力，视为全体业主共同作出的决定。照此推论，业委会在获得业主大会的决定授权后，就可代表全体业主提起本案诉讼，行使诉讼权利。

三、确认实体权利基础

业委会请求售房单位将欠缴的维修资金移交给自己，在法律上没有直接、明确的依据。如前所述，售房单位应将维修资金存入住建局设立的专户，违规挪用维修资金的，应由县级以上地方人民政府建设（房地产）主管部门追回。

但依据《住宅专项维修资金管理办法》第 15 条的规定，业主大会成立后应开设住宅专项维修资金专户，住建部门收到业委会的通知后，应通知银行将维修资金划转到业主大会设立的专户中管理，有关账目也应移交业委会管理。据此推论，业主大会和业主委员会此时对案涉资金本就有接收和管理的职责，请求售房单位移交管理并无不妥。

代理点睛

本案代理思路为无明确法律依据的案件处理提供了借鉴：法律条文不可能事无巨细地规定到每一个问题，无明确法律依据不代表无法可依。在有明确的依据时，法律条文直接告诉人们什么是合法的；没有明确依据时，我们需要证明这件事为什么合法——或称合乎法律的逻辑与公平正义的法律价值取向。代理人可以结合相关规定的立法本意、基本原则和法学理论展开逻辑推导，辅之以类案裁判的支持，对自己的诉讼请求在法律上的正当性展开论证。

审判观点

原告某小区业委会作为业主按照业主大会议事规则选举产生的业主权益代表机构，系经合法程序产生并完成备案登记，有权按照法定程序和条件代表业主行使有关权利。根据《住宅专项维修资金管理办法》第 15 条的规定，业委会对住宅专项维修资金的划转负有管理和接收的职责。原告就本案提起诉讼已经过超半数表决权的业主同意，故其有权代表业主行使诉讼权利。小区业委会成立后，被告某房开公司应当根据《民法典》第 281 条和《物业管理条例》的有关规定，将住宅专项维修资金移交业委会管理，本案原告要求被告移交欠缴的专项维修资金并支付资金占用利息，具有事实和法律依据。

案例编写人　四川荆冠律师事务所　尹沛覃

专家点评

吴光荣　　国家法官学院民商事审判教研部教授、国家法官学院司法审判研究中心研究员

关于业主大会或者业委会是否具有原告资格，《民法典》虽无明确规定，但从有关业主权利以及业主大会和业委会的规定看，应认为业主大会或者业委会具有原告资格。例如，《民法典》第286条第2款规定："业主大会或者业主委员会，对任意弃置垃圾、排放污染物或者噪声、违反规定饲养动物、违章搭建、侵占通道、拒付物业费等损害他人合法权益的行为，有权依照法律、法规以及管理规约，请求行为人停止侵害、排除妨碍、消除危险、恢复原状、赔偿损失。"据此，业主大会或者业委会应当有权以自己的名义提起诉讼。本案虽然涉及的是专项维修资金的归属，但由谁代表全体业主主张权利，则涉及程序上业委会能否提起诉讼的问题。审理法院根据《民法典》第281条和《物业管理条例》的有关规定，认定开发商应将住宅专项维修资金移交业委会管理，据此判决本案原告要求被告移交欠缴的专项维修资金并支付资金占用利息，具有事实和法律依据。

相关法条

《中华人民共和国民法典》

第二百八十一条　建筑物及其附属设施的维修资金，属于业主共有。经业主共同决定，可以用于电梯、屋顶、外墙、无障碍设施等共有部分的维修、更新和改造。建筑物及其附属设施的维修资金的筹集、使用情况应当定期公布。

紧急情况下需要维修建筑物及其附属设施的，业主大会或者业主委员会可以依法申请使用建筑物及其附属设施的维修资金。

《住宅专项维修资金管理办法》

第九条　业主交存的住宅专项维修资金属于业主所有。

从公有住房售房款中提取的住宅专项维修资金属于公有住房售房单位所有。

第十条　业主大会成立前，商品住宅业主、非住宅业主交存的住宅专项维修资金，由物业所在地直辖市、市、县人民政府建设（房地产）主管部门代管。

直辖市、市、县人民政府建设（房地产）主管部门应当委托所在地一家商业银行，作为本行政区域内住宅专项维修资金的专户管理银行，并在专户管理银行开立住宅专项维修资金专户。

开立住宅专项维修资金专户，应当以物业管理区域为单位设账，按房屋户门号设分户账；未划定物业管理区域的，以幢为单位设账，按房屋户门号设分户账。

第十一条 业主大会成立前，已售公有住房住宅专项维修资金，由物业所在地直辖市、市、县人民政府财政部门或者建设（房地产）主管部门负责管理。

负责管理公有住房住宅专项维修资金的部门应当委托所在地一家商业银行，作为本行政区域内公有住房住宅专项维修资金的专户管理银行，并在专户管理银行开立公有住房住宅专项维修资金专户。

开立公有住房住宅专项维修资金专户，应当按照售房单位设账，按幢设分账；其中，业主交存的住宅专项维修资金，按房屋户门号设分户帐。

第十五条 业主大会成立后，应当按照下列规定划转业主交存的住宅专项维修资金：

（一）业主大会应当委托所在地一家商业银行作为本物业管理区域内住宅专项维修资金的专户管理银行，并在专户管理银行开立住宅专项维修资金专户。

开立住宅专项维修资金专户，应当以物业管理区域为单位设账，按房屋户门号设分户账。

（二）业主委员会应当通知所在地直辖市、市、县人民政府建设（房地产）主管部门；涉及已售公有住房的，应当通知负责管理公有住房住宅专项维修资金的部门。

（三）直辖市、市、县人民政府建设（房地产）主管部门或者负责管理公有住房住宅专项维修资金的部门应当在收到通知之日起30日内，通知专户管理银行将该物业管理区域内业主交存的住宅专项维修资金账面余额划转至业主大会开立的住宅专项维修资金账户，并将有关账目等移交业主委员会。

18 和睦商贸诉莲花工艺品厂、睿智电器等财产损害赔偿纠纷案

——消防部门作出的火灾财产损失统计结论不应作为民事诉讼赔偿的依据

案件索引

一审：四川省成都市金牛区人民法院（2021）川 0106 民初 1724 号
二审：四川省成都市中级人民法院（2022）川 01 民终 1816 号

基本案情

2020 年 11 月 16 日晚，莲花工艺品厂（化名，下同）发生火灾，消防部门灭火救援后作出《火灾事故认定书》，对起火原因的调查结论为唯一不排除起火原因系"电气故障引燃板房墙体内部夹心材料蔓延成灾"。①

莲花工艺品厂的起火房屋系承租于某工业园区，整个园区由黄海公司（化名，下同）以拍卖方式竞得，后整体出租给睿智电器（化名，下同）使用。睿智电器将园区分租给数十家企业用于存放货物或加工生产。

莲花工艺品厂起火的房屋位于园区内的平房区域，火灾烧毁了该平房区域及相邻一栋五层楼房，致使和睦商贸等 5 家公司的财产受损。后 5 家公司分别起诉相关过错主体请求人民法院依法判令其按照相应责任比例进行赔偿，

---

① 火灾调查具有一定的特殊性，因其灾害发生的过程也是对证据损毁灭失的过程，并非所有火灾事故的原因都能被调查清楚，实务中，消防部门常以"不排除"作为火灾原因的认定前提。在火灾引起的民事诉讼案件中，如果不排除的起火原因唯一，根据最大盖然性等原则，基本可以视为不排除的原因就是起火原因。

5案合并审理。①

被告一系莲花工艺品厂，被告二系与莲花工艺品厂名称类似、实际控制人相同的另一公司，② 被告三胡某系莲花工艺品厂个体工商户的经营者。③

以上主体在火灾类诉讼案件中一般可通俗地称为"起火方"，因其往往是导致一场火灾发生的直接责任人，由于故意或疏忽大意引发火灾，应当承担赔偿责任。

被告四系黄海公司，如前述整个园区的所有权人，在火灾类诉讼案件中一般可通俗地称为"大房东"。

被告五系睿智电器，如前所述由其整租后拆分转租给各公司，在火灾类诉讼案件中一般可通俗地称为"二房东"。被告六凌某、被告七薛某系该公司股东。④

"大房东""二房东"的责任基础是管理责任。同样一场火灾，最终可能在起火早期被迅速扑灭，也可能蔓延成大火造成重大生命财产损失。因此，法律法规、消防规章、建筑消防标准等各类法律文件均要求建筑产权人、出租人交付符合消防安全规范的建筑，租赁房屋不仅涉及私法意思自治，也应当对社会公众安全负责。同理，在一些案件中如存在独立履行义务的物业管理企业、消防设备设施维保企业，也可能因未尽相应的保障义务而承担责任。

此外，消防部门作出的《火灾事故认定书》载明，火灾造成的财产总损失金额为9779987元；起诉前，各原告另行委托具有资质的评估机构对自身财产估损，聘请的评估机构系具有当地省市两级人民法院司法鉴定入库资质的机构，评估过程经全程公证，各原告以该评估结论作为起诉的金额主张，合计17026682元。

核心争议焦点

火灾财产损害赔偿纠纷案件属于侵权大类，争议焦点同样可以首先简单

---

① 笔者所在律师团队代理其中4家原告，系列案件基于同一场火灾事故，查明基本一致的基础事实，判决划分相同的责任比例，仅各家的财产损失类型、物品、最终金额结论有别，本文以其中一案为例。

② 因消防部门出具的材料中以俗称而非正式名称列明莲花工艺品厂，起诉时为避免遗漏被告，将二者共同起诉，在诉讼中已查明被告2与本案无关。

③ 基于个体工商户的无限责任，从简便诉讼执行程序等考虑，一并将其列为被告。

④ 基于公司股东以个人账户收取承租人租金的事实，希望查明是否构成股东与公司财产混同并由股东个人在相应责任比例范围内与公司承担连带责任而起诉。

地划分为责任区分和金额认定。

本系列案件中，人民法院依据莲花工艺品厂直接造成火灾发生，且查明其对于原有电气线路进行过重新安装布置等事实，判决其承担主要赔偿责任；黄海公司和睿智电器因出租的建筑消防安全不合格，日常未尽到监督管理责任，承担相应赔偿责任；5家原告因使用房屋和堆放货物的不当自担一部分责任。诉讼期间，虽然各方就责任划分进行过激烈的交锋，争议较大，但从判决结果来看，基本符合同类案件的通常裁判思路，也与社会公众的朴素法律认识并不冲突。

除极个别关于火灾成因、蔓延等过程难以查明的案例外，责任划分的法律适用问题并非人民法院裁判的难点。但对于火灾损失的认定，属于需经由评估鉴定而认定的"专门性问题"，也是事实问题，且并非如启动法院委托摇号选择评估机构，再根据评估结果径行裁判一般简单。

以本系列案件为例，案件中出现2个金额悬殊的损失评估结论，前者是《火灾事故认定书》载明的损失金额（具体到本文的案件为1463663元），后者是各原告委托评估公司评估形成的（具体到本文的案件为3616325元）。各方当事人围绕应当采信哪一个金额作为损失依据在一审、二审中展开了激烈的辩论。

当事人各方观点及思维分析

一、原告观点及思维分析

笔者所在的律师团队专注于代理火灾相关民事诉讼案件，民事诉讼中损失金额究竟应当依据消防部门的结论还是另行评估的结论，这是绕不开的话题。经过长期理论研究和实务代理，笔者坚定地认为：

1. 消防部门对火灾损失作出的金额结论，其性质是"统计"而非"认定"，是出于国家消防指导和决策的需要而作出的宏观统计行为，而非指导民事诉讼个案裁判的标准。

2. 除使用目的有别外，二者还存在统计方法、统计口径等方面的差异。火灾引发的不仅仅是民事诉讼，还是系统性的法律事务，包括行政处罚及与火灾相关的失火罪等7类常见刑事犯罪。这一系列法律事务均以消防部门的认定结论作为源头，消防认定必然带有相当的谦抑性。

因此，消防部门统计的火灾财产损失金额不宜作为民事诉讼裁判依据，实务中该金额显著低于真实客观的损失情况比比皆是。

二、被告观点及思维分析

侵权类民事诉讼案件中，各被告对于责任划分的立场是对立的，当然希望其他主体承担更重责任，减轻或免除自身责任；而对于赔偿金额又能达成高度一致，总金额的"蛋糕"越小，自身对应的潜在支出就更小，各被告往往勠力同心拿起放大镜审视原告主张损失的依据。

本系列案件并非孤例，实务中，消防部门作出的火灾损失金额统计通常远低于民事赔偿主张（原因后述），在此情形下，被告天然地会以《火灾事故认定书》中的损失金额进行抗辩，主要有以下理由：

1. 消防部门具有中立、公正的立场，与各方当事人之间不具有利害关系，其作出的火灾损失认定结论更权威；

2. 火灾损失认定的重要基础是现场调查，消防部门作为唯一可以接触第一现场的主体，其作出的火灾损失认定结论更科学；

3. 消防部门作出火灾损失认定的又一力证是各方当事人向消防部门提交的《火灾损失申报表》，当事人依法应当如实申报，因此它在一定程度上构成当事人的自认。如果当事人后续另行委托评估机构作出的结论显著高于其对消防部门的申报，就不应当予以采信。

代理思路

厘清争议明晰法理是"道"的层面。诉讼案件中，笔者所在的律师团队还需要从"术"的层面基于在案事实、法律法规向法院提供案件裁判可适用的代理意见，主要包括以下观点：

1.《消防法》多次修改，其中第51条消防部门对于火灾损失从原本的"核定"职责已经转变为内部行政行为的"统计"职责。

结合《火灾事故认定书》的行政不可诉性[①]，消防部门统计的火灾财产损失作为《火灾事故认定书》的组成部分同样行政不可诉，行政不可诉即证明

---

① 《火灾事故认定书》是否行政可诉在司法实践中一度存在争议，近年来基本形成统一裁判认识，即行政不可诉。

其不能对当事人在民事诉讼中的权利义务产生实际影响。

其内在逻辑可细分为：《消防法》第51条第1款规定，"消防救援机构有权根据需要封闭火灾现场，负责调查火灾原因，统计火灾损失"。据此，消防部门具有对火灾损失进行统计的法定职责。《最高人民法院关于适用〈中华人民共和国行政诉讼法〉的解释》第1条第2款第10项规定，对公民、法人或者其他组织权利义务不产生实际影响的行为不属于人民法院行政诉讼受案范围。《火灾事故调查规定》第28条规定，"公安机关消防机构应当根据受损单位和个人的申报、依法设立的价格鉴定机构出具的火灾直接财产损失和人员伤亡进行如实统计"。《火灾统计管理规定》第3条规定，"火灾统计的基本任务是对火灾进行统计调查、统计分析，提供统计资料，实行统计监督"。从上述规定可以看出，消防部门对火灾损失的统计核定是根据受损单位和个人的申报、依法设立的价格鉴定机构出具的火灾直接财产损失鉴定意见以及调查核实情况，依据《火灾直接财产损失统计方法》作出，目的只是用于宏观的火灾统计，作为国家消防宏观指导、决策的依据。火灾损失统计不是火灾财产的实际损失，因此不能作为当事人进行民事赔偿的依据。

2. 从评估方法上讲，《火灾事故认定书》是依据《火灾损失统计方法》①展开直接财产损失统计工作，其中包括非常关键的第5.2.5条"对无法统计的损失物可不作损失价值统计或仅作文字、图片描述"，这就与民事诉讼证据规则形成显著差异。实务中，火灾现场大量难以仅凭现场清点统计的财产损失未被纳入消防部门的统计范围，是造成《火灾事故认定书》载明的损失金额普遍低于实际损失的重要原因。

3.《火灾事故认定书》是书证的一种，虽由有权机关作出，但并无特殊性，仍应当按照民事诉讼证据规则考察其"三性"及对案件裁判的作用，《火灾事故认定书》依法不构成具有既判力的事实。对于《火灾事故认定书》中载明的损失金额，人民法院应当进行实质审查，当事人有权通过质证、反证等方式予以反驳或推翻。

4. 根据《最高人民法院关于民事诉讼证据的若干规定》第41条等的规定，和睦商贸主张损失赔偿的金额依据虽系"一方当事人就专门性问题自行委托有关机构"作出，但民事诉讼并不禁止单方委托评估，需另一方当事人有证据或理由达到足以反驳的标准，才可能产生质证效果。《火灾事故认定

---

① 现已废止。

书》载明的损失金额虽与和睦商贸主张的赔偿金额存在差异,但如前述分析,二者的使用目的、法律性质、计算方法等均不同,可同时适用在不同场景,并不存在矛盾冲突。因此,《火灾事故认定书》统计的损失金额不能反驳民事赔偿损失评估结论。

5. 和睦商贸委托具有资产评估资质[①]、具有省市两级人民法院司法鉴定入库资质的机构,在消防部门对火灾现场解封当日进场,在公证处全程公证下进行评估,体现了程序和实体的公平公正公开。且除单方委托、评估金额与《火灾事故认定书》载明的损失金额不一致这两点已阐明未达到反驳标准的意见外,各被告经长期查阅评估报告、申请评估人出庭接受质询后,自始至终未能提出评估报告诸如依据不足等有效质证意见,人民法院应当采信和睦商贸提交的评估报告。

6. 从本案的实际情况及火灾类财产损失案件的基本特点出发进一步阐明:

(1) 火灾灾害形式的特殊性。火灾灾害的体现往往是毁灭性的,财物化作滚滚浓烟和漫天飞尘消逝不见,不似水淹、物理冲击等破坏后有迹可循。

(2) 火灾财产损失评估的复杂性。一方面,火灾案件中除类似铁制品的财物外,很难通过逐一清点进行认定。举例而言,现场清点可见某物品的3件残骸,但显然不能武断地仅以此3件残骸作为损失评估依据,尚需结合个案中存在的火灾发生前监控视频、进出库记录、购售合同、现场痕迹(烟熏、面积体积最大量判别等)、财务凭证等综合认定。另一方面,民事诉讼中占更大比例的仓库、工厂类火灾,受损财产往往具有单体价值低、数量众多、类别繁复的特征,笔者亲办案件中常见上千种数十万件财物受损的情形。此类具体问题均对评估人的专业性提出了极高的要求。

(3) 火灾现场保存的困难性。当前,人民法院案多人少的问题仍在逐步优化过程中,诉讼案件从立案、分配承办人、排期开庭、启动法院委托评估鉴定往往经过数月时间,其间火灾现场也因消防部门调查完毕而解封开放。以证据保全为由申请人民法院继续查封火灾现场是一种途径,但实务中存在客观不足,如查封只能防止火灾现场被人为破坏但无法防止现场在长期风吹日晒雨淋中丧失评估条件;又如,很多火灾现场涉及环保和安全问题,严重影响周边人民群众的生命财产安全和正常生活秩序,对受灾现场的民事诉讼

---

① 实务中各地法院一般认可资产评估、价格评估、保险公估三类机构从事火灾财产损失评估法律事务。

证据保护和对案外人的基本权利保障难以两全。因此,为能在消防部门解封后基于第一现场尽可能客观地还原当事人的火灾损失,诉前委托有资质的机构先行作出评估报告,在一定程度上成为当事人唯一和最后的选择。

代理点睛

客观地说,按照消防部门统计的火灾损失金额进行裁判,这一观点具有一定的合理性,有权机关出具的文书在民事诉讼中不可避免地带有权威公正的色彩。若不深究《火灾事故认定书》的法律内涵,如本案被告所持的答辩意见便很难说有何明显不当。因此,本文所涉问题在裁判实践中长期存在争议。

但笔者欣喜地看到,当前越来越多的判决已经开始正确对待消防部门统计的损失金额,不作为民事诉讼裁判依据。本案还有一个插曲,《火灾事故认定书》统计的损失金额系消防部门委托当地发改局下辖价格认证中心作出。审理期间,人民法院就火灾损失统计事宜函询价格认证中心,该中心回复"本认定结论书只能为消防部门核定火灾货物直接损失提供参考依据,不能用于民事赔偿"。由此可见,除消防部门外,其他与火灾调查相关的主体也逐步对该争议达成共识,明确消防部门火灾损失统计的意义及其与民事诉讼赔偿的边界。

当然,截至本文撰稿时,仍不乏裁判文书以消防部门统计的火灾损失作为民事赔偿依据,但基本存在两点特征:(1)原告起诉时自行选择以消防部门统计的火灾损失进行主张,那么根据"不告不理"等原则,原告选择较实际损失更低的金额起诉,自行放弃一部分权利主张,据此裁判也不违反法律规定;(2)原告在起诉后申请法院启动评估鉴定程序,个案中由于火灾现场环境不复存在、损失金额证明材料不足等原因,无法完成评估鉴定,在没有更好的选择时,消防部门统计的火灾损失金额便成为比较可行的参考依据。

本案中,笔者所在的律师团队结合《消防法》和火灾调查规章规范、民事诉讼证据规则、本案的具体案情等,对消防部门作出的火灾损失统计和民事诉讼标准下的评估报告进行了多层次对比分析,为处理本案及同类案件中这一普遍问题提供了较有价值的参考。

审判观点

1. 价格认证中心已申明,其受消防部门委托得出的火灾损失金额统计结论不能用于民事赔偿。

2. 和睦商贸在消防部门解封后即委托公证处对评估现场查勘清点进行公证,已经最大限度地保留了火灾现场后的情况。

3. 和睦商贸委托评估机构作出评估报告,委托程序合法、评估机构及人员均具有相应资质、评估过程科学公正、评估结论依据充分客观真实。

4. 法院对评估报告结论予以采信。

案例编写人 四川蜀鼎律师事务所 卢 麒 秦 杨

专家点评

王竹 四川大学法学院教授、博士生导师,四川智慧社会智能治理重点实验室主任,四川大学市场经济法治研究所所长

国家消防救援局发布2022年全国消防救援队伍接处警与火灾情况,2022年度共接报火灾82.5万起,死亡2053人、受伤2122人,直接财产损失71.6亿元,与2021年相比有明显上升趋势。火灾已经成为影响民生和社会公共安全的重点话题。

近年来,与火灾相关的民事赔偿案件数量亦显著增加,不再是冷门小众的案件类型。而火灾财产损失的认定问题,几乎是所有火灾类民事赔偿纠纷案件必然面临的课题。

本文作者从代理的个案出发,深入浅出地阐释了消防部门作出的火灾损失金额结论的性质、使用目的、法律意义,并与民事赔偿依据的火灾损失金额结论进行对比,从评估方法、标准、用途、差异原因等方面为读者揭开这一"神秘"领域的面纱。文章进一步关注到同类案件的普遍裁判适用问题,从更宏观的角度对类案裁判得出有价值的思考成果。

相关法条

《中华人民共和国消防法》

第五十一条第一款　消防救援机构有权根据需要封闭火灾现场,负责调查火灾原因,统计火灾损失。

《最高人民法院关于适用〈中华人民共和国行政诉讼法〉的解释》

第一条第二款第十项　下列行为不属于人民法院行政诉讼的受案范围:

(十)对公民、法人或者其他组织权利义务不产生实际影响的行为。

《火灾事故调查规定》

第二十八条　公安机关消防机构应当根据受损单位和个人的申报、依法设立的价格鉴证机构出具的火灾直接财产损失鉴定意见以及调查核实情况,按照有关规定,对火灾直接经济损失和人员伤亡进行如实统计。

《火灾统计管理规定》

第三条　火灾统计的基本任务是对火灾进行统计调查、统计分析,提供统计资料,实行统计监督。

⑲ 刘某诉曹某贵、某某煤矿等民间借贷纠纷案

——新债清偿的认定及适用，为当事人争取
尽可能多的还款主体是民间借贷纠纷代理的关键

案件索引

一审：云南省曲靖市中级人民法院（2021）云 03 民初 102 号
二审：云南省高级人民法院（2022）云民终 759 号

基本案情

2013 年 12 月 5 日，曹某贵向刘某出具《借条》，约定曹某贵向刘某借款 2000 万元，借款期限为一个月，利息按月息 2% 计算，借款到期后按时归还本金及利息。某某煤矿加盖印章为本次借款提供抵押担保；杨某在借条的担保人处签字捺印。

2014 年 2 月 26 日，曹某贵向刘某出具《还款承诺书》，承诺 2014 年 3 月 10 日前还款 1000 万元，2014 年 5 月 30 日前还款 1000 万元，每月按 2% 支付资金费用。杨某作为担保人，在《还款承诺书》上签字捺印。

2015 年 4 月 5 日，刘某在向曹某贵讨要借款时将曹某贵打伤，后某县人民法院判处刘某犯故意伤害罪，判处有期徒刑十个月。2020 年 7 月 22 日，刘某刑满释放。

刘某于 2021 年 4 月 22 日向一审法院起诉，一审判决于 2021 年 10 月 11 日作出，一审判决认为：刘某与曹某贵签订的《还款承诺书》约定的还款届满时间为 2014 年 5 月 30 日，2015 年 4 月 5 日刘某向曹某贵催要借款时将曹某贵打伤，曹某贵于 2017 年 1 月 27 日偿还借款 1 万元，从而导致诉讼时效中断。新的诉讼时效期间应从 2017 年 1 月 28 日起算，本案应适用 3 年诉讼时效，即从 2017 年 1 月 28 日起至 2020 年 1 月 28 日止。2019 年 9 月 23 日，刘某被采取刑事强制措施

引起诉讼时效中止，至 2020 年 7 月 22 日被释放，诉讼时效从次日恢复计算，至 2021 年 1 月 23 日 6 个月的期限届满，债权人于 2021 年 4 月 22 日向一审法院起诉时诉讼时效期间已过。最终，法院一审判决驳回刘某的诉讼请求。

经二审法院审理，法院重新对诉讼时效问题、责任主体进行认定，最终二审法院判决撤销一审判决，改判由曹某贵、某某煤业、曹某甲向刘某偿还借款本金 18538230.06 元及利息。

核心争议焦点

1. 本案诉讼时效问题；
2. 民间借贷金额问题；
3. 本案中各主体责任承担的问题。

当事人各方观点及思维分析

刘某的观点主要有：（1）关于诉讼时效问题还存在重要事实未查明，通过查阅刑事卷宗，发现了新债清偿的可能，把新债和旧债作为一个整体考虑诉讼时效，最终突破了该项问题；（2）通过整理法律规定将超出法律规定部分的利息免除；（3）因民间借贷纠纷往往存在自然人还款难、还款主体少的问题，故尽可能地拉入更多的还款人，争取更多的清偿机会。

曹某贵、某某煤矿等的观点为：诉讼时效已经经过，且该观点已经得到了一审法院的支持，故以诉讼时效为由抗辩。即使在二审中刘某提交了新的证据，其主张也仍然认为：刘某向公安机关所作笔录是单方陈述，并无证据证明确实有追讨借款本息的事实。刘某涉及的刑事案件不属于原《民法总则》第 195 条第 4 项规定的情形。最后一次还款是在 2017 年 1 月 27 日，导致诉讼时效中断，从 2017 年 1 月 28 日起算新的 3 年诉讼时效，至 2020 年 1 月 28 日届满，刘某 2021 年 4 月提起诉讼已超过诉讼时效。

杨某作为保证人，其观点为：一审认定事实清楚，适用法律正确，刘某的起诉已超过诉讼时效。刘某在诉讼时效期间从未向杨某主张过权利。且主债务诉讼时效期间届满，保证人享有主债务人诉讼时效抗辩权。杨某承担连带保证责任的保证期限已经届满，不应再承担保证责任。

一、本案诉讼时效问题

本案关于诉讼时效问题还存在三个重要事实。

第一，2014年年底，刘某、曹某贵、杨某三人达成新债清偿协议，但是由于新债清偿协议中履行期限约定不明确，因此新债不具备诉讼时效起算条件，不存在已过诉讼时效的问题。

本案中，杨某、曹某贵、刘某三人达成的关于以某某地产公司卖房后的分红抵债的约定，应当视为新债清偿。

在新债清偿情形下，旧债务于新债务履行之前不消灭，旧债务和新债务处于衔接并存的状态；在新债务合法有效并得以履行完毕后，因完成了债务清偿义务，旧债务才归于消灭。确定债权是否得以实现，应以债务人是否按照约定全面履行了自己的义务为依据。若新债务届期不履行，致使以物抵债协议目的不能实现的，债权人有权请求债务人履行旧债务，且该请求权的行使，并不以以物抵债协议无效、被撤销或者被解除为前提。新债作为履行旧债的方法，债权人原则上应当先请求履行新债。债务人不履行新债的，债权人既可以根据新债主张继续履行、违约责任，也可以请求恢复旧债的履行。

实质上，新债相当于是对原有债权所达成的另一还款约定，类似于在执行程序中达成执行和解协议，一方当事人未履行执行和解协议的，债权人可以申请执行原债权。需要说明的是，所谓新债和旧债，其实是一笔债，而不是两笔债，是一笔债权的不同履行方式而已。所以，不存在分别计算新债或旧债的诉讼时效问题，而只能把新债和旧债作为一个整体考虑诉讼时效。否则，就可能出现新债的履行期限还没有届满，旧债就已经过了诉讼时效，那么约定新债清偿的目的就丧失了。这显然是不符合法理，也不符合立法目的的。

本案中，新债务未完全履行完毕之前，新债与旧债并存，刘某对曹某贵的债权并未消灭。但是由于三人达成的新债清偿协议中的房子已经烂尾，新债清偿协议合同目的无法实现。新债清偿协议约定的履行期限不明确。

根据原《合同法》第62条规定，合同履行期限不明确的，债务人可以随时履行，债权人也可以随时要求履行，但应当给对方必要的准备时间。原《民法总则》第188条第2款规定，诉讼时效期间自权利人知道或者应当知道权利受到损害以及义务人之日起计算。

因此，本案中新债不具备诉讼时效起算条件，不存在已过诉讼时效的问题。本案中，2014年11月，三人达成新债清偿协议后，新的诉讼时效应当由三人达成的新债清偿合意中所约定的某某地产在建项目建成，开始销售后，刘某按新债约定向对方主张债权，且对方拒绝履行或者履行不能之时起计算。

第二，2019年6月10日，曹某贵在接受警方询问其与黄某（刘某）债务是否清算时回答"还清了，当时我用2500万元的某某地产股份抵给他，就抵2500万元……"其承认欠款存在，并且认为该笔借款是应当清偿的，只是当时陈述说以某某地产相关以物抵债的方式清偿了，该陈述引起诉讼时效中断。

《最高人民法院关于审理民事案件适用诉讼时效制度若干问题的规定》第14条规定："义务人作出分期履行、部分履行、提供担保、请求延期履行、制定清偿债务计划等承诺或者行为的，应当认定为民法典第一百九十五条规定的'义务人同意履行义务'。"因此，2019年6月10日，曹某贵在公安机关作笔录时，承认借款的存在，并陈述认为款项已经通过新债清偿的方式归还，应当引起诉讼时效中断。

第三，2020年4月左右，刘某妻子等三人找曹某贵索要欠款，引起诉讼时效中断。

二、民间借贷金额问题

1. 2013年12月5日至2014年1月5日为借条还款期限，剩余本金19013333.33元，还款后剩余利息380266.67元。

2. 2014年1月6日至2014年2月26日是借条到期至双方重新签订《还款承诺书》阶段，剩余本金18830906.67元，还款后剩余利息364064.2元。

3. 2014年2月27日至2014年5月30日为《还款承诺书》还款阶段。还款后剩余本金18721157.5元，还款后剩余利息886134.79元。

4. 2014年5月31日至2020年8月20日为《还款承诺书》之后的还款阶段，还款后剩余本金18721157.5元，还款后剩余利息28271274.77元。

5. 2020年8月20日至2021年4月30日《还款承诺书》之后的还款阶段，根据司法解释规定改变了利息计算方式。

综上，截至2021年4月30日，曹某贵方应当向刘某返还借款及其利息总计48990826.07元。

三、本案各主体承担责任问题

（一）曹某贵方责任承担

曹某贵是名义上的借款人，也是合同相对人。根据原《合同法》第210条"自然人之间的借款合同，自贷款人提供借款时生效"的规定，本案中，曹某贵在《借条》与《还款承诺书》上签字捺印，应承担偿还债务的责任。

（二）某某煤矿方责任承担

某某煤矿为共同债务人。

职务行为是指工作人员行使职务的行为，是履行职责的活动，与工作人员的个人行为相对应。这也是上述法条中可以请求企业承担责任的理论基础。由于某某煤矿为个人独资企业，而某某煤业为一人有限责任公司，其实际控制人曹某贵所作出的决策完全能够控制并代表公司的意思表示，且据第三人陈述，在第三人眼里，曹某贵就是两个企业的负责人，具备行使企业职务的外观。因此，基于商事外观主义和保护第三人合理信赖利益原则，曹某贵作为实际控制人以自己名义借款用于公司经营，应当认定为职务行为。曹某贵作为实际控制人，认定其属于《最高人民法院关于审理民间借贷案件适用法律若干问题的规定》第22条第2款规定的"法人的法定代表人或者非法人组织的负责人"之情形，符合立法目的和立法的理论基础。

（三）某某煤业方责任承担

某某煤业基于事实和法律依据，有三个承担责任的身份：共同债务人、连带债务人以及权利义务的继受人。

1. 共同债务人。本案中曹某贵是某某煤矿、某某煤业的实际控制人，虽然借款是曹某贵以个人名义进行，但借款是为某某煤矿、某某煤业生产经营所需，根据民间借贷的相关司法解释，某某煤矿、某某煤业应与曹某贵承担共同还款责任。

2. 连带债务人。应省国土厅的要求，某某煤业承接了原某某煤矿的业务，对煤矿债务承担连带责任；从业务内容、负责人、经营范围等方面，某某煤矿和某某煤业属于《全国法院民商事审判工作会议纪要》中规定的过度控制的情形，应当承担连带责任。因此，本案中某某煤业应对某某煤矿的企业债务承担连带清偿责任。

3. 权利义务的继受人。本案中，某某煤矿被某某煤业吸收合并。因此，本案中某某煤矿的企业债务应当由某某煤业承继。

代理点睛

一、不拘泥于诉讼时效，充分剖析问题

本案一审过程中，一审法院以诉讼时效为由驳回了原告的全部诉讼请求，在程序上否定了原告的诉求，针对此，代理人并未浮于表面，仅拘泥于诉讼时效一个问题，而是审视全案，深度剖析案件，整理出研究清单，细致入微地分析。为了解决问题清单，代理人进行了超过三轮的汇总讨论，不断更新问题清单，解决问题。

二、精准预判法庭归纳的争议焦点

运用可视化的方式，在法庭上引导法院关注代理人思路，对于前期准备的关于诉讼时效是否经过、借款本息如何确定、还款责任主体的问题，均完全落入代理人所准备的可视化图表中。通过使用图表，让法官更能关注到我方的观点，以我方图纸引导庭审进行。

同时，对于体系比较庞杂的责任主体，以及两公司之间的关联关系等问题，代理人也不限制于图表，而是以经过整理的"主体—身份—法律依据—案件事实"为依托，清晰明了地向法官展示案件思路。

最终，在庭审时代理人预判的争议焦点与法院法官归纳的争议焦点基本一致。

三、通过多个角度增加还款主体，尽最大可能维护当事人权益

首先，本案中直接的借款主体为一位自然人，经过与当事人的充分沟通，得知该自然人的清偿能力较弱，本案情况特殊，借款人曹某贵是某某煤矿、某某煤业的实际控制人，虽然借款是曹某贵以个人名义进行，但借款是为某某煤矿、某某煤业生产经营所需，根据相关司法解释，某某煤矿、某某煤业应与曹某贵承担共同还款责任。

其次，曹某甲是某某煤业公司的唯一股东，是曹某贵的儿子，某某煤业是一人有限责任公司。因此，本案中曹某甲未能举证证明公司财产独立于股东自己的财产，应当对某某煤业的债务承担连带责任。

同时，本案中还涉及相关法人承担还款责任的情形，包括该法人存在被吸收合并的情况。根据《公司法》的规定，公司合并时，合并各方的债权、债务，应当由合并后存续的公司或者新设的公司承继。因此，本案中某某煤矿的企业债务应当由某某煤业承继。

最终，以上观点于二审判决中获得了云南省高级人民法院的支持，还款主体为曹某贵、曹某甲，以及某某煤业，极有力地保障了当事人权利的实现。

四、充分运用刑事案卷信息，挖掘有价值的线索

围绕本案的借贷纠纷，当事人之间还涉及刑事案件，代理人充分运用了刑事案卷的信息，尤其是针对本案中当事人所涉及的讯问笔录，进行了翔实的整理。

五、总结法院审理民间借贷的思路，创新计算表格，与裁判结果高度一致

本案所涉民间借贷纠纷，金额大，利息标准多，计算难度大，但是民间借贷纠纷结算需要规范化的计算流程，既要符合案件事实，也要符合法律规范，更重要的是要为庭审服务，在庭审中能够清晰地向法庭呈现借贷金额在不同关键时间点所产生的变化，以及最终可以主张的金额。代理人计算的金额与裁判结果高度一致，计算方式表格最终也为二审法院所采纳。

基于本案，代理人总结了一套便于法庭审理和律师使用的模板，为民间借贷纠纷系列案件提供了服务。

六、诉讼时效多维度保障，确保万无一失

本案在一审过程中，一审法院直接以超过诉讼时效为由驳回原告诉求，因此，在二审中对此关键问题，代理人从多个维度确保诉讼时效问题万无一失。

首先，代理人向法庭明确，在借款事实发生后，当事人之间达成了新债清偿。关于新旧债之间的关系，即旧债是否因以物抵债协议的成立而消灭。对此，有债务更新说与新债清偿说之别。代理人结合《〈全国法院民商事审判工作会议纪要〉理解与适用》内容，向二审法院阐释，根据该纪要采用的新债清偿说，以物抵债协议成立后，同时存在新旧两债，债务人不履行以物抵债协议的，债权人既可以请求继续履行以物抵债协议，也可以请求恢复履行旧债。所以，不存在分别计算新债或旧债的诉讼时效问题，而只能把新债和

旧债作为一个整体考虑诉讼时效。但是由于新债清偿协议合同目的无法实现，且新债清偿协议约定的履行期限不明确。因此，本案中新债不具备诉讼时效起算条件，不存在已过诉讼时效的问题。诉讼时效应从我方当事人向对方主张权利之日起算。

其次，在本案庭审过程中，代理人向法庭申请证人出庭作证，并在庭后提交的代理词中向法庭提出，对于民间借贷纠纷案件中的证人身份不可一概否认的重要性，并最终获得了二审法院在判决书中的认可。

在本案二审判决中，法院认为："本院结合在案证据综合分析后，对证人证言予以采信。故刘某因2020年4月向曹某贵追讨涉案借款导致诉讼时效中断，其2021年4月提起本案诉讼并未超过诉讼时效。一审对诉讼时效的认定错误，本院予以纠正。"

审判观点

一、关于刘某提起本案诉讼是否超过诉讼时效的问题

二审法院认为：刘某出借涉案2000万元借款后，曹某贵于2017年1月27日最后一次偿还借款，诉讼时效中断。根据《最高人民法院关于适用〈中华人民共和国民法总则〉诉讼时效制度若干问题的解释》①第2条"民法总则施行之日，诉讼时效期间尚未满民法通则规定的二年或者一年，当事人主张适用民法总则关于三年诉讼时效期间规定的，人民法院应予支持"之规定，《民法总则》于2017年10月1日施行，本案诉讼时效尚未届满，故应适用3年诉讼时效的规定，即2020年1月28日届满。因刘某涉刑于2019年9月23日至2020年7月22日被羁押，符合原《民法总则》第194条规定的诉讼时效中止情形，诉讼时效应在2020年7月22日刘某被释放后的6个月即2021年1月23日届满。因刘某在二审申请出庭作证的证人陈述在刘某被关押期间，两证人及刘某的妻子于2020年4月向曹某贵主张归还涉案借款，两证人对追讨借款的时间、地点等事项描述前后一致，且结合曹某贵、刘某此前向公安机关所作的陈述，刘某曾多次向曹某贵追讨欠款并因此引发刑事案件的情况来看，刘某出借2000万元款项金额较大，在曹某贵未及时偿还借款本息

---

① 现已失效。

时，刘某向曹某贵积极主张欠款符合常理。故法院结合在案证据综合分析后，对证人证言予以采信。故刘某因2020年4月向曹某贵追讨涉案借款导致诉讼时效中断，其2021年4月提起本案诉讼并未超过诉讼时效。

二、关于尚欠借款本息如何认定的问题

二审法院认为：根据《借条》《还款承诺书》的约定，借款本金为2000万元，借期1个月，月息2%，逾期利息参照借期利息以及先息后本的原则，尚欠借款本息认定如下：尚欠本金为18538230.06元，利息按照年利率24%自2014年7月5日起算至2020年8月19日；按照年利率15.4%自2020年8月20日起计算至款项清偿之日止。已归还的11万元可抵扣该期间的利息。

三、关于还款责任主体如何认定的问题

二审法院认为：曹某贵系涉案款项的借款人，应承担还款责任。根据《最高人民法院关于审理民间借贷案件适用法律若干问题的规定》第22条第2款"法人的法定代表人或者非法人组织的负责人以个人名义与出借人订立民间借贷合同，所借款项用于单位生产经营，出借人请求单位与个人共同承担责任的，人民法院应予支持"之规定，庭审中，某某煤业认可涉案借款用于某某煤矿、某某煤业的生产经营及归还银行贷款，因某某煤矿已被注销，权利义务由某某煤业承担。

虽然某某煤业工商登记载明的法定代表人系曹某甲，但曹某贵与曹某甲系父子关系，某某煤业又为一人独资公司，曹某贵为该公司实际控制人，故某某煤业不论从承继某某煤矿权利义务的角度还是从曹某贵系公司实际控制人及款项用途的角度，都应承担共同还款责任。

根据《公司法》的规定，一人有限责任公司的股东不能证明公司财产独立于股东自己的财产的，应当对公司债务承担连带责任，曹某甲并未提交证据证明其个人财产与某某煤业的财产相互独立，故曹某甲应与曹某贵、某某煤业承担共同还款责任。

案例编写人　北京大成（昆明）律师事务所　代　晨

专家点评

姚辉 中国人民大学法学院教授、博士生导师，中国法学会民法学研究会常务理事

本案成功之处在于并不拘泥于作为本案争点的诉讼时效问题作单一思维，而是从债权债务关系的变化、债务人的认定、数额的细化等立体化思维切入，辅之以提前准备的可视化图表推进庭审。这么用心的案件代理，没有不成功的道理。

相关法条

《中华人民共和国民法典》

第一百九十五条 有下列情形之一的，诉讼时效中断，从中断、有关程序终结时起，诉讼时效期间重新计算：

（一）权利人向义务人提出履行请求；

（二）义务人同意履行义务；

（三）权利人提起诉讼或者申请仲裁；

（四）与提起诉讼或者申请仲裁具有同等效力的其他情形。

《全国法院民商事审判工作会议纪要》

44.【履行期届满后达成的以物抵债协议】当事人在债务履行期限届满后达成以物抵债协议，抵债物尚未交付债权人，债权人请求债务人交付的，人民法院要着重审查以物抵债协议是否存在恶意损害第三人合法权益等情形，避免虚假诉讼的发生。经审查，不存在以上情况，且无其他无效事由的，人民法院依法予以支持。

当事人在一审程序中因达成以物抵债协议申请撤回起诉的，人民法院可予准许。当事人在二审程序中申请撤回上诉的，人民法院应当告知其申请撤回起诉。当事人申请撤回起诉，经审查不损害国家利益、社会公共利益、他人合法权益的，人民法院可予准许。当事人不申请撤回起诉，请求人民法院出具调解书对以物抵债协议予以确认的，因债务人完全可以立即履行该协议，没有必要由人民法院出具调解书，故人民法院不应准许，同时应当继续对原债权债务关系进行审理。

《最高人民法院关于审理民事案件适用诉讼时效制度若干问题的规定》

第十四条 义务人作出分期履行、部分履行、提供担保、请求延期履行、制定清偿债务计划等承诺或者行为的，应当认定为民法典第一百九十五条规定的"义务人同意履行义务"。

《最高人民法院关于审理民间借贷案件适用法律若干问题的规定》

第三十一条 本规定施行后，人民法院新受理的一审民间借贷纠纷案件，适用本规定。

2020年8月20日之后新受理的一审民间借贷案件，借贷合同成立于2020年8月20日之前，当事人请求适用当时的司法解释计算自合同成立到2020年8月19日的利息部分的，人民法院应予支持；对于自2020年8月20日到借款返还之日的利息部分，适用起诉时本规定的利率保护标准计算。

本规定施行后，最高人民法院以前作出的相关司法解释与本规定不一致的，以本规定为准。

20 安徽某药业公司与 M 银行某分行、王某全、陶某红等金融借款合同纠纷再审案

——表见代理的认定、未经公司决议的担保合同的效力问题、以新贷偿还旧贷中担保责任如何承担

案件索引

一审：浙江省金华市婺城区人民法院（2015）金婺商初字第 01223 号

再审一审：浙江省金华市婺城区人民法院（2021）浙 0702 民再 15 号

再审二审：浙江省金华市中级人民法院（2022）浙 07 民再 34 号

基本案情

2014 年 12 月 29 日，王某全与 M 银行某分行工作人员，私刻安徽某药业公司印章并以安徽某药业公司名义与借款人武义某医药公司、贷款人 M 银行某分行签订了一份"共同还款协议"，约定由安徽某药业公司为借款人武义某医药公司的 4349 万元贷款及利息，承担连带清偿责任。后因借款人武义某医药公司贷款到期后未依约还款，致使贷款逾期。2015 年 5 月，M 银行某分行向浙江省金华市婺城区人民法院起诉，请求借款人武义某医药公司偿还贷款本金 4349 万元及逾期利息，安徽某药业公司承担连带还款责任。M 银行某分行故意向法院提供错误的安徽某药业公司的送达地址，一审法院根据错误的送达地址向安徽某药业公司送达了相关诉讼文书，导致安徽某药业公司未经合法传唤，缺席审判。

2015 年 11 月 16 日，浙江省金华市婺城区人民法院作出（2015）金婺商初字第 01223 号民事判决：认定《共同还款协议》是各方真实意思表示，安徽某药业公司自愿为 M 银行某分行与借款人武义某医药公司于 2014 年 12 月 29 日签订的《流动资金贷款合同》项下的全部债务承担连带责任，故判决安徽某

药业公司为借款人武义某医药公司4349万元及利息，承担连带清偿责任。

2016年7月7日，安徽某药业公司从某公司处得知，该公司财务不知何故无法汇款至安徽某药业公司账户。安徽某药业公司法定代表人在网上查询，才发现浙江省金华市婺城区人民法院（2015）金婺商初字第01223号民事判决书。

2016年8月1日，安徽某药业公司向浙江省金华市婺城区人民法院提起再审。一审法院受理后认为：公司印章以及法人印章的真实性应由安徽某药业公司自行委托司法鉴定所进行鉴定。故安徽某药业公司撤回了再审申请，并于2016年12月21日，委托某司法鉴定所对《共同还款协议》上的公司印章以及法人印章的真实性进行司法鉴定。某司法鉴定所先后到法院、M银行某分行处调取《共同还款协议》原件未果。

后安徽某药业公司以被伪造印章向金华市公安局江南分局西关派出所报案。2020年6月5日，金华市公安局江南分局金公南（西）鉴通字（2020）00008号鉴定意见通知书认定，《共同还款协议》上的安徽某药业公司与样本印文上的印文不是同一枚印章盖印。

2021年7月6日，安徽某药业公司再次向一审法院申请再审。经一审法院审判委员会讨论决定，裁定再审本案。法院审理后认为：虽然案涉《共同还款协议》上安徽某药业公司的公章系由王某全私自加盖，且经鉴定该印章与安徽某药业公司在此前后所使用的印章不一致，但本案中，《共同还款协议》上不仅加盖了安徽某药业公司的公章和法定代表人印章，还同时加盖了武义某医药公司的公章和法定代表人印章，而该两家公司当时的法定代表人均为陶某红，借款人是武义某医药公司，且相关借款手续均由王某全负责办理，王某全与陶某红原系夫妻关系。王某全在《共同还款协议》上加盖安徽某药业公司印章的行为已构成表见代理，故于2022年4月1日作出（2021）浙0702民再15号民事判决书，判决维持浙江省金华市婺城区人民法院（2015）金婺商初字第01223号民事判决。

2022年4月21日，安徽某药业公司针对再审一审提起了上诉，提出了《共同还款协议》为无效协议，被上诉人M银行某分行未尽到应尽的注意义务，不属于善意相对人，不适用表见代理制度；案涉贷款属于借新还旧，安徽某药业公司并非旧贷的保证人，不需要承担担保责任等观点。浙江省金华市中级人民法院经审理后认为：上诉人安徽某药业公司主张王某全的行为不构成对上诉人的表见代理、上诉人不应承担责任的请求，理由成立。故于

2022年9月30日作出（2022）浙07民再34号民事判决：撤销原审、再审一审判决对安徽某药业公司的判项，安徽某药业公司不需要承担任何责任。

核心争议焦点

1. 王某全的行为是否构成对上诉人安徽某药业公司代理的表象？

2. 被上诉人M银行某分行是否为善意、上诉人安徽某药业公司应否承担责任？

当事人各方观点及思维分析

一、上诉人安徽某药业公司的观点

1. 王某全在《共同还款协议》上加盖的上诉人的印章为其私刻的假章，加盖的法定代表人印章并非上诉人法定代表人印章，且时任上诉人法定代表人的陶某红对此并不知情。王某全与陶某红已离婚，王某全与上诉人安徽某药业公司无任何关系；漏查王某全承诺书承认私刻上诉人公章及指使人冒充上诉人法定代表人签字；《共同还款协议》未经上诉人股东会决议或董事会决议，被上诉人未查验过上诉人股东会决议或董事会决议，故《共同还款协议》自始至终都是无效的。

2. 王某全私自加盖印章的行为客观上不具有代理权的表象。被上诉人M银行某分行在《共同还款协议》签订时非善意，且存在过失。上诉人在本案中不存在任何可归责的事由，不应适用表见代理制度。

3. 根据《公司法》的规定，公司担保行为必须以公司股东会或者股东大会、董事会的决议作为授权基础和来源。被上诉人M银行某分行未尽审查注意义务，不属于善意相对人。本案的转贷行为系以新贷偿还旧贷，上诉人并非旧贷的保证人，且对案涉贷款不知情，更不知案涉贷款用途为借新还旧。案涉《共同还款协议》为无效担保协议，被上诉人无权依据协议约定请求上诉人承担义务。

二、被上诉人M银行某分行的观点

1. 王某全在《共同还款协议》上加盖的公章即便是其私刻，也无法认定为假印章,上诉人曾向公安机关报案,公安机关并未认定涉案公章系伪造公章。

2.《共同还款协议》上加盖的上诉人公章曾多次被使用。

3. 王某全的行为经过时任上诉人法定代表人的陶某红的授权,同时也是行使自己对上诉人享有股份表决权及公司经营权的处置权。王某全与陶某红原系夫妻,现虽已离婚,但并未就财产和债务进行分割,陶某红将其名下公司的经营及贷款业务悉数授权给王某全处置,虽股权登记在陶某红名下,但实质为双方共同所有。

4. M 银行某分行未严格按照规定进行贷款审查,但未达到无效的严重程度;就案涉贷款的申请和转贷均由王某全办理,以及王某全手上持有上诉人及法定代表人陶某红印章等事实,被上诉人 M 银行某分行完全有理由相信王某全的行为系代表上诉人而作出的行为。

5. 王某全的行为虽无书面授权委托书,但足以构成表见代理。陶某红已通过王某全加盖印章的行为明示同意上诉人共同履行还款义务。

三、原审被告陶某红的观点

同意上诉人安徽某医药公司的上诉意见。案涉纠纷不发生在陶某红与王某全婚姻存续期间,不存在财产未分割问题。签订《共同还款协议》时陶某红不在场、不知情,王某全也未告知,二者之间无论从时间还是在场人员看,M 银行某分行有刻意避开陶某红的实施行为。M 银行某分行陈述的多枚印章的使用不构成私刻和伪造,应为同一公司自行刻制使用,并非第三人未得到授权私刻使用。

代理思路

本案中,安徽某医药公司代理律师的代理思路主要如下:

首先,案涉《共同还款协议》是虚假、伪造的,且无法适用表见代理制度,上诉人及其时任法定代表人陶某红从未对王某全的无权代理行为进行过追认,《共同还款协议》应为自始无效。

1.《共同还款协议》上加盖的公章为王某全私刻的假章,加盖的"陶某红印"经鉴定亦非时任上诉人的法定代表人陶某红的印章所盖印。

2. 本案完全不符合表见代理的适用要件,无法适用表见代理制度。王某全并非上诉人的法定代表人,也并未担任上诉人的董监高等职务,也并非上诉人的股东,王某全与上诉人之间没有任何关联,也未取得上诉人的合法授权。被上诉人在主观上并非善意,且存在重大过失甚至故意。

3. 上诉人及其时任法定代表人陶某红从未对王某全使用假公章和假的法定代表人印章的行为进行过追认,故王某全的无权代理行为自始无效。

其次,根据《公司法》的规定,以及《全国法院民商事审判工作会议纪要》第18条的规定,被上诉人未尽到应尽的注意义务,不属于善意相对人。《共同还款协议》因违反了法律强制性规定而无效,上诉人不承担担保责任。

最后,退一万步说,被上诉人主张的贷款系以新贷偿还旧贷,根据《最高人民法院关于适用〈中华人民共和国担保法〉若干问题的解释》第39条的规定,上诉人并非旧贷的保证人,且对案涉贷款也毫不知情,更不可能知道案涉贷款的用途为借新还旧,上诉人不承担担保责任。

代理点睛

笔者作为律师代理安徽某药业公司申请再审二审,接案后,律师为该案做了大量的工作,包括:进行了深入的法律研究、调取案件原审档案、申请印章鉴定、向银保监会举报、制作案件可视化流程图、制作案例研究报告等。在开庭时,律师向承办法官充分表达了代理方的观点,提示法官注意案件的焦点,并给法官提供了详尽的案例检索报告供法官参考。庭后,律师向承办法官提交了代理词,申明安徽某药业公司的生存困境以及本案所产生的影响,最终法院支持了代理方的全部观点,撤销了原审、再审一审中对安徽某药业公司的判决内容,使得安徽某药业公司不需要承担任何责任,为当事人挽回了近6000万元的损失。

在坚持协议无效的基础上,代理人同时提出对方未尽到应尽的注意义务,不属于善意相对人,不适用表见代理制度;案涉贷款属于借新还旧,安徽某药业公司并非旧贷的保证人,不需要承担担保责任等观点,通过法律辅之以情理,说服和打动了再审二审法官,支持了代理方的全部观点,平息了一场历经多年的纷争,使安徽某药业公司最终摆脱了困境。

20. 安徽某药业公司与 M 银行某分行、王某全、陶某红等金融借款合同纠纷再审案

> **审判观点**

首先，关于王某全的行为是否构成对上诉人代理的表象问题。王某全在《共同还款协议》上加盖上诉人公章及法定代表人印章时，并非上诉人的股东或工作人员，也无证据证明王某全当时有上诉人的授权委托书或此前曾有在 M 银行某分行处代表上诉人的行为，而加盖的上诉人公章又系王某全私刻，故王某全的行为并没有代表上诉人的表象。法定代表人行为有多种属性，可代表其个人，亦可代表公司行为，而代表公司行为又分为处理公司一般事务的有权代表及需有授权的重大事项代表，陶某红有多家公司法定代表人身份，王某全有代理陶某红个人的表象，并不等于有代理上诉人的表象。《共同还款协议》签订时，陶某红未到场、未签字，陶某红也表示对《共同还款协议》不知情，故王某全对陶某红构成表见代理在证据上也尚不充分。

其次，关于被上诉人是否善意、上诉人是否应当承担责任的问题。为保护公司中小股东利益，《公司法》规定，公司对外担保必须以公司股东会、董事会等公司机关决议作为授权的基础和来源，这也是判断债权人 M 银行某分行是否善意的重要依据。本案中，M 银行某分行对王某全的代理资格、上诉人印章真伪未尽审查、核对义务，M 银行某分行并无相关其已收到上诉人董事会决议或股东会决议并进行审查的证据，故其在订立《共同还款协议》时非善意。即便按 M 银行某分行所称，王某全与陶某红财产未作分割，安徽某医药公司和上诉人公司中陶某红的股权经营实际由王某全操办，则上诉人为安徽某医药公司提供担保属关联担保，该关联股东无表决权，也达不到担保合同由单独或者共同持有公司 2/3 以上有表决权的股东签字同意而有效的条件。因此，王某全在《共同还款协议》上加盖其私刻公章的行为，属无权代理，事后未经上诉人追认，行为时无上诉人股东会或董事会同意担保或债务加入的决议，M 银行某分行订立合同时未尽审查义务，应认定《共同还款协议》无效。上诉人在《共同还款协议》订立过程中不知情、无过错，不应承担相应的责任。对于上诉人而言，《共同还款协议》为纯负担行为，案涉贷款为以新贷还旧贷，且上诉人并非旧贷的担保人，上诉人时任的法定代表人陶某红虽知道案涉贷款系以贷还贷，但其否认知晓、同意上诉人为新贷提供共同还款责任，故上诉人也不应承担共同还款责任。本案无权代理的王某全加盖私刻公章的行为，与《全国法院民商事审判工作会议纪要》第 41 条所述的"法定代表人"或者"其授权之人""代理人"加盖私刻公章的情形并不相同，

再审一审判决认为：王某全在《共同还款协议》上加盖上诉人印章的行为已构成表见代理，依据不足，再审二审法院予以纠正。

综上，上诉人主张王某全的行为不构成对上诉人的表见代理、上诉人不应承担责任的请求，理由成立，法院予以支持。再审一审判决认定事实清楚，但对于上诉人是否应当承担责任部分的法律适用有误，对此实体处理不当，再审二审法院对该部分处理予以纠正，对原审及再审一审正确部分予以维持。

案例编写人 北京市中闻律师事务所 程久余

专家点评

谢鸿飞 中国社会科学院法学研究所研究员、博士生导师，中国法学会民法学研究会副会长

表见代理的成立，要求相对人必须是善意且无过失。公司担保中构成表见代理外观表象的证据一般应有"公司决议"，即使持有公章也不属于相信其与代理公司签署担保合同的理由。盖章并非构成表见代理的充分条件，人民法院在审理中区分不同情况和结合相关证据，才能判断是否构成表见代理。本案中，人民法院综合考虑王某全与陶某红的关系、银行是否善意、公司印章真伪以及王某全的代理资格等因素，再审判决王某全的行为不构成表见代理、案涉贷款属于借新还旧、上诉人并非旧贷的保证人而不需要承担担保责任。并且，在我国伪造公司印章的行为，损害公司商业信用，侵犯交易安全，破坏法治化营商环境，更是为刑法所明文禁止的犯罪行为。

相关法条

《中华人民共和国公司法》

第十六条[①] 公司向其他企业投资或者为他人提供担保，依照公司章程的规定，由董事会或者股东会、股东大会决议；公司章程对投资或者担保的总额及单项投资或者担保的数额有限额规定的，不得超过规定的限额。

---

① 该法已于2023年修订，本条被修改为第15条。

公司为公司股东或者实际控制人提供担保的，必须经股东会或者股东大会决议。

前款规定的股东或者受前款规定的实际控制人支配的股东，不得参加前款规定事项的表决。该项表决由出席会议的其他股东所持表决权的过半数通过。

《中华人民共和国民法典》

第四十八条 行为人没有代理权、超越代理权或者代理权终止后，仍然实施代理行为，未经被代理人追认的，对被代理人不发生效力。

相对人可以催告被代理人自收到通知之日起三十日内予以追认。被代理人未作表示的，视为拒绝追认。行为人实施的行为被追认前，善意相对人有撤销的权利。撤销应当以通知的方式作出。

行为人实施的行为未被追认的，善意相对人有权请求行为人履行债务或者就其受到的损害请求行为人赔偿。但是，赔偿的范围不得超过被代理人追认时相对人所能获得的利益。

相对人知道或者应当知道行为人无权代理的，相对人和行为人按照各自的过错承担责任。

21 方某诉 W 公司财产保全损害责任纠纷案

——财产保全导致股票巨额损失的赔偿认定

案件索引

一审： 浙江省杭州市临平区人民法院（2021）浙 0110 民初 12398 号
二审： 浙江省杭州市中级人民法院（2022）浙 01 民终 6929 号
再审： 浙江省高级人民法院（2023）浙民申 1451 号

基本案情

2010 年，W 公司找到方某，希望引进 A 技术，以扩展其业务领域。经过友好协商，方某通过自己的公司将 A 技术转让给 W 公司，并出资入股 W 公司，双方为此签订了《股东出资协议》，方某成为 W 公司的股东之一，并入职 W 公司分管技术研发。2015 年 4 月，方某又成为 W 公司母公司 H 公司的股东。

2017 年，W 公司成功上市，其核心技术即方某带来的 A 技术。

在 W 公司上市后，方某被逐渐边缘化。2018 年 7 月，方某与 H 公司的股东签订了《减资协议》，以 80 万元的对价退出了所拥有的 H 公司的股权，并从 W 公司离职。

2019 年 6 月，方某在了解到股权实际价值远高于 80 万元后，向法院提起诉讼，要求撤销显失公平的《减资协议》（以下简称减资撤销案）。经司法鉴定，方某减资退出的股权实际价值高达 2700 万元左右。

2019 年 8 月，就在方某发起减资协议撤销之诉后短短 2 个月，W 公司也向法院提起诉讼，主张方某通过第三方转让的 A 技术不符合《股东出资协议》的约定，要求方某赔偿 4500 万元违约金（以下简称技术索赔案）。同时，W 公司向法院申请了财产保全，查封、冻结了方某价值 4500 万元的资产，包括银行存款、股票、房产等，其中有方某持有的 W 公司 163 万股流通股股票。

2019 年 12 月 6 日，因股票价格大幅度上涨，方某便向法院申请解除 163 万股股票的冻结，或者将冻结方式变更为可售性冻结（允许方某抛售股票但所获资金仍继续冻结）。法院以必须要申请保全人也就是 W 公司同意才能变更保全措施为由拒绝了方某的申请。方某委托律师向 W 公司发出了律师函，要求 W 公司同意解除股票冻结或者变更冻结方式，以便方某在股票价格上涨的情况下抛售股票，否则将造成方某重大损失。

2019 年 12 月 25 日，经 W 公司同意，法院裁定先行将 80 万股股票的冻结方式变更为可售性冻结。

2020 年 1 月，方某抛售该 80 万股股票，所获资金继续冻结。

2020 年 3 月，方某继续向法院和 W 公司提出对剩余股票解除冻结或变更冻结方式，但未得到 W 公司的同意。

2020 年 4 月，法院就技术索赔案一审判决驳回 W 公司全部诉讼请求。W 公司上诉至浙江省杭州市中级人民法院（以下简称杭州中院）。

2020 年 8 月，杭州中院作出判决维持原判。经方某申请后，其全部资产得以解除保全。

2021 年 5 月，方某向浙江省杭州市临平区人民法院（以下称临平法院，由于行政区域调整，原法院管辖案件由临平法院管辖）发起因申请财产保全损害责任纠纷的诉讼（以下简称本案），诉请 W 公司赔偿因错误申请保全而给方某造成的财产损失，包括股票损失 700 余万元、银行存款利息损失 7 万余元、房产损失 70 万余元等。

2021 年 8 月，由于 W 公司在向法院申请财产保全时投保了平安保险的诉责险，因此平安保险作为第三人加入了诉讼。

2022 年 5 月 31 日，临平法院作出一审判决，认为 W 公司在申请财产保全方面没有过错，因而驳回了方某全部的诉讼请求。方某不服提起上诉。

2023 年 1 月 16 日，杭州中院作出二审判决，认为 W 公司在申请财产保全方面存在过错，且给方某造成了经济损失，故改判支持方某主张的银行存款利息损失 4.8 万余元和股票损失 665 万余元。

2023 年 3 月，W 公司和第三人平安保险公司不服二审判决，各自向浙江省高级人民法院申请再审。浙江省高级人民法院于 2023 年 7 月 24 日驳回了其再审申请。

核心争议焦点

W公司申请财产保全是否存在过错，是否应当赔偿方某因此受到的损失？

当事人各方观点及思维分析

原告（方某）观点：技术索赔案存在诸多不合理之处：W公司从技术受让到起诉时隔7年之久，早已超过诉讼时效，且长久以来，W公司从未就受让的A技术向方某提出过异议，但在方某提起减资撤销案后两个月却突然发起技术索赔；W公司诉请的违约金畸高，且远远超过技术转让金额，高达4500万元；W公司所提供的证据均无法证明其索赔主张，无一被法院认定。据此不难看出，W公司发起技术索赔案是为了反制方某在先发起的减资撤销案，是很明显的报复性诉讼，不具有正当性。基于这样的诉讼而申请财产保全本就不具有合理性，是滥用财产保全制度，目的就是冻结方某全部的财产，迫使方某在减资撤销案中让步。因此，W公司申请财产保全的目的和方式都不正当，且给方某造成了重大损失，W公司应当承担赔偿责任。

被告（W公司）观点：W公司申请财产保全不具有主观过错，其在技术索赔案的诉讼标的有合同依据，不存在恶意诉讼。其申请财产保全的方式和范围是适当的，冻结方某的股票账户是因为该股票账户与诉争的技术转让有直接关联关系，而且方某存在转移财产丧失履行能力的可能。经过方某的申请和法院通知，其已同意解除80万股股票的冻结。实际上，股票解封时的价格均高于股票冻结时的价格，查封股票对方某没有造成任何损失反而使其因此而获得高额收益。因此，W公司认为其在提起技术索赔案的诉讼时申请财产保全并不存在损害方某权益的故意或者重大过失，不应当承担赔偿责任。

第三人（平安保险公司）观点：与W公司基本一致。

代理思路

原告代理律师在本案中的主要代理思路如下：

一、梳理案件背景，讲清背后缘由

本案有着特殊的背景，方某既是 W 公司的股东又是高管和技术负责人，在 W 公司上市后离职，且以极低价格、定向减资的方式退出了母公司的股权，之后即发生了劳动仲裁案、减资撤销案和技术索赔案。尤其是减资撤销案和技术索赔案，彼此之间有紧密关系，不能孤立看待。只有把这些背景情况梳理清楚、讲述明白，才能将 W 公司发起技术索赔案的恶意和申请巨额财产保全的过错呈现出来，让法院看到全貌，明晰案件背后的起因以及案件之间的关系。

二、本案存在两大重点，必须论证到位，才有可能获得法院的支持

1. 论证基础诉讼（技术索赔案）中 W 公司的主张和依据存在重大缺陷，W 公司对于无法获胜具有很大可能性已经预见或者应当预见。

W 公司发起的技术索赔案存在以下重大缺陷：诉讼时效严重超期，大概率将被法院驳回诉讼请求；诉请主张所提交的损失证据不具有真实性，明显无法得到法院支持；诉讼主张与公司上市文件中关于 A 技术的说明存在严重矛盾。W 公司是上市公司，拥有专业的法务团队和外部律师顾问团队，对于诉讼存在这样明显、重大的缺陷不可能不知晓，对于诉讼无法获胜具有很大可能性能够预见。因此，笔者从此方面着重进行阐述、分析和论证，以便让法院对此有清晰的认识。

2. 论证本案诉讼中对方申请巨额财产保全存在过错，运用这一诉讼制度缺乏合理性和审慎性。

W 公司发起技术索赔案是否具有恶意、是否属于报复性诉讼，与其申请巨额财产保全是否存在过错应当作适当的区分。二者的逻辑关系应该是：如果前者如果构成，将大概率导致后者也构成；如果前者不构成，并不意味着后者不构成。也就是说，如果对方起诉具有恶意和过错，那申请财产保全也就具有恶意和过错；如果起诉不具有恶意和过错，并不代表申请保全就没有恶意和过错。所以重点在后者，因为起诉的恶意很难论证，而且法律赋予的诉权并未作限制性规定，明显会败诉的案件也允许起诉。但申请财产保全则不同，首先，这不是诉讼的必需步骤；其次，法律规定了过错责任，即如果申请保全一方具有故意或重大过失等过错的，应当对被保全方的损失承担赔偿责任。这就要求申请方在运用这一诉讼手段时必须审慎、具有合理性。在

本案中应当把重点放在此处。对此，从以下几方面进行论证：W 公司申请保全非必要，申请巨额财产保全更非必要；W 公司在应当能够预见诉讼结果对其不利的情况下，仍然申请巨额财产保全具有过错；方某曾向法院和对方提出解除股票保全或者变更为可售性冻结方式，以便其抛售股票，W 公司仅同意改变一半股票的冻结方式，拒绝剩余股票变更，体现出其主观故意，存在过错。只有把这几方面论证清楚，才能让对方的过错问题凸显出来，以便法院接受。

三、搜索支持案例，以提供给法院参考

为了给法院提供参考，笔者查询了大量案例，但经过检索后发现相对较多的是不支持赔偿诉请的案例。经过仔细研究，笔者发现这些案例的论证都或多或少存在一些问题。对照这些案例，笔者又仔细分析了本案的具体情况，笔者认为，本案有其特殊之处，只要经过严密论证、重点突出，仍然能够赢得法官的认同。故笔者又扩大检索范围，不遗余力地查询，终于查到了一些支持索赔的案例。这些案例尽管与本案不尽相同，但是都具有典型性，都有本案可借鉴之处，而它们共同的特点就是申请保全方过错明显，而本案同样具备该特点，这就给了笔者获胜的信心。由此，笔者制作了详尽的案例报告，提供给法院参考，取得了良好的效果。

代理点睛

除上述重点之外，本案要实现二审改判还有两个难点：第一个难点是股票损失的认定问题。被告抗辩认为：被保全财产因市场变化而产生价值贬损，系被保全人应自行承担的风险，与申请财产保全行为没有直接的因果关系。而且涉案股票在保全开始时的市值低于保全解除后的市值，因此方某并无损失，反而还因此获益。类案中也有法院认为：由于股市的特殊性，其风险无法预见，以股票价格的波动来认定申请保全的行为侵害了被申请人的合法权益没有合理性。

对此，笔者认为，通常股票的价值变化主要受市场影响，与财产保全没有直接的因果关系。但是本案有其特殊性，方某的股票被冻结后出现了上涨，方某在股票上涨一段时间后明确向法院和 W 公司提出了解除保全或者变更为可售性冻结，以便其抛售获利，否则将产生重大损失。而可售性冻结是股票

能够抛售，所获资金仍然被冻结的方式，对双方均有利。尤其对W公司而言，股票在高位抛售可获得更多资金，有助于其资产保全的目的，即如果其胜诉则可以此保障其能够执行到更多金额，所以没有理由不同意。

但事实上，W公司却只同意了一半股票改变为可售性冻结，剩余股票并未同意，这就说明其保全的目的有问题，这是担心又不甘心的表现，担心的是如果全都不同意，将来可能面临的索赔风险和金额会很高，但全都同意又不甘心看到方某在股价高位抛售获取可观收益，于是才会有同意一半拒绝一半的奇怪操作。方某不仅向W公司提出要求解除冻结或变更冻结方式，而且非常明确地表明自己要抛售股票，否则将遭受损失。在如此明确的要求下，W公司对于可能造成方某股票损失的情况是明知的，但仍然未同意剩余一半股票冻结方式的变更，因此，后续股价下跌导致方某股票损失与W公司在先的申请保全行为以及在后的不同意变更行为之间就构成了直接的因果关系。这是本案不同于其他案件的关键点。

至于损失的计算，方某提出应当以其提出解除保全或变更冻结方式的请求起，至实际解除保全日止的股票平均价为基数，与保全解除日后方某实际抛售股票价格之间的差额作为损失。方某并未提出以期间最高价为基数，而是选择了平均价，就是考虑了合理性问题，体现了公平和诚信。此外，为什么不是以整个保全期间的平均价为基数，是因为在保全的前期，方某并未考虑和提出要抛售股票的想法，所以此间股票的价格波动诚如上述对方和类案中法院的意见，与股票损失之间没有必然关系。但是，在方某明确提出了抛售股票的想法和请求之后，则方某抛售股票套现就不只是具有一般可能性了，而是非常明确的直接行动要求，事实上，在股票解除保全后方某也确实在极短时间内抛售了股票。在此情况下，W公司不同意解封也不同意变更冻结方式就与股票损失形成了直接的因果关系，以方某提出请求之后起算股票平均价作为基数就有了基础。最终，这样的计算方式得到了二审法院的认可并被采纳。

第二个难点在于支持赔偿的类案较少，法院普遍存在更多维护诉讼保全制度的倾向。财产保全损失赔偿类案件中原告得到法院支持的数量远低于被驳回的案件，多数被驳回的案件其主要理由是不能仅以判决结果作为判断申请保全人是否存在过错的依据，否则不利于诉讼保全制度功能的发挥。本案一审法院就以该理由判方某败诉。这体现出法院为了保障诉讼保全制度，在认定申请保全方存在过错时的谨慎。但笔者认为，这一理由不能成为放之四海而皆准的裁判规则，如过分强调对诉讼保全制度的维护，就可能将《民事诉讼法》规定的保全有过错时应予赔偿的制度架空，容易放纵当事人对诉讼手段的滥用，利用保全措施打击对方。因此，必须要在两种制度中寻求一个平衡点，这个平衡点就是实质审查申请保全方是否存在过错，并尊重所得出的结论，依据结论作出判决，而不是以维护哪个制度为先考虑裁判方向。

我们将此观点向二审法院充分阐述说明，赢得了二审法院的认可。在此基础上，我们牢牢抓住上文所述的两大重点，详细、全面地分析、论证了W公司主张和依据存在重大缺陷。虽然已经预见或应当预见到其败诉可能性极大，但在此情况下却仍然申请巨额财产保全，并在方某一再要求下仅同意将部分股票变更为可售性冻结，显然存在重大过错。在我方充分的证据、完整的论证逻辑面前，对方没有办法给出有说服力的理由，也无法形成有力的反驳，而且在庭审最后阶段承认其在发起技术索赔案时的确意识到证据缺乏。这无疑印证了我方所主张的对方能够也已经预见到了其败诉可能性极大的观点，因而其申请巨额财产保全具有不正当性。二审法院充分听取了双方意见，详细审查了本案证据，全面查明了案件事实，最后采纳了笔者一方的观点，对W公司的过错作出了正确的认定，撤销了一审判决，改判支持原告大部分诉请。

本案一波三折，两审法院裁判结果迥异，最终判赔金额可观，综合各方面因素在国内此类案件中较为稀少，具有典型性，也具有积极意义。

首先，据不完全统计，在国内财产保全损失赔偿案件中，本案的判赔金额尤其是股票损失的判赔金额可能是相对较高的，达到了665万余元。原告提出的股票保全损失计算方式具有合理性，被法院采纳，这为今后类案中股票保全损失的计算方式提供了一个范例。

其次，本案对于法院审理此类案件的理念和口径可能会产生一定的正向影响，即从原本过于偏向维护保全制度而较少判赔的状况朝兼顾保障被保全人利益的方向调整，寻求平衡点，使得两种制度均能较好地发挥其应有的作用。

再次，本案一定程度上能够警醒当事人在申请财产保全时应当遵循审慎、适当、合理的原则，尤其当发起的是无理诉讼、恶意诉讼时，不能滥用财产保全制度以达到胁迫被保全人或损害被保全人利益的目的，否则将遭到法律的制裁。

最后，本案对于为财产保全提供担保的担保机构也有正向引导作用，有助于改变担保机构对此类业务"旱涝保收"的错误认识，促使其审慎对待、严格审查，控制保险风险，避免成为过错申请人的"替罪羊"。

审判观点

法院生效裁判观点：关于W公司申请财产保全时是否存在过错。从《补充法律意见（三）》及《招股说明书》的内容看，W公司关于技术资料未移交的主张明显不能成立。

生效判决认为：如W公司主张方某交付的A技术不符合约定，W公司作为证据持有方，应提供相应证据予以证明，但W公司未提交证据。故W公司主张方某承担责任明显证据不足。另外，W公司与方某约定的技术移交日期为2012年8月30日，而在方某提起撤销减资协议诉讼之前即在长达近7年内，W公司一直未主张方某承担违约责任。综上，法院认定W公司在申请财产保全时明显存在过错，理应赔偿方某因财产保全所造成的损失。另外，因方某在2019年12月6日申请解除保全，且明确提出其持有的股票持续涨停，若其处分股票，套现的资金可由法院继续冻结，而从方某申请解除保全到法院第一次解除保全期间，股票平均价格为23.40元/股，法院两次解除保全时股价分别为25.7元/股、14.44元/股，故第一次解除的80万股也没有因为财产保全而产生损失；对于剩余的股票，因解封时股票价格为14.44元/股，已低于上述平均价，且在第一次解除后几天内，方某就处分了80万股，故剩余的83万余股显然产生了损失且该损失与被上诉人的财产保全行为具有因果关系，再结合方某出售830100股的成交额12764523元，法院确定被上诉人应赔偿方某股票损失6659817元（23.4×830100−12764523）。因此，二审法院改判支持方某主张的银行存款利息损失4.8万余元和股票损失665万余元。

再审法院的主要裁判观点：对于案涉股票部分的损失数额，法院两次解除保全时股价分别为25.7元/股、14.44元/股，对于法院第二次解除保全的830100股，因解封时股票价格仅为14.44元/股，显然产生了损失，且该损失与W公司的财产保全行为具有因果关系。因方某在2019年12月6日申请解除保全，且明确提出其持有的股票持续涨停，若其处分股票，套现的资金可由法院继续冻结，而从方某申请解除保全到法院第一次解除保全期间股票平均价格为23.40元/股，再结合方某出售830100股的成交额12764523元，W公司应赔偿方某股票损失6659817元（23.4×830100−12764523）。最终，再审法院驳回了 W 公司和担保机构的再审申请。

案例编写人　上海七方律师事务所　周松涛　吕小萌

专家点评

张新宝　　中国人民大学法学院教授、博士生导师，中国法学会法学期刊研究会会长，中国法学会网络与信息法学研究会副会长

利用法律规定的诉讼权利进行恶意诉讼是民事诉讼中的一大顽疾，超范围申请财产保全造成被申请人财产损失也是较为常见的情况。本案的代理经验在于成功地证明了申请人的过错（故意），说服二审法院在既往案件中较少支持原告类似损害赔偿请求的情形下，仍然改判一审判决，判决原告胜诉。本案解决的另一个难点问题即损失的计算，这是股票相关损害赔偿案件经常遇到的问题。

相关法条

《中华人民共和国民事诉讼法》

第一百零八条　申请有错误的，申请人应当赔偿被申请人因保全所遭受的损失。

《中华人民共和国侵权责任法》

第六条第一款[①]　行为人因过错侵害他人民事权益，应当承担侵权责任。

---

① 该法已失效，本条对应《民法典》第1165条第1款。

㉒ 陈某某诉兰某、人保镇江分公司、第三人王某某机动车交通事故责任纠纷案
——人身损害赔偿案件中收养关系的认定

案件索引

一审：江苏省镇江市京口区人民法院（2021）苏1102民初3553号

二审：江苏省镇江市中级人民法院（2022）苏11民终995号

基本案情

针对原告陈某某与被告兰某、中国人民财产保险股份有限公司镇江市分公司（以下简称人保镇江分公司）、第三人王某某机动车交通事故责任纠纷一案，2021年4月21日，江苏省镇江市京口区人民法院作出（2020）苏1102民初3068号民事判决：原告陈某某、第三人王某某对该判决不服，向江苏省镇江市中级人民法院提起上诉。2021年7月26日，江苏省镇江市中级人民法院作出（2021）苏11民终2168号民事裁定：撤销江苏省镇江市京口区人民法院（2020）苏1102民初3068号民事判决，将该案发回镇江市京口区人民法院重审。2021年8月5日，法院立案受理后，依法适用普通程序并另行组成合议庭公开开庭审理。第三人王某某委托本所律师代理。

原告陈某某诉称：2020年7月11日21时31分左右，兰某驾驶苏AE××××小型普通客车沿梦溪路由南向北行驶至花山广场附近时，与由西向东横过道路的行人王某发生碰撞，致王某倒地受伤。王某经江苏大学附属医院抢救无效，于2020年7月12日凌晨死亡。交警部门认定，王某与兰某分别承担事故同等责任，王某终身未婚未育，其父母均在此前去世，陈某某系王某养子，是王某的唯一法定继承人。兰某的机动车在人保镇江分公司投保。故请求法院判令被告赔偿原告318324.9元，其中死亡赔偿金279312元，

丧葬费 43295 元，亲属办理丧事产生的误工费、交通费等 5000 元，精神损害抚慰金 5 万元，以上合计 377607 元，扣除交强险 18 万元由被告承担 70%。

被告兰某辩称：事故发生后已支付给王某一方 4 万元用于丧葬费，另支付王某医疗费 6210 元，合计 46210 元，请求在本案中一并处理。

被告人保镇江分公司辩称：对事故事实和责任认定没有异议，该司未垫付费用。事故车辆在该司投保交强险，商业三者险 150 万元含不计免赔。本案的交强险是 122000 元，超交强险部分按照同等责任认可 50%，对兰某垫付的医疗费予以认可，医疗费要求扣除 10% 非医保用药。死亡赔偿金认可，丧葬费认可 43295 元，办理丧事产生的误工费、交通费认可 4000 元，精神损害抚慰金根据同等责任认可 25000 元。针对本案诉讼主体问题，由法院依法确定。不承担本案诉讼费用。

委托人第三人王某某（王某的养女）提出：王某与陈某某并不存在真实的收养关系，多年前，陈某某的父母为了让插队的陈某某早日回镇江，便央求王某以姨侄作为儿子，王某与陈某某之间并未形成事实上的收养关系。事实上，陈某某没有对王某尽过任何赡养义务，不能作为王某的近亲属。要求被告赔偿王某某 300802.85 元，其中死亡赔偿金 279312 元，丧葬费 48263.5 元，精神损害抚慰金 5 万元，亲属办理丧事产生的误工费、交通费等 5000 元，合计 382575.5 元，扣除交强险 11 万元由被告承担 70%，精神损害抚慰金在交强险范围内优先支持。

核心争议焦点

1. 王某与陈某某之间是否存在收养关系。
2. 交通事故赔偿的范围、标准及责任分担为何。

当事人各方观点及思维分析

陈某某认为：有证据材料和证人证言证明陈某某系王某的养子，故应认定陈某某与王某之间存在收养关系。

第三人认为：即便有书面材料体现陈某某系王某的养子，也应将材料放在事件的发展脉络中去看，应结合当时特定的历史背景和事实上的关系以及当事者的想法来认定陈某某与王某之间的关系。

代理思路

笔者作为王某的代理律师，在本案中的主要代理思路如下：

第一步：查阅原审判决书，分析案件焦点及原审法院观点。

王某的户籍资料显示：陈某某系王某儿子，备注"姨侄作儿子"；王某某系王某的女儿。王某在20世纪80年代与王某某就收养关系办理了公证。王某的个人档案中记载，王某某系其侄女。陈某某的其中一份个人档案中记载，其母亲为王某。

原审法院据此判决王某某与陈某某就本案的赔偿费用各得一半。

第二步：为当事人分析当前情况，并给出切实可行的建议。

根据法官的判决找到原审案件没有得到支持的原因，既没有充分的证据否定原告与王某并不存在"收养"关系，也没有申请到合适的证人有力反驳对方证人证明"收养"关系真实存在。

第三步：根据法院的原审判决找出案件可能存在的突破口。

首先，鉴于案涉收养关系、家庭三代，年代久远，代理人充分发挥主观能动性，到档案管理部门、户籍管理部门调取相关证明材料，力求将人物关系理清楚，以求无限接近事件真相。同时结合中国人的丧葬习俗，提示委托人提供陈某某亲生父母墓碑照片以证明陈某某和王某各自的家庭关系。

其次，基于律师身份的局限性，为了取得更完善的资料信息，代理人申请法官调取案件当事人的相关证明材料。做两手准备，争取找到案件切入口。

再次，代理人根据原告提出的证人人选，引导委托人找到能够反驳对方证明目的的证人。原告提出的证人系与原告有来往的亲戚，从证明效力上就弱于一般证人。而且，原告提供的证人系和原告有来往但与王某没有来往的人，显然很难从客观角度上去还原当年的真相，从证明效力和逻辑上打破了对方的意图。代理人申请的证人有王某同事、前夫、邻居和亲戚，覆盖了王某日常生活中的社会关系，且证词（均不知道王某有养子陈某某，只知道王某是与养女王某某生活）皆与本案第三人的主张相印证，有力地反驳了原告所述的其与王某存在收养关系的观点。

最后，《收养法》的实施日期是1992年4月，不应以20世纪90年代颁布的法律要求20世纪70年代末就与陈某某没有往来的王某。

第四步：把握庭审过程中的每一个环节，从举证质证到庭审发问到代理意见的提交，充分展现代理人的论点。

本案各方当事人关系比较特殊，除了主张的养子女关系，陈某某本身系王某大姐家儿子，王某兄弟姐妹众多，陈某某提供的证人均为王某的侄子，但是与王某并无往来；王某某本身系王某大哥家女儿，与王某来往的亲戚与陈某某也无来往。根据王某某及王某某提供的证人事先陈述，在对陈某某提供的证人发问时，通过询问正常亲戚往来的习惯确认了上述事实。而陈某某主张其系养子，其并未能提供近30年与王某有过联系、赡养的任何证据材料，结合陈某某起诉时并未将养女王某某作为共同原告，包括陈某某结婚时并未邀请王某参加、王某某的婚礼也并未邀请陈某某参加等事实，通过"人之常情"的事实，向法官展示陈某某与王某之间并不存在养父母子女关系。

代理点睛

代理人代理的该案件，系以机动车交通事故责任纠纷为表象，以身份关系认定为本质的重审案件。

代理人充分把握和当事人沟通的机会，找到问题的核心，指出要推翻原告的观点就必须找到能够反驳对方证人证言的合适证人，从源头上推翻对方的诉求。

代理人利用了一切能利用的资源和方式帮助案件找到更有证明力的证据和证人证词。

代理人也注意到案件涉及的特定历史年代，结合当时的社会环境和法律实施情况再联系到王某与原告关系发展的实际情况，动态地阐述了三代人的感情、关系变化，也努力将法官代入当事人的情感中，设身处地地感受王某与原告的本质关系。

从证据—证人—法律—情感四个层次——展开，同时抓住对方证据中的蛛丝马迹为己方所用，也有针对性地结合对方的证人证词，找到逻辑上的"相对证人"，将王某的同事、前夫、邻居、亲戚都拉入案件中来作为证人，将案件真相层层剥开。

结合《民法典》以弘扬社会主义核心价值观为立法目的，向法官着重强调诚信原则，从而得到了法官的支持，充分彰显了法律的公平正义，更从法律的角度肯定和维护了诚信的中华民族传统美德。

22. 陈某某诉兰某、人保镇江分公司、第三人王某某机动车交通事故责任纠纷案

法院认为：王某与陈某某不存在事实上的收养关系。理由：（1）《最高人民法院关于贯彻执行民事政策法律若干问题的意见》第 28 条①规定，亲友、群众公认，或有关组织证明确以养父母与养子女关系长期共同生活的，虽未办理合法手续，也应按收养关系对待。本案中，王某亲友从未认为王某与陈某某存在收养关系，且从 1973 年陈某某回城至王某去世，两人从未共同生活过。陈某某申请的证人均陈述与王某无亲戚来往，仅仅是听说王某收养了陈某某且至今年代已久。（2）陈某某陈述：5 岁时王某收养了他。陈某某 5 岁即 1955 年，此时王某才 21 岁，在 21 岁便决定终身未婚收养养子，不符合常理。另外，1955 年至 1959 年王某在当时的兴化县工作，不可能与陈某某共同生活在镇江。（3）从 1976 年到王某去世，陈某某不仅从未陪王某走过亲戚、游玩过、去过医院，也从未给王某买过东西、为王某办过事、帮王某交过水电煤气费，连妻子、女儿与王某的合照都没有一张，也没有王某个人照片。这些明显有违常理。（4）王某的丧葬事宜均由王某某一人操办，且所有费用由王某某一人支付，这与陈某某作为"养子"的身份不符。（5）陈某某生父母墓碑上的刻字，从风俗习惯上考虑，此种丧葬做法也可以证明陈某某的两兄弟都认可陈某某是其生母的儿子，而非王某儿子。（6）如果王某在 20 世纪 50 年代收养了陈某某，那么就不可能在 20 世纪 70 年代身体健康状况不好的情况下再收养王某某，也不可能在补办收养王某某的手续时称"单身一人在镇"，更不可能仅补办收养王某某的手续。（7）王某 1956 年 9 月写的《自传》、1966 年 1 月和 1985 年 5 月填写的《中国共产党党员登记表》，以及 1980 年 8 月和 1988 年 11 月填写的《干部履历表》，从未提到陈某某，相反却提到了王某某，这也有违常理。

关于在王某 1973 年 6 月户籍登记中登记陈某某系王某儿子，备注"姨侄作儿子"的证据。法院认为：鉴于当时的特殊历史背景，为了让陈某某早日回城，王某于 1973 年 3 月以姨娘身份向当时的组织写信，以身体不适无人照顾为由，将陈某某调回镇江市区。所以有关部门依据王某的申请，于 1973 年 5 月填写了相关审批表，并在家庭成员栏中注明：母亲王某。这是让陈某某回城的手续，但陈某某回城后，不仅未与王某以养母子的名义共同生活，而且

---

① 该意见现已失效。

从 1976 年到王某去世这 50 多年的时间内未履行赡养义务。据此，可以认定，王某以"收养"为名，配合陈某某办理了手续。1969 年 9 月陈某某填写的《镇江市轻化工学校毕业生登记表》家庭主要成员栏注明：父亲陈某曾，母亲王某甲，姨娘王某，也能印证这一点。

综上，王某与陈某某未形成事实上的收养关系，陈某某与被告没有权利义务关系，故对原告陈某某的诉讼请求，不予支持。

案例编写人 江苏南昆仑律师事务所 徐亚莉

专家点评

> **谢鸿飞** 中国社会科学院法学研究所研究员、博士生导师，中国法学会民法学研究会副会长
>
> 我国《收养法》施行前对于收养关系的认定需要人民法院考虑特定历史背景来判定，本案中法院的判定将会关系到遗产的继承问题。对于 1992 年《收养法》施行前收养关系成立的认定问题，即使本案中存在户籍登记的证据，但人民法院结合了历史背景，双方没有实际履行父母子女之间的抚养、赡养、照顾、教育等权利义务，以及亲友、群众未公认或有关组织未能够提供证据证明其以养父母与养子女关系长期共同生活等事实，来否认收养关系的成立。人民法院应从动态发展的视角审视收养关系的成立问题，充分核实收养事实成因、共同生活情况等，全面了解收养事实的来龙去脉，并非仅凭借户籍登记的静态事实而直接认定收养关系成立。本判决符合社会普遍认同的价值观和公序良俗，实现了情、理、法的有机融合，弘扬了社会主义核心价值观和良好社会风尚。

相关法条

《中华人民共和国侵权责任法》

第六条① 行为人因过错侵害他人民事权益，应当承担侵权责任。

---

① 该法已失效，本条对应《民法典》第 1165 条。

根据法律规定推定行为人有过错，行为人不能证明自己没有过错的，应当承担侵权责任。

第四十八条[①]　机动车发生交通事故造成损害的，依照道路交通安全法的有关规定承担赔偿责任。

《中华人民共和国道路交通安全法》

第七十六条　机动车发生交通事故造成人身伤亡、财产损失的，由保险公司在机动车第三者责任强制保险责任限额范围内予以赔偿；不足的部分，按照下列规定承担赔偿责任：

（一）机动车之间发生交通事故的，由有过错的一方承担赔偿责任；双方都有过错的，按照各自过错的比例分担责任。

（二）机动车与非机动车驾驶人、行人之间发生交通事故，非机动车驾驶人、行人没有过错的，由机动车一方承担赔偿责任；有证据证明非机动车驾驶人、行人有过错的，根据过错程度适当减轻机动车一方的赔偿责任；机动车一方没有过错的，承担不超过百分之十的赔偿责任。

交通事故的损失是由非机动车驾驶人、行人故意碰撞机动车造成的，机动车一方不承担赔偿责任。

《最高人民法院关于适用〈中华人民共和国民法典〉时间效力的若干规定》

第一条第二款　民法典施行前的法律事实引起的民事纠纷案件，适用当时的法律、司法解释的规定，但是法律、司法解释另有规定的除外。

[①]　该法已失效，本条对应《民法典》第1208条。

23 李某某诉陈某网络侵权责任纠纷案

——医疗机构医生遭网络大V以舆论监督之名进行曝光、诽谤的司法定性以及定损

案件索引

一审： 广州互联网法院（2021）粤0192民初44633号
二审： 广东省广州市中级人民法院（2022）粤01民终10014号

基本案情

李某某是著名A眼科医院的科室主任，A眼科医院集团是国内知名的上市集团行业巨头以及眼科医疗机构。陈某是具有广泛影响力的网络大V，其在微博、知乎、百度、腾讯拥有具有广泛影响力的账号，仅微博平台就拥有200多万名粉丝，其账号长期发布关于各种社会事件的微博内容，A眼科医院遭网络舆论维权的事件被媒体评为"2021年度十大医疗焦点事件"，而陈某在此案前便陆陆续续发布过多篇关于A眼科医院的暂无查证的言论，受到社会公众的广泛关注，案发后更是将公众舆论引导至作为普通医生的李某某身上。

2021年7月4日起，陈某发布微博内容称，"曝光A眼科医院主任李某某违法行医，却被包装成专家，A眼科医院违法聘用无医生资质人员坐诊……李某某只是曝光的其中一个"等类似李某某无证行医、学历造假的言论，并且附有含李某某肖像的宣传海报、活动照片以及执业信息截图等，并且指责A眼科医院聘用无证职员，从而使广大公众对陈某的言论信以为真，更有甚者，大量网络用户纷纷对李某某进行言语攻击。在陈某发布种种不实言论后，李某某的生活和工作受到严重干扰，常常在正常坐班诊疗时被患者质疑医师资质，无论李某某如何解释，仍有患者心存疑虑，致使本来良好的信任关系破裂，同时医院的同事也开始质疑李某某的资质，导致其正常工作

无法顺利开展，种种由陈某的行为带来的不良影响造成李某某精神受到严重损害。

根据法律规定，被侵权人李某某先向新浪微博平台的运营公司北京微梦创科网络技术有限公司提起了信息披露之诉，请求其提供侵权人的全部实名信息以及删除其已发表的侵权信息，在其主动履行之后，李某某撤回了起诉，并正式向法院起诉了侵权人陈某，请求法院判令陈某删除全部案涉侵权信息并立即停止一切侵犯原告名誉权、肖像权、隐私权的行为；判令被告向原告出具书面道歉函，内容须事先经法院审查；判令被告就案涉侵权行为消除影响并为原告恢复名誉，要求被告分别在其案涉新浪微博账号、百度账号、知乎账号以及腾讯新闻账号上澄清本案事实、公开发布道歉声明，并至少连续置顶30日；判令被告向原告赔偿经济损失10万元；判令被告向原告赔偿精神损害抚慰金2万元；判令被告向原告赔偿律师费2万元及公证费4000元；判令本案诉讼费由被告承担。

在诉讼期间，陈某持续在各网络平台上对李某某发出质疑和作出诽谤言论，同时借着人们对医疗行业的关注使得该案件影响力在网络平台继续扩大，陈某的微博大V身份亦引导了其他微博大V的转发，导致事件影响力进一步扩大。在诉讼过程中，陈某辩称，其是为了公共利益而实施的舆论监督，其对李某某的医生资质问题的用词采用的是涉嫌造假，发文内容是疑问句而非陈述句，且其对资质的查询是通过官方渠道，无主观过错，并未有名誉权侵权之嫌；针对肖像权，其辩称其在网络上公开的李某某职业照并未有丑化、污损，属合理使用，不属于侵犯肖像权。

经一审法院认定，陈某提供用以证明其发言的客观依据的证据均无法查证，而李某某提供的证据能形成完整的证据链，并具有真实性。一审法院认为：该案系网络侵权责任纠纷，在名誉权侵权认定上，认为陈某未能遵循一定的客观事实或合理查证，通过微博公开传播李某某无证行医、学历造假，从相关网友的评论来看，案涉言论已经通过互联网传播至百度、知乎、腾讯等平台，客观上确实会造成公众对李某某品德、才能、信用等社会评价的降低，产生名誉侵权的事实。在肖像权侵权认定上，虽然陈某使用的是李某某已经公开的宣传海报、活动照片，但其未经李某某的同意即擅自使用，且不具有法律规定的合理使用情形，构成对李某某肖像权的侵害。由此，一审法院作出陈某构成对李某某名誉权、肖像权的侵权认定，作出陈某删除案涉言论，向李某某赔礼道歉，为李某某消除影响、恢复名誉，赔偿精神损失、财产损失以及维权费用的判决。陈某不服一审判决,向二审法院提起上诉。二审法院依法组成合议庭,3名法官出庭进行了二审审理。尽管一审法院已经确认李某某提供的用以证明其学历和医师资格的文件以及国家相关部门出具的明确证明意见系真实的,但陈某不仅对李某某提交的毕业证以及学信网出具的官方报告不予认可,还继续在网络平台发文质疑学信网的权威性,质疑媒体的不公正性,甚至质疑李某某背后存在资本操作以及发布诋毁司法机关的言论。二审法院经过充分审查,认可一审法院已查明的事实,明确了陈某在本案中以舆论监督之名曝光、诽谤李某某的行为构成了侵权,具有明显过错,并且作出维持原判的判决。

核心争议焦点

1. 陈某是否侵害了李某某的名誉权、肖像权以及隐私权?
2. 如构成侵权,陈某应承担何种民事责任?
3. 如陈某的侵权行为成立,应如何区分定性以及定损?

当事人各方观点及思维分析

一、原告(被上诉人)的观点

被告仅在新浪微博上就拥有200多万名粉丝,并使用其网络账号连续不断地发布大量诋毁A眼科医院以及原告李某某医生的不实言论,并将原告形象照、合照以及个人信息挂在网络上,已扩散到百度、腾讯新闻、知乎等平台,声称曝光原告的违法行医行为以及A眼科医院违法聘用非医生资质的人员坐诊等,并表示证据确凿。同时,引导微博网友的不良评论,以及一些微博大V的转发,使得原告受到舆论压力,原告的社会评价降低,其名誉权、一般人格权等权益受到侵害,如不及时制止,不仅影响原告个人的社会生活和职业道路,也会影响到A眼科医院的名誉,同时还会影响社会上其他医疗机构在人们心中的信任程度,从而影响整个医疗行业的发展。综上,被告陈某发表的案涉言论侵害了原告李某某的名誉权;使用其肖像照片的行为侵害了李某某肖像权;未经其许可擅自披露其作为证据提交的医师资格证件以及非法搜索公布李某某的个人信息构成对李某某隐私权的侵害。因此,原告认为被告已实施名誉权、肖像权、隐私权的侵权行为并向法院提起诉讼,请求法院判令被告承担侵权责任。

二、被告(上诉人)的观点

被告陈某认为:其并未对原告李某某造成名誉权、肖像权、隐私权的侵害。

1.对于名誉权侵权:首先,陈某发布的言论仅仅是对李某某可能未取得医生资格证而行医的行为的揭露,用词是涉嫌造假;其次,陈某通过电话联系李某某毕业院校工作人员证明李某某并非其毕业证上的毕业院校的毕业生,陈某的发文内容均是疑问句并非陈述句;最后,陈某通过国家政务服务平台医师执业信息网未查询到李某某的工作许可,其提交的证据具有客观依据。此外,陈某并不认识李某某,微博发布言论仅仅是为了净化医疗环境贡献自己的绵薄之力,为了使患者在接受医疗服务时能对医疗机构以及医生的资质予以审慎选择,以及呼吁社会及政府对非法行医行为的重视。尽管陈某对李某某的行为进行评判、评论有不恰当的地方,但李某某应有容忍义务,陈某不存在侮辱、诽谤的过错。因此,被告不存在名誉权侵权行为。

2.对于肖像权侵权:陈某揭露李某某非法行医的行为,是为了避免更多患者受害,以监督者的身份维护社会公众的合法利益。陈某在网络上公开李某某的职业照形象,未恶意丑化、污损,属于合理使用,因此,不构成肖像权侵权。

3.对于原告提出的损失:李某某的损失无法与被告言论形成唯一的因果关系,李某某的社会评价来自多方面,陈某发言行为并不会引起李某某的社会评价降低,从而影响到李某某的工作情况;另外,发文内容的评价是评价者的个人感受,与被告的发文行为无关。

代理思路

此案是一起网络侵权责任纠纷案,涉及网络大V以监督名义进行曝光、诽谤行为的司法定性问题,案情的复杂性主要体现在侵害多种人格权益以及对于损失的定性定量问题。此外,该案一审阶段由广州互联网法院集中管辖,原则上全部采用线上举证、质证、庭审、答辩,为新型诉讼模式,诉讼环节亦颇具特点。因此,在一审阶段,原告代理人结合广州互联网法院的办案经验以及司法实践倾向确认初步的诉讼方案，并在之后的诉讼阶段根据案情发展以及双方的证据材料进行动态的策略调整，在二审阶段则就案件属于行业关注的重大舆情案件，采取了针对性的代理方案。

一、明确诉讼请求

明确诉讼请求，包括侵权种类以及侵权责任承担的诉请。首先，被告陈某发表的案涉言论侵害了原告李某某名誉权；使用其肖像照片的行为侵害了李某某肖像权；未经其许可擅自披露其作为证据提交的医师资格证件以及非法搜索公布李某某的个人信息构成对其隐私权的侵害。该案涉及侵害的人格权种类较多，对于侵权责任的承担从消除影响、恢复名誉、赔偿经济损失、赔偿精神损害抚慰金、为该案所支付的其他合理费用等5个方面论述，以期最大限度地弥补原告的损失，以及申请一定程度的惩罚性赔偿以期减少以监督为名实施实为侵权的网络言论。最终，两级法院全面支持了原告的诉讼请求，达到了预期的诉讼效果，并且共计64000元的判赔金额在同类案例中属于较高水平。

二、网络侵权证据材料的及时固定

固定证据材料是从诉讼准备延续到审判阶段全过程不能忽视的工作，因为网络侵权的特点在于网络数据、内容的实时变化，固定证据的时间、内容都对案件最终的判决起着十分重要的作用，侵权人甚至可以随时删除侵权言论，但被侵权人的损失却是实实在在持续存在的。为有效组织证据材料，本案代理人借助公证手段，使得证明当事人损失的部分证据更具可信度。同时，由于电子证据数量及种类繁多，需要公证的信息也较多，为了更为细致、直观、客观地呈现侵权内容，代理人通过搜集大量的证据，根据时间顺序统计出《被告陈某在各社交平台发布的诽谤、侮辱原告等侵权言论合集》，同时通过录屏的方式将证据全部固定下来，内容十分详尽，以便让审判机关对侵权人侵权行为的主观恶性与客观损害结果形成完整认识，也为法庭起草判决提供了充分依据和借鉴。此外，为证实陈某的不实言论，对于原告李某某的资质采取从官方取信的角度进行取证，增加证据的说服力以及可信度。

三、证据链的有效组成

参考人格权侵权的司法裁判，尤其是针对网络侵权纠纷，完善的证据链是胜诉的关键,不仅要针对侵权人的侵权行为的认定,同时要结合侵权要件对侵权人的主观过错、被侵权人的损失以及因果关系进行全方位的举证。如前所述,对于被告的侵权行为全部采取公证以及录屏的手段予以证明。对于主观过错、损失及因果关系,则通过大量的举证转换成客观事实依据予以证明,例如,对原告李某某在被侵权过程中社会评价显著降低的事实的说明和举证。

四、侵权行为与损害后果之间若无唯一因果关系情形下的定损考量

在人格权侵权中,当事人的损失常常具有难以定损的特点。本案中,原告遭受的巨大精神痛苦和经济损失是难以量化的,因此需要逐一举证以全面地呈现原告所受损失以及被告的侵权行为与损失之间的因果关系。本案中,代理人通过涉案言论的点赞量、评论量、转发量等客观依据证明侵权影响的扩张,进而进一步证明原告的社会评价降低,通过原告的患者所发短信的诘问、同事的质疑、单位的指示、医院出具的原告因备受精神折磨而到医院就诊寻求心理治疗的病历记录以证明原告的精神损害,通过原告医院的就诊量、手术量下降等客观数据以及医药费、交通费的付出证明原告的经济损失,凸显出侵权人的行为不仅给原告造成巨大的精神压力,还造成了财产损失,并对原告职业生涯造成了长期消极的影响,以证明被告的侵权行为对原告的精神利益以及经济利益受损之间存在因果关系,并进行了充分的法律论理。《民法典》第1182条规定,"侵害他人人身权益造成财产损失的,按照被侵权人因此受到的损失或者侵权人因此获得的利益赔偿;被侵权人因此受到的损失以及侵权人因此获得的利益难以确定,被侵权人和侵权人就赔偿数额协商不一致,向人民法院提起诉讼的,由人民法院根据实际情况确定赔偿数额。"《最高人民法院关于审理利用信息网络侵害人身权益民事纠纷案件适用法律若干问题的规定》第11条规定,"网络用户或者网络服务提供者侵害他人人身权益,造成财产损失或者严重精神损害,被侵权人依据民法典第一千一百八十二条和第一千一百八十三条的规定,请求其承担赔偿责任的,人民法院应予支持。"该解释第12条第2款规定,"被侵权人因人身权益受侵害造成的财产损失以及侵权人因此获得的利益难以确定的,人民法院可以根据具体案情在50万元以下的范围内确定赔偿数额。"因此,一、二审法院认为:虽然现有证据无法证明被告的侵权行为与原告的精神利益以及经济利益受损之间具有唯一的因果关系,但其侵权行为与造成损害结果之间具有必然性,法院判令被告赔偿原告财产损失。

代理点睛

舆论关注是一把"双刃剑",一方面可以促使行业建设合法合规,但另一方面也可能引发各类侵权。网络大 V 的公共言论具有传播速度快、社会影响大等特点。发言者影响力越大,身份越特殊,一旦其言论失当,则所造成的损害后果就越严重。本案中,原告李某某遭受被告陈某的曝光、诽谤,侵权内容在网络上短时间内广泛传播,对其声誉造成严重影响,甚至对其生活和工作造成了莫大的伤害。同时,该案不仅是单纯的网络侵权责任纠纷,还关系到医疗行业以及从业人员的正当维权问题。

本案是网络侵权的成功代理案例,代理人不仅通过充分举证侵权人的侵权行为,同时兼顾侵权影响力以及原告的社会评价降低,顺滑地理清本案完整的证据链,还通过探寻人格权侵害禁令的申请,以期让主审法官认识到被告持续侵权的主观恶性,通过司法处罚申请,增强法官的内心确信,以促使法官作出更有利于我方的判断,并最大限度地维护当事人权益。该案的胜诉获得医疗行业、社会公众和媒体人的广泛关注,庭审公开录播播放量已超过 3 万次,一审判决后各大媒体发布了 20 多篇新闻报道,二审判决后继续跟进报道。因此,该案胜诉具有十分重大的影响,不仅增强了个人遭受人格权侵权后维权的信心,同时也为医疗行业长期遭受恶意的舆论攻击进行了有力反击。因此,该案具有重要的现实意义。

最后,言论自由和舆论监督具有基本的法度,言论的表达和评价应基于客观事实,不能突破法律规定和公序良俗的底线。相较于普通民众,网络大 V 们更应审慎使用其影响力,注意发言的边界,恪守法律底线。两级法院对于本案中的网络大 V 陈某的侵权定性以及不构成唯一因果关系下的定损,具有司法实践上的指导意义。作为个人,应当拿起法律的武器保护自己,医疗行业关系人民健康,更应在健康的环境下发展。

一、一审阶段审判观点

1. 被告实施了侵害原告名誉权的行为。微博言论具有简短、随意的特点，但微博用户在发表涉及他人名誉权的事实陈述或意见表达时，应遵循一定的客观事实并合理查证、合理评价，不能有任意夸大、歪曲或借机贬损、侮辱他人人格的恶意。如果其不遵循客观真实，则构成诋毁、诽谤的侵害名誉权行为。陈某在未能遵循一定的客观事实或合理查证的情况下，通过微博公开传播李某某无证行医、学历造假，从相关网友的评论来看，案涉言论已经通过互联网传播至百度、知乎、腾讯等平台，客观上确实会造成公众对李某某品德、才能、信用等社会评价的降低，产生名誉侵权的事实。综上，一审法院认定陈某发布的案涉言论构成对李某某名誉权的侵害。肖像权人具有依法制作、使用、公开、许可他人使用肖像的积极权能，同时还有权禁止他人未经本人许可使用肖像的消极权能。本案中，虽然陈某使用的是李某某已经公开的宣传海报、活动照片，但其未经李某某的同意即擅自使用，且不具有法律规定的合理使用情形，构成对李某某肖像权的侵害。执业医生资格证并不属于李某某不愿为他人所知的私密信息，且作为执业基础的相关医师资格证在一定程度上应予以公开，以保障民众的知情权和监督权。至于陈某私下搜索公布李某某不实的个人信息，应属于名誉权规制的内容，一审法院已认定陈某未经合理查证散播李某某非法行医的言论构成诋毁。鉴于此，李某某主张陈某侵害其隐私权，一审法院不予支持。

2. 相应的侵权责任具有法律依据，一审法院予以支持。关于责任承担的具体方式，法院认为：

（1）关于停止侵害。鉴于案涉微博内容、发布的百度动态仍未删除，李某某诉请陈某停止侵害，删除案涉微博内容、百度动态，于法有据，一审法院予以支持。

（2）关于赔礼道歉。关于李某某诉请陈某通过微博账号、百度账号、知乎账号以及腾讯新闻账号发布道歉声明的诉请，鉴于本案侵权行为主要发生在微博，故一审法院确定陈某的赔礼道歉方式为：陈某在微博账号首页连续60天置顶刊登赔礼道歉声明，在百度账号连续15天刊登赔礼道歉声明，以消除不良影响、恢复名誉（内容须经一审法院审核）。

（3）关于精神损害。本案中，陈某持续发布不实言论诋毁李某某非法行医、学历造假，具有相当程度的主观过错，一定程度上会给李某某带来精神困扰，且李某某经诊断评估患有睡眠障碍、轻度抑郁。结合侵权行为的性质、范围、持续时间、原被告的主观过错以及案涉言论使李某某社会声誉降低的原因力大小等情况，一审法院对李某某主张陈某赔偿精神损害抚慰金2万元诉请，予以支持。

（4）关于经济损失。本案中，李某某提交的证据显示其2021年7月至12月的患者就诊量有所波动，但该证据无法证明其所受到的损失，且就诊量与诸多因素相关，无法与陈某的言论形成唯一的因果关系，但陈某作为一名具有200多万粉丝的微博加V认证用户，其发表的言论必然引发其他网络用户的关注，其言论造成李某某社会评价的降低，影响了患者对李某某作为一名医生的客观评价，从而影响李某某的接诊情况。一审法院结合陈某的主观过错、侵权情节、侵权后果等因素，依法酌定陈某应当赔偿李某某财产损失2万元。

（5）关于合理开支。本案中，涉案内容属于电子证据。电子证据具有易被篡改、易消亡、易变化的特点，李某某对电子证据进行证据保全、委托律师进行诉讼代理属于合理的调查、取证，其主张公证费4000元和律师费2万元，为此提交了公证费发票和民事委托代理合同予以证实，一审法院予以支持。

二、二审阶段审判观点

二审对于侵害名誉权、肖像权的定性问题进行了补充。对于陈某的"发言"行为，陈某表述其在社交平台发布案涉言论并非指向李某某无证行医和学历造假，而是涉嫌造假，关于学历问题，表述的是疑问句而非陈述句。二审认为：不否认在大部分微博内容中存在质疑或"疑问句"的表述，也确实曾提出要求相关部门进行彻查其质疑的主张，但至少在已证实的证据中，有部分案涉内容明确表述李某某存在无证行医以及学历造假的情形。同时，结合相关网友的评论来看，涉案言论已经通过互联网传播至百度、知乎、腾讯等平台，客观上确实会造成公众对李某某品德、才能、信用等社会评价的降低，构成以诽谤的方式侵犯李某某的名誉权。二审查明的其他事实与一审查明的一致。对于陈某所称的为了公共利益而实施监督、合理使用的问题，二审法院认为："至于陈某主张其涉案言论是为了净化医疗环境，是为让患者在接受医疗服务时能对医疗机构以及医生是否具有资质予以审慎选择，并希望一些非法行医的行为引起社会及相关政府部门的关注……本案中，如上述，即使陈某确系为公共利益，其亦明显具有捏造、歪曲事实及未尽到合理核实义务的过错，不能据此否定其侵权行为的成立或免除其承担相应的责任。""至于陈某再次主张其系为了公共利益而合理使用李某某肖像的问题。但本案中，审查陈某的涉案言论，虽然其多次声称系为患者利益、为公共利益进行揭露，但其所发言论缺乏事实基础，仅基于其个人判断或主观认知随性而发，不但无助于公共利益，反而产生了误导性结果，无论从医疗环境还是网络环境而言，既未正本清源，查真求实，亦未产生正面导向。故本院无法认定其上述公开李某某肖像的行为属合理使用，亦不能据此推定其侵权行为不成立。"二审法院明确了陈某在本案中以舆论监督之名曝光、诽谤李医生的行为构成侵权，且具有明显过错。对于一审判决的定损问题，二审法院补充进行了阐述，并予以了充分肯定。综上，二审法院作出判决：一审判决认定事实清楚，适用法律正确，维持原判。

案例编写人　广东金桥百信律师事务所　袁　雨

刘凯湘　　北京大学法学院教授、博士生导师，中国法学会商法学研究会副会长

首先，本案对于名誉权侵权的分析与认定十分准确，从侵犯人格权的一般原理出发，对《民法典》规定的名誉权的内涵、侵犯名誉权的构成要件作出了精辟的论述，为保证本案法律适用的准确性奠定了扎实的理论基础。

其次，本案对"公共利益"的分析准确到位。判决书中所述"即使陈某确系为公共利益，其亦明显具有捏造、歪曲事实及未尽到合理核实义务的过错，不能据此否定其侵权行为的成立或免除其承担相应的责任"为极佳的说理。

最后，本案对肖像权侵权的分析尤为深刻，判词中"虽然多次声称为患者利益、为公共利益进行揭露，但其所发言论缺乏事实基础，仅基于其个人判断或主观认知随性而发，不但无助于公共利益，反而产生了误导性结果，无论从医疗环境还是网络环境而言，既未正本清源，查真求实，亦未产生正面导向。故本院无法认定其上述公开李某某肖像的行为属合理使用"之论述逻辑严谨，说理透彻。

相关法条

《中华人民共和国民法典》

第一百七十九条　承担侵权责任的方式主要有：

（一）停止侵害；

（二）排除妨碍；

（三）消除危险；

（四）返还财产；

（五）恢复原状；

（六）修理、重作、更换；

（七）继续履行；

（八）赔偿损失；

（九）支付违约金；

（十）消除影响、恢复名誉；

（十一）赔礼道歉。

法律规定惩罚性赔偿的，依照其规定。

本条规定的承担责任的方式，可以单独适用，也可以合并适用。

第一千零一十八条第一款　自然人享有肖像权，有权依法制作、使用、公开或者许可他人使用自己的肖像。

第一千零一十九条第一款　……未经肖像权人同意，不得制作、使用、公开肖像权人的肖像，但是法律另有规定的除外。

第一千零二十四条　民事主体享有名誉权。任何组织或者个人不得以侮辱、诽谤等方式侵害他人的名誉权。

名誉是对民事主体的品德、声望、才能、信用等的社会评价。

第一千零二十五条　行为人为公共利益实施新闻报道、舆论监督等行为，影响他人名誉的，不承担民事责任，但是有下列情形之一的除外：

（一）捏造、歪曲事实；

（二）对他人提供的严重失实内容未尽到合理核实义务；

（三）使用侮辱性言辞等贬损他人名誉。

第一千零三十二条 自然人享有隐私权。任何组织或者个人不得以刺探、侵扰、泄露、公开等方式侵害他人的隐私权。

隐私是自然人的私人生活安宁和不愿为他人知晓的私密空间、私密活动、私密信息。

第一千一百八十二条 侵害他人人身权益造成财产损失的，按照被侵权人因此受到的损失或者侵权人因此获得的利益赔偿；被侵权人因此受到的损失以及侵权人因此获得的利益难以确定，被侵权人和侵权人就赔偿数额协商不一致，向人民法院提起诉讼的，由人民法院根据实际情况确定赔偿数额。

第一千一百八十三条第一款 侵害自然人人身权益造成严重精神损害的，被侵权人有权请求精神损害赔偿。

第一千一百九十四条 网络用户、网络服务提供者利用网络侵害他人民事权益的，应当承担侵权责任……

《最高人民法院关于确定民事侵权精神损害赔偿责任若干问题的解释》

第五条　精神损害的赔偿数额根据以下因素确定：

（一）侵权人的过错程度，但是法律另有规定的除外；

（二）侵权行为的目的、方式、场合等具体情节；

（三）侵权行为所造成的后果；

（四）侵权人的获利情况；

（五）侵权人承担责任的经济能力；

（六）受理诉讼法院所在地的平均生活水平。

《最高人民法院关于审理利用信息网络侵害人身权益民事纠纷案件适用法律若干问题的规定》

第十一条　网络用户或者网络服务提供者侵害他人人身权益，造成财产损失或者严重精神损害，被侵权人依据民法典第一千一百八十二条和第一千一百八十三条的规定，请求其承担赔偿责任的，人民法院应予支持。

第十二条　被侵权人为制止侵权行为所支付的合理开支，可以认定为民法典第一千一百八十二条规定的财产损失。合理开支包括被侵权人或者委托代理人对侵权行为进行调查、取证的合理费用。人民法院根据当事人的请求和具体案情，可以将符合国家有关部门规定的律师费用计算在赔偿范围内。

被侵权人因人身权益受侵害造成的财产损失以及侵权人因此获得的利益难以确定的，人民法院可以根据具体案情在 50 万元以下的范围内确定赔偿数额。

24 冯某1、李某诉某医院医疗损害责任纠纷案

——病历书写规范的合法适用

一审：四川省宜宾市叙州区人民法院（2021）川1521民初5608号
二审：四川省宜宾市中级人民法院（2023）川15民终335号

一、案情简介

2021年5月23日12时33分，患者冯某2（冯某1之父、李某之夫）因"胸痛3+小时"被送到某医院住院治疗，初步诊断为：（1）冠状动脉粥样硬化性心脏病；（2）Ⅱ型糖尿病；（3）肺部感染；（4）脑梗塞；（5）高脂血病。行冠状动脉药物涂层支架置入术、单根导管的冠状动脉造影术、暂时性经静脉起搏器系统的置入术。15时03分冯某2突然意识丧失，经抢救无效后于15时34分被宣布临床死亡，死亡原因为：心脏骤停，急性下壁心肌梗死。

后因冯某1、李某与某医院双方发生争议，冯某1、李某申请封存病历材料，二人认为医院窃取、隐匿了病历重要部分，遂选择报警，20时01分，某市公安局某区分局派出所民警到现场进行处置，22时20分，双方完成对冯某2的病历材料进行封存。同年5月25日，冯某2的尸体在某市某区殡仪馆进行了火化。

二、时间线

2021年5月23日11时57分，冯某2经接诊到达医院；
2021年5月23日12时48分，冯某2离开急诊科；

2021年5月23日15时34分，冯某2经抢救无效死亡；

2021年5月23日16时15分，院前急救医生完成病历书写；

2021年5月23日19时50分，开始病历封存，后因冯某1、李某怀疑医院窃取病历发生争执；

2021年5月23日20时01分，冯某1、李某报警后，民警到达现场；

2021年5月23日22时20分，对病历复印件完成封存。

核心争议焦点

1. 在封存病历上，医院是否存在过错？
2. 医院是否存在伪造、窃取、篡改病历的行为？

当事人各方观点及思维分析

一、原告/上诉人（冯某1、李某）的观点

（一）医院在封存病历方面存在过错，且存在窃取行为

1. 医院未在法定时间内封存病历，明显违反《医疗纠纷预防和处理条例》。医院应在家属要求尸体解剖时（15:53左右）就封存病历，且医院工作人员亲口承认在下午6点左右接到封存病历的通知，而医院却在晚上8点左右才开始封存病历。

2. 某医院存在偷取藏匿病历的情形。封存病历当场，冯某1、李某发现某医院人员偷取藏匿病历，将患者部分病历折叠企图悄悄放入口袋带走，且医院人员在医调委视频中供认不讳。

（二）医院存在伪造、篡改病历的行为

1. 某医院存在伪造院前急救病历和住院病历的行为。

第一，院前急救病历与急救病历有着本质上的矛盾，主诉和体征截然不同；

第二，120随车医生未随车出诊，却在院前急诊病历上签字，构成伪造病历；

第三，住院病历中，家属签字处的所有指纹（共11处）均不是死者家属

李某的指纹，冯某1、李某认为均是神志不清高度病危的患者冯某2所按；

第四，院前急救病历的记录时间为2021年5月23日16时15分，也就是说院前急救病历完成于该事件发生后，根据《病历书写基本规范》第14条的规定，医院应在12时30分前完成病历记录，而医院实际在患者死后1小时（16时15分）才完成记录，存在伪造病历的可能。

2. 未封存的部分病历真实性存疑。冯某1、李某对未进行封存的冠脉造影手术视频资料的真实性不认可。

二、被告／被上诉人某医院的观点

（一）在封存病历上，医院不存在过错

1. 医院接到家属封存病历的要求后及时通知了相关科室与患方碰头进行病历封存，而医院也有自身的汇报程序，中间存在一定的时间差系在做准备工作。

2. 直至当日22时20分才完成封存系患方所导致，因患方冯某1、李某认为医院存在偷拿并隐匿病历的行为，故一直与医院封存病历的工作人员吵闹，医院无奈报警，经警方协调处理完毕并在民警的组织和见证下才进行了正常的病历封存工作，故封存病历的工作实际是正常进行的，只是由于患方的吵闹才长时间未完成。

（二）医院不存在伪造、窃取、篡改病历的行为

1. 医院并不存在任何伪造、窃取、篡改病历的行为。首先，随车医生是亲自出车并到冯某2居住的地方接诊的，接诊后也是随车返回的，在整个过程中对冯某2进行了诊疗处理。

2. 院前急救病历与急救病历的主诉部分之所以不一致，主要系因为以下两点：一是基于患方当时自身陈述不一致，医院是根据患方的陈述如实记录；二是因为病情本身也处在不断的变化发展之中，接诊时的主诉和入院后的主诉可能会因病情变化呈现不同的临床症状，所以主诉的情况并不一致。

3. 住院病历中，家属签字处的所有指纹（共11处）都是冯某2本人所按，并不存在伪造的情况。庭审过程中，冯某1、李某向法院申请进行笔迹鉴定，后又撤回了笔迹鉴定申请。正好印证患方心知肚明所有的病历资料均系患方人员亲自签字按印。

4. 患者到达医院的时间是2021年5月23日11：57，离开急诊科的时间

是 12：48，患者入院后，医生首先抢救患者，待抢救结束后，才完善病历，故院前急救医生在 2021 年 5 月 23 日 16 时 15 分前完善院前急救病历，并未违反病历书写规范关于病历可以在 6 小时内补记的相关规定。

5. 未封存的诊疗影像资料是真实形成的，无法更改，医院也如实向人民法院提交了影像资料，最后因患方不认可真实性未使用。

（三）不存在伪造、篡改病历的行为

医院认为，本案不存在伪造、篡改病历的行为。故不能根据《民法典》第 1222 条推定医院存在全责的医疗过错，还是应当进行医疗损害责任鉴定，对医院是否存在医疗过错及参与度进行评定。

代理思路

本案系医疗损害责任纠纷，主要争议焦点为医院在封存病历上是否存在过错，以及医院是否存在伪造、窃取、篡改病历的行为。笔者认为，医院虽然行为上存在一定瑕疵，但行为仍符合法律法规，且能够对瑕疵进行合法合理的说明，且本案没有进行司法鉴定，患方无法提供证据证明医院存在医疗过错，故代理意见主要围绕医院不存在任何过错展开。

一、在封存病历方面，医院不存在过错

（一）医院严格按照现行法律规定对病历进行封存

1. 患者冯某 2 死后，当晚 18 时左右，医院沟通办才接到院值班室通知说家属要求封存病历，医院相关工作人员立即启动封存病历的流程，不存在故意拖延的情形。

2. 病历封存启动后发生了家属报警事件，才导致病历在当晚 22 时许才完成封存，而报警事件是因为冯某 1、李某不允许医院将不应该归档在病历中的资料拿出导致的，所以迟迟未封存病历系冯某 1、李某自己导致的结果。

（二）冯某 1、李某因不懂医疗常识，恶意揣测医院窃取病历，其观点没有任何事实和法律依据

1. 冯某 1、李某要求封存病历时，病历本还未完全形成，医院将本不应该归档在病历中的资料从病历中拿出来不是窃取病历的行为。

2. 派出所民警到达现场后，整个封存病历的过程都是在民警的见证下进行的，医院若确实窃取了病历，那民警当场也应当处理，但民警经过调查后并未认定医院的行为属于窃取。

二、医院严格按照法律法规进行病历书写、封存，不存在窃取、伪造、篡改行为

1. 原告未提供任何证据证明医院提供的病历存在伪造、篡改的情况。急救病历是患者冯某2在办理住院之前的病历，12时03分至12时33分的诊疗情况在急救病历中已有记载，医院并未隐藏。且急救病历属于急诊病历的范畴，并不是住院病历，故未归档在住院病历中是符合法律法规的。

2. 对于医院病历存在的瑕疵，医院有合理的解释。

（1）医院在护理记录单上补记患者漏尿的毫升数时应符合《病历书写基本规范》关于6小时补记的法律规定。

（2）封存病历前发生报警事件，导致封存病历时间的延误。冯某1、李某不允许医院将不应当归档在住院病历中的资料拿出，诉中鉴定时，医院将所有封存病历和病历原件都交给了法院，并未隐匿任何病历资料。

三、冯某1、李某未提供证据证明患者的死亡与医院的诊疗行为之间存在因果关系，被告不应当承担赔偿责任

1. 诉讼中，冯某1、李某认为医院伪造了病历签字笔迹，所以申请了笔迹鉴定，但无任何理由又放弃了，随后又申请了医疗过错鉴定，但在没有任何证据的情况下完全否认送检资料的真实性，比如否认封存的病历的真实性、否认影像资料的真实性等，最终才导致鉴定不能，不利的后果应当由冯某1和李某自行承担。

2. 冯某1、李某未提供其他证据证明医院的诊疗行为存在过错，根据医疗损害责任纠纷患方承担举证责任的要求，对于自己的主张，冯某1、李某举证不能，应当承担不利后果。

代理点睛

结合《病历书写基本规范》等法律法规可知，冯某1、李某的主张没有事实依据和法律依据，应承担举证不能的不利后果，故将代理方向确定为：医院行为虽有瑕疵,但不存在任何过错。

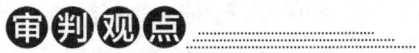

一、在封存病历上,医院是否存在过错

一审法院认为:患者冯某 2 死后,冯某 1、李某要求医院封存病历,双方在当地公安民警的见证下对已完成的病历材料进行封存并不违反法律规定。

二审法院认为:第一,医院在一审申请鉴定时才向法院提供案涉冠脉造影资料,该资料未在双方见证下进行封存,医院在封存病历时存在封存冠脉造影资料不完整的情形,但是本案无法查清医院在患者死亡的事实上是否存在因果关系,以及影响过错程度的关键原因在于未进行尸检,鉴定机构难以作出结论。第二,经查明,医院工作人员在案发日 18 时接到封存病历的通知,但由于因尿量记录单双方产生争议,且原告报警解决纠纷,医院开展封存病历工作存在客观干扰,故冯某 1、李某认为医院在封存病历上存在过错的上诉理由不成立。

二、医院是否存在伪造、窃取、篡改病历的行为

一审法院认为:冯某 1、李某未能举证证明医院存在伪造和窃取病历的行为,应当承担举证不力的后果。

二审法院认为:冯某 1、李某主张医院存在伪造和窃取病历的行为,但所举证的报警记录仅能证明双方在封存病历时存在矛盾,在抢救过程中,病人病情不断发生变化,护士未能及时记录下尿量,在抢救结束后的规定时间内补正实际的尿量记录并不违反《病历书写规范》。

案例编写人 四川华晨(宜宾)律师事务所 彭方宏

王竹 四川大学法学院教授、博士生导师,四川智慧社会智能治理重点实验室主任,四川大学市场经济法治研究所所长

本案是代理人准确理解诊疗规范,维护被代理方正常诊疗秩序的

典型案例。首先，在病历书写方面，代理人指出，尽管医院提供的病历存在瑕疵，但该瑕疵是在《病历书写基本规范》等相关法律法规所允许的范围内，且医院采取了相应补救措施，未有任何证据证明医院提供的病历存在伪造、篡改的情况。其次，在病历封存方面，代理人指明，医院按照家属的要求封存病历，在封存病历的启动上不存在故意拖延的情形，医院在封存过程中将不应该归档在病历中的资料从病历中取出，符合医疗规范。最后，代理人强调，患者家属未提供证据证明患者的死亡与医院的诊疗行为之间存在因果关系，医院不应当承担赔偿责任。本案代理人的代理思路最终得到了法院的认可，专业水准值得肯定。

相关法条

《中华人民共和国民法典》

第一千二百一十八条　患者在诊疗活动中受到损害，医疗机构或者其医务人员有过错的，由医疗机构承担赔偿责任。

第一千二百二十二条　患者在诊疗活动中受到损害，有下列情形之一的，推定医疗机构有过错：

（一）违反法律、行政法规、规章以及其他有关诊疗规范的规定；

（二）隐匿或者拒绝提供与纠纷有关的病历资料；

（三）遗失、伪造、篡改或者违法销毁病历资料。

《医疗机构病历管理规定》

第九条　住院病历应当按照以下顺序排序：体温单、医嘱单、入院记录、病程记录、术前讨论记录、手术同意书、麻醉同意书、麻醉术前访视记录、手术安全核查记录、手术清点记录、麻醉记录、手术记录、麻醉术后访视记录、术后病程记录、病重（病危）患者护理记录、出院记录、死亡记录、输血治疗知情同意书、特殊检查（特殊治疗）同意书、会诊记录、病危（重）通知书、病理资料、辅助检查报告单、医学影像检查资料。

病案应当按照以下顺序装订保存：住院病案首页、入院记录、病程记录、术前讨论记录、手术同意书、麻醉同意书、麻醉术前访视记录、手术安全核查记录、手术清点记录、麻醉记录、手术记录、麻醉术后访视记录、术后病程记录、出院记录、死亡记录、死亡病例讨论记录、输血治疗知情同意书、特殊检查（特殊治疗）同意书、会诊记录、病危（重）通知书、病理资料、辅助检查报告单、医学影像检查资料、体温单、医嘱单、病重（病危）患者护理记录。

第十条 门（急）诊病历原则上由患者负责保管。医疗机构建有门（急）诊病历档案室或者已建立门（急）诊电子病历的，经患者或者其法定代理人同意，其门（急）诊病历可以由医疗机构负责保管。

住院病历由医疗机构负责保管。

第二十五条 医疗机构负责封存病历复制件的保管。

第二十六条 封存后病历的原件可以继续记录和使用。

按照《病历书写基本规范》和《中医病历书写基本规范》要求，病历尚未完成，需要封存病历时，可以对已完成病历先行封存，当医师按照规定完成病历后，再对新完成部分进行封存。

《病历书写基本规范》

第一条 病历是指医务人员在医疗活动过程中形成的文字、符号、图表、影像、切片等资料的总和，包括门（急）诊病历和住院病历。

第十七条 入院记录是指患者入院后，由经治医师通过问诊、查体、辅助检查获得有关资料，并对这些资料归纳分析书写而成的记录。可分为入院记录、再次或多次入院记录、24小时内入出院记录、24小时内入院死亡记录。

入院记录、再次或多次入院记录应当于患者入院后24小时内完成；24小时内入出院记录应当于患者出院后24小时内完成，24小时内入院死亡记录应当于患者死亡后24小时内完成。

第二十二条 病程记录是指继入院记录之后，对患者病情和诊疗过程所进行的连续性记录。内容包括患者的病情变化情况、重要的辅助检查结果及临床意义、上级医师查房意见、会诊意见、医师分析讨论意见、所采取的诊疗措施及效果、医嘱更改及理由、向患者及其近亲属告知的重要事项等。

……

（八）抢救记录是指患者病情危重，采取抢救措施时作的记录。因抢救急危患者，未能及时书写病历的，有关医务人员应当在抢救结束后6小时内据实补记，并加以注明。内容包括病情变化情况、抢救时间及措施、参加抢救的医务人员姓名及专业技术职称等。记录抢救时间应当具体到分钟。

……

（二十一）死亡记录是指经治医师对死亡患者住院期间诊疗和抢救经过的记录，应当在患者死亡后24小时内完成。内容包括入院日期、死亡时间、入院情况、入院诊断、诊疗经过（重点记录病情演变、抢救经过）、死亡原因、死亡诊断等。记录死亡时间应当具体到分钟。

（二十二）死亡病例讨论记录是指在患者死亡一周内，由科主任或具有副主任医师以上专业技术职务任职资格的医师主持，对死亡病例进行讨论、分析的记录。内容包括讨论日期、主持人及参加人员姓名、专业技术职务、具体讨论意见及主持人小结意见、记录者的签名等。

（二十三）病重（病危）患者护理记录是指护士根据医嘱和病情对病重（病危）患者住院期间护理过程的客观记录。病重（病危）患者护理记录应当根据相应专科的护理特点书写。内容包括患者姓名、科别、住院病历号（或病案号）、床位号、页码、记录日期和时间、出入液量、体温、脉搏、呼吸、血压等病情观察、护理措施和效果、护士签名等。记录时间应当具体到分钟。

《中医病历书写基本规范》

第二十三条　病程记录是指继入院记录之后，对患者病情和诊疗过程所进行的连续性记录。内容包括患者的病情变化情况及证候演变情况、重要的辅助检查结果及临床意义、上级医师查房意见、会诊意见、医师分析讨论意见、所采取的诊疗措施及效果、医嘱更改及理由、向患者及其近亲属告知的重要事项等。

……

（八）抢救记录是指患者病情危重，采取抢救措施时作的记录。因抢救急危患者，未能及时书写病历的，有关医务人员应当在抢救结束后6小时内据实补记，并加以注明。内容包括病情变化情况、抢救时间及措施、参加抢救的医务人员姓名及专业技术职称等。记录抢救时间应当具体到分钟。

……

（二十一）死亡记录是指经治医师对死亡患者住院期间诊疗和抢救经过的记录，应当在患者死亡后24小时内完成。内容包括入院日期、死亡时间、入院情况、入院诊断、诊疗经过（重点记录病情演变、抢救经过）、死亡原因、死亡诊断等。记录死亡时间应当具体到分钟。

……

《医疗纠纷预防和处理条例》

第二十四条　发生医疗纠纷需要封存、启封病历资料的，应当在医患双方在场的情况下进行。封存的病历资料可以是原件，也可以是复制件，由医疗机构保管。病历尚未完成需要封存的，对已完成病历先行封存；病历按照规定完成后，再对后续完成部分进行封存。医疗机构应当对封存的病历开列封存清单，由医患双方签字或者盖章，各执一份。

病历资料封存后医疗纠纷已经解决，或者患者在病历资料封存满3年未再提出解决医疗纠纷要求的，医疗机构可以自行启封。

第二十六条 患者死亡，医患双方对死因有异议的，应当在患者死亡后48小时内进行尸检；具备尸体冻存条件的，可以延长至7日。尸检应当经死者近亲属同意并签字，拒绝签字的，视为死者近亲属不同意进行尸检。不同意或者拖延尸检，超过规定时间，影响对死因判定的，由不同意或者拖延的一方承担责任。

尸检应当由按照国家有关规定取得相应资格的机构和专业技术人员进行。

医患双方可以委派代表观察尸检过程。

《最高人民法院关于适用〈中华人民共和国民事诉讼法〉的解释》

第九十条 当事人对自己提出的诉讼请求所依据的事实或者反驳对方诉讼请求所依据的事实，应当提供证据加以证明，但法律另有规定的除外。

在作出判决前，当事人未能提供证据或者证据不足以证明其事实主张的，由负有举证证明责任的当事人承担不利的后果。

25 某达股份公司与某国际银行厦门分行、中某达公司等保证合同纠纷案

——第三人基于侵权之诉请求确认合同无效的认定

📁 案件索引

一审：四川省成都市中级人民法院（2020）川01民初2688号

二审：四川省高级人民法院（2021）川民终1313号

再审：四川省高级人民法院（2023）川民申579号

📁 基本案情

2017年7月20日，某达股份公司将20305万元汇入中某达公司的农业银行镇远支行账户。同日，中某达公司将该资金转入某银行账户，并开立存款金额分别为2亿元、305万元的《定期存款存单》，期限均为3个月。

2017年7月18日，某环保公司与某国际银行厦门分行（以下简称某银行）签订《综合授信额度合同》，约定某银行向某环保公司提供2亿元授信额度，期限1年，年利率1.85%，以中某达公司在某银行的存单及孳息提供质押担保。

同日，中某达公司与某银行签订《存单质押合同》，约定中某达公司以前述《定期存款存单》的存款及相应利息为某环保公司的2亿元贷款本金、利息、违约金等提供存单质押担保；当债务人未按合同约定履行债务时，质权人有权直接将存单兑现以实现质权，无论质押存单到期与否。

2017年7月17日，中某达公司向某银行提交的《股东会决议》载明：中某达公司为某环保公司的2亿元授信及利息、逾期利息及其他费用提供存单或保证金作为质押担保，并授权任某签订相关法律文件。某达股份公司在同意本决议的股东签章处盖章，法定代表人江某某加盖私章并签字。

某银行确认审查了中某达公司《公司章程》。中某达公司章程第 8 条载明某达股份公司持股比例 100%；第 27 条载明股东会行使以下职权：（1）决定公司的经营方针和投资计划；（2）选举和更换执行董事，决定有关执行董事的报酬事项；（3）选举和更换非由职工代表出任监事，决定有关监事的报酬事项；（4）审议批准执行董事的报告或监事的报告；（5）审议批准公司年度财务预、决算方案以及利润分配、弥补亏损方案；（6）对公司增加或减少注册资本作出决议；（7）对公司的分立、合并、解散、清算或者变更公司形式作出决议；（8）修改公司章程；（9）聘任或解聘公司经理；（10）对发行公司债券作出决议；（11）公司章程规定的其他职权。

2018 年 7 月 18 日，某银行扣划了中某达公司 202693100 元存款。

一审法院另查明：某达股份公司发布的《2016 年年度报告》载明：归属于上市公司股东的净资产为 1664810512.78 元，控股股东为某达集团，实际控制人为江某某。中某达公司为某达股份公司合并报表范围内的子公司之一，持股比例为 100%。

某达股份公司 2008 年 10 月 28 日在中国证监会指定的信息披露网站即巨潮资讯网发布该公司《对外担保制度》，第 5 条载明"对外担保由公司统一管理。未经公司批准，子公司不得对外提供担保，不得相互提供担保"。

某达股份公司于 2019 年 5 月 21 日收到中国证监会四川监管局下发的《行政处罚决定书》，该决定书载明，某达股份公司存在以下违法事实：2017 年 7 月 17 日，某达股份公司控股股东某达集团与某银行签订《综合授信额度合同》，向某银行提取贷款 3 亿元。7 月 17 日、7 月 21 日，某达股份公司子公司中某达公司与某银行签订《存单质押合同》，约定以中某达公司定期存单为某达集团提供质押担保。根据《上市公司信息披露管理办法》第 30 条、第 33 条、《深圳证券交易所股票上市规则》第 7.8 条及第 9.11 条的规定，某达股份公司应及时披露上述事项。根据《上市公司信息披露管理办法》第 21 条、《公开发行证券的公司信息披露内容与格式准则第 2 号——年度报告的内容与格式》（2017 年修订）第 41 条的规定，某达股份公司应当在 2017 年年报中披露上述事项。某达股份公司未按规定及时披露临时报告，披露的 2017 年年报存在重大遗漏。

二审法院另查明：案涉《存单质押合同》第 8 条约定："凡因本合同引起的或与本合同有关的任何争议，可以通过协商解决，协商不成，向质权人所在地人民法院起诉。"一审中，某银行向一审法院提起管辖权异议，一审法院于2020年6月22日作出民事裁定：驳回某银行对本案管辖权提出的异议。某银行不服，向二审法院提起上诉。某达股份公司在管辖权异议上诉一案的答辩状中辩称：（1）本案属于因各被告之间串通实施的违规担保，损害某达股份公司合法权益的侵权纠纷。四川省成都市中级人民法院作为被告某环保公司、某达集团和江某某住所地人民法院，依法具有管辖权。（2）本案某达股份公司并非案涉合同的当事人，也非合同当事人因履行合同而引发的争议，不应受到案涉合同约定管辖权条款的约束，某银行的上诉事由不能成立。2020年9月1日，法院作出管辖终审裁定，以"某达股份公司请求权的基础源于权利受到侵害，并非基于合同约定产生争议或因履行合同而产生纠纷。案涉《存单质押合同》中关于争议解决条款的约定，对某达股份公司不具有约束力"等为由，裁定驳回上诉，维持原裁定。

另外，江某某因涉嫌背信损害上市公司利益，被四川省成都市公安局立案侦办，并被判处有期徒刑三年六个月。

核心争议焦点

1. 某达股份公司的原告主体资格问题。
2. 案涉《存单质押合同》的效力问题，以及本案的法律适用问题。

当事人各方观点及思维分析

一、某达股份公司一方主要观点及思维分析

某达股份公司认为：某银行与中某达公司等恶意串通订立案涉质押合同，损害某达股份公司利益，案涉质押合同应属无效，某银行应当返还担保财产。理由在于中某达公司越权提供担保，某银行也未按照相关规章制度履行审查义务，属于非善意相对方，双方在此基础上订立的案涉质押合同损害合同外第三人某达股份公司权益，应属无效。

二、某银行一方主要观点及思维分析

某银行未损害某达股份公司利益，其审查了中某达公司股东会决议及公司章程，基于中某达公司提供的担保财产低息发放贷款，贷款人实际使用贷

款资金但到期未归还贷款的，某银行作为质权人有权取得担保财产。某达股份公司作为非合同相对方，以侵权为请求权基础提起本案诉讼并确定管辖法院，而《合同法》第50条系赋予合同相对方主张合同效力的权利，非合同相对方无权依据该法条以越权担保主张合同无效，否则合同相对性原则将被随意打破。某达股份公司若以越权担保作为请求权基础则不具有原告主体资格。

代理思路

在本案一审某银行败诉后，本案二审及再审审查阶段我方代理某银行参与诉讼。在了解全案事实及一审双方诉辩主张，厘清本案核心争议焦点及一审法院的裁判思路的基础之上，形成以下代理思路：

首先，明确某达股份公司的请求权基础，并让人民法院明确认识到其请求权基础。对此，我们结合其诉讼主张以及四川省成都市中级人民法院取得本案管辖权的基础，明确指出某达股份公司的诉讼主张并非基于合同产生的纠纷，而是基于侵权而引发，则本案即应当基于侵权的构成要件进行审理。

其次，在明确某达股份公司系提起的侵权之诉后，基于其非合同相对方身份，结合《合同法》关于合同无效的相关规定及基本法理，提出非合同相对方仅有权基于《合同法》第52条第2项的规定请求确认合同无效，而不享有合同相对方请求确认无效的其他事由。而围绕《合同法》第52条第2项的规定及案件基本事实，指出某银行达不到有主观恶意的程度，更没有与中某达公司、江某某等有恶意串通的事实。而某达股份公司作为原告其无证据证明其主张的恶意串通的事实，则其请求确认合同无效的主张不应得到支持。

最后，某达股份公司基于侵权请求返还财产的，一方面，其请求返还财产的主张与《侵权责任法》的相关规定不符；另一方面，其也未提供证据证明其遭受何种损失以及遭受多大损失，其请求返还财产的主张也不应得到支持。

而需要特别说明的是，贯穿本案审理全过程，代理人最核心的工作依然是判断本案是否构成越权担保的问题，而对此问题的法律适用主要涉及能否将《中国证券监督管理委员会、中国银行业监督管理委员会关于规范上市公司对外担保行为的通知》[①]（以下简称《证监会通知》）作为《合同法》第50

[①] 该通知现已失效。

条认定法定代表人超越职权的依据，即上市公司控股子公司的对外担保是否需要上市公司作出股东会决议。对此问题，上海市高级人民法院（2020）沪民终598号、海南省高级人民法院（2022）琼民终398号案例和上海金融法院（2021）沪74民初1195号等近3年裁判中认为，在《民法典》担保制度生效前发生的担保行为，法院不能据此认定构成越权担保或无效担保，而广东省高级人民法院（2021）粤民终498号裁判认为可以据此认定越权担保。笔者认为，《最高人民法院关于适用〈中华人民共和国民法典〉有关担保制度的解释》（以下简称《民法典担保制度解释》）第9条第3项关于上市公司控股子公司的担保问题属于创制性规定，而本案担保合同发生于2017年，且2018年已履行完毕，《证监会通知》作为认定越权担保的依据，实质性是将《民法典担保制度解释》第9条在本案中进行了适用，有违法律适用原则。

代理点睛

一、确定请求权基础

所有的诉讼请求均有其请求权基础，人民法院则应当围绕当事人的请求权基础进行审理。只有在确定了当事人的请求权基础时，人民法院才能够明确审理的范围，才能够明确判决的法律依据，这也是人民法院判决正当性的基础。

而本案某达股份公司以其权益遭受侵犯为由提起本案诉讼，但其主张却是请求确认合同无效并返还财产，其混淆了侵权责任与合同责任，也即其请求权基础并不明晰的情况下，我方通过当事人的基本权利类型、诉讼类型、所依据的基础事实与主张，基于某达股份公司反复强调其权利遭受侵害以及其非合同主体身份，明确指出某达股份公司本质上提起的是侵权之诉，协助人民法院厘清某达股份公司的请求权基础为侵权赔偿。在此基础上，人民法院正确适用相关法律，围绕侵权的构成要件进行审理，以维护司法公正与当事人利益。

二、第三人请求确认合同无效的法律适用

合同相对性原则是合同法律规范的基本原则，除特殊情形外，均不得随意突破。因此，虽然合同法律规范未对合同无效的请求主体进行明确规定，

但基于合同相对性原则，请求确认合同无效的主体原则上应限于合同相对方。只有《合同法》第 52 条第 2 项对第三人利益进行特别保护时，第三人才有权基于该条款，以"恶意串通"为由请求确认合同无效。否则，合同相对性原则将被随意打破，合同的稳定性将容易遭到非合同相对方的破坏。

本案中，在确定某达股份公司的请求权基础之后，可以进一步明确的是某达股份公司是以侵权之诉作为非合同主体请求确认合同无效。基于上述分析，人民法院在审理本案案涉质押担保合同是否有效时，应当先分析某达股份公司的主张是否满足《合同法》第 52 条第 2 项的构成要件。至于中某达公司是否构成越权担保，并不影响中某达公司意思表示的真实性，某达股份公司无法律依据也无事实依据代替中某达公司提出该项主张。

一、一审法院观点

1. 中某达公司以直接来源于某达股份公司的资金提供质押担保，同时，也因此被相关部门行政处罚，并引发众多中小股东起诉某达股份公司，将给某达股份公司造成经济损失。故某达股份公司作为利益受损的债权人，有权诉请案涉质押担保合同无效。

2. 关于案涉《存单质押合同》的效力问题。第一，案涉担保未履行上市公司股东大会回避表决程序，为越权的违规担保。第二，某银行违反法定审查义务而导致其未能知道担保越权，应属于非善意相对人。《证监会通知》以及相关文件也说明了上市公司对子公司对外担保应当履行审议程序，某银行理应知悉并遵守。且某达股份公司已公开发布其子公司不得未经批准提供担保的公告，某银行对此应当知晓。故某银行不属于善意相对人。

综上，一审法院认为案涉质押合同无效。

二、二审法院观点

1. 关于某达股份公司是否为适格原告。某达股份公司的请求权基础为侵权法律关系，一审法院也正是基于此才享有案件管辖权。因此，某达股份公司有权依据相关规定提出权利主张，当属本案适格原告。

2. 本案某达股份公司明确其请求权基础为侵权。根据某达股份公司的诉讼主张，本案核心问题应为某银行是否存在与江某某等恶意串通损害某达股份公司权益的行为。

某达股份公司主张江某某以中某达公司的名义与某银行合谋违规签订案涉质押合同损害其利益。对此，某达股份公司有义务举证证明其主张，而某达股份公司并未提出相应证据，江某某也否认此事实，某达股份公司仅凭江某某的身份便推定资金划转系江某某的个人行为，难以成立。在此前提下，合谋侵害的行为也就无从谈起。此外，某达股份公司无证据证明某银行知悉案涉资金的来源，即使某银行知晓案涉资金来源于某达股份公司，但某银行也无义务对该资金的缘由进行审查，某银行作为外部质权人有理由相信中某达公司有权将该存款用于质押担保。故仅凭现有证据难以认定恶意串通的事实存在。相反，某银行已实际出借资金且利率较低，在借款到期后以担保人自身用于出质的存款实现了债权，实难认定其存在与江某某恶意串通的主观动机。

关于某达股份公司主张某银行未按照《证监会通知》及其相关规定尽到审核义务，某银行非善意，进而对某达股份公司构成侵权。虽然前述文件发布于 2005 年，但其主要是监管部门为维护金融市场秩序而提出的相关要求，对当事人之间的民事权利义务关系并不产生必然影响。即使某银行存在违反其内部规程的情形，也不能以此认定某银行存在合谋损害他人权益的恶意。

另外，某达股份公司是否遭受损失，遭受多大损失，现也无法确定。在本案合同当事人合谋侵害某股份公司财产权益不能成立的情形下，某达股份公司实际系代中某达公司主张合同权利，混淆了不同的法律关系和责任性质，其主张也难以得到支持。

综上，二审法院认为某达股份公司的诉讼请求依法应予驳回。

三、再审法院认为

某达股份公司诉请确认案涉质押合同无效。而本案由四川省成都市中级人民法院取得管辖权，并非基于该合同的履行产生的纠纷，某达股份公司亦明确本案属于侵权纠纷。因此，本案的审理应根据侵权之诉的构成要件来判断作为非合同相对人的某达股份公司的诉请是否成立。其次，按照合同相对性原理，非合同相对人的案外人仅能以《合同法》第 52 条第 2 项的规定进行判断，本案二审未不当缩小审查范围。

某银行是否存在恶意串通的问题。首先，江某某等人的一审刑事判决中并无某银行参与串通共谋的事实。其次，某银行未完全按照证监会的相关规定，就案涉质押合同的签订对某达股份公司股东会决议及披露程序进行审查，但该行为并不等同于与他人恶意串通，不能直接认定案涉质押合同无效。

案例编写人　四川明炬律师事务所　邱永兰

专家点评

王竹　　四川大学法学院教授、博士生导师，四川智慧社会智能治理重点实验室主任，四川大学市场经济法治研究所所长

　　本案律师的代理思路具有较高的专业水准，值得肯定。首先，本案代理人抓住案件的争议焦点，准确厘清原告的请求权基础为侵权损害赔偿，该观点最终得到了再审法院的支持，体现了代理人对合同效力判定和侵权责任承担等法律规范的确切理解。其次，代理人根据合同相对性原理，指出原告作为非合同相对人的案外人仅能作为《合同法》第52条第2项中"被损害利益的第三人"请求确认合同无效，有力维护了合同的相对性原则。最后，代理人结合案件具体情况，指出尽管被告在订立案涉质押合同时存在违反其内部规程的情形，但并不存在合谋损害他人权益的恶意，体现了代理人对案件事实的细致分析和对合同无效中恶意串通要件的实质性把握。

相关法条

《中华人民共和国侵权责任法》

第六条[①]　行为人因过错侵害他人民事权益，应当承担侵权责任。

根据法律规定推定行为人有过错，行为人不能证明自己没有过错的，应当承担侵权责任。

《中华人民共和国合同法》

---

① 该法已失效，本条对应《民法典》第1165条。

第五十条① 法人或者其他组织的法定代表人、负责人超越权限订立的合同，除相对人知道或者应当知道其超越权限的以外，该代表行为有效。

第五十二条② 有下列情形之一的，合同无效：

（一）一方以欺诈、胁迫的手段订立合同，损害国家利益；

（二）恶意串通，损害国家、集体或者第三人利益；

（三）以合法形式掩盖非法目的；

（四）损害社会公共利益；

（五）违反法律、行政法规的强制性规定。

《中华人民共和国公司法》

第十六条③ 公司向其他企业投资或者为他人提供担保，依照公司章程的规定，由董事会或者股东会、股东大会决议；公司章程对投资或者担保的总额及单项投资或者担保的数额有限额规定的，不得超过规定的限额。

公司为公司股东或者实际控制人提供担保的，必须经股东会或者股东大会决议。

前款规定的股东或者受前款规定的实际控制人支配的股东，不得参加前款规定事项的表决。该项表决由出席会议的其他股东所持表决权的过半数通过。

---

① 该法已失效，本条对应《民法典》第 504 条。
② 该法已失效，本条对应《民法典》第 148 条、第 153 条、第 154 条。
③ 参见 2023 年修订的《公司法》第 15 条。

26 温某麟诉刘某夏不当得利纠纷案
——不当得利以及诉讼时效是否已经超过的认定

案件索引

一审：广东省东莞市第一人民法院（2021）粤1971民初4476号
二审：广东省东莞市中级人民法院（2021）粤19民终11791号

基本案情

原、被告在1990年认识，之后双方一起合作做中药材生意。2010年10月12日，原告将身份证原件交给被告，委托被告代其向东莞农村商业银行石碣支行开立了定活一本通存折，开户名：温某麟，账号：29012×××××5677，取款方式：凭密码；2012年11月3日，原告再次将身份证原件交给被告，委托被告代其向东莞农村商业银行石碣支行开立了定活一本通存折，开户名：温某麟，账号：29012×××××8713，取款方式：凭密码。上述两个银行账户开立后，存折由原告保管，原、被告均知晓存折密码。

2012年11月3日，被告银行账户的流水对账单有现金取现记录78万元、80万元。同日，原告上述银行账户（账号：29012×××××8713）的流水对账单有现金存入记录78万元、80万元。2012年11月15日、2012年11月17日，上述原告名下银行账户（账号：29012×××××8713）的流水对账单继续有现金存入记录6万元、11万元。2012年12月12日，上述原告名下银行账户（账号：29012×××××8713）的流水对账单显示发生一笔原告向被告转账1750959元的交易；上述原告名下银行账户（账号：29012×××××5677）的流水对账单显示，在2011年8月5日至2014年11月10日有多笔现金存入记录。同时，根据原告该银行账户的流水对账单，2012年1月19日、2012年10月23日、2012年2月8日、2013年2月7日、2013年2月8日、2013

年7月17日、2013年9月16日、2014年11月19日、2014年12月2日、2015年2月26日，分别显示转账支出20万元（对方户名为刘某夏）、转账支出10万元（对方户名为刘某夏）、现金支出1万元、现金支出30万元、现金支出20万元、现金支出2万元、现金通兑2万元、现金支出2万元、现金支出3万元、现金支出3万元。以上共计2680959元（1750959元+20万元+10万元+1万元+30万元+20万元+2万元+2万元+2万元+3万元+3万元）的款项，原、被告各有不同的主张。

原告于2020年10月14日向广东省东莞市第一人民法院提起诉讼，要求判决被告向原告返还不当得利款2680959元并计付利息。被告于2020年12月底与广东同有律师事务所签订委托代理合同，委托该所律师参与应诉。东莞市第一人民法院经两次开庭审理，于2021年6月9日作出一审判决，认定温某麟主张刘某夏构成不当得利理由不充分，且温某麟的主张已超过诉讼时效，驳回温某麟的全部诉讼请求。此后，温某麟不服一审判决，向广东省东莞市中级人民法院提出上诉，刘某夏继续委托广东同有律师事务所律师作为被上诉人的代理人参与该案二审。二审法院经过开庭审理，于2022年1月4日作出驳回上诉，维持原判的终审判决。

核心争议焦点

1. 被告从原告处取得的款项是否构成不当得利？
2. 本案是否已超过诉讼时效？

当事人各方观点及思维分析

本案一审、二审中，原告与被告的主要观点、理由以及思维概述如下：

原告主张，因原、被告合作做中药材生意，中药材生意都是现金交易，所以收取现金后，原告就将现金交由被告分别存入上文所述两个银行账户。

原告提交储蓄对账单，主张：被告未经原告同意，于2012年12月12日将原告名下存折（一卡通账号：29012×××××8713）存款1750959元转账至被告银行账户；2012年1月19日、2012年10月23日、2012年2月8日、2013年2月7日、2013年2月8日、2013年7月17日、2013年9月16日、2014年11月19日、2014年12月2日、2015年2月26日，被告未经原告同意，将原告名下的存折（一卡通账号：29012×××××5677）转账支取20万元、10万元，现金支取1万元、现金支取30万元、现金支取20万元、现金支取2万元、现金支取2万元、现金支取2万元、现金支取3万元、现金支取3万元；以上共计2680959元，原告据此请求法院判令被告返还不当得利款2680959元并计付利息。二审上诉期间，温某麟作为上诉人还主张其已举证证明案涉两个账户的相应现金取款以及2012年12月12日转账至刘某夏账户的1750959元均为刘某夏办理的，前述取款及转账均未经过温某麟同意。原告认为：被告刘某夏所主张的其获取并占有案涉款项并非不当得利款项而是出借款和合作分红，没有任何事实依据。根据《最高人民法院关于适用〈中华人民共和国民事诉讼法〉的解释》的规定，主张法律关系存在的当事人应当对产生该法律关系的基本事实承担举证证明责任，故应由刘某夏对其取得并占有案涉款项有合法依据的主张承担举证责任，但刘某夏未能举证证明其取款已经过原告的同意，应承担举证不能的不利后果。

被告认为：对于上述账号29012×××××8713的款项1750959元，被告确认转账支取了1750959元，但主张该款是原告归还给被告的借款（起初原告称注册公司需验资，后称公司办不成）。具体情况如下：2012年11月，原告因资金周转需要向被告借款，2012年11月3日，被告从自己的银行账户取现78万元、80万元，然后同时由原告将78万元、80万元存入其上述账户（取现以及存入均为银行工作人员在数字上的操作，没有点钞的动作），被告以此方式完成出借给原告158万元。后原告仍需资金，被告又分别以于2012年11月15日、2012年11月17日将6万元、11万元存入原告银行账户的方式向原告出借资金。故被告合计向原告出借175万元，后原告于2012年12月12日向被告归还1750959元。对于上述主张，被告提交了依法向东莞农村商业银行石碣支行调取的取款凭条、存款凭条佐证，其中，2012年11月3日存款78万元、80万元的存款凭条为"温某麟"签名，其余取款凭条、存款凭条为"刘某夏"签名。

对于上述账号29012×××××5677的款项，被告主张：被告在2011年8月5日至2014年11月10日期间多次向上述账号存入款项，系原、被告合作经营中药材生意时的收入，共计688200元，对此，被告提交了依法向东莞农村商业银行石碣支行调取的存款凭条佐证。被告主张：2012年1月19日、2012年10月23日转账的20万元、10万元是被告的分红所得；2012年2月8日支取的1万元是用于购买中药材；2013年2月7日、2013年2月8日转账30万元、20万元是原告自行支取；2013年7月17日、2013年9月16日、2014年11月19日、2014年12月2日、2015年2月26日转账的2万元、2万元、2万元、3万元、3万元是被告通过分红所得。对于被告的主张，根据原告提交的依法向东莞农村商业银行石碣支行调取的取款凭条显示，2013年2月7日、2013年2月8日取款30万元、20万元的取款凭条为"温某麟"签名，其余取款凭条为"刘某夏"签名。

被告据此主张原告的起诉没有事实依据以及原告的起诉超过3年的诉讼时效，请求法院驳回原告对被告的全部诉讼请求。

代理思路

本案中，被告代理律师的主要代理思路如下：

其一，原告主张被告构成不当得利没有事实依据。被告不存在原告所述的未经原告同意，将其资金占为己有的行为，原告对其名下的案涉两个账户的资金变动在当时（2011年至2015年）是知情并同意的。

其二，主张原告起诉已超过3年的诉讼时效，丧失了胜诉权。

其三，本案是原告提起的恶意诉讼，请求法院根据法律规定对原告作出惩戒，被告亦已经考虑对原告提起侵权损害赔偿之诉。同时，原告隐瞒事实意图通过起诉获取法院的胜诉判决，其行为亦涉嫌诈骗罪，被告保留追究其刑事责任的权利。

代理点睛

笔者经过与被告仔细核实细节事实，发现佐证被告主张的有利事实。鉴于银行办理存折开户需要用开户人身份证的经验常识，而开户资料中亦有原告的身份证复印件以及银行工作人员盖有此复印件与原件相符的核对章，从而在证据事实上笔者得出了原告对案涉两个存折账户的开户以及资金变动肯定是知情并同意的结论，笔者在庭审中向主审法官作了详细阐述。此外，庭审过程中，经过法庭调查，原、被告均确认案涉两个存折是原告保管的事实。根据经验事实，可以得出原告对案涉两个存折账户的资金变动在当时就知情并同意。上述事实对反驳原告主张被告构成不当得利以及证实原告的起诉超过了3年的诉讼时效，均起到了重要的作用。

不当得利的基本要件有 4 个：一方获得利益，另一方受到损失，获利与受损之间具有因果关系，获得利益及利益受损均无法律上的原因。笔者通过研究大量案例，发现实践中对不当得利的第四个基本要件获得利益及利益受损均无法律上的原因的举证责任分配争议较大。结合本案而言，笔者认为，关于第四个基本要件，被告完成初步举证取得款项有法律上的原因即可，则该基本要件的举证责任应分配给原告。故笔者聚焦于在取得案涉款项具有法律上的原因层面，尽最大努力进行举证工作和庭审阐述工作，笔者通过研究裁判案例提炼出的该认识推动了案件最终取得胜利。

审判观点

法院认为：

首先，关于案涉 2680959 元是否属于不当得利。

根据原《民法总则》第 122 条规定，不当得利是指因他人没有法律根据，取得不当利益，受损失的人有权请求其返还不当利益。根据庭审查明的事实可知，尾号为 8713、5677 的银行存折由原、被告共同使用，双方均知晓密码，双方对上述两个存折均有存款和取款行为，结合庭审中双方陈述的原、被告一起合作做中药材生意多年，不排除上述两个账号的款项是双方合作而收支的款项及分红款。因此，被告对于案涉款项的获得具有法律上的原因，原告主张被告不当得利的理由不充分，其要求被告返还不当得利款项及利息的诉讼请求，法院不予支持。

其次，关于本案是否已超过诉讼时效。

根据庭审查明的事实，上述两个存折均由原告保管，每次被告使用存折存取款项，必然要找原告拿取存折原件，对于每一次的资金存取状况，存折上也有相应记载，故原告对于上述存折的资金动向不可能不知情。且原告也于 2012 年 11 月 3 日，将 78 万元、80 万元存入尾号 8713 的存折，原告于 2013 年 2 月 7 日、2013 年 2 月 8 日从尾号 5677 的存折取款 30 万元、20 万元，上述存取款金额均不是小数目，原告主张其对于保管的存折资金动向毫不知情，无法让人信服也不符合生活常理，故对原告的主张，法院不予采信。根据原《民法总则》第 188 条规定，向人民法院起诉请求保护民事权利的诉讼时效期间为 3 年。从案涉款项变动到原告提起诉讼之日已经超过 3 年，且原告并未举证证明就上述款项曾向被告主张过权利，因此，依照原《民法总则》第188条的规定，原告已经丧失了胜诉权，法院采纳被告关于本案已超过诉讼时效期间的抗辩，原告诉请被告归还不当得利款项及利息，法院不予支持。

案例编写人　　广东高宽律师事务所　　李　斐　李　靖

专家点评

孙鹏　　西南政法大学民商法学院教授、博士生导师，中国法学会民法学研究会常务理事、副秘书长

原告账户内资金转入被告账户或者由被告取现，仅为单纯的法律事实，本身不具有特定、独立的法律意义，可能是原告向被告提供借款或向被告履行债务，也可能是被告不当得利或侵权所致，其性质究竟为何只能结合相关基础关系确定。本案中，被告举证证明了原告尾号8713的存折账号向被告转账1750959元，系原告清偿此前对被告负担的债务，被告获得该笔款项有法律上的原因，不构成不当得利。原告尾号5677的存折账号向被告转账，以及被告从该账号取现，基于原告保管该存折、原被告均知悉该存折密码、原被告合作经营中药材生意、被告多次向该账号存入款项等事实，能够证明转账和取现均取得了原告同意，被告主张转账和取现款项系其分红所得以及为双方购买中药材的价款，有较高的可信度和说服力，足以让法官形成内心确信。一、二审均判决驳回了原告的诉讼请求，有充分的事实依据和法律依据。不过，既然原告对被告并无实体权利（不当得利债权），就不存在因诉讼时效完成而丧失胜诉权的问题。

相关法条

《中华人民共和国民法总则》

第一百二十二条[①]　　因他人没有法律根据，取得不当利益，受损失的人有权请求其返还不当利益。

---

① 该法已失效，本条对应《民法典》第122条。

第一百八十八条[①] 向人民法院请求保护民事权利的诉讼时效期间为三年。法律另有规定的,依照其规定。

诉讼时效期间自权利人知道或者应当知道权利受到损害以及义务人之日起计算。法律另有规定的,依照其规定。但是自权利受到损害之日起超过二十年的,人民法院不予保护;有特殊情况的,人民法院可以根据权利人的申请决定延长。

---

① 该法已失效,本条对应《民法典》第188条。

27 王某某诉吴某某离婚后财产纠纷案

——"假离婚"之财产分割条款效力的认定

案件索引

一审：上海市宝山区人民法院（2021）沪 0113 民初 13032 号
二审：上海市第二中级人民法院（2022）沪 02 民终 7807 号

基本案情

一、原、被告双方婚姻事实经过

原告王某某与被告吴某某原系夫妻。双方于 2013 年某月某日登记结婚，于 2016 年某月某日协议离婚，后于 2017 年某月某日复婚。自 2016 年起，双方共同在医疗机构实施辅助生育措施，并于 2019 年某月生育一女。嗣后双方又于 2020 年某月某日协议离婚。

自双方第一次结婚起至 2019 年某月，原、被告双方始终共同生活在一起。2019 年某月至 2020 年某月，双方经济仍然混同。2020 年某月起，双方因琐事产生矛盾，正式分居。

二、先后两次离婚时，原、被告双方关于财产之约定

第一次《自愿离婚协议书》约定"上海市 A 房屋产权证上有王某某姓名，离婚后归王某某所有"。

第二次《自愿离婚协议书》约定"婚后共同财产自行分割完毕，各自名下财物归各自所有，各自名下的债权债务由各自享受和承担"。

三、第二次离婚后,原、被告双方签署的关于 B 房屋的《份额约定协议》之主要内容

第二次离婚后不久的 2020 年某月某日,原告王某某和被告吴某某分别作为甲方和乙方签订了《份额约定协议》,该协议约定"上海市 B 房屋登记于乙方名下。首付款出资比例:甲方于 2017 年某月累计出资合计:180.5 万元,甲方之母于 2017 年某月累计出资合计:90 万元,乙方于 2017 年某月出资合计:199.5 万元,房屋总价为 6711458 元,首付款 4701458 元。(即甲方及甲方母亲合计出资 57.5%,乙方出资 42.5%)虽房产未登记甲方姓名,但是乙方认可甲方对该房产享有总份额的 57.5%……"

四、上海市 B 房屋及其附属车位的购买情况

2017 年某月(双方复婚前),被告作为买方签订了购买系争 B 房屋的《上海市商品房预售合同》,总价 6711458 元,其中首付款支付 4701458 元,剩余 201 万元贷款支付。2019 年某月,被告作为买方签订了购买系争 B 房屋附属车位的《上海市商品房出售合同》。2020 年某月(备注:双方第二次离婚后)经申报认定被告购买的系争 B 房屋免征房产税,契税减半收取,嗣后系争 B 房屋及附属车位一并登记在被告名下。

关于 B 房屋首付款的出资:2017 年某月,原告向被告转账 105.5 万元、原告母亲向被告转账合计 100 万元、被告父亲向被告转账 170 万元、被告向案外人 C 短期周转 80 万元。被告收到上述款项后向 B 房屋开发商支付首付款 4701458 元。2017 年某月某日,原告向案外人 C 转账 801052 元,用途记载"吴某某的还款及利息"。2017 年某月某日,原告向母亲转账 10 万元,用途记载"吴某某的还款"。

关于 B 房屋的贷款偿还:自该房屋贷款发放之日起,贷款均由被告吴某某偿还。

五、上海市 A 房屋的相关事实

A 房屋购买及变更过程:A 房屋系原告王某某及其父母于 2008 年共同购买的,产权也登记在三人名下。2013 年某月至某月,被告一共向原告转账 150 万余元。上述转账完成后,系争 A 房屋变更登记至原告王某某一人名下。2021 年某月,原告将系争 A 房屋出售。

原、被告双方第二次离婚后关于 A 房屋的微信聊天内容：原告说："我再提醒你一遍，房子是共同共有，并且你现在和你父母正住着，我没有占着。钱也是我们共同的，你如果非要分家，那我就和你分家，但你记住，是你要分不是我……""你如果内心已做好和我离婚的打算，我说的以上都是废话。"审理中，双方认可此时系争 A 房屋由被告及其父母居住。

六、原、被告各方在本案中的诉求

原告王某某请求法院确认其对 B 房屋及附属车位享有 57.5% 份额。

被告吴某某请求法院按照夫妻共同财产分割的标准依法分割 B 房屋及附属车位以及 A 房屋的出售款。

核心争议焦点

1. 原、被告双方两次离婚行为是否为通谋的虚假行为？
2. 若原、被告双方两次离婚行为系通谋的虚假行为，是否必然导致双方先后两次离婚时签订的《自愿离婚协议书》以及案涉《份额约定协议》均无效，进而重新分割案涉财产？

当事人各方观点及思维分析

原告王某某认为：其与被告两次离婚的原因均系感情不和，在法律上不存在"假离婚"。原告确认被告曾出资 150 万元购买 A 房屋，但结婚时 A 房屋价值约 170 万元，故被告并非全额出资。双方第一次离婚时，由于原告生育女儿受了很多苦，被告基于对原告的补偿，自愿放弃其在 A 房屋中的份额，明确约定该房屋归原告个人所有。关于 B 房屋的份额，双方已在《份额约定协议》中明确约定，该约定系双方真实意思表示，合法有效，且该协议系双方财产分割的一揽子协议，被告无权要求重新分割。

被告吴某某认为：双方初次结婚是 2013 年某月，后因 2016 年某月盛传房产新政，原、被告双方为了购房，在 2016 年某月办理了假离婚。但离婚后，双方的生活状态无任何变化，仍然共同生活，且自 2016 年起双方共同实施辅助生育措施并于 2019 年生育了女儿。B 房屋购买后，双方于 2017 年某月办理了复婚手续。2020 年某月，为避免缴纳房产税，并享受较低的契税优惠，双方再次假离婚。第二次离婚手续办理后，双方在微信聊天中还以"老公""老婆"相称。自第一次结婚起直至2020年某月，被告的收入及家庭经济始终由原告控制，被告每月收入进账后，原告立即自行操作将被告收入全部转走，故原、被告双方不可能是真离婚。

系争B房屋的首付款中，原告母亲出资90万元、被告父母出资约200万元。此外，原、被告婚后积蓄支付了约180万元（包括付款时向被告朋友C临时周转的80万元）。在原告的执意要求下，被告为了讨其欢心、维护家庭团结，签署了由原告起草的《份额约定协议》，但鉴于该《份额约定协议》中约定的出资情况与事实不符，所谓原告的出资实际上均为夫妻共同财产；另该协议之订立基于双方假离婚的前提，系基于双方合意虚假的意思表示形成，故该协议应当认定为无效。对系争B房屋及其附属车位应按照夫妻共同财产的分割原则进行分割。

原、被告结婚时本想购买婚房，但因原告家已购买了A房屋且与原告父母所居住的房屋在同一小区，经协商由被告吴某某出资150万元，视为由被告出资购买该房屋作为婚房，后原告王某某利用被告吴某某转账的钱款清偿了全部贷款，将A房屋变更登记至原告王某某一人名下，故该房屋应为夫妻双方共同财产。鉴于双方离婚协议中约定的财产内容并非真实意思表示，且原告已出售该房屋，故请求依法分割该房屋出售款。

代理思路

笔者接受被告吴某某委托后认为，本案的核心在于如何证明原、被告双方先后两次的离婚行为系通谋的虚假行为即"假离婚"，进而请求法院依法重新分割双方夫妻共同财产。

一、从以下两个方面举证证明原、被告双方系"假离婚"

通过搜集2016年网上盛传当事人所在地将出台新的房产限购政策及老百姓排队离婚的新闻，再结合系争B房屋购买于2017年的事实以及原、被告实际享受了首套房的优惠政策（免房产税和契税减免）和双方多次结婚、离婚的时间节点来论证原、被告双方具有"虚假离婚"的客观需要及实际享受了相应的国家优惠政策。

被告方提供了原、被告双方从第一次结婚开始的具有代表意义的生活照片、旅游照片、被告的银行流水、双方的微信聊天记录，尤其是双方在第一次离婚后继续共同在医疗机构实施辅助生育措施的证据，用以证明原、被告双方离婚后的生活和经济混同情况与双方未离婚时的情况并无差异，与正常离婚夫妻的生活和经济情况完全不同。

二、根据系争 A 房屋的产权变更过程及双方聊天记录来论证系争 A 房屋属于双方夫妻共同财产

本案若要请求法院分割 A 房屋，还需举证证明该房屋系双方夫妻共同财产。笔者申请法院出具调查令调取了原告父母将其在 A 房屋中的产权份额变更登记至原告一人名下的全部资料。经调查后发现，系争 A 房屋产权变更登记至原告一人名下的时间与被告转款给原告的时间相吻合，虽然双方就系争 A 房屋并无书面约定，但上述事实可以印证被告所称其向原告支付款项系为购买该房屋作为婚房的说法更符合常理，再结合双方关于 A 房屋的微信聊天内容，可以进一步印证该房屋应为夫妻共同财产。

三、从案涉《份额约定协议》约定内容来看，除系争 B 房屋外，其他夫妻共同财产均未涉及

诉讼中，原告提出《份额约定协议》系双方离婚财产分割的一揽子协议，不同意重新分割原夫妻共同财产。笔者根据该《份额约定协议》内容，并结合双方在该协议签署后的微信聊天内容"我再提醒你一遍，房子是共同共有，并且你现在和你父母正住着，我没有占着"，详细阐述并进行推理论证，得出双方并未就夫妻财产分割达成一揽子协议内容的结论。

代理点睛

众所周知，一旦完成离婚登记手续后，登记备案的离婚协议书便具有推定有效的公信力，若想推翻登记备案的离婚协议较难实现。成为被告的代理人后，笔者便开始搜集双方具有"虚假离婚"的客观需要及实际享受了相应的国家优惠政策的证据，同时搜集双方办理离婚手续前后生活轨迹、经济管控等方面的证据，查明双方是否存在离婚前后明显迥异的情形。同时，笔者作为代理人还提供了离婚后双方长期共同实施辅助生育措施并最终生育了女儿的证据，该证据可进一步证明若双方系真离婚，那么双方行为便不符合常理。

司法实践中对于"假离婚"所涉离婚协议中财产分割内容是否无效一直争议很大。笔者认为,司法不应保护"假离婚",双方签署的离婚协议并非双方真实意思表示,不符合民事法律行为的生效要件,无法认定离婚财产分割条款的有效性,且认定该财产分割内容有效往往会导致双方权利义务显著失衡。本案中,因笔者代表被告,故希望法庭认为"假离婚所涉财产分割条款无效",因此笔者进行了案例检索并制作了相应的书面代理意见,同时将相关案例作为附件提交给了法庭。

家事纠纷与商事合同纠纷最大的区别就在于前者往往缺少书面证据支持,而需进行大量的逻辑推理和论证。本案中,通过搜集和调查大量的证据论证原、被告双方系"假离婚"且双方夫妻财产并未分割,需重新分割,最终法院基本采纳了笔者的代理意见。

审判观点

法院审理后认为:双方于2013年某月登记结婚,2016年某月某日协议离婚,后于2017年某月购买系争B房屋,2017年某月某日复婚,2020年某月某日再次离婚,并先后办理了系争B房屋及附属车位的契税申报、产权登记手续。2016年起,双方继续共同在医疗机构实施辅助生育措施直至生育女儿。两次办理离婚后,双方始终保持正常的家庭生活状态、互相以夫妻相称、经济混同,直至2020年某月中旬产生矛盾。被告主张的双方两次协议离婚是为了规避限购政策,享受税收减免之目的,符合客观情况和常理,法院予以采信。双方在民政部门登记离婚时先后签署了两份"自愿离婚协议书"中关于财产分割的约定,系为了达到规避限购政策、享受税收减免之目的,为双方合意虚假行为而产生,并非双方离婚时对财产分割的真实意思表示,故关于财产分割的约定,法院认定无效。据此,对于两份"自愿离婚协议书"中所涉及的财产,法院重新依法予以分割。鉴于案涉《份额约定协议》系双方第二次离婚后签署,也并非为规避国家政策,应视为双方真实意思表示,故该协议应依法认定为有效。最终法院根据上述裁判理由为双方重新分割了系争的两套房屋。

案例编写人　　北京市隆安律师事务所上海分所　付忠文

专家点评

刘凯湘 北京大学法学院教授、博士生导师，中国法学会商法学研究会副会长

本案代理律师的职业服务水平值得点赞，主要体现在两个方面：

首先，律师很好地把握了家事纠纷与一般商事纠纷的区别，找到了自己所代理的当事人"软肋"，家事纠纷往往缺少书面证据支持，故而需要进行大量的逻辑推理和论证。基于此一思路，律师搜集了大量的证据以论证原、被告双方系"假离婚"且双方夫妻财产并未分割，进而需重新分割。

其次，律师对几个对本案而言极为关键的事实进行了"深挖"并坐实证据，包括案发地当时确实广为存在的夫妻为享受买房政策而"假离婚"的事实、原被告离婚后经济混同的事实、离婚后共同实施辅助生育措施并最终生育了女儿的事实、被告转款给原告与原告同一时间办理A套房屋产权登记的事实，为胜诉奠定了充分的事实基础。

相关法条

《中华人民共和国民法典》

第七条 民事主体从事民事活动，应当遵循诚信原则，秉持诚实，恪守承诺。

第一百四十三条 具备下列条件的民事法律行为有效：

（一）行为人具有相应的民事行为能力；

（二）意思表示真实；

（三）不违反法律、行政法规的强制性规定，不违背公序良俗。

第一百四十六条 行为人与相对人以虚假的意思表示实施的民事法律行为无效。

以虚假的意思表示隐藏的民事法律行为的效力，依照有关法律规定处理。

28 崔某某诉赵某洁、赵某发赠与合同纠纷案

——配偶诉赠与合同无效的请求权基础分析

案件索引

一审： 天津市北辰区人民法院（2022）津0113民初8966号
二审： 天津市第二中级人民法院（2023）津02民终4352号
再审： 天津市高级人民法院（2023）津民申2348号
执行： 天津市北辰区人民法院（2023）津0113执异284号

基本案情

原告崔某某与被告赵某发于1995年3月2日登记结婚。婚后，二人共同经营废铁购销生意。

自2009年5月27日至2022年5月23日，被告赵某发在欺瞒原告的情况下使用名下银行账户先后向被告赵某洁名下银行账户陆续转账600余笔，累计5167702元。2019年8月20日至2019年11月19日，被告赵某洁通过名下银行账户转账给被告赵某发共计40万元。崔某某认为：赵某发转账给赵某洁的款项是夫妻共同财产，赵某发对他人的赠与行为不仅违背了夫妻忠实义务，也损害了其自身合法权益。

因此，原告崔某某向法院起诉，要求确认被告赵某发赠与被告赵某洁的行为无效，并要求被告赵某洁返还全部钱款。

核心争议焦点

1. 被告赵某发与被告赵某洁是否存在不正当男女关系？
2. 被告赵某洁是否有义务返还钱款？若需返还，返还数额是多少？

当事人各方观点及思维分析

原告崔某某认为：被告赵某发与被告赵某洁之间存在不正当男女关系，并出于维系该不正当男女关系之目的，被告赵某发在隐瞒原告崔某某的情形下，擅自将夫妻共同财产无偿赠与被告赵某洁的行为违背公序良俗，该赠与行为无效。被告赵某洁基于无效的赠与行为受赠的全部钱款，应当返还。同时，被告赵某发未经其同意，非因日常生活之需要，擅自处分巨额夫妻共同财产的行为严重损害其合法权益，其有权利依法追讨。

被告赵某发和被告赵某洁不同意原告崔某某的诉请，一致认为：二被告之间不存在不正当男女关系，原告崔某某侵害其名誉权，保留追究原告崔某某的法律责任的权利。二被告系生意合作关系，往来资金均系业务往来，不是赠与。被告赵某洁以现金方式投资被告赵某发经营的废铁收售生意，被告赵某发转账资金系对赵某洁的合伙利润分红。被告赵某洁没有返还义务。二被告虽主张合伙关系，但自认合伙期间既无书面协议，全靠相互信任；赵某洁仅在2019年曾以转账方式投入资金40万元，其余绝大部分投资均以现金方式交付赵某发，投入资金数额不清楚；而合伙分红由赵某发以银行转账方式支付给赵某洁，但没有记账凭证；分红没有事先约定比例，分红多少全凭心情；合伙期间，赵某发曾雇用赵某洁丈夫给生意打杂。

另外，被告赵某发对原告崔某某提交的其名下银行交易明细（含律师调查令）不予认可，在法庭释明的情况下，并未提供否认交易明细真实性的证据。

代理思路

作为原告崔某某的代理人，从两方面论证赵某洁应当全额返还：

第一，从违背公序良俗原则方面入手。《民法典》第153条规定，违背公序良俗的民事法律行为无效。第157条规定，行为人基于无效的民事法律行为取得的财产，应当予以返还。本案中，赵某发转赠赵某洁钱款的行为有违公序良俗，赵某洁应如数返还全部钱款。为论证这一关系，首先从赵某发多年前的自认、13年来持续大额且单方的无偿转赠行为、庭审中双方共同委托同一代理人等因素论证双方之间存在不正当男女关系。其次，就二被告主张的合伙关系进行反驳，结合二被告无书面凭证，且二被告当庭的陈述自相矛盾、漏洞百出。妻子赵某洁是废铁生意的投资人，丈夫胡某龙是废铁生意的打工者；生意投资不计成本，利润分成看心情等，完全不符合投资经营逻辑，更不符合生活常理。

第二，从夫妻财产法定共有制方面入手。《民法典》第1062条规定，在夫妻无特别约定的情形下，婚后所得一切财产均系夫妻共同财产。夫妻对共同财产享有平等的处理权。婚内，赵某发未经配偶崔某某同意，非因日常生活需要擅自处分巨额夫妻共同财产，严重侵害崔某某的合法权益，崔某某有权依法追讨全部财产。

代理点睛

庭审中，综合全案证据材料，在二被告之间系不正当男女关系问题上证据材料存在明显不足现象。对此，代理人对代理思路侧重点作简单调整，以严重侵害原告崔某某享有的夫妻共同财产权益为主，以赠与行为违背公序良俗原则为辅。

第一，婚姻关系存续期间，夫妻一方非因日常生活需要无权擅自处分巨额夫妻共同财产。本案中，婚内被告赵某发非因日常生活需要，亦未经原告崔某某的同意，擅自将巨额夫妻共同财产转赠给赵某洁的行为，有违《民法典》第1062条第2款所规定的夫妻双方对共同财产享有的平等处理权，该赠与行为无效。

第二，被告赵某发赠与被告赵某洁的行为应全部无效，而非部分无效。我国实行夫妻财产法定共有制，即在夫妻双方未选择约定财产制的情形下，夫妻对共同财产实行法定共有制。本案中，原告崔某某和被告赵某发对夫妻共同财产未作约定，应当适用法定共有制。《民法典》第299条规定："共同共有人对共有的不动产或者动产共同享有所有权。"据此，原告崔某某对夫妻共同财产享有的权利，是对整体夫妻共同财产享有的所有权，是对全部夫妻共同财产不分份额地享有的所有权，非法定原因不得对共同财产划分个人份额。被告赵某发未经原告崔某某同意，无权独自将巨额夫妻共同财产赠与被告赵某洁，该赠与行为全部无效。

因此，被告赵某洁基于无效赠与行为取得的钱款，应当全部返还。

审判观点

法院认为：赠与合同是赠与人将自己的财产无偿给予受赠人，受赠人表示接受赠与的合同。关于本案赠与关系的认定问题。原告崔某某主张在其与被告赵某发婚姻关系存续期间，2009年5月27日至2022年5月23日被告赵某发向被告赵某洁的转账行为系赠与行为。对此，二被告不予认可且称双方系合作伙伴，在被告赵某发经营铁厂时，被告赵某洁作为合伙人投资并取得收益。二被告未提供任何证据证明其主张，故对二被告的抗辩不予支持。诚信原则不仅是社会主义核心价值观之一，亦是《民法典》重要的基本原则之一。依照法律规定，夫妻关系存续期间取得的财产属于夫妻共同财产。夫妻之间有相互忠诚的义务，夫或妻非因日常生活需要或其他法定或约定事由对夫妻共同财产作出重要处理决定的，应当平等协商，取得一致意见，任何一方均无权单独处分夫妻共同财产。据此，原告崔某某与被告赵某发在婚姻关系存续期间取得的财产系共同财产，属于共同共有，双方对共同财产有平等的处理权，夫妻任何一方在处理共同财产时应取得另一方的同意。具体到本案中，被告赵某发在与被告赵某洁接触交往的过程中，将与原告崔某某在夫妻关系存续期间的共同财产在十余年里向被告赵某洁进行数百次转账且金额巨大，既非因生活需要或其他法定或约定事由，又未经原告同意，明显不符合常理，应认定为赠与行为。该赠与行为违背夫妻间的忠诚义务，违背公序良俗原则，损害了原告对于夫妻共同财产的平等处理权，违反了法律的相关规定，更不符合社会主义核心价值观，该赠与行为应为无效。

法律规定，民事行为无效后，行为人因该行为取得的财产应当予以返还。上述受赠财产属于原告崔某某与被告赵某发的夫妻共同财产，为二人共同共有的财产。因此，被告赵某洁应依法向权利受到侵害的原告崔某某予以返还。关于返还钱款的数额，因夫妻双方未选择其他财产制，夫妻对共同财产形成共同共有。根据共同共有的一般原理，在婚姻关系存续期间，夫妻共同财产应作为一个不可分割的整体，夫妻对全部共同财产不分份额地共同享有所有权。因此，原告崔某某有权就全部赠与款项主张被告赵某洁返还。关于赠与款项的数额。经查，2009年5月27日至2022年5月23日，被告赵某发向被告赵某洁转款5167702元，而被告赵某洁向被告赵某发转款40万元，相互冲抵后，则赠与款项数额应为4767702元，对于此款被告赵某洁应予返还。

案例编写人　北京市京师律师事务所　李梅兰　李跃东

专家点评

杨立新　　中国人民大学法学院教授、博士生导师，中国法学会民法学研究会副会长

　　律师作为原告的代理人，从原告的诉讼主张出发，依据法律的规定，完善原告诉讼主张的法律依据，并且获得法院判决的支持，维护了原告的合法权益，应当充分肯定。

　　从现行法律规定出发，夫妻没有约定其他财产制的，当然是夫妻共同财产制，在婚姻关系存续期间，一方擅自将夫妻共同财产赠与他人，构成无权处分，原告作为夫妻财产共有权的权利人，主张赠与行为无效，请求返还，是没有问题的。

　　此案还应当考虑的问题是，两个以上的自然人合伙经营，在绝大多数情况下是没有协议的，就是共同投资、共同经营、共享利益。对于这种合伙，不能苛求其一定要有合伙协议、约定的分红比例。原告主张被告一向被告二赠与，那为什么被告二还要向被告一打款40万元呢？因此，被告主张40万元是投资款，支付的款项是合伙分红，并非完全没有道理。

　　当然，律师从原告代理人的立场对合伙提出质疑，且被告一方抗辩的证据不足，原告胜诉可以接受。

相关法条

《中华人民共和国民法典》

第八条　民事主体从事民事活动，不得违反法律，不得违背公序良俗。

第一百五十三条第二款　违背公序良俗的民事法律行为无效。

第一百五十七条　民事法律行为无效、被撤销或者确定不发生效力后，行为人因该行为取得的财产，应当予以返还；不能返还或者没有必要返还的，应当折价补偿。有过错的一方应当赔偿对方由此所受到的损失；各方都有过错的，应当各自承担相应的责任。法律另有规定的，依照其规定。

第六百五十七条　赠与合同是赠与人将自己的财产无偿给予受赠人，受赠人表示接受赠与的合同。

第一千零四十三条　家庭应当树立优良家风，弘扬家庭美德，重视家庭文明建设。

夫妻应当互相忠实，互相尊重，互相关爱；家庭成员应当敬老爱幼，互相帮助，维护平等、和睦、文明的婚姻家庭关系。

第一千零六十二条 夫妻在婚姻关系存续期间所得的下列财产，为夫妻的共同财产，归夫妻共同所有：

（一）工资、奖金、劳务报酬；

（二）生产、经营、投资的收益；

（三）知识产权的收益；

（四）继承或者受赠的财产，但是本法第一千零六十三条第三项规定的除外；

（五）其他应当归共同所有的财产。

夫妻对共同财产，有平等的处理权。

29 吕某、林某某诉林某、俞某民间借贷纠纷案

——姻亲关系项下借贷纠纷应避免恶意串通损害他人合法权益

案件索引

一审： 浙江省宁波市江北区人民法院（2022）浙 0205 民初 4436 号

基本案情

原告吕某、林某某系被告林某的父母，被告林某与俞某系夫妻关系。因家庭纠纷，被告林某向上海市浦东新区人民法院提起诉讼，要求与俞某离婚。在林某提起离婚诉讼的同日，被告林某的父母即本案的原告吕某与林某某，亦向浙江省宁波市江北区人民法院以民间借贷的案由提起诉讼，要求二被告即女儿女婿林某、俞某返还原告借款人民币 5971892 元（以下币种均为人民币）。因女儿林某婚后购置上海房产，林某父母吕某、林某某陆续向女儿林某转款高达 764.476 万元；俞某为购置该套上海房产，将自己婚前位于安徽合肥的一套房屋出售，将出售款 150 万元交予妻子林某用于购房，结合林某、俞某的公积金及婚后积蓄，购买到上海一套价值 910 万元房产一套，并登记为林某 68%、俞某 32% 的按份共有房屋。林某与俞某购房出资的细节，仅有口头协商并无书面约定，仅有林某使用家庭电脑制作的几份 Excel 表格，且在诉讼当中，林某已矢口否认该表格系其编制，认为是俞某为了应对诉讼而编制。俞某对林某购房资金的来源并不甚清楚，仅看过表格并在离开家时，将该系列表格传输至自己的微信收藏夹。除了当时购房时，岳父岳母提出有资金缺口，需要进行消费贷 100 万元，该 100 万元作为夫妻共同借款，俞某每个月按照岳父岳母告知妻子林某的还款金额，通过妻子林某向岳父岳母还款。俞某对除 100 万元借款之外的林某购房款项来历及是否为借款抑或赠与一概不清楚。

案件审理中，原被告均提供了己方银行流水以备法院查实，据俞某所称，俞某将自己出售其婚前房产获得的资金150万元，与林某婚后共同积蓄、约定公积金提取支付金额、向林某父母共同借款100万元，林某收其父母款项金额，共计三大类进行梳理，对标俞某与林某对所购房产份额约定的32%与68%，基本一致。

然而，林某购房时，多次多笔向父母短借短还，导致流水梳理困难，且林某当庭坚决否认本案68%、32%的比例分割系由林某自行编制，否认该几份表格系林某向俞某说明资金来源及房屋份额比例的构成原因。林某当庭声称电脑并非其一人控制，是俞某为了应诉逃避债务而编制。对此，被告俞某向法庭主张测谎申请，但该申请遭到原告吕某、林某某及被告林某的拒绝。第一次开庭结束，庭审陷入僵局，俞某主张无证据自证且无法印证该几份Excel表格的真实性，面临败诉风险。

第一次庭审结束后，就被告林某否认几份Excel表格系其编制一节情形，俞某代理律师详细询问了俞某就几份Excel表格制作的时间、背景、保存的电脑设备，以及从家庭电脑转至俞某微信收藏夹的各种细节，并提出了对表格的原始形成时间进行公证。此外，根据俞某描述的表格制作背景以及制作的时间，俞某代理律师提供了表格制作时俞某并不在上海，而在安徽合肥出售婚前房产的证据及证人，包括火车票、证人证言、录音等证据材料。最终，印证了俞某在林某制作表格期间并未在上海，无法支配该台电脑的法律事实。

庭审辩论及代理意见当中，俞某代理律师就两次庭审情况作了充分答辩，其核心内容为本案原告主张的500多万元债务，俞某并不知情，也从未达成借款之合意，也没有共债共用，除去俞某知情并一直按月还款的100万元外，其余债务不应认定为夫妻共同债务。在俞某代理律师的答辩意见中，反复强调本案虽为民间借贷案由，但涉及亲子间、姻亲间资金往来，务必严格按照夫妻共同债务的法律原则——"共债共签""共债共用"，避免法庭沦为制造虚假夫妻债务的工具。

最终，法院认定俞某主张成立，除100万元夫妻共同负债且有按月还款外，其余原告诉请款项与俞某无涉。判决林某于判决生效之日起10日内偿还林某某、吕某借款5516892元；俞某对其中806132元承担共同还款责任；驳回林某某、吕某的其他诉讼请求。宣判后，当事人均未提出上诉，判决已发生法律效力。

核心争议焦点

1. 原告主张的涉案款项的性质究竟为何？
2. 除去被告俞某已经认可的 100 万元借款，其余款项，究竟是何性质？
3. 被告俞某是否有偿还义务？

当事人各方观点及思维分析

原告吕某、林某某诉称：2021 年年初，考虑到二被告需购房但缺购房资金，原告出资购买上海市某路某弄 17 号 201 室房产，登记在二被告名下。购房时，房屋总价 910 万元，中介费 8.5 万元，税费 442847.59 元。原告向被告二林某转账购房款 650.5 万元，代为支付过户税款 14 万余元，通过案外人转账 99.756 万元，合计支付 764.476 万元。另外其还称：二被告于 2021 年 3 月 23 日还款 20 万元，2021 年 4 月 15 日还款 30 万元，2021 年 4 月 30 日还款 93 万元，另每月还款累计 193868 元。截至目前，合计尚欠 5971892 元未还。原告认为，上述款项为对儿女的临时性资金出借，被告理应偿还，故诉至法院。

对此，同为被告的俞某表示难以接受，表示原告吕某、林某某诉称并不属实。俞某辩称：原告主张当中通过案外人转账 99.756 万元，系岳父岳母即二原告当时帮助二被告购房所贷款项，金额为 100 万元，扣除转款手续费后，转款 99.756 万元，该 100 万元原被告明确约定系借款，亦按月偿还。其余原告所称款项，被告俞某一概不清楚，购房时被告林某称自行出资，与丈夫俞某无涉。故俞某认可原告主张的其中 100 万元消费贷为夫妻共同负债，其余款项均不属于夫妻共同债务，其余款项为二原告向被告林某的赠与或者向林某的单方借款，与俞某无关；林某与俞某已在房产登记中对份额进行明确（林某 68%、俞某 32%），不应由俞某对林某的份额承担共同还款义务；原告诉请金额与实际不符，部分款项存在重复计算或者未计算还款情况。要求驳回原告对俞某的诉讼请求。

而被告二林某辩称：对原告诉请均予以认可。父母转账的钱款系借款，用于本人与俞某购房所需，不存在赠与，俞某亦未提交证据证明系赠与行为；关于房产持有份额及购房钱款来源的计算，系俞某自行计算，与事实不符，林某本人没有那么多自有资金用于购房，且俞某主张的该部分事实的证据来源于俞某对电脑文件的复制；房产登记为按份共有系二被告之间的内部约定，对第三人不具有约束力。

代理思路

律师作为被告一俞某的代理人向法院提供了相关证据，并向法院申请证人出庭作证，并提出了相关代理意见：（1）本案涉及婚姻家庭纠纷，请求法庭务必结合《民法典》婚姻家庭编的相关法律规定进行研判，秉公裁判，裁量时符合社会常情、基本逻辑。（2）本案案由系民间借贷，但绝非债权债务关系，并非简单、清晰、典型的借贷案件。对于案件的启动、背景，法官、法庭应充分考虑二被告的婚姻关系，依法作出裁判。

代理律师在答辩意见中提出：如果本案的原被告间，尤其是若原告与被告俞某之间有书面借款协议，被告俞某自无话可说。恰恰是基于夫妻关系、岳父岳母与女儿女婿的关系，仅有几份 Excel 表格，且该几份表格原告称不知情、被告林某称并非其所编制。因此，代理律师特别提请法庭注意：原告在回答法官发问时（本案第一次庭审中），明确回答所谓借款 700 余万元仅与女儿即被告林某沟通，并没有与被告俞某沟通，这就意味着原告自认对于其所诉请的"债权总额 700 万元左右"与被告俞某之间无任何沟通，没有交流，没有共识，没有合意。被告俞某在庭审中认可其知晓与林某一起向岳父岳母借款 100 万元，并正在按月偿还，仅认可承担原告借款给二被告的消费贷 100 万元。

代理律师认为：应严格按照夫妻共同债务的法律原则"共债共签""共债共用"，二被告的房产证登记为"俞某 32%、林某 68%"，林某名下持有的 68% 份额并非林某所称的系俞某鉴于林某怀孕所赠与的份额。为何不是三七分？而是 32% 与 68%？可见，这显然不是简单的夫妻间基于情感的赠与比例。被告俞某提供的证据为：其家庭笔记本电脑中的房屋购买资金来源记录表、该电脑的购买发票、（2023）沪公证字第 468 号公证书、俞某的消费记录、俞某乘坐公共交通的扣款截图，用以证明系林某在俞某前往合肥卖房期间，自行在上海家中制作了房屋购买资金来源的表格，该表格显示"俞某自有资金 150 万元、林某爸妈出资 365 万元、林某出资 146 万元、林某与俞某共同出资若干"。经计算基本与俞某占房产份额 32% 一致，故被告林某从父母（即原告）处获得的钱款均用于该房屋的个人比例，不能认定为夫妻共同债务。因为林某从其父母处所得款项，不符合《民法典》第1064条规定之夫妻共同债务，即不符合夫妻共同债务的认定标准：并非基于夫妻共同意思表示所负的债务；并非为日常家庭生活需要所负的债务；超出家庭日常生活需要所负的债务且债权人不能证明该债务用于夫妻共同生活、共同生产经营或者基于夫妻双方共同意思表示的。因此，夫妻共同债务仅为原告替二被告借的消费贷100万元，并应当扣除俞某、林某每月按时还贷的部分。

同时代理律师认为：二原告与被告林某存在明显的恶意串通行为，符合《民法典》第154条恶意串通的构成要件：原告吕某、林某某与被告林某双方当事人都出于恶意；显然就转款、借款的事实及约定房屋份额的原因等事实，原告与被告林某存在互相串通；损害了特定第三人也就是案件中被告俞某的合法权益，试图恶意增加俞某的债务负担。

代理点睛

林某与俞某购房时，并未签订出资及房屋份额的书面约定，仅以口头且无证据的方式达成了出资、借款、购房、登记份额等一系列行为。因双方面临离婚，口头协商的出资、借款均无据可考，女方父母吕某、林某某以转款和部分还款为由向女儿、女婿提出借贷之诉。被告俞某作为女婿，并无直接证据证明原告所称出借款项中哪一部分是借贷，其余部分与自身无关。

代理律师接手该案后，通过检索相关既有裁判，发现类似案件极为少见，且多数类似案件，都需要有明确清晰的证据来证明款项是否为借贷，又是否为赠与。加之本案中，被告夫妻在房屋登记时已经明确约定房屋份额，并非共同共有，一旦被告俞某无端负债，其未来的离婚房产分割中，势必面临承担巨额共同债务却仅能按份共有分得32%的房屋份额。此案的审理、辨析和判罚非常重要。抽丝剥茧的审理、细致入微的举证，才能将案情真实呈现，达到准确判决。

审判观点

浙江省宁波市江北区人民法院于2023年6月30日对本案作出了判决。法院认为：

首先，关于资金来源表格，俞某陈述该份表格可以推导出林某个人存款

150万元，林某父母存款350万元，俞某、林某提取公积金60万元，俞某、林某商业贷款120万元，俞某、林某通过林某父母消费贷款100万元，俞某出资151万元（合肥房产出售）。故林某支出的购房款为350万元+150万元+（39万元+60万元+120万元+100万元）/2=659.5万元，即占总款项970万元的68%，相应的俞某占总出资款的32%，与房屋登记的份额完全一致，林某虽庭审中陈述该份表格并非其制作，其不知情，但该份表格中提及的"老妈""爸妈"字样亦可认定是指二原告，该份表格中提及的出资明细，经计算可与房产登记的份额高度一致。根据一般常理，夫妻婚后购房通常为共同共有，经审查，俞某、林某双方的收入及其家庭经济情况相差较大，缔结婚姻关系的时间较短，在房产总价达900余万元的前提下，本案中俞某、林某约定的份额数字精确且双方持有份额差额较大，极可能是按购房出资比例来约定，林某仅简单否认该份出资表格非其制作，但未能举证证明其占有超过三分之二房产份额系俞某一方对房产份额主动减持或基于其他合理事由，其应对此承担举证不能的不利后果。法院对林某关于房产登记的份额并非按出资比例的抗辩意见不予采纳。

其次，关于俞某与林某微信聊天记录、聊天录音，林某确有"多还了7万元"，"我爸给我们买房借的100万元"等陈述，林某在庭审中确认，发生该聊天记录时双方关系并未完全破裂，未就财产及债务进行全部对账及分割亦为人之常情，但二原告、林某均未能举证证明截至林某提起离婚诉讼，本案二原告提起本案诉讼之前，二原告、俞某与林某之间有提及二被告共同向原告借款600多万元或要求二被告共同出具借款凭证的事实，故二原告应对此案承担举证不能的不利后果。

最后，关于证人证言，因证人明确陈述其知晓的关于俞某、林某之间关于购房的事实均由俞某一方转述，故对其证言法院不予采纳，但证人提及俞某购买夫妻共同财产的房屋出资来源系合肥房产的出售，该事实与法院查明的一致，对该部分证言法院予以认定，该证言亦可证明关于俞某一方对涉案房产的出资，限于合肥房产出售的事实，房产份额系根据二被告出资比例所确定的事实。另外，通观本案款项往来，几乎均发生在原告与林某之间，在普通人的认知中，原告上述出资更多地体现为父母对于自己子女的资助或者帮助，故原告主张涉案款项性质是向二被告出借的款项，因原告未能进一步举证双方就借款达成了合意，法院对原告的上述主张不予认定，除俞某自认的消费贷款100万元系二被告向原告的共同借款，为夫妻共同债务之外，原告向林某的转账应视为原告对己方子女林某的出资款,该出资款亦转化为林某一方持有的房产份额。

案例编写人　上海严嫣律师事务所　严　嫣

专家点评

> **白敏　　中华全国律师协会常务理事兼婚姻家庭法专业委员会主任,贵州省律师协会会长**
>
> 　　本案是一起典型的家庭成员间资金往来和夫妻共同债务的民间借贷纠纷案件。本案的判决结果显示:法院在处理家庭成员间资金往来时必须持审慎的态度和对夫妻共同债务认定原则的严格适用。
>
> 　　代理律师表现出了较高的专业性和策略性。代理时,明确指出本案表面上是一起民间借贷纠纷,但不能忽视借贷系发生在家庭内部成员间及起诉时点为夫妻关系破裂时;提示法院注意原告与被告林某之间可能串通以及父母出资为子女购房的可能性;强调民间借贷应具有"借贷合意",夫妻共同债务认定时应遵循"共债共签"和"共债共用"的法律原则。通过对证据的收集和分析,特别是对记账表格的原始形成时间进行公证,成功证明己方观点,为本案最终裁判结果构建了坚实的证据基础。

相关法条

《中华人民共和国民法典》

第一千零六十四条　夫妻双方共同签名或者夫妻一方事后追认等共同意思表示所负的债务,以及夫妻一方在婚姻关系存续期间以个人名义为家庭日常生活需要所负的债务,属于夫妻共同债务。

夫妻一方在婚姻关系存续期间以个人名义超出家庭日常生活需要所负的债务,不属于夫妻共同债务;但是,债权人能够证明该债务用于夫妻共同生活、共同生产经营或者基于夫妻双方共同意思表示的除外。

《最高人民法院关于审理民间借贷案件适用法律若干问题的规定》

第九条　自然人之间的借款合同具有下列情形之一的,可以视为合同成立：

（一）以现金支付的，自借款人收到借款时；

（二）以银行转账、网上电子汇款等形式支付的，自资金到达借款人账户时；

（三）以票据交付的，自借款人依法取得票据权利时；

（四）出借人将特定资金账户支配权授权给借款人的，自借款人取得对该账户实际支配权时；

（五）出借人以与借款人约定的其他方式提供借款并实际履行完成时。

第十四条 原告以借据、收据、欠条等债权凭证为依据提起民间借贷诉讼，被告依据基础法律关系提出抗辩或者反诉，并提供证据证明债权纠纷非民间借贷行为引起的，人民法院应当依据查明的案件事实，按照基础法律关系审理。

当事人通过调解、和解或者清算达成的债权债务协议，不适用前款规定。

《最高人民法院关于适用〈中华人民共和国民事诉讼法〉的解释》

第九十条 当事人对自己提出的诉讼请求所依据的事实或者反驳对方诉讼请求所依据的事实，应当提供证据加以证明，但法律另有规定的除外。

在作出判决前，当事人未能提供证据或者证据不足以证明其事实主张的，由负有举证证明责任的当事人承担不利的后果。

《最高人民法院关于适用〈中华人民共和国民法典〉婚姻家庭编的解释（一）》

第三十四条 夫妻一方与第三人串通，虚构债务，第三人主张该债务为夫妻共同债务的，人民法院不予支持。

夫妻一方在从事赌博、吸毒等违法犯罪活动中所负债务，第三人主张该债务为夫妻共同债务的，人民法院不予支持。

30 毛某与吴某、路某确认合同效力纠纷案

——执行和解协议因欺诈而撤销的司法认定标准

案件索引

一审：江苏省张家港市人民法院（2021）苏 0582 民初 3469 号

二审：江苏省苏州市中级人民法院（2021）苏 05 民终 13351 号

基本案情

2012 年，吴某、路某向银行申请贷款，毛某以自有房屋为吴某、路某无偿提供 400 万元的抵押担保，后因吴某、路某未能偿还银行贷款，毛某代吴某、路某清偿了欠款。此后，因吴某、路某未向毛某履行还款义务，毛某就此代偿款纠纷诉至法院。2014 年 11 月 25 日，江苏省张家港市人民法院作出（2014）张民初字第 01791 号民事判决书，确认吴某、路某应支付毛某 371.29 万元。吴某、路某不服，提出上诉。2015 年 5 月 20 日，江苏省苏州市中级人民法院二审维持原判。判决生效后，因吴某、路某未履行还款义务，毛某遂向法院申请执行，执行过程中吴某、路某仍以各种理由和借口拒不还款。

2016 年 7 月 19 日，吴某、路某明确表示除了江阴两套预售房屋（他人抵给吴某，尚未过户到吴某名下，当时价值 152 万余元）外没有其他可执行的财产，不签执行和解协议毛某就一分钱也拿不到。在此情况下，毛某不得不与吴某、路某达成《执行和解协议》，同意吴某、路某以江阴两套房产折抵（2014）张民初字第 01791 号民事判决书确定的尚未执行到位的款项，待上述房产在约定时间（2016 年 7 月 22 日前）内过户到毛某名下后，（2014）张民初字第 01791 号民事判决书就全部履行完毕。在《执行和解协议》实际履行过程中，直到 2017 年 4 月 28 日上述两套房屋才变更登记至毛某名下。

2018 年 9 月，毛某以被执行人未按《执行和解协议》约定期限办理房产

过户为由向江苏省张家港市人民法院申请恢复执行，最终法院以案件不符合恢复执行的法定情形，驳回毛某恢复执行申请，并裁定终结执行。

2020年10月26日，毛某向江苏省张家港市人民法院提起诉讼，主张《执行和解协议》系在吴某、路某故意隐瞒、转移财产的情形下签订的，要求撤销《执行和解协议》。2020年12月7日，江苏省张家港市人民法院作出（2020）苏0582民初12617号民事裁定书，认为毛某提起的申请撤销执行和解协议不属于民事案件审理范围，裁定驳回起诉。毛某向上级法院提起上诉。2021年2月25日，江苏省苏州市中级人民法院认为根据《最高人民法院关于执行和解若干问题的规定》第16条的规定，毛某有权向执行法院提起民事诉讼，遂作出（2020）苏0582民初12617号民事裁定书，指令原审法院重审。

重审期间，在毛某提交大量证据的基础上，一审法院查明：2015年3月20日，即毛某诉吴某、路某代偿款纠纷一案一审判决后、二审审理期间，吴某将其持有的江苏某建材科技有限公司（以下简称某建材公司）的股权中的648万元（占公司注册资本的60%）无偿转让给了蒋某（吴某堂弟）。2015年3月20日，某建材公司的另一名股东陈某将其持有的公司股权中的432万元（占公司注册资本的40%）转让给吴某飞（吴某堂弟）。所谓的执行和解协议履行完毕后，2018年8月8日，吴某飞将该40%的股权转回给吴某；同日，蒋某将其持有的60%的股权转回给吴某。2018年10月15日，某建材公司由自然人（蒋某、吴某飞）控股的有限责任公司变更为吴某独资。同时，案件审理过程中，张家港市人民法院根据毛某的申请自中国农业银行张家港支行调取了《关于发放吴某农村个人生产经营贷款300万元的调查报告》，报告显示在执行期间，吴某、路某持有位于张家港市某村的两套小产权房，但其没有向法院申报过。又，为查明股权转让情况，张家港市人民法院对蒋某和吴某飞进行了调查。根据对该二人的调查笔录，证实吴某在案涉期间的股权转出和转进均没有支付任何价款。此外，在股权转出至转回这段时间，吴某虽然不是某建材公司名义上的股东，但仍继续支配公司（包括可以随意支配公司钱款），甚至真正登记的股东蒋某、吴某飞都无法对公司财务进行管理。并且在股权转出之后，吴某仍一直在某建材公司做业务，且每年都有二三十万元的提成款。

2021年9月24日，江苏省张家港市人民法院作出（2021）苏0582民初

3469 号民事判决：撤销毛某与吴某、路某于 2016 年 7 月 19 日签订的《执行和解协议》。吴某、路某上诉后，2022 年 1 月 7 日，江苏省苏州市中级人民法院作出（2021）苏 05 民终 13351 号民事判决：驳回上诉，维持原判。

核心争议焦点

1. 毛某与吴某、路某于 2016 年 7 月 9 日签订的《执行和解协议》是否存在欺诈情形应当撤销？

2. 毛某于 2020 年 10 月 26 日起诉主张撤销是否超过了法定期限？

当事人各方观点及思维分析

一、原告观点及思维分析

关于焦点 1，毛某认为依据原《合同法》第 54 条的规定，吴某故意转移股权、隐匿财产，制造无财产可供执行的假象，毛某因受欺诈产生错误认识签订《执行和解协议》，应当予以撤销。

关于焦点 2，毛某通过律师于 2020 年 9 月 21 日调取某建材公司工商内档才发现，吴某存在恶意转移股权、隐匿财产的情形，毛某明知自己权利被侵害的日期应当为 2020 年 9 月 21 日，毛某于 2020 年 10 月 26 日向法院提起诉讼，并未超过撤销权之诉的一年除斥期间。

二、被告观点及思维分析

关于焦点 1，吴某、路某认为吴某将某建材公司股权转让，没有损害毛某的利益。当时某建材公司处于严重亏损状态，公司本身不具有经济价值，股权更不具有经济价值，《执行和解协议》是在法院组织下达成并签订，系双方真实意思表示，已经履行完毕，不存在欺诈和隐瞒。

关于焦点 2，吴某、路某认为毛某在 2019 年 10 月 12 日就已经知晓吴某是某建材公司的法定代表人且认为吴某存在隐匿资产逃避执行的行为，其主张已经超过了法定的行使期限。

代理思路

原告代理律师在本案中的代理思路如下：

一、本案并未超过一年的除斥期间

2020年1月9日，毛某申请法院恢复执行，但被江苏省苏州市中级人民法院裁定驳回。后毛某经朋友提醒，通过律师于2020年9月21日调取某建材公司工商内档才发现，吴某、路某在收到判令其归还欠款的一审判决的情况下，于2015年3月20日恶意将其持有的某建材公司的股权转出，后于2018年8月8日，在《执行和解协议》履行完毕后，将上述股权转回其名下。毛某此时才意识到被吴某欺诈，故毛某明知自己的权利被侵害的日期应当为2020年9月21日，随后毛某于2020年10月26日向法院提起诉讼，并未超过撤销权之诉的一年除斥期间。

同时需强调的是，对"知道或应当知道"撤销事由的认定，司法实践中采取"合理标准"，即不要求债权人对债务人的财务状况有持续关注，债权人对其知道的时间可提供合理的解释即可。如在最高人民法院（2017）最高法民再92号案件中就采取了此标准。本案中，毛某在2020年9月21日调取工商内档之前一直在走申请法院恢复执行程序，直到被法院裁定驳回，经朋友提醒查询吴某公司工商内档才确信自己被欺诈，故"知道或应当知道"的时间应从2020年9月21日起算。

二、吴某不仅恶意转移股权还存在瞒报房产的行为，明显属于欺诈

（一）吴某故意转移股权隐匿财产，制造无财产可执行的假象

吴某在法院判决其应偿还毛某债务后，应当十分清楚其将面临的债务支付问题，但仍恶意将其股权对外转让。正常的股权转让，转让价格是最基本的条款，而吴某在2015年3月20日的股权转让协议中连最基本的股权转让价格都不写，可见是一份虚假的转让协议。吴某辩称"公司的经营状况本身处于亏损状态，本身公司的股权和公司不存在经济价值"，但根据毛某申请法院向某银行调取的《关于发放吴某农村个人生产经营贷款300万元的调查报告》，该份报告显示2016年某建材公司净资产294万元，在实收资本200万元的基础上，还有未分配的94万元，这足以说明在吴某、路某欺骗毛某签署

《执行和解协议》前后，该公司是盈利的，具有较高的股权价值，与吴某、路某所述公司亏损无价值的事实不符。

根据《民事诉讼法》第 241 条的规定，被执行人未按执行通知履行法律文书确定的义务，应当报告当前以及收到执行通知之日前一年的财产情况。2015 年 6 月 2 日，毛某已向张家港市人民法院申请执行。执行期间，吴某、路某应当向法院报告当时以及收到执行通知之日前一年的财产情况。然而吴某在 2015 年 3 月 20 日将其股权转移给案外人时既未向法院报告，也未告知毛某。

2016 年 7 月 19 日，吴某恶意转移股权，制造无财产可供执行的情况，欺骗毛某签订执行和解协议。2018 年 8 月 8 日，吴某又将股权转回，还将公司变更为一人公司，具有显著的隐匿、转移资产的特征。因此，吴某在明知法院判决其履行债务的情况下，通过无偿转让公司股权恶意转移、隐匿财产，是欺诈行为。

（二）吴某故意隐瞒房产未申报，制造无财产可供执行的假象

吴某在 20 世纪 90 年代就在某村购买了门面房一套 45 平方米、住宅一套 180 平方米，总计金额为 90 万元，属于吴某的财产。该信息由中国农业银行张家港支行出具的《关于发放吴某农村个人生产经营贷款 300 万元的调查报告》以及某村委会出具的情况说明可以证实，然而在执行期间，吴某自始至终都没有向法院申报该两套小产权房。根据《最高人民法院关于转发住房和城乡建设部〈关于无证房产依据协助执行文书办理产权登记有关问题的函〉的通知》《江苏省高级人民法院关于执行疑难问题的解答》的规定，对无证房屋可以进行"现状处置"。小产权房虽然无产权证，但是其本身仍然具有经济利益，不存在因为是小产权房，吴某、路某就无须披露该财产信息的情况。事实上，该小产权房已经在拆迁过程中，具有较高的经济价值。

三、吴某以欺诈手段蒙骗法院和毛某，赖掉巨额债务，严重违背社会主义核心价值观

根据 2019 年 8 月 26 日毛某向法院申请恢复执行，法院查封情况来看，当时查封吴某的财产包括房屋及车辆，吴某名下及其一人公司名下共有汽车 8 辆，内有多辆豪车。在短短两三年间，吴某从四处欠债、身无分文到拥有巨额财富，明显已经具备了偿还能力，而毛某当初不计任何回报为吴某、路某的贷款提供担保，在二人无力偿还的情况下，又主动以向银行贷款的方式为

二人偿还了银行400万元欠款。此二人非但不心存感激，还设计转移隐匿财产，制造无财产可供执行的假象，诱骗毛某无奈签订以150余万元房产抵近400万元债权的《执行和解协议》，吴某、路某利用执行和解协议作为保护伞，赖掉欠款，不仅违背了法律保护良善的本意，也与社会主义核心价值观所倡导的诚信品德严重背离。

一、只有准确找到案件的请求权基础，才能更高效地解决纠纷

本案事实为毛某无偿为吴某、路某向银行贷款提供担保，在其二人无力偿还的时候，毛某为他们偿还了400万元欠款。后毛某在向吴某、路某追索欠款时，吴某、路某却恶意转移、隐匿财产，欺骗毛某签订了以150余万元房产抵近400万元债务的《执行和解协议》。签订协议后短短一两年间，毛某发现吴某财富非正常增长，觉得存在蹊跷，但其原本的权利救济方式仍是针对执行程序，其以吴某、路某未按约定履行执行和解协议为由向法院申请恢复执行，最终因执行和解协议的内容履行完毕，法院驳回了其恢复执行的请求。代理人认为：若想真正实现恢复执行必须从根源上，即《执行和解协议》本身的效力着手。经律师协助，毛某发现了吴某、路某在签订执行和解协议前转移、隐匿财产的重要线索，因此依据《最高人民法院关于执行和解若干问题的规定》第16条提起民事诉讼，请求法院撤销《执行和解协议》。由此可以看出，从2016年7月签订执行和解协议一直到2022年1月人民法院生效判决撤销《执行和解协议》，毛某用近7年的时间才在法院执行程序中取得了转机。可见，请求权基础的准确认定对于当事人权利救济的及时性有着非常重要的影响。

二、在执行案件中，被执行人转移隐匿财产往往线索较为隐蔽，需采取综合手段确认被执行人转移、隐匿财产的事实，以此认定被执行人存在欺诈情形

在执行案件中，申请执行人往往因为个人调查能力的不足难以获得有效的执行财产线索，这也给被执行人通过转移、隐匿财产的方式逃避执行留下了可乘之机。本案中，代理人通过调取吴某名下公司的企业工商内档信息，通过抽丝剥茧，发现了被执行人在法院一审判决后、《执行和解协议》签订

时、《执行和解协议》"履行完毕后"等重要时间节点公司股权存在非正常变动情况，具有隐匿财产的可能，并借助法院的力量对相关人员开展调查，最终确认被执行人在签订《执行和解协议》时存在恶意转移公司股权的情形。此外，申请执行人通过法院开具调查令的方式向中国农业银行股份有限公司张家港支行调取了被执行人于2019年在该银行申请贷款时的抵押担保情况，在银行存档的一份《关于发放吴某农村个人生产经营贷款300万元的报告》中发现被执行人名下还有两套小产权房作为家庭主要资产向银行进行了申报，但是在法院执行阶段并未向法院进行披露。综合上述证据，形成完整的证据链能够证明被执行人通过转移、隐匿财产的方式与申请执行人签订执行和解协议，属于明显的欺诈行为。

审判观点

一审法院认为：首先，吴某于2015年3月20日无偿转让某建材公司股权。2018年8月8日，即《执行和解协议》履行完毕后，吴某又从蒋某手中购回某建材公司60%股权，同时从吴某飞手中购回某建材公司40%股权，将公司变更为一人独资公司。两次股权转让，公司均未支付任何价款。两次股权转让期间，吴某仍实际在某建材公司任职，从某建材公司领取报酬，并对其中的应收款等拥有支配权。其次，被执行人在执行过程中应当如实披露自己的财产信息。吴某、路某在执行过程中，未如实申报住房、股权转让、个人收入等重大财产信息。综上可以看出，吴某、路某实施了故意转移股权、隐匿财产状况的行为，意图制造无财产可供执行的假象，毛某因受到欺诈产生错误认识并与吴某、路某签订《执行和解协议》，以当时价值150余万元的房产冲抵其对吴某、路某享有的近400万元的债权，显然非毛某真实意思表示，毛某利益因此受到重大损失，二者之间存在因果关系，毛某有权请求人民法院撤销。毛某的诉讼请求合法有据，应予支持。最后，关于除斥期间，毛某于2020年9月21日调取了某建材公司内档信息才发现股权转让事宜。关于房产情况，案件审理中通过向中国农业银行调查才得知。故毛某的主张并未超过法定的权利行使期间。综上，判决撤销毛某与吴某、路某于2016年7月19日签订的《执行和解协议》。

二审法院认为：本案争议焦点一，吴某无偿转让某建材公司60%的股权的时间节点是在（2014）张民初字第01791号民事判决二审期间，而此前

2014年7月，吴某还增资513万元，使其60%的股权对应注册资本为648万元。吴某二审陈述转让股权原因系对外结欠债务众多，公司没有利益价值而无偿转让，该理由显然不能令人信服。并且，吴某在无偿转让60%股权的同时，其堂弟吴某飞又无偿受让了某建材公司40%的股权。此后，吴某挂靠某建材公司经营，还挪用公司经营款项，可见其仍在公司拥有一定的经营管理权力。本案所涉《执行和解协议》履行完毕后，吴某无偿从蒋某、吴某飞处取回某建材公司100%的股权。因此法院认为：吴某在案涉（2014）张民初字第01791号民事判决执行期间，通过无偿转让股权营造了无财产可供执行的假象，使毛某与之签订执行和解协议，吴某的行为构成欺诈。对于本案争议焦点二，毛某虽然在2019年10月12日向一审法院提出的执行异议答辩状中提及吴某拥有豪车、豪宅及股权，但并不足以证明毛某已经获知吴某转让股权的全部经过，因此吴某认为毛某提起本案诉讼超过除斥期间的理由法院不予采纳。

案例编写人　北京盈科（上海）律师事务所　林　安　李巧玉

潘剑锋　北京大学法学院教授、博士生导师，中国法学会民事诉讼法学研究会常务副会长

　　本案涉及两个有联系的法律问题：执行和解协议的撤销和当事人主观上是否存在欺诈恶意。二审法院认为：根据相关司法解释，法院应当受理主张撤销执行和解协议的诉讼。应该说，二审法院的这一认识符合司法解释的精神，有利于保护执行程序中当事人的合法权益。本案中二被告主观存在欺诈恶意，一般来讲不大好认定，但本案中，法院根据行为人一系列的行为表现，来说明行为人存在主观上的欺诈恶意，很有说服力，进而撤销了损害执行申请人合法权益的执行和解协议。这一方面保护了本案执行申请人的正当权利；另一方面，也有效地揭露了不守诚信的本案被执行人通过玩"小聪明"企图逃避债务的阴谋。

相关法条

《中华人民共和国合同法》

第五十四条① 下列合同，当事人一方有权请求人民法院或者仲裁机构变更或者撤销：

（一）因重大误解订立的；

（二）在订立合同时显失公平的。

一方以欺诈、胁迫的手段或者乘人之危，使对方在违背真实意思的情况下订立的合同，受损害方有权请求人民法院或者仲裁机构变更或者撤销。

当事人请求变更的，人民法院或者仲裁机构不得撤销。

《中华人民共和国民法总则》

第一百五十二条② 有下列情形之一的，撤销权消灭：

（一）当事人自知道或者应当知道撤销事由之日起一年内、重大误解的当事人自知道或者应当知道撤销事由之日起三个月内没有行使撤销权；

（二）当事人受胁迫，自胁迫行为终止之日起一年内没有行使撤销权；

（三）当事人知道撤销事由后明确表示或者以自己的行为表明放弃撤销权。

当事人自民事法律行为发生之日起五年内没有行使撤销权的，撤销权消灭。

《最高人民法院关于执行和解若干问题的规定》

第十六条 当事人、利害关系人认为执行和解协议无效或者应予撤销的，可以向执行法院提起诉讼。执行和解协议被确认无效或者撤销后，申请执行人可以据此申请恢复执行。

被执行人以执行和解协议无效或者应予撤销为由提起诉讼的，不影响申请执行人申请恢复执行。

---

① 该法已失效，本条对应《民法典》第147条、第148条。

② 该法已失效，本条对应《民法典》第152条。

31 某国有资产管理公司与某房地产公司、某股份有限公司申请执行人执行异议之诉案

——房屋抵押权人对房屋被查封后孳息收取的权利能否排除孳息质押权人的强制执行

案件索引

一审：浙江省杭州市中级人民法院（2021）浙01民初1670号

二审：浙江省高级人民法院（2022）浙民终419号

基本案情

某股份有限公司（以下简称A公司）系某工艺大楼（以下简称案涉房产）的产权人。自2012年3月起，A公司陆续向数家银行借款，并以案涉房产为其银行贷款进行抵押担保，设置了多个抵押权，抵押权设立登记的最早时间为2012年3月19日。2015年7月30日，A公司向农业银行某支行（以下简称农业银行）借款，同日，农业银行作为抵押权人在案涉房产上设立登记抵押权。借款期限届满后，因A公司未偿还贷款，农业银行于2017年1月6日向法院起诉，法院于2017年1月22日查封A公司名下的案涉房产。

自2016年12月至2017年5月，某国有资产管理公司（以下简称B公司）陆续收购了其他银行对A公司的债权资产包。2018年10月17日，B公司又受让了农业银行对A公司的债权。至此，B公司成为案涉房产唯一的抵押权人。在B公司通过诉讼方式实现债权的过程中，法院于2019年4月10日向案涉房产各租户送达了《执行裁定书》和《协助执行通知书》。

2017年11月15日，A公司和某房地产公司（以下简称C公司）就A公司名下的案涉房产租金收入签订《应收账款质押登记协议》，并于2017年11月20日在中国人民银行征信中心办理登记。2019年12月11日，上海仲裁

委员会就C公司诉A公司质押合同纠纷一案作出《仲裁裁决书》，裁决A公司履行付款义务、C公司有权就A公司提供质押的应收账款在债务范围内享有优先受偿权。因A公司未履行裁决书确定的付款义务，C公司向浙江省杭州市中级人民法院申请强制执行。在执行过程中，杭州市中级人民法院扣划A公司名下案涉房产的部分租金。在杭州市中级人民法院拟将扣划租金款项支付给C公司的前夕，B公司以案外人身份向杭州市中级人民法院提出执行异议，本案案发。经审理，杭州市中级人民法院于2021年5月17日作出（2021）浙01执异26号《执行裁定书》，裁定中止对A公司名下案涉房产全部租金收入的执行。

C公司遂以A公司和B公司为被告，向法院提起申请执行人执行异议之诉，请求撤销（2021）浙01执异26号《执行裁定书》，继续执行案涉房产全部租金收入；并请求确认法院已经划扣的租金归B公司所有。

最终，经杭州市中级人民法院一审、浙江省高级人民法院二审，法院认定B公司作为案涉房产的抵押权人对于案涉房产被查封后孳息收取的权利能够排除C公司作为孳息质押权人的强制执行，判决驳回C公司的全部诉讼请求。

核心争议焦点

B公司作为案涉房产的抵押权人，对于案涉房产被查封后孳息收取的权利能否排除C公司作为孳息质押权人的强制执行？

当事人各方观点及思维分析

一、B公司观点及思维分析

1.无论是原《物权法》第197条第1款，还是《民法典》第412条，均明确规定抵押权人自人民法院对抵押财产扣押之日起有权收取抵押财产的天然孳息或法定孳息。

也就是此种情况下"抵押权的效力及于抵押物的孳息"，抵押权人有权就抵押物本身及抵押物的孳息一并享有优先受偿的权利，这也是抵押权的应有之义。否则，抵押权人优先受偿权将被架空，抵押权就会失去意义。自农业银行认为存在实现抵押权以担保主债权实现的现实必要，向人民法院提出财产保全申请，法院保全查封案涉房产之日起，B 公司享有的抵押权及于案涉房产自 2017 年 1 月 22 日查封之日起产生的法定孳息租金。

2. 抵押权与质权竞合时的清偿顺序以担保物权登记的先后顺序确定，B 公司就案涉房产的租金享有优先于 C 公司受偿的权利。

本案涉及抵押权与质权发生竞合，关于抵押权与质权发生竞合时的清偿顺序，《民法典》第 415 条规定："同一财产既设立抵押权又设立质权的，拍卖、变卖该财产所得的价款按照登记、交付的时间先后确定清偿顺序"。根据该条规定，房产租金应优先清偿租金质权和房产抵押权之中登记在先的担保物权。

通过梳理本案案件事实，抵押权最早的登记日期为 2012 年 3 月 19 日，且在 2017 年 1 月 22 日法院查封之日，案涉房产抵押权的效力已经及于房产租金，而 C 公司设立质权的日期为 2017 年 11 月 15 日。因此，无论从抵押权最早的登记日期，还是从抵押权效力及于案涉房产租金的日期看，B 公司对于案涉房产的租金都享有优先于 C 公司受偿的权利。

3. 司法实践亦支持抵押权人对于抵押房产自查封之日起产生的房屋租金优先于租金质权人受偿。

司法实践中已有支持抵押权人对于抵押房产自查封之日起的房屋租金优先于租金质权人受偿的案例。依据《最高人民法院关于统一法律适用加强类案检索的指导意见（试行）》所要求的类案检索、类案类判的精神，其他法院已经发生法律效力的类案裁判文书，可供本案审理时参考。

检索到的类案裁判文书，虽不属于最高人民法院发布的指导性案例，但与本案在基本事实、争议焦点、法律适用问题等方面均具有相似性，且已经生效，具有类案指导意义。

二、C 公司观点及思维分析

1.《物权法》第 197 条第 1 款规定抵押权人有权收取抵押物孳息，并不意味着抵押权人当然取得对孳息的优先受偿权。该款规定抵押权人在特定情形下对抵押财产孳息的权利为"收取"权，并未明确抵押权人对其享有优先权。《最高人民法院关于适用〈中华人民共和国民法典〉有关担保制度的解释》规定了抵押权的效力及于从物、添附物、代位物，亦未规定抵押权的效力及于孳息。若法定孳息上有质押，相关法律、司法解释也未明确如何解决两种权利冲突。本案中，B 公司的抵押权标的为房产，抵押权的实现依赖于对房产处置后所得价款，而 C 公司的质押权标的为房产的租金收取权，二者的标的不同，因此不能根据设立先后判断优先性。C 公司质押权的实现并不减损 B 公司抵押权的利益，而如果认为 B 公司基于抵押权对房产租金享有优先权，则会明显减损 C 公司的质押权。

2. 即便认定抵押权之效力及于法定孳息，其效力也只及于通知后的租金。案涉房产的各租户于 2019 年 4 月 10 日收到了案涉房产查封通知，则抵押权人对于案涉租金提取起始日也应自 2019 年 4 月 10 日起算，对于 2019 年 4 月 10 日之前的租金，抵押权人并不享有优先权。

代理思路

本案原告代理律师的代理思路主要如下：

一、"抵押权的效力及于抵押物孳息"的分析说理

法律明确了抵押权对抵押物被依法扣押后所产生的孳息的效力问题。抵押物被依法扣押后，抵押人对此丧失直接占有权与用益权，而抵押权人对抵押物的占有权和用益权通过执法机关代为占有的方式得以实现，故孳息自抵押物被扣押之日起应当计入抵押权优先受偿的范围。

二、对房产进行查封是否等同于采取扣押措施

原《物权法》第 197 条和《民法典》第 412 条的法条原文均表述为"扣押"，而本案案涉房产系"查封"。针对 C 公司提出的原《物权法》第 197 条和《民法典》第 412 条适用的前提是对抵押物采取"扣押"措施，本案抵押物并未被扣押，对抵押物的"查封"措施不能等同于"扣押"，因而本案不适用于原《物权法》第 197 条和《民法典》第 412 条规定的"咬文嚼字"。根据《最高人民法院关于人民法院民事执行中查封、扣押、冻结财产的规定》，针对不同财产类型，法院采取不同种类执行措施的执行实务，有力反驳了 C 公司对法条的机械解读。

三、抵押权与质权竞合时的清偿顺序分析

本案涉及抵押权与质权竞合，关于抵押权与质权发生竞合时的清偿顺序，《民法典》第 415 条进行了规定："同一财产既设立抵押权又设立质权的，拍卖、

变卖该财产所得的价款按照登记、交付的时间先后确定清偿顺序。"根据该条规定，房产租金应优先清偿租金质权和房产抵押权之中登记在先的担保物权。

代理点睛

一、法条背后的立法目的和法益分析的比较研究

从抵押权效力及于孳息的立法目的看，抵押权系非占有性担保物权，抵押权设立后，抵押财产的占有权、使用权和收益权仍由抵押人行使，因抵押财产的使用而产生的孳息亦当由抵押人所有。但是，当债务人不履行到期债务或者发生约定的实现抵押权之情形，因抵押权人行使抵押权致使抵押财产被法院采取强制措施，就意味着抵押权进入实现程序。如果此时抵押财产的孳息仍为抵押人收取，就会使抵押人为收取孳息而拖延处理抵押物，此时剥夺抵押人收取孳息的权利有利于抵押权的实现，这应是原《物权法》第197条和《民法典》第412条规定抵押权效力自扣押之日起及于孳息的立法目的之所在。法院通过查封对抵押财产施以公权力之后，抵押人收取孳息的权利即被剥夺。

因此，规定抵押权人的抵押权效力及于抵押物的孳息，有助于抵押权人抵押权的真正实现，其本质是确立了抵押权人对抵押物孳息享有优先受偿权。C公司将抵押权人有权收取抵押财产的孳息曲解为"有权并不等同于具有抵押权的优先权"，将收取孳息的权利简单界定为债权并与质权作优先性比较，显然是对于法条的曲解。

二、案件事实的可视化梳理

本案案件事实复杂，案涉房产存在多个登记设立时间不一的抵押权，B公司受让的银行对A公司的债权共涉及6个标的、管辖法院不同的案件，案涉房产的抵押权最早登记设立时间、房产查封时间、法院就案涉房产向各租户发送查封通知的时间等均需进行梳理。代理人对众多案件资料进行了可视化输出，将案件有关事实根据时间轴进行梳理，以表格形式列明，便于审理法官清晰了解案件事实后，对案件事实进行准确认定。

三、类案的检索和分析

司法实践中存在支持抵押权人对于抵押房产自查封之日起的房屋租金优

31. 某国有资产管理公司与某房地产公司、某股份有限公司申请执行人执行异议之诉案

先于租金质权人受偿的案例。代理律师通过检索相关案例，特别是找到了湖南省高级人民法院和最高人民法院的类案判决文书，对案例进行分析研究后提供给审理法官。

依据原《物权法》第197条第1款规定："债务人不履行到期债务或者发生当事人约定的实现抵押权的情形，致使抵押财产被人民法院依法扣押的，自扣押之日起抵押权人有权收取该抵押财产的天然孳息或者法定孳息，但抵押权人未通知应当清偿法定孳息的义务人的除外。"根据已查明的本案事实，2015年7月30日，农业银行就案涉房产办理抵押登记手续，案涉抵押房产最早于2017年1月22日被查封。2018年10月17日，农业银行与B公司签订《债权转让合同》，B公司受让了农业银行的A公司债权，并联合发布了债权转让公告。2017年11月20日，C公司就案涉房产的应收账款办理了质押登记。抵押权作为非占有性担保物权，通常而言，抵押权设立后，抵押财产产生的孳息应由抵押人所有。但是，在抵押财产被扣押后，则抵押权人的权益通过执法机关代为占有的方式得以实现。基于此，自2017年1月22日案涉房产被查封之日起，B公司对案涉房产抵押权的效力及于抵押房产的孳息。

关于抵押权人的通知义务。在抵押财产被依法扣押后，抵押权人的通知义务针对的是应当清偿法定孳息的义务人，即本案中的承租人。对抵押权人科以通知义务，有利于防止清偿法定孳息义务人的错误给付，也有利于维护抵押权人的权益。但抵押权人是否履行通知义务，仅对清偿义务人的清偿行为产生影响。也即，如抵押权人未履行通知义务，则清偿义务人因不知抵押财产被扣押的情形将法定孳息支付给抵押人，其法律后果仍产生清偿的效力，抵押权人不得主张清偿无效，不得对抗善意的清偿义务人，而非不能对抗其他权利人。即便B公司作为抵押权人怠于履行通知义务，如上所述，C公司以抵押权人未履行通知义务为由，对抗B公司抵押权的行使亦无法律依据。

综上，B公司作为案涉房产的抵押权人对于案涉房产被查封后孳息收取的权利，能够排除C公司作为孳息质押权人的强制执行。

案例编写人　浙江泽大律师事务所　何钰萍

专家点评

蔡虹　中南财经政法大学法学院教授、博士生导师

本案为C公司对B公司向法院提起的申请人执行异议之诉。争议焦点是，B公司作为案涉房产的抵押权人对于该房产被查封后孳息收取的权利能否排除C公司作为孳息质押权人的强制执行。根据事实和法律，法院认定：首先，抵押财产被扣押或被查封后的孳息应归属于抵押权人B公司所有。在抵押财产被扣押后，抵押权人的权益通过执行机关代为占有而实现。其次，抵押权人未履行通知义务仍产生清偿效力。本案抵押权设立在先，应收账款质权设立在后，抵押权效力自法院查封之日起已及于案涉租金，质押权人对于房屋租金收益相对于抵押权人而言并无优先受偿权，故C公司提起的申请人执行异议之诉不能得到支持。法院认定事实清楚，焦点把握准确，法律及法理依据充分。

相关法条

《中华人民共和国物权法》

第一百九十七条第一款[①]　债务人不履行到期债务或者发生当事人约定的实现抵押权的情形，致使抵押财产被人民法院依法扣押的，自扣押之日起抵押权人有权收取该抵押财产的天然孳息或者法定孳息，但抵押权人未通知应当清偿法定孳息的义务人的除外。

---

① 该法已失效，本条对应《民法典》第412条第1款。

32 李某诉 A 公司、B 公司等执行异议之诉案

——对案外人提出的应收工程款排除执行异议的审查

案件索引

一审：四川省遂宁市船山区人民法院（2017）川 0903 民初 3944 号

第一次执行：四川省遂宁市船山区人民法院（2018）川 0903 执 569 号

第一次执行异议：四川省遂宁市船山区人民法院（2019）川 0903 执异 6 号；四川省遂宁市船山区人民法院（2019）川 0903 民初 1401 号；四川省遂宁市中级人民法院（2020）川 09 民终 236 号；四川省高级人民法院（2021）川民申 80 号

第二次执行异议：四川省遂宁市船山区人民法院（2018）川 0903 执 569 号之五；四川省遂宁市船山区人民法院（2021）川 0903 执异 12 号；四川省遂宁市中级人民法院（2021）川 09 执复 13 号

第三次执行异议：四川省遂宁市船山区人民法院（2021）川 0903 执异 40 号；四川省遂宁市船山区人民法院（2021）川 0903 民初 5177 号；四川省遂宁市中级人民法院（2022）川 09 民终 139 号

检察监督：四川省遂宁市人民检察院不支持监督申请决定书遂检民监（2022）27 号

基本案情

一、原审判决

原告李某与 A 公司、王某等民间借贷纠纷一案，一审法院作出（2017）川 0903 民初 3944 号民事判决：王某等向李某偿还借款 215 万元并支付相应利息，A 公司等对该债务承担连带责任。

二、首次执行阶段

原审判决生效后,李某向一审法院申请强制执行。执行过程中,法院裁定:扣留 D 公司在 C 公司应领取的工程款、回购款等款项中属于 A 公司的份额(限额 400 万元),未经法院准许,不得支付。

三、案外人执行异议—申请执行人执行异议之诉

案外人 B 公司不服上述(2018)川 0903 执 569 号之二执行裁定书和协助执行通知书,向执行法院提起执行异议。执行法院审查后,作出(2019)川 0903 执异 6 号执行裁定书,裁定:中止对 D 公司在 C 公司应领取的工程款、回购款等款项中属于 A 公司份额(限额 400 万元)的执行。李某对此不服,提出申请执行人执行异议之诉,要求恢复对 569 号之二的执行裁定书及协助执行通知书的执行,准予执行案涉 400 万元款项。

一审法院作出(2019)川 0903 民初 1401 号民事判决书,判决驳回了李某的诉讼请求。随后李某提起上诉,上诉过程中,李某提供了新证据。二审法院作出(2020)川 09 民终 236 号民事判决书:撤销一审判决,准予对 D 公司在 C 公司应领取的工程回购款中属于被执行人 A 公司所有的份额 400 万元的执行。

后,B 公司与 C 公司不服上述(2020)川 09 民终 236 号二审判决,在本案恢复执行期间向四川省高级人民法院申请再审。四川省高级人民法院作出(2021)川民申 80 号民事裁定书,驳回了 B 公司、C 公司的再审申请。

四、恢复执行—第二次执行异议—执行异议复议

本案具备恢复强制执行条件后,经代理律师查询 C 公司的银行流水发现,C 公司又擅自向 B 公司支付了一审法院扣留的工程回购款,因此,李某承办律师建议执行法院追究协助主体的法律责任。一审执行法院于 2020 年 10 月向 C 公司送达了(2018)川 0903 执 569 号之五责令协助单位追款通知书。

四川省高级人民法院再审审查期间,C 公司又向执行法院提出了第二次执行异议,要求撤销(2018)川 0903 执 569 号之二协助执行通知书和责令协助单位追款通知书。经过执行异议和执行异议复议程序,二审法院作出(2021)川 09 执复 13 号执行裁定书,驳回 C 公司的复议请求,维持了一审法院作出的执行裁定书。

五、第三次执行异议—案外人执行异议之诉

2021年4月,一审法院再次恢复本案的执行,向C公司送达了对其罚款×万元的罚款决定书,于5月25日向C公司送达了(2021)川0903执恢×号履行到期债务通知书。恢复执行后,D公司针对(2018)川0903执569号之二执行裁定书、协助执行通知书及(2021)川0903执恢×号履行到期债务通知书向执行法院继续提出执行异议,执行法院于2021年6月驳回了D公司的异议请求,并从C公司账户中扣划400万元的款项至法院账户。D公司不服,遂继续提起执行异议之诉。一审法院于2021年12月作出(2021)川0903民初5177号民事判决书,并驳回了D公司的全部诉讼请求。D公司上诉。二审法院作出(2022)川09民终139号民事判决:驳回上诉,维持原判。

六、检察监督

2022年3月底,B公司又向四川省遂宁市人民检察院提出"检察监督抗诉",申请对2020年6月19日作出的(2020)川09民终236号民事判决书进行抗诉。通过遂宁市人民检察院的充分审查,最后作出了不予支持B公司监督申请的决定。

七、结案—执行回款

2022年5月,李某作为申请执行人,向法院申请领取该执行款400万元,法院依法划转给李某。长达4年多的执行案件,终于回款。

核心争议焦点

案涉项目,执行法院扣留D公司在C公司工程回购款中属于A公司的400万元份额,B公司、C公司、D公司是否享有足以排除强制执行的民事权益,其执行异议是否最终成立?

当事人各方观点及思维分析

申请执行人李某认为:根据《最高人民法院关于办理执行异议和复议案

件若干问题的规定》第 24 条"对案外人提出的排除执行异议,人民法院应当审查以下内容:(一)案外人是否系权利人;(二)该权利的合法性与真实性;(三)该权利能否排除执行"的规定,案外人提出执行异议,应当满足是权利人并且该权利能排除执行的条件。D 公司是基于《BT 融资招商合同》等约定,在案涉工程所在地成立的项目公司,享有收取工程款的权利。但由 B 公司与 A 公司签订的《合作协议》可知,B 公司与 A 公司才是真正的投资建设主体,项目工程款应由 B 公司与 A 公司实际享有。即使 D 公司有权收取案涉项目工程款,但 D 公司不是案涉项目投资、管理即回购款收取的唯一主体,该权利不足以排除强制执行。各方当事人虽然否认 A 公司享有收取回购款的权利,但李某认为,A 公司同样享有收取回购款的权利。应准予执行 D 公司在 C 公司应领取的工程回购款中属于被执行人 A 公司份额的 400 万元。

B 公司、C 公司、D 公司认为:B 公司只与 C 公司签订了 BT 合同,根据合同相对性原则,在 C 公司收取工程款的,只能是 B 公司;李某没有任何证据证明 A 公司享有收取 C 公司工程回购款的权利,B 公司足以享有排除强制执行权利。

B 公司、D 公司认为:四川省高级人民法院于 2021 年 12 月 13 日作出的(2021)川民终 1235 号民事判决确认 A 公司尚欠 B 公司工程回购款,A 公司在 B 公司处无 400 万元工程款可以收取。因此,可以提出执行异议,享有本案中排除强制执行的权利。可以新证据为由,提出检察监督。

代理思路

笔者作为李某一方的代理人,主要代理思路如下:

在本执行案件中,执行异议之诉进入二审,需要律师调查收集新的证据,代理人持律师证和调查介绍信,在某市审计局调查中发现,该案涉项目已经审计完毕,但因律师权限不够,审计局无法提供审计报告。在二审庭审中,代理人以"律师介绍信"等作为证据,向法庭陈述有审计报告这一事实,法庭当庭责令 B 公司在庭审后限期提供,后通过 B 公司提供的证据可以证明,项目于 2018 年 9 月 26 日审计结束,C 公司应为该项目支付 2.21 亿元,按照合同约定的方式,C 公司尚有大于本案的回购款未支付,这就为继续有效执行奠定了基础。

代理人认为:既然有足额的工程回购款,就应当将属于 A 公司份额部分的回购款支付扣留，用来支付给申请执行人。同时，申请执行人有证据证明A公司、B公司、D公司在领取C公司支付回购款时，资金互相交叉，B公司、D公司并非唯一的主体。所以，为了更好地保障申请执行人的合法权益。在执行中，应当刺破"执行障碍面纱"，直接锁定执行中可能流失的财产线索，对于案外人主张的排除强制执行，不应当仅根据"合同相对性"来对抗强制执行。

本案中，虽然以B公司的名义与C公司项目方签订了BT项目合同，但A公司与B公司在项目合作前，已经签订了《合作协议》，并且约定了A公司出资、筹资，B公司提供资质，成立项目D公司，各方主体的法律责任关系明确。故原执行法院裁定"扣留D公司在C公司应领取的工程款、回购款等款项中属于A公司的份额（限额400万元），未经本院准许，不得支付"完全正确，应予继续执行。

代理点睛

就本案来讲，2018年代理人接受委托时，并没有执行回款的信心，因为对于被执行人毫无其他可供执行财产，唯一执行财产就是扣留在案外人处的应收账款400万元，并且B公司、C公司、D公司3个公司均为国有企业，对该款争议大且不予配合。因此，面对B公司提出的案外人执行异议，在执行异议裁定中止后，申请执行人将会处于更加被动的局面。但对于律师代理执行案件而言，只要善于调查、勤于取证，总会找到财产线索的突破口。

本案办理历时4年多，对《民事诉讼法》涉及的案外人执行异议、申请执行人执行异议、审判监督等诉讼、执行的相关知识均有涵盖，最重要的是在执行异议之诉中，充分举出证据证明项目上支付资金的关联证据，重点对案外人提供的证据材料进行分析判断，认真研究案外人提供的证据是否真的系涉案执行财产的权利人作出的抗辩，使法院不单一地看待"合同相对性"，从而赢得了本案的胜利。

执行中，协调沟通法院巧用"出具律师调查令""责令协助单位追款""罚款"等各项措施，最终锁定了"扣留金额"，进而将涉案的400万元全部执行到位。

审判观点

二审法院认为：A公司与B公司合作承建某BT项目，项目由双方各占50%，并以B公司名义与C公司签订合同，同时共同出资成立项目公司D公司。案涉项目虽以B公司的名义与C公司签订，但实际为按照与A公司签订合同并约定共同成立项目公司，A公司在涉案项目中享有50%的份额，且在具体施工管理中，A公司以及D公司均对涉案工程进行施工管理，对工程回购款的拨付各方均有往来。作为业主方的C公司也明知该事实，涉案项目的工程回购款不应全部属于B公司所有。因此，B公司所提交的证据不足以排除强制执行。

再审法院认为：B公司与A公司在案涉项目的投资、管理和回购款的收取上具有同等的法律地位，B公司不能仅凭该份BT投资合同来推翻A公司系项目投资人及具体参与项目投资与管理的事实，进而全然否定A公司的工程回购款收取权。既已认定B公司对案涉项目享有收取工程回购款的权利，就应同样赋予A公司享有该项权利。因此，B公司提及A公司只对D公司享有投资分红的权利的再审申请理由不成立；C公司所提依据合同相对性原则，债权人应为B公司，C公司主张只能将工程回购款支付给C公司的再审申请理由也不成立。

执行异议复议法院认为：C公司对法院要求其协助和扣留工程回购款及责令其协助追款提出异议，实际上是基于其实体权利，既对执行标的提出排除执行异议，又作为利害关系人提出执行异议应依照《民事诉讼法》的规定审查。本案中，在（2020）川09民终236号民事判决书已经生效后，法院准予执行案涉400万元。C公司作为第三人，已经参加过该执行异议，其诉讼权利获得了充分保障，本案执行已经过实体处理，C公司再次以同一执行案件的同一执行标的重复提出异议，不符合执行异议的受理条件，应驳回申请。

第三次执行异议法院认为：A公司和B公司同时作为投资方，既已认可B公司对案涉项目享有收取工程回购款的权利，就应同样赋予A公司享有该项权利。其次，四川省高级人民法院（2021）川民申80号民事裁定书也确认了A公司享有收取回购款的权利。综上，A公司享有收取工程款的权利，D公司不是收取款项的唯一主体，其不享有足以排除案涉400万元工程回购款强制执行的权利，D公司还主张四川省高级人民法院于2021年12月13日作出的（2021）川民终1235号民事判决确认A公司尚欠B公司工程回购款，A

公司在 B 公司处无 400 万元工程款可以收取。但这是 A 公司与 B 公司之间收取工程款后的分配问题，并没有否认 A 公司有权从 C 公司处领取工程款，D 公司不能以 A 公司与 B 公司之间的工程款分配关系而排除强制执行。且（2021）川民终 1235 号民事判决的作出时间晚于法院采取执行措施的时间，根据《最高人民法院关于人民法院办理执行异议和复议案件若干问题的规定》第 26 条第 2 款"金钱债权执行中，案外人依据执行标的被查封、扣押、冻结后作出的另案生效法律文书提出排除执行异议的，人民法院不予支持"的规定，D 公司提出排除强制执行也不能成立，法院不予支持。

四川省遂宁市人民检察院认为：本案中，涉案项目已于 2018 年 9 月 26 日全部竣工审计结束，C 公司尚有工程回购款未支付完毕，按合同约定，C 公司支付工程回购款的条件早已成就。B 公司所提交的证据不足以排除人民法院强制执行，执行标的被依法扣留，满足执行条件。同时，（2021）川民终 1235 号民事判决只能证实 B 公司与 A 公司之间在涉案项目中收取工程款后的分配问题，并没有否定本案执行时 C 公司尚有 D 公司在 C 公司应领取的工程回购款中属于被执行人 A 公司所有的份额 400 万元的事实。该民事判决书作出的时间也晚于采取执行措施的时间，根据《最高人民法院关于人民法院办理执行异议和复议案件若干问题的规定》第 26 条第 2 款"金钱债权执行中，案外人依据执行标的被查封、扣押、冻结后作出的另案生效法律文书提出排除执行异议的，人民法院不予支持"之规定，B 公司以四川省高级人民法院作出的（2021）川民终 1235 号判决为新证据，要求再审的监督理由不成立。

案例编写人　四川天投律师事务所　张　璐　曾　寻

许中缘　　中南大学法学院院长、教授、博士生导师，中国民法学研究会常务理事

交易的相对性实现主体责任自治。合同主体的财产就是合同交易的担保。因此，在交易主体中，合同主体的财产构成了交易主体的无限责任，交易主体的合同责任（财产责任）是交易信赖关系的基础。违约责任是交易主体之间的事情，而交易主体的财产并没有相对性的限制。因此，民法中债权人的代位权与撤销权外表上是破除合同的相

对性，其实质还是遵循合同交易相对性的原理。本案中，被申请执行人A公司与B公司共同成立D公司与C公司进行业务往来，C公司尚有大于本案的回购款未支付，这就为继续有效执行奠定了基础。虽然B公司以自己的名义与C公司签订合同，但A公司和B公司同时作为投资方，既已认可B公司对案涉项目享有收取工程回购款的权利，就应同样赋予A公司也享有该项权利，因此，仅根据"合同相对性"来排除强制执行不应予以支持。此外，案外人执行异议之诉的目的是排除法院对案外人享有实体权利之标的执行处分，但D公司不是案涉项目投资、管理即回购款收取的唯一主体，该权利不足以排除强制执行。

本案判决结合案情实际，对合同相对性原则进行了一定程度上的突破，进而对申请执行人主张的款项予以执行，有效地阐明了合同交易的本质是财产责任的信赖这一原理。

相关法条

《中华人民共和国民事诉讼法》

第二百一十六条[①] 有下列情形之一的，当事人可以向人民检察院申请检察建议或者抗诉：

（一）人民法院驳回再审申请的；

（二）人民法院逾期未对再审申请作出裁定的；

（三）再审判决、裁定有明显错误的。

人民检察院对当事人的申请应当在三个月内进行审查，作出提出或者不予提出检察建议或者抗诉的决定。当事人不得再次向人民检察院申请检察建议或者抗诉。

第二百二十五条[②] 当事人、利害关系人认为执行行为违反法律规定的，可以向负责执行的人民法院提出书面异议。当事人、利害关系人提出书面异议的，人民法院应当自收到书面异议之日起十五日内审查，理由成立的，裁定撤销或者改正；理由不成立的，裁定驳回。当事人、利害关系人对裁定不服的，可以自裁定送达之日起十日内向上一级人民法院申请复议。

---

① 该法已于2023年修正，本条被修改为第220条。

② 该法已于2023年修正，本条被修改为第236条。

第二百二十七条[①]　执行过程中，案外人对执行标的提出书面异议的，人民法院应当自收到书面异议之日起十五日内审查，理由成立的，裁定中止对该标的的执行；理由不成立的，裁定驳回。案外人、当事人对裁定不服，认为原判决、裁定错误的，依照审判监督程序办理；与原判决、裁定无关的，可以自裁定送达之日起十五日内向人民法院提起诉讼。

《最高人民法院关于适用〈中华人民共和国民事诉讼法〉的解释》

第三百零六条[②]　申请执行人提起执行异议之诉，除符合民事诉讼法第一百一十九条规定外，还应当具备下列条件：

（一）依案外人执行异议申请，人民法院裁定中止执行；

（二）有明确的对执行标的继续执行的诉讼请求，且诉讼请求与原判决、裁定无关；

（三）自执行异议裁定送达之日起十五日内提起。

人民法院应当在收到起诉状之日起十五日内决定是否立案。

第三百零七条[③]　案外人提起执行异议之诉的，以申请执行人为被告。被执行人反对案外人异议的，被执行人为共同被告；被执行人不反对案外人异议的，可以列被执行人为第三人。

第三百零八条[④]　申请执行人提起执行异议之诉的，以案外人为被告。被执行人反对申请执行人主张的，以案外人和被执行人为共同被告；被执行人不反对申请执行人主张的，可以列被执行人为第三人。

第三百一十一条[⑤]　案外人或者申请执行人提起执行异议之诉的，案外人应当就其对执行标的享有足以排除强制执行的民事权益承担举证证明责任。

第三百一十二条[⑥]　对案外人提起的执行异议之诉，人民法院经审理，按照下列情形分别处理：

（一）案外人就执行标的享有足以排除强制执行的民事权益的，判决不得执行该执行标的；

（二）案外人就执行标的不享有足以排除强制执行的民事权益的，判决驳

---

① 该法已于2023年修正，本条被修改为第238条。
② 该解释已于2022年修正，本条被修改为第304条。
③ 该解释已于2022年修正，本条被修改为第305条。
④ 该解释已于2022年修正，本条被修改为第306条。
⑤ 该解释已于2022年修正，本条被修改为第309条。
⑥ 该解释已于2022年修正，本条被修改为第310条。

回诉讼请求。

案外人同时提出确认其权利的诉讼请求的，人民法院可以在判决中一并作出裁判。

第三百一十三条[①] 对申请执行人提起的执行异议之诉，人民法院经审理，按照下列情形分别处理：

（一）案外人就执行标的不享有足以排除强制执行的民事权益的，判决准许执行该执行标的；

（二）案外人就执行标的享有足以排除强制执行的民事权益的，判决驳回诉讼请求。

《最高人民法院关于人民法院办理执行异议和复议案件若干问题的规定》

第二十四条 对案外人提出的排除执行异议，人民法院应当审查下列内容：

（一）案外人是否系权利人；

（二）该权利的合法性与真实性；

（三）该权利能否排除执行。

第二十五条 对案外人的异议，人民法院应当按照下列标准判断其是否系权利人：

（一）已登记的不动产，按照不动产登记簿判断；未登记的建筑物、构筑物及其附属设施，按照土地使用权登记簿、建设工程规划许可、施工许可等相关证据判断；

（二）已登记的机动车、船舶、航空器等特定动产，按照相关管理部门的登记判断；未登记的特定动产和其他动产，按照实际占有情况判断；

（三）银行存款和存管在金融机构的有价证券，按照金融机构和登记结算机构登记的账户名称判断；有价证券由具备合法经营资质的托管机构名义持有的，按照该机构登记的实际出资人账户名称判断；

（四）股权按照工商行政管理机关的登记和企业信用信息公示系统公示的信息判断；

（五）其他财产和权利，有登记的，按照登记机构的登记判断；无登记的，按照合同等证明财产权属或者权利人的证据判断。

案外人依据另案生效法律文书提出排除执行异议，该法律文书认定的执

[①] 该解释已于 2022 年修正，本条被修改为第 311 条。

行标的权利人与依照前款规定得出的判断不一致的，依照本规定第二十六条规定处理。

第二十六条第一款第二项 金钱债权执行中，案外人依据执行标的被查封、扣押、冻结前作出的另案生效法律文书提出排除执行异议，人民法院应当按照下列情形，分别处理：

（二）该法律文书系就案外人与被执行人之间除前项所列合同之外的债权纠纷，判决、裁决执行标的归属于案外人或者向其交付、返还执行标的的，不予支持；

《人民检察院民事诉讼监督规则》

第八十九条 人民检察院认为当事人的监督申请不符合提出再审检察建议或者提请抗诉条件的，应当作出不支持监督申请的决定，并在决定之日起十五日内制作《不支持监督申请决定书》，发送当事人。

《最高人民法院关于人民法院执行工作若干问题的规定（试行）》

37.[①] 有关单位收到人民法院协助执行被执行人收入的通知后，擅自向被执行人或其他人支付的，人民法院有权责令其限期追回；逾期未追回的，应当裁定其在支付的数额内向申请执行人承担责任。

61.[②] 被执行人不能清偿债务，但对本案以外的第三人享有到期债权的，人民法院可以依申请执行人或被执行人的申请，向第三人发出履行到期债务的通知（以下简称履行通知）。履行通知必须直接送达第三人。

履行通知应当包含下列内容：

（1）第三人直接向申请执行人履行其对被执行人所负的债务，不得向被执行人清偿；

（2）第三人应当在收到履行通知后的十五日内向申请执行人履行债务；

（3）第三人对履行到期债权有异议的，应当在收到履行通知后的十五日内向执行法院提出；

（4）第三人违背上述义务的法律后果。

---

① 该解释已于2020年修正，本条被修改为第30条。
② 该解释已于2020年修正，本条被修改为第45条。

33 钟某诉丁某、孙某、延某公司、云某公司，第三人吉某公司、睿某公司执行异议之诉案

——公证债权文书载明的民事权利义务关系与事实不符的认定

案件索引

一审：上海市松江区人民法院（2022）沪0117民初9375号
二审：上海市第一中级人民法院（2023）沪01民终5485号

基本案情

钟某与云某公司于2018年8月1日签署《保证合同》，约定钟某对云某公司与吉某公司的主合同《原材料销售合同》中的主债权提供保证担保。2021年7月12日，云某公司在未书面通知钟某的情况下，与吉某公司及其他担保方重新签署《补充协议》，对主债权金额、付款期限、担保方式等进行了变更。后云某公司依据（2018）沪松证经字第1110号公证书及（2021）沪松证执行字第12号执行证书向上海市松江区人民法院申请强制执行，执行案号为（2021）沪0117执8341号。2021年12月8日，钟某向法院提出不予执行公证债权文书的异议，案件为（2021）沪0117执异340号，2021年12月28日，法院作出驳回钟某的异议请求的执行裁定书。

后原告钟某向上海市松江区人民法院提起诉讼，请求：（1）不予执行（2018）沪松证经字第1110号公证书及（2021）沪松证执行字第12号执行证书。（2）判令原告与云某公司签订的《保证合同》、云某公司与吉某公司签订的《原材料销售合同》不成立或无效；人民法院认为有效的话予以撤销。

33. 钟某诉丁某、孙某、延某公司、云某公司，第三人吉某公司、睿某公司执行异议之诉案

核心争议焦点

1. 《原材料销售合同》的定性与效力为何？
2. 经公证的债权文书是否具有不予执行的情形？
3. 钟某对案涉交易是否明知及对其保证合同的影响？
4. 钟某请求不予执行公证债权文书，同时就公证债权文书涉及的民事权利义务争议提出诉讼请求的，人民法院是否应当在判决中一并作出裁判？

当事人各方观点及思维分析

原告钟某诉称：（1）《保证合同》所载明的民事权利义务与事实不符。原告与云某公司于2018年8月1日签署《保证合同》，约定原告对云某公司与吉某公司的主合同《原材料销售合同》中的主债权提供保证担保。2021年7月12日，云某公司在未书面通知原告的情况下，与吉某公司及其他担保方重新签署《补充协议》，对主债权金额、付款期限、担保方式等进行了变更。后，云某公司亦未就变更情况书面通知原告。因《保证合同》系《原材料销售合同》的从合同，《原材料销售合同》发生变更，故致使《保证合同》所载明的民事权利义务与原事实不符。（2）公证债权文书《保证合同》具有法律规定的无效、可撤销、不成立等情形。经原告了解，云某公司并未真正向睿某公司采购《原材料销售合同》所约定的货物，也未真正向吉某公司交付《原材料销售合同》约定的货物。云某公司因与吉某公司之间并无真实购买、销售原材料的合意，故《原材料销售合同》并不成立。因《保证合同》系《原材料销售合同》的从合同，故《保证合同》依法也不成立。（3）公证债权文书《保证合同》载明的债权因清偿、提存、抵销、免除及《补充协议》约定全部或部分消灭，公证机关已无权出具执行证书。2021年7月12日，在未书面通知原告的情况下，重新签署的《补充协议》对《原材料销售合同》约定的主要权利义务进行了变更，加重了原告的保证义务，故《保证合同》项下的债权发生全部或部分消灭。公证机关不具有查明主债权剩余金额及原告应承担何种担保责任的职能。（4）《保证合同》是否成立、有效存疑，应通过法院立案、审理予以查明。根据（2018）沪松证经字第1110号公证书，申请人系云某公司与原告，原告虽到场并在公证员监督下签字，但原告并不认识云某公司法定代表人，云某公司的法定代表人是否到场，还是委托他人代理，

原告均不知晓。(5)原告在签署《保证合同》时,云某公司及公证处仅告知《原材料销售合同》,而未告知《采购三方协议》及《采购合同》,让原告误认为云某公司与吉某公司之间仅为单纯的买卖合同,云某公司及吉某公司采取欺诈手段,隐瞒真实情况,导致原告在违背真实意思的情况下签订《保证合同》,原告有权请求撤销。综上所述,云某公司据以申请强制执行的公证债权文书违反《公证法》第39条之规定。

被告云某公司辩称:不同意原告的诉请。原告无权请求撤销除涉及原告部分外的其他合同部分,也无权确认《原材料销售合同》的效力。(2018)沪松证经字第1110号公证书和(2021)沪松证执行字第12号执行证书记载的内容符合客观事实,合法有效;《补充协议》只是对付款时间和金额进行了变更,但都是针对已到期债务,且未加重原告的责任,原告仍应在原范围内承担保证责任。《原材料销售合同》及《保证合同》未违反法律、行政法规的规定,没有无效、可撤销的情形。根据发票、验收证明可知,合同已实际履行完毕,吉某公司与睿某公司在一个园区相邻楼栋,不需要物流,符合销售合同的交易要件。事实上,货物经吉某公司加工出售给重庆小某动力有限公司,在合同签订期间,原告是吉某公司的股东和监事,其丈夫卫某是睿某公司的股东和监事,原告对买卖情况是应当知道的,不存在欺诈、隐瞒情形,《保证合同》上有云某公司的盖章,也是合法有效的,不能撤销。如果法院认为合同没有实际履行的,也是睿某公司串通吉某公司损害云某公司利益,而原告作为吉某公司的股东及监事,对此也是明知的,这属于担保人有过错,债权人没有过错的情形,原告也应当对吉某公司不能清偿的部分承担赔偿责任。云某公司申请出具执行证书和案件执行、申请执行异议过程中,原告都未提出合同具有虚假情况的异议,直到诉讼时才提出,不符合常理,原告并非《原材料销售合同》的相对方,无权就《原材料销售合同》提出诉讼。如果原告认为《原材料销售合同》实质是借款合同,应当自行举证,合同中虽有租金、租赁物等字样,因云某公司是在融资租赁合同的模板上所作的修改,合同中的文字表述不影响合同的实质为买卖合同的性质和效力。原告认为公证机构无权出具公证书、执行证书的,应当直接起诉公证机构。

被告孙某辩称:原告所述不是事实,原告对整个事情是完全知晓的,在公证处询问时也签了字,应驳回原告的诉讼请求。

被告丁某、延某公司均未发表意见。

第三人吉某公司述称:同意原告的第一项诉讼请求,至于原告的保证合同问题，与吉某公司无关，由法院裁决。根据吉某公司了解的和向孙某了解的整个交易过程来看，《原材料销售合同》既不是融资合同也不是买卖合同，而是民间借贷合同，则云某公司除去加价后的本金利息超出 LPR 4 倍部分为无效。据向孙某了解，除吉某公司已支付的部分外，法院执行过程中也处置了一些抵押物等，由于动产抵押物未办理移交手续，故如何变卖的、变卖的价款为何，吉某公司目前也不清楚。另据孙某称，确实履行了《原材料销售合同》，但其未提供相应的材料。吉某公司认为：云某公司申请执行的标的已经超出了余款的金额，故原告的第一项诉讼请求，应当可以成立。

第三人睿某公司述称：请法院依法裁判，睿某公司管理人处除了验收证明书外，并未发现相应交付的材料。从《原材料销售合同》的相关约定来看，云某公司通过采购加价出售，却不用承担任何风险，是否符合一般意义上的买卖合同，请法院审查。

代理思路

根据《最高人民法院关于公证债权文书执行若干问题的规定》第 22 条第 1 款之规定，不予执行的依据主要有：

（1）公证债权文书载明的民事权利义务关系与事实不符；

（2）经公证的债权文书具有法律规定的无效、可撤销等情形；

（3）公证债权文书载明的债权因清偿、提存、抵销、免除等原因全部或者部分消灭。

因此，代理律师的思路主要是找出公证债权文书存在如上情形。

代理点睛

本案系司法实践中少有的公证债权文书经法院判决不予执行的案例之一。公证债权文书载明各方主体之间为买卖关系，但实质上以货物买卖之名行企业间借贷之实，从交易模式（云某公司在睿某公司的基础上加价卖给吉某公司，而吉某公司与睿某公司是关联方）、货物交付问题（无相关证据材料证明睿某公司向吉某公司已实际交接、交付了标的物）、银行流水的流向（睿某公司在收到云某公司的款项后，随即将款项几乎悉数转账给吉某公司，等于是"卖方"收到"货款"后又全部转回给了"买方"）之中可以看出，各方不存在真实的买卖关系。综上，执行文书载明的民事权利义务关系与事实不符，一审判决本案经公证的债权文书不予执行。二审予以维持。

另外，一审法院在"本院认为"部分的部分表述对上诉人不利，上诉人具有上诉利益，仍然有权提起上诉。本案二审法院在判决中予以纠正。

审判观点

一审法院认为：本案的争议焦点为《原材料销售合同》的本质定性、经公证的债权文书是否具有不予执行的情形、钟某对案涉交易是否明知及对其《保证合同》的影响。

买卖合同是出卖人转移标的物的所有权于买受人，买受人支付价款的合同。因此，资金流转的同时，标的物所有权发生转移是买卖合同区别于借款合同的本质。云某公司与吉某公司之间是否以货物买卖之名行企业之间借贷之实，不应以任何一方的主张或确认来认定，而是根据整个交易过程中所呈现的法律行为、法律事实来进行判断。

本案中，首先，从云某公司与吉某公司签订的《原材料销售合同》，云某公司与吉某公司、睿某公司签订的《采购三方合同》，云某公司与睿某公司签订的《采购合同》来看，为缓解吉某公司的资金压力，云某公司根据吉某公司的选择和要求向睿某公司采购标的物并加价出售给吉某公司，云某公司于采购时一次性向睿某公司支付货款，吉某公司分期向云某公司支付货款。云某公司在收到发票后向睿某公司付款，睿某公司收款后直接向吉某公司发货。其次，从睿某公司的银行流水上看，睿某公司收到云某公司的款项后，随即几乎悉数转账给吉某公司。再次，关于睿某公司是否向吉某公司发货的问题，除了双方向云某公司出具《验收证明书》外，睿某公司和吉某公司称目前未发现其他与标的物有关的证据材料，云某公司与孙某提供的证据材料均不足以证明睿某公司向吉某公司已实际交接、交付了标的物。最后，在合同和附件及相关材料中用词较为杂乱，较多出现融资、租金、租赁物等字样，在付款、还款环节也未出现过货款一词。

一审判决认为：云某公司与吉某公司之间实际是为解决吉某公司的资金问题进行的名为买卖实为民间借贷的法律关系，隐藏在买卖关系下的民间借贷关系并不具有法定无效情形的，应认定为有效。而民间借贷关系中的权利义务应以借款的本金为基数并依据民间借贷等相关法律规定进行核定，与执行证书中的所谓加价货款的基数、利息的核算有着本质上的不同。由此可见，执行证书载明的民事权利义务关系，显然与事实不符。钟某要求不予执行（2018）沪松证经字第1110号公证书及（2021）沪松证执行字第12号执行证书的诉讼请求，法院予以支持。

至于钟某认为吉某公司在2018年8月14日的转账以致可能已还清钱款的意见，缺乏依据，法院不予采信。由于本案系保证人提起的诉讼，其并非借贷关系的当事人，故有关民间借贷关系中的权利义务，应由相应的主体另行主张解决。

关于钟某认为是云某公司和吉某公司采取欺诈手段、隐瞒真实情况，导致其在违背真实意思的情况下签订了《保证合同》的意见。一审判决认为：《原材料销售合同》中已载明云某公司根据吉某公司的要求向第三方采购标的物并加价后出售给吉某公司，吉某公司分期向云某公司付款的内容。钟某作为合同签订时吉某公司的股东、监事且至今仍担任监事一职，均参加了股东会决议和公证处的询问和签字，保证合同中也载明其充分知晓吉某公司的经营范围、财务状况等情况，并充分知晓《原材料销售合同》及其相关附属合同的条款。钟某对涉案交易是明知或应当知道的，其所签订的保证合同也是其真实意思的表示。故钟某认为其保证合同不成立、无效、撤销的诉讼请求，缺乏依据，法院不予支持。综上，法院判决：一、不予执行（2018）沪松证经字第1110号公证书及（2021）沪松证执行字第12号执行证书。二、驳回钟某的其余诉讼请求。

二审法院认为：一审判决认定的上述事实，有《原材料销售合同》及其附件、《采购三方合同》及其附件、《采购合同》及其附件、《保证合同》及其附件、《补充协议》《公证书》《执行证书》、银行业务回单、银行流水、民事裁定书、执行裁定书、代管款处理单据及当事人陈述等证据予以佐证，可以认定。

二审法院认为：本案的争议焦点在于：钟某请求不予执行公证债权文书，同时就公证债权文书涉及的民事权利义务争议提出诉讼请求的，人民法院是否应当在判决中一并作出裁判。

根据《最高人民法院关于公证债权文书执行若干问题的规定》第23条第2款之规定，当事人同时就公证债权文书涉及的民事权利义务争议提出诉讼请求的，人民法院可以在判决中一并作出裁判。鉴于赋予执行效力的公证债权文书的性质，为减轻当事人诉累，人民法院一般可依据当事人提出的诉讼请求，在判决中一并作出裁判，但鉴于管辖或案件的具体情况，也可以由当事人另行主张解决。一审判决鉴于本案的具体情况，判决驳回钟某请求一并确认其签署的保证合同无效的诉讼请求，不违反上述法律规定。应当指出的是，人民法院在审理当事人申请不予执行公证债权文书中，对当事人同时就公证债权文书涉及的民事权利义务实体争议提出的诉讼请求，不在判决中一并作出裁判的，则不宜对相关的民事权利义务是否有效作出评判。一审判决驳回钟某的该项诉讼请求，却认定钟某签署的保证合同有效，超越了其审理的权限，但一审裁判结果正确，二审法院予以维持。故二审法院判决：驳回上诉，维持原判。

案例编写人　上海中因律师事务所　刘晓明　严绿臆

专家点评

蔡虹　中南财经政法大学法学院教授、博士生导师

本案系保证人就公证债权文书、执行证书提起的执行异议之诉。法院聚焦原告的诉讼请求，围绕《原材料销售合同》的定性、经公证的债权文书是否具有不予执行的法定情形等焦点进行审理。在掌握充分证据的基础上，认定公证债权文书载明的各方主体名为买卖关系，实为企业之间的借贷关系，实质上与公证债权文书载明的民事权利义务关系不符。故依法判决本案经公证的债权文书不予执行。执行异议之诉重在阻却执行，与之相关联的其他争议，可由相应主体另行主张。法院对本案的处理审判逻辑清晰，对焦点问题的分析精准到位，证据运用及事实认定准确，既充分发挥了执行异议之诉的功能与特点，也为本案后续可能遗留问题的处理预留了空间，依法保护了当事人的实体权利和程序权利。

相关法条

《中华人民共和国民法典》

第五百九十五条　买卖合同是出卖人转移标的物的所有权于买受人，买受人支付价款的合同。

第六百八十八条 当事人在保证合同中约定保证人和债务人对债务承担连带责任的,为连带责任保证。

连带责任保证的债务人不履行到期债务或者发生当事人约定的情形时,债权人可以请求债务人履行债务,也可以请求保证人在其保证范围内承担保证责任。

《最高人民法院关于公证债权文书执行若干问题的规定》

第二十二条 有下列情形之一的,债务人可以在执行程序终结前,以债权人为被告,向执行法院提起诉讼,请求不予执行公证债权文书:

(一)公证债权文书载明的民事权利义务关系与事实不符;

(二)经公证的债权文书具有法律规定的无效、可撤销等情形;

(三)公证债权文书载明的债权因清偿、提存、抵销、免除等原因全部或者部分消灭。

债务人提起诉讼,不影响人民法院对公证债权文书的执行。债务人提供充分、有效的担保,请求停止相应处分措施的,人民法院可以准许;债权人提供充分、有效的担保,请求继续执行的,应当继续执行。

第二十三条 对债务人依照本规定第二十二条第一款规定提起的诉讼,人民法院经审理认为理由成立的,判决不予执行或者部分不予执行;理由不成立的,判决驳回诉讼请求。

当事人同时就公证债权文书涉及的民事权利义务争议提出诉讼请求的,人民法院可以在判决中一并作出裁判。

❸❹ 水泥公司诉建材公司、贸易公司合同纠纷案
——未执行"剥采比"违约开采矿山的赔偿责任认定

◆案件索引◆

一审：福建省龙岩市永定区人民法院（2020）闽0803民初2091号
二审：福建省龙岩市中级人民法院（2021）闽08民终1628号
再审：福建省高级人民法院（2022）闽民申2952号

◆基本案情◆

2013年水泥公司与建材公司签订一份《租赁经营合同书》，约定水泥公司将有关资产租赁给建材公司生产经营。建材公司在经营期间开采石灰石，必须按矿山开采利用方案执行。开采方案确定露天采矿场平均生产剥采比按0.268∶1t/t计算（即每开采一吨的石灰石，要清运0.268吨的土方）。后建材公司与贸易公司签订一份《关于企业内部实行责任制承包经营的合同》，约定建材公司将从水泥公司处租赁的资产以内部承包经营的形式承包给贸易公司，贸易公司应履行《租赁经营合同书》中规定的权利与义务。贸易公司在合同履行过程中违反开采设计的开发利用顺序和0.268∶1t/t的剥采比，超前采矿、滞后剥离，造成合同期满后部分废土应剥离而未剥离以及部分剥离的废土临时堆放在矿场需要二次搬运，因此造成经济损失约800万元。2018年《租赁经营合同书》期满后，建材公司续租并继续内部发包给贸易公司。同时，水泥公司于2018年起诉建材公司和贸易公司（以下简称前案），要求贸易公司赔偿2018年以前违约开采造成的损失800万元，建材公司承担连带赔偿责任，一审驳回水泥公司诉讼请求，二审水泥公司撤回上诉并撤回起诉。后水泥公司于2020年起诉，请求建材公司赔偿损失，贸易公司构成债务加入并承担连带赔偿责任。

核心争议焦点

1. 本案和前案是否构成重复诉讼？
2. 水泥公司和贸易公司没有合同关系，要求贸易公司赔偿损失，有没有法律依据？
3. 矿山开采是动态的过程而且建材公司2018年以后仍然是承租方，故2020年如何确定2018年的经济损失？

当事人各方观点及思维分析

一、水泥公司观点及思维分析

（一）本案和前案不构成重复起诉

水泥公司前案以事实合同为由起诉贸易公司，并以未尽监管责任为由要求建材公司承担连带责任。后案以租赁合同起诉建材公司，并以债务加入为由起诉贸易公司。所以，两个案子的请求权基础和诉讼请求均不一样。

（二）贸易公司已经加入了水泥公司和建材公司的合同履行

建材公司通过内部承包方式实际履行水泥公司和建材公司的租赁合同，并约定应履行《租赁经营合同书》的义务。履行过程中直接付款给水泥公司，并以自身名义和水泥公司对接租赁合同有关事宜，水泥公司也予以认可，所以贸易公司已构成债务加入。

（三）水泥公司的损失可以通过鉴定确认

水泥公司在诉讼过程中申请鉴定，要求对2018年现场应剥离而未剥离的土方量进行鉴定，并据此计算出剥离所需费用，并将该费用作为损失金额，通过鉴定的方式确认损失金额。

二、建材公司和贸易公司观点及思维分析

（一）本案和前案构成重复起诉

两个案件的基础事实都是违反剥采比采矿，诉讼请求也指向同一争议事实，当事人也一样。本案的判决结果对前案的判决结果构成实质性的认可或

者否定，所以两个案件构成重复起诉。

（二）贸易公司和水泥公司没有直接的法律关系，不需要向水泥公司承担责任

贸易公司根据内部承包实际负责矿山的开采是内部法律关系，对外是代表建材公司履行租赁合同，水泥公司也知道该内部承包关系，所以贸易公司和水泥公司没有合同关系。

（三）现有技术条件无法鉴定损失，水泥公司无法证明损失客观存在

由于争议合同的履行期限届满时间是2018年6月，而开采处于持续状态，所以不可能在2020年鉴定2018年的矿山开采情况，水泥公司不可能证明损失金额。而且租赁合同履行期限届满以后继续由建材公司承租，水泥公司并没有实际剥离和清运废土，所以损失并没有实际发生。

代理思路

前案败诉的关键原因在于没有选对请求权基础且没有申请鉴定，导致客观上未提供给法院缺乏支持的正当性。因此，本案的代理思路在于选择准确的请求权基础并通过司法鉴定确认损失金额。

代理点睛

一、请求权基础的准确选择

经历撤诉后重新起诉，所以需要根据重复起诉的判断要件即争议法律关系、诉讼请求和当事人等三个层面确保不属于重复起诉。通过对两案的对比，可以发现前案以贸易公司为合同实际履行方并要求建材公司承担连带责任，而后案是主张建材公司为合同相对方，贸易公司构成债务加入并承担连带清偿责任。所以两案不构成重复起诉。

二、在《民法典》正式确认"债务加入"制度前，成功实践了该制度

2021年1月1日生效的《民法典》第552条正式确认了"债务加入"制度的法律依据，而本案起诉是在2020年。在立法过程中，关于是否应当规定

债务加入存在不同意见。有的意见认为，关于债务转移尤其是债务部分转移的规定已经包含了债务加入，无需对此规定；有的意见认为，债务转移指的是免责的债务转移，与作为并存的债务转移的债务加入不同，应当对债务加入予以明确规定。经研究认为，债务加入与免责的债务转移存在构成要件、法律效果等多方面的不同，对债务加入予以明确规定，有利于明确二者的不同，有利于法律适用的清晰，有利于债权人权利的实现，也在一定程度上减轻了其他债务人的负担。

三、遇到无法鉴定的技术难题时，另辟蹊径改变鉴定方式

从案件本身来看，本案核心在于鉴定结论能否作为损失金额认定的依据，本案的处理可以说对同类案件或同类业务具有借鉴和指导意义。矿产资源勘察和开采具有复杂性和专业性，对于涉矿领域争议问题的解决，往往需要具有专业技术能力和经验的机构提供技术支撑。在矿产资源承包合同类纠纷中，如果合同没有明确的约定或对约定有争议，那么对于是否违反剥采比、超前采矿，超前采矿和滞后剥离的区域和影响范围如何确定，土方数是多少，损失金额是多少等问题，无论是当事人还是法官，往往都难以直接进行举证、认定，而需要通过专业机构提供评估、鉴定等方式，对损失金额的认定等提供参考意见。

本案选定鉴定机构以后的确遇到无法鉴定的问题。代理人团队充分讨论后另辟蹊径，要求鉴定机构根据合同期满时各方签署的《移交核算情况》进行鉴定，并提交声明："该鉴定报告不被采纳的风险由水泥公司承担"，鉴定机构遂根据该《移交核算情况》作出鉴定结论。代理人通过该方式将焦点变成《移交核算情况》能否被采纳，解决了无法鉴定的客观障碍。

四、对比前后两份合同，证明实际损失客观存在

关于损失是否实际发生，通过对比前后两个合同发现，续租合同约定的剥离数量是前一个合同的2倍，证明损失实际发生并影响了续租合同的签约条件，最终获得了法官的支持。

审判观点

一、关于本案是否属于重复诉讼的问题

法院从以下角度认定不属于重复起诉：

1. 本案主债务人是建材公司，连带责任人是贸易公司；前案主债务人是贸易公司，连带责任人是建材公司。两个主体在承担债务的主次责任方面、承担责任的方式和意义方面均与前案不同。

2. 本案的起诉依据与前案不同，本案的违约损失经一审法院依法委托鉴定人进行鉴定，前案则是依据《移交核算情况》作出的直接主张。

二、关于鉴定结论能否作为水泥公司主张违约行为所造成损失依据的问题

二审法院主要有以下几点观点：

1. 作为鉴定依据的《移交核算情况》之效力。从委托测绘机构的资质、合同约定的公章共管和责任承担主体以及测量费用经各方签字审批后支付，以及建材公司和贸易公司从未对《移交核算情况》提过异议等事实，认定水泥公司委托测绘形成的《移交核算情况》对三方都具有法律拘束力。

2. 建材公司与贸易公司的违约事实之存在。开发利用方案要求严格按照开发利用顺序和 $0.268:1 t/t$ 的剥采比开采，《国土资源部关于加强对矿产资源开发利用方案审查的通知》规定设计方案变更应符合法定程序，建材公司与贸易公司未经法定程序随意改动开发利用方案的行为构成严重违约。福建省安全生产监督管理局出具的《整改指令函》证明建材公司在合同履行过程中存在"实际与设计不符，提前进入凹陷开采"等问题。从新一期《关于企业内部实行责任制承包经营的合同》中关于发包方自愿补贴承包方进行排土的约定，侧面印证前一期承包方贸易公司没有依约剥离土方导致需进行二次排土。

基于此，鉴定结论客观反映了建材公司和贸易公司因违反剥采比超前采矿、滞后剥离的违约事实所造成的损失，可作为定案依据。

三、关于贸易公司的责任

因建材公司和贸易公司签订《关于企业内部实行责任制承包经营的合同》，约定《租赁经营合同书》对建材公司与贸易公司均有效，所以建材公司与贸易公司应承担法律责任。

案例编写人　北京德恒（厦门）律师事务所　陈水湖　黄桐川　谢柳彬

专家点评

潘剑锋　北京大学法学院教授、博士生导师，中国法学会民事诉讼法学研究会常务副会长

> 本案所涉及的主要问题是本案与2018年的前案是否属于重复诉讼。重复诉讼问题无论在理论上还是实践中都属于比较复杂的问题，本案的焦点问题是本案与前案的当事人是否为同一当事人。应该说，从形式上看，本案与前案的当事人是相同的，原告的诉讼代理人之所以认为二者不相同，是因为前案与本案的当事人承担责任的主次和方式不同。实际上，如果概括为本案与前案的诉讼标的不同（即法院主张的前后两案当事人承担法律责任的原因不同），因而认定为不属于重复诉讼也许更为合适一些。至于当事人请求的具体依据不同，似不宜作为认定不属于重复诉讼的理由。本案关于损失依据的确定，是本案代理的亮点之一，即从实践出发，用技术手段排除了法律上的障碍。

相关法条

《中华人民共和国民法典》

第一百一十九条　依法成立的合同，对当事人具有法律约束力。

第四百六十五条　依法成立的合同，受法律保护。

依法成立的合同，仅对当事人具有法律约束力，但是法律另有规定的除外。

第五百零九条　当事人应当按照约定全面履行自己的义务。

当事人应当遵循诚信原则，根据合同的性质、目的和交易习惯履行通知、

协助、保密等义务。

当事人在履行合同过程中，应当避免浪费资源、污染环境和破坏生态。

第五百五十二条 第三人与债务人约定加入债务并通知债权人，或者第三人向债权人表示愿意加入债务，债权人未在合理期限内明确拒绝的，债权人可以请求第三人在其愿意承担的债务范围内和债务人承担连带债务。

第五百七十七条 当事人一方不履行合同义务或者履行合同义务不符合约定的，应当承担继续履行、采取补救措施或者赔偿损失等违约责任。

35 某市生态环境局诉温某某、崔某某等污染海洋环境责任纠纷民事公益诉讼案

——行为人屡禁不止地倾倒废物、废水入海，不仅需要承担刑事责任或行政责任，还需依法承担民事责任

案件索引

一审： 广州海事法院（2019）粤 72 民初 102 号
二审： 广东省高级人民法院（2021）粤民终 1711 号

基本案情

被告温某某向吴某租用东莞市中堂镇吴家涌东江路东江码头（以下简称中堂镇码头）用于存放生活垃圾等废弃物。被告温某某与被告崔某某约定，由崔某某将中堂镇码头存放的垃圾运到海上倾倒，温某某按每吨垃圾人民币 75 元的价格向崔某某结算运费。

被告李某某系"桂藤县货 1088"船的船长，主要负责开船和联系货物运输。2016 年 7 月至 8 月，崔某某租用该船装运泥土，其间崔某某向李某某提出雇请该船装运垃圾到海上倾倒。2016 年 8 月 20 日左右，李某某将"桂藤县货 1088"船停靠在中山市横门大桥下的码头，与崔某某联系，表示同意使用船只装运垃圾。

2016 年 8 月 21 日，李某某雇请何某到船上工作。2016 年 8 月 22 日，李某某雇请被告甘某某驾驶挖掘机到船上工作。当日下午，崔某某来到"桂藤县货 1088"船，经与李某某商议，双方约定由李某某驾驶船只前往东莞码头装载垃圾并运到海上倾倒，每吨垃圾按照人民币 65 元的价格结算，崔某某让李某某装载垃圾后，将船开到外伶仃岛以外的海域后再倾倒垃圾，二人商量完后，崔某某离开。

2016年8月23日上午8时许，崔某某上船，李某某驾驶"桂藤县货1088"船从中山市横门码头出发，按照东莞码头老板温某某发送给崔某某的定位行驶，并于当日21时许到达中堂镇码头。崔某某与温某某联系后，"桂藤县货1088"船停靠码头，码头上的挖掘机将垃圾装载到船上，李某某则指挥甘某某使用挖掘机将船上的垃圾压实。2016年8月24日凌晨4时许，垃圾装载完毕，"桂藤县货1088"船共计装载垃圾659.3吨，崔某某支付给李某某人民币3.5万元。李某某驾驶该船只，与甘某某以及船上人员李某、何某从中堂镇码头出发，后到达珠海市高栏港对开海域。

2016年8月24日晚至2016年8月25日凌晨，甘某某根据李某某指示，操作挖掘机将"桂藤县货1088"船上所装载的大部分垃圾倾倒入海中。2016年8月25日23时，"桂藤县货1088"船及船上人员被拱北海关缉私局海上缉私处查获，李某某、甘某某当时已向海中倾倒垃圾共计563.99吨。广州中科检测技术服务有限公司受公安机关委托，对"桂藤县货1088"船上固体废物进行检测，检测出"桂藤县货1088"船上固体废物含有汞、铅、镉、砷、铬、锌等物质，属于有毒物质；固体废物渗滤液的水质化学需氧量超标411.5倍、硫化物超标37.3倍、氨氮超标39倍、总锌超标3.1倍、总铜超标3.6倍。华南环境科学研究所受原珠海市环境保护局委托，对"桂藤县货1088"船舶垃圾倾倒污染事件环境损害进行鉴定评估，"桂藤县货1088"船已倾倒至海域的垃圾和船上残留垃圾及渗滤液产生的环境损失修复费用共计人民币1649902.52元，鉴定评估过程中产生监测费用人民币12万元、环境损害评估鉴定费用人民币17万元。

为避免"桂藤县货1088"号船舶剩余垃圾产生新的损害环境危险，相关执法部门依法扣押"桂藤县货1088"号船舶和船舶上钩机，并支付船舶保管费49700元、钩机保管费4200元；按照《广东省城乡生活垃圾处理条例》的规定和省政府有关工作会议纪要的要求，环卫部门对剩余垃圾进行了无害化处理，处理费用为人民币77701.68元。

另外，被告李某甲是涉案"桂藤县货1088"船船主，其将"桂藤县货1088"船交予李某某经营，并享有其部分经营收益，双方是兄弟关系。

认定上述事实的证据有广东省公安边防总队海警第一支队的讯问和询问笔录、广州中科检测技术服务有限公司出具的《检测报告》、华南环境科学研究所《环境损害鉴定评估报告》、珠海市和海船舶服务有限公司出具的发票和结算合同、原珠海市市政和林业局出具的违法倾倒"海上查"行动涉案垃圾清运处理费用汇总表、东莞市中堂镇吴家涌村村民委员会出具的证明、广东省珠海市金湾区人民法院（2017）粤0404刑初164号刑事判决书、广东省珠海市中级人民法院（2018）粤04刑终117号刑事裁定书等。

由于在本案审理过程中，珠海市机构发生改革，原珠海市海洋农业和水务局被撤销，权利义务承受人当时尚未确定，因此本案发生中止。2020年5月7日，广东省珠海市人民检察院向中共珠海市委发出《关于确定我市海洋生态环境损害民事公益诉讼主体的报告》，请求市委明确承接原珠海市海洋农业和水务局在本案中的原告职责的机关。2020年5月20日，中共珠海市委机构编制委员会办公室回复广东省珠海市人民检察院，决定由珠海市生态环境局作为本案民事公益诉讼主体。2020年5月20日，广东省珠海市人民检察院向原告出具珠检民公〔2020〕44040000001号《检察建议书》，认为崔某某等违法在海域倾倒有害物质，严重污染海洋环境，损害社会公共利益，建议珠海市生态环境局依法提起民事公益诉讼。珠海市生态环境局于2020年5月29日出具《珠海市生态环境局关于珠检民公〔2020〕44040000001号检察建议书的复函》，同意珠海市人民检察院的建议，作为本次海洋生态环境损害民事公益诉讼主体，在本案中承接由原珠海市海洋农业和水务局对温某某、崔某某等人提起的公益诉讼案件工作。

核心争议焦点

1. 本案倾倒垃圾事件是否造成海洋环境损害？
2. 各被告是否应承担污染海洋环境的侵权责任，是否成立共同侵权？
3. 原告主张的各项损失费用及责任承担方式是否合法合理？

当事人各方观点及思维分析

原告诉讼请求：（1）判令各被告将涉案污染损害的海洋环境恢复原状。（2）判令各被告连带赔偿涉案有关费用，包括：①受损害海洋自然资源与生态环境的恢复费用；②监测费用、环境损害评估鉴定费用及律师费；③船舶保管费、钩机保管费及垃圾清运处理费用。（3）判令各被告赔礼道歉，在《珠海特区报》刊登道歉公告，公告费用由各被告承担。（4）本案全部诉讼费用由各被告共同承担。

被告温某某观点：并不知晓案涉码头存在垃圾，对倾倒垃圾不知情。刑事判决及刑事裁定均未对温某某作出处理，温某某无须承担刑事责任，也就无须承担民事责任。

即温某某全盘否定自己参与案件的事实，且认为既然不承担刑事责任，就等同于没有责任，无须承担民事责任。

被告李某某观点：（1）李某某受雇于崔某某，从事倾倒垃圾的相应责任应由崔某某承担。（2）原告主张损失的主要依据是鉴定评估报告，但此类型诉讼的赔偿范围限于实际损失而非理论上的损失。由于海洋生态系统具有净化功能，垃圾打捞费不必然产生；垃圾清运费、垃圾处理费及渗滤液处理费计算错误且不合理，即使没有侵权行为，污水处理也应对海水进行净化，该费用不应由李某某承担。（3）监测费、评估鉴定费用、船舶保管费及钩机保管费属于刑事案件的业务经费支出，应由国家财政予以保障，本案并未启动重新鉴定评估程序，因此该费用不应由李某某承担。

被告甘某某观点：（1）其受雇于李某某，在不明真相的情况下参与倾倒垃圾入海的行为，相应责任应由李某某承担，且甘某某已受刑事处罚，不应再为此承担民事责任。（2）原告主张的费用均不成立。前后两项诉请存在重复，另鉴定评估报告不具有合法性及真实性，该鉴定人不是由本案当事人商定或法院指定，报告所依据的材料均未经本案当事人质证，不符合民事诉讼证据要求，不能作为认定依据。（3）原告主张的部分恢复费用与甘某某无关，甘某某对未参与倾倒的部分费用不承担责任。（4）监测费、评估鉴定费用、船舶保管费及钩机保管费属于刑事案件的业务经费支出，应由国家财政予以保障。

综上，甘某某主要从责任承担主体、原告主张赔偿费用的合法合理性及赔偿责任范围进行抗辩。

被告李某甲观点：（1）李某甲没有实施侵权行为，与实际侵权人无意思联络，没有过错，不构成共同侵权。刑事案件已经查清事实，李某甲不是刑事判决认定的共犯，因此非侵权行为人。（2）案涉船舶的实际使用人是李某某，李某某仅需偿还购买船舶时以李某甲名义办理的贷款，李某甲不是涉案船舶的受益方，无须承担责任。（3）鉴定评估报告不是由本案当事人商定或法院指定的鉴定机构作出，且李某甲毫不知情，不能作为认定依据。

综上，李某甲主要从责任承担主体及原告主张赔偿费用的合法合理性角度进行抗辩。

代理思路

作为原告的代理律师,采取的代理思路主要如下:首先证实侵权事实发生,其次确定侵权主体及责任承担方式,最后论证各项诉请的合理合法性。

一、本案倾倒垃圾事件已造成海洋环境的严重损害

检测、鉴定评估报告已经生效刑事裁判所确认,是生效裁判的构成部分。本案中,法院将上述两份报告作为认定依据,完全符合证据规则。况且崔某某、李某某、甘某某在刑事案件中未对上述两份报告提出异议且已质证,在本案中五被告也未申请重新鉴定、补充鉴定或申请专家出庭。因此,该两份报告应当依法作为本案的审理认定依据。该两份报告与刑事裁判共同证实本倾倒垃圾事件造成海洋环境损害的事实。

二、五被告成立共同侵权,依法应承担连带责任

生效刑事裁判已认定崔某某、李某某、甘某某相互配合,共同实施了污染环境罪。生效刑事裁判认定的事实依法应当作为本案认定的依据,三者共同实施倾倒垃圾入海并导致海域受到污染的侵权行为,构成共同侵权。尽管温某某、李某甲不是刑事案件的共犯,其行为没有被认定为刑事犯罪,但温某某、李某甲为崔某某、李某某、甘某某的犯罪行为提供了必要条件和配合帮助,5人行为相互作用,共同造成涉案海域的污染,具备共同侵权的客观性。

且经刑事裁判查明,温某某与崔某某紧密联系,委托崔某某、李某某、甘某某处理垃圾。虽然没有直接证据显示温某某指挥3人将垃圾倾倒入海,但是温某某明知有毒垃圾需要委托有资质的机构进行无害化处理,而将有毒垃圾交由无任何资质的个人处理,这样势必引起污染环境的严重结果,却仍无视法律规定,加之温某某有污染环境的犯罪前科,其明显是放任并希望这种行为及结果的发生。

至于李某甲,其是船舶所有权人,李某某以船舶经营收入偿还船舶贷款作为李某甲参与船舶经营利益分成的方式确立了双方合作经营船舶的法律关系,而不论李某甲是否分得李某某的犯罪所得,且李某甲对船舶的经营有管理的义务,但李某甲疏于对船舶的管理,放任李某某非法经营船舶。另李某甲是否入罪与是否构成共同侵权无关,李某甲提供船舶是本起环境污染事件

必不可缺的重要环节。因此，李某甲与其他被告相互作用，共同造成涉案海域的污染，具有共同侵权的客观性和意思联络。

可见，五被告之间不仅存在着密切的意思联络，还存在着一种心照不宣的默契配合，实施共同侵权行为，应当承担连带责任。

三、原告主张的各项损失费用及责任承担方式均合理合法

1. 恢复原状依法应由侵权人承担，如法院认为无法完全修复，则可准许采用替代性修复方式。根据司法解释，"替代性修复方式"有两种：方式一，在判决被告修复生态环境的同时，确定被告不履行修复义务时应承担的生态环境修复费用；方式二，可以直接判决被告承担生态环境修复费用。

2. 现有证据已证实监测费、鉴定评估费以及律师费均实际发生，且属法定赔偿费用项目。

3. 船舶保管费及钩机保管费属于应急处置措施费用。处理和保管船舶、钩机既是广东省渔政总队某支队和广东海警第一支队在刑事案件中的侦查需要，也是为了防止污染进一步扩大的合理处置、预防措施。需要知道，涉案船舶和钩机不但是刑事案件的犯罪工具，也是装载垃圾并倾倒入海的污染源，船上和钩机上残留大量的有毒有害物质，若不及时处理，必然使海洋污染进一步恶化，因此，处理、保管船舶及钩机发生的费用是合理的预防、处置措施费，依法属于海洋自然资源与生态环境损失赔偿的范围。何况，即便上述费用在办案经费、业务经费中已经支付，但该费用属于国家损失，均是从国库中支出的财政资金，属于本次污染事件造成国有财产损失的一部分，原告正是代表国家向侵权责任者索赔，依法有权在民事公益诉讼中向各被告主张。

4. 结合原告证据，垃圾清运处理费用是为了清理处置案涉船上残存的垃圾及渗滤液而产生的，是本案倾倒垃圾事件直接导致的损失，且依法属于海洋自然资源与生态环境损失赔偿范围，应由五被告承担，而不应由财政拨款负担。

5. 本起倾倒垃圾事件的社会效果影响深远，且发生在珠海海域，在珠海市范围内产生尤为恶劣的影响，被告理应为其严重的侵权行为公开向社会大众道歉，消除该事件遗留的消极社会后果，而《珠海特区报》作为珠海市的官方报纸，在该报纸上刊登道歉公告是被告公开道歉较为合理的方式。

35. 某市生态环境局诉温某某、崔某某等污染海洋环境责任纠纷民事公益诉讼案

代理点睛

刑事责任与民事责任的主要目的和功能并不相同。侵权责任等民事责任具有较强的财产性特征，其主要目的和功能在于弥补权利人因他人的民事违法行为而受到的经济损失。刑事责任兼具人身性和财产性的双重特征，其主要目的和功能在于惩罚行为人、维持基本的社会秩序。本案中，已被在先生效刑事裁判判处刑罚或未承担刑事责任，并不影响在本案内承担侵权责任。

原《侵权责任法》第35条是对提供劳务造成他人损害时侵权责任承担问题所作的规定，系依法成立的劳务关系项下的侵权责任转承规则。案涉在实施犯罪或违法行为过程中形成的劳务关系因违反法律强制性规定，依法应认定无效，不适用上述规则。

审判观点

1. 上述检测、鉴定报告为刑事案件审理法院经质证认证后采纳，并作为认定刑事案件事实的依据。由于各被告在本案中均未就污染损害申请重新鉴定和补充鉴定，且未申请上述报告的出具人或其他具有专门知识的人出庭对报告进行说明或质证，同时各被告均未提供相反证据足以反驳上述报告的结论，故采纳上述报告作为认定本案事实的依据。两份报告的结论及生效刑事裁判认定的事实已足以认定本起倾倒垃圾事件造成海洋环境污染损害的事实。

2. 刑事裁判已认定崔某某、李某某及甘某某相互配合，非法处置涉案垃圾，污染海洋环境。法院对生效裁判确认的事实予以采信，三者成立共同侵权，应承担连带责任。甘某某与李某某之间就倾倒垃圾形成的劳务关系具有不法性，甘某某应自行承担侵权责任。

另结合刑事案件查明的事实，足以证明温某某是涉案垃圾的货源提供者，其明知崔某某没有处理垃圾的资质，知道或应当知道将案涉垃圾交由崔某某处置会发生污染环境的后果，仍违法向崔某某交付涉案垃圾并造成海洋环境污染损害，故温某某系本案污染事件的共同侵权人。

虽然李某甲是涉案船舶的登记所有人，但案涉船舶实际交由李某某经营使用，现有证据不足以证明李某甲与李某某系合作经营船舶关系或李某甲在管理船舶方面存在过错。原告也未举证证明李某甲知道或应当知道李某某使用船舶倾倒垃圾仍提供船舶给李某某使用，或证明存在共同倾倒垃圾的意思

联络及李某甲参与实施或帮助实施倾倒垃圾的侵权行为,故李某甲不是共同侵权人,不应承担连带责任。

3.由于本案倾倒垃圾事件发生在2016年8月,受海洋洋流运动影响,恢复原状的难度大大增加,原告诉请各被告恢复原状符合环境民事公益诉讼的初始目的,但海洋环境修复往往专业性、技术性较强,鉴于庭审中各被告均表示没有能力或没有意愿对涉案海洋环境进行自行修复,若判决被告恢复原状,反而会使海洋环境迟迟得不到修复,进而继续损害社会公共利益,故依法驳回原告恢复原状诉请而直接判决被告承担恢复费用。至于其他费用,法院均采纳原告意见,认定其他费用具有事实与法律依据,予以支持。至于赔礼道歉的方式,符合法律规定、便于执行且有助于提升公众的海洋环境保护意识,予以支持。

案例编写人　北京市君泽君(珠海)律师事务所　陈育娟

专家点评

> 张新宝　　中国人民大学法学院教授、博士生导师,中国法学会法学期刊研究会会长,中国法学会网络与信息法学研究会副会长
>
> 　　本案是一个涉及污染海洋环境的民事公益诉讼案件。由于机构改革等原因,需要确定合格的原告。案件原告代理人成功证明5位被告成立共同侵权应当依法承担连带责任。关于侵权案件中刑事责任、民事责任和行政责任的综合适用,《民法典》第187条有明确规定,可以援引适用。代理人对共同侵权责任的论述、对损害赔偿的计算及恢复原状费用的主张均中规中矩。

相关法条

《中华人民共和国侵权责任法》

　　第八条[①]　二人以上共同实施侵权行为,造成他人损害的,应当承担连带责任。

---

① 该法已失效,本条对应《民法典》第1168条。

《中华人民共和国海洋环境保护法》

第八十九条[①] 造成海洋环境污染损害的责任者，应当排除危害，并赔偿损失；完全由于第三者的故意或者过失，造成海洋环境污染损害的，由第三者排除危害，并承担赔偿责任。

对破坏海洋生态、海洋水产资源、海洋保护区，给国家造成重大损失的，由依照本法规定行使海洋环境监督管理权的部门代表国家对责任者提出损害赔偿要求。

《最高人民法院关于审理环境民事公益诉讼案件适用法律若干问题的解释》

第二十条 原告请求修复生态环境的，人民法院可以依法判决被告将生态环境修复到损害发生之前的状态和功能。无法完全修复的，可以准许采用替代性修复方式。

人民法院可以在判决被告修复生态环境的同时，确定被告不履行修复义务时应承担的生态环境修复费用；也可以直接判决被告承担生态环境修复费用。

生态环境修复费用包括制定、实施修复方案的费用，修复期间的监测、监管费用，以及修复完成后的验收费用、修复效果后评估费用等。

第二十二条 原告请求被告承担以下费用的，人民法院可以依法予以支持：

（一）生态环境损害调查、鉴定评估等费用；

（二）清除污染以及防止损害的发生和扩大所支出的合理费用；

（三）合理的律师费以及为诉讼支出的其他合理费用。

《最高人民法院关于审理海洋自然资源与生态环境损害赔偿纠纷案件若干问题的规定》

第六条 依法行使海洋环境监督管理权的机关请求造成海洋自然资源与生态环境损害的责任者承担停止侵害、排除妨碍、消除危险、恢复原状、赔礼道歉、赔偿损失等民事责任的，人民法院应当根据诉讼请求以及具体案情，合理判定责任者承担民事责任。

第七条 海洋自然资源与生态环境损失赔偿范围包括：

（一）预防措施费用，即为减轻或者防止海洋环境污染、生态恶化、自然

---

① 该法已于2023年修订，本条已被删除。

资源减少所采取合理应急处置措施而发生的费用;

（二）恢复费用，即采取或者将要采取措施恢复或者部分恢复受损害海洋自然资源与生态环境功能所需费用;

（三）恢复期间损失，即受损害的海洋自然资源与生态环境功能部分或者完全恢复前的海洋自然资源损失、生态环境服务功能损失;

（四）调查评估费用，即调查、勘查、监测污染区域和评估污染等损害风险与实际损害所发生的费用。

第八条 恢复费用，限于现实修复实际发生和未来修复必然发生的合理费用，包括制定和实施修复方案和监测、监管产生的费用。

未来修复必然发生的合理费用和恢复期间损失，可以根据有资格的鉴定评估机构依据法律法规、国家主管部门颁布的鉴定评估技术规范作出的鉴定意见予以确定，但当事人有相反证据足以反驳的除外。

预防措施费用和调查评估费用，以实际发生和未来必然发生的合理费用计算。

责任者已经采取合理预防、恢复措施，其主张相应减少损失赔偿数额的，人民法院应予支持。

36 吴某诉陈某合伙合同纠纷案

——诉的利益在确认之诉中的审查规则

案件索引

一审： 四川省成都市青羊区人民法院（2022）川 0105 民初 8884 号
二审： 四川省成都市中级人民法院（2023）川 01 民终 4204 号

基本案情

吴某（一审原告、二审被上诉人）在一审中诉称其与陈某（一审被告、二审上诉人）2017 年达成合意，挂靠第三人云朵公司（一审第三人）合伙承接某绿化工程项目。在施工过程中由吴某垫付资金，吴某认为，根据《民法通则》等相关规定，其与陈某虽无书面合伙协议，但已具备合伙中共同出资、共同经营、共担风险的法定构成要件，故请求法院判决确认其与陈某在案涉项目中的合伙关系成立。一审法院认为：吴某的诉请成立予以支持，判决确认吴某与陈某在案涉项目中建立了合伙合同关系。陈某不服上诉于四川省成都市中级人民法院。二审法院以非人民法院民事诉讼的受案范围为由，撤销一审判决，裁定驳回吴某起诉。

核心争议焦点

1. 吴某在本案中是否存在确认之诉的诉的利益？
2. 吴某与陈某之间的合伙合同关系是否因为合伙目的违法或约定实施的行为违法而无效或不生效？

当事人各方观点及思维分析

一、陈某方（代理方）观点及思维分析

（一）吴某提起的确认之诉不具有诉的利益，法院应裁定驳回

本案系确认之诉，确认之诉的提起应具备诉的利益，即应当具有人民法院对本案诉的请求作出判决的必要性和实效性。诉的利益一般应作为受理诉讼的先决条件，如果不具有诉的利益，则原告提起的诉讼应被驳回。具体来说：

1. 若确认之诉结束之后还需进行其他的程序，以便补充审理未在确认之诉中裁判的争点，确认之诉即不合法

当事人提起确认合同效力之诉，旨在通过法院判决确定某项法律关系是否存在或是否合法有效，使当事人之间的"现存"法律关系确定化，或者说使原告和被告之间的法律地位得以安定，从而给不确定的法律关系主体带来好处，此种好处即确认利益。这种确认利益是当事人提起独立的确认合同效力之诉所应当具有的诉的利益。事实上，法院对基于合同关系提起的给付之诉在作出判决前，往往需要确认作为判决先决事项的合同或某项民事法律关系是否合法有效。就此种给付之诉而言，原告对合同或某项民事法律关系则不得提起独立的确认合同效力之诉，即对作为给付前提的确认事项是缺乏诉的利益的。因为在给付之诉中，当事人的诉讼目的是获得给付判决，而确认合同效力或民事法律关系之存在只是作出给付判决的前提，若允许就确认关系提起独立的确认之诉则意味着为获得给付判决而必须提起两个诉，其结果是造成诉讼资源的浪费。人民法院有对当事人提起独立的确认之诉进行审判的必要性，则在于当事人有必要且能够通过法院审理来解决相互之间的纠纷，如不能，则该确认之诉即无诉的利益，在此情形下，当事人无权启动诉讼程序。

2. 事实通常不能作为确认之诉的客体，但法律有例外情形规定的除外

不能就事实的存在与否提出确认之诉，只能针对法律关系的争议提起确认之诉。这是因为事实是法律关系发生与变化的原因或前提，属于认知对象的范畴，如果仅仅对事实问题作出确认仍然不会对涉及权利义务争议的解决产生直接的法律效果。本案中，吴某请求确认其与陈某在案涉项目中的合伙

合同关系属于对事实的确认，非确认之诉的客体。

综上，确认之诉相较于给付之诉处于辅助地位。因为确认判决并非执行名义，因此债权人在被告不履行的情形下还得再次提起给付之诉，从而会不必要地加重法院和被告的负担。若原告可以通过给付之诉实现相同的诉讼目的，确权之诉就欠缺诉的利益。

(二) 请求二审法院依职权对合同效力进行审查

1. 合同成立是事实判断，合同生效是价值判断，法院应依职权审查

合同成立的确认之诉，目的是确认合同法律关系是否存在，故必须认定合同是否有效成立，这当然也符合法院在合同纠纷（包括合同确认之诉）中应依职权审查合同效力的规则。根据我国法律，合同有效才能成立，所以，请求确认合同成立，只能是请求确认合同有效成立，故法院必须对合同是否有效作出认定。依照现行立法，法院仅确认是否存在订立合同的事实而不评价合同是否有效，没有法律依据，也没有实际意义，而且容易被误认为合同被确认为有效，从而在另案纠纷中发生错误的既判力。陈某在一审答辩状、代理词中均提出请求法院对二人之间的法律关系之效力进行合法性审查，但原审判决法院未对此进行审查。

2. 吴某诉称其与陈某挂靠有资质的建筑公司的行为将因违反法律强制性规定而被认定为无效，故合伙协议因目的和内容违法而无效

本案中，合伙协议和挂靠行为（挂靠关系）是两回事，但后者是前者的目的。如约定合伙倒卖走私物品，合伙协议无效。合伙协议约定的合伙事项违法，故合伙协议因目的和内容违法而应无效。吴某诉称其与陈某合伙挂靠建筑施工企业进行园林绿化施工，其价值导向损害了招投标市场公平公开公正的秩序，损害了我国对工程质量保护的价值导向。案涉工程属于建设工程施工合同范围，适用《建筑法》《民法典》以及《建设工程质量管理条例》等的规定。根据发包人某电力有限公司与第三人云朵公司签订的《专项工程施工合同》约定的工程承包范围以及住房和城乡建设部颁布的《园林绿化工程建设管理规定》可知，案涉工程属于建设工程施工合同范围下的园林绿化工程。《园林绿化工程建设管理规定》第2条规定："园林绿化工程是指新建、改建、扩建公园绿地、防护绿地、广场用地、附属绿地、区域绿地，以及对城市生态和景观影响较大建设项目的配套绿化，主要包括园林绿化植物栽植、地形整理、园林设备安装及建筑面积300平方米以下单层配套建筑、小品、花坛、园路、水系、驳岸、喷泉、假山、雕塑、绿地广场、园林景观桥梁等施工。"第3条规定："园林绿化工程的施工企业应具备与从事工程建设活动相匹配的专业技术管理人员、技术工人、资金、设备等条件，并遵守工程建设相关法律法规。"同时，根据2019年国家统计局颁布的国民经济行业分类将园林绿化工程归纳到建筑业范围内可知，案涉项目的承包单位只能是具有园林绿化工程资质的施工企业。《民法典》第143条从正面规定了民事法律行为的效力，即行为人具有相应的民事行为能力、意思表示真实且不违反法律、行政法规的强制性规定，不违背公序良俗。而《最高人民法院关于审理建设工程施工合同纠纷案件适用法律问题的解释（一）》第1条规定："建设工程施工合同具有下列情形之一的，应当依据民法典第一百五十三条第一款的规定，认定无效：……（二）没有资质的实际施工人借用有资质的建筑施工企业名义的……"按照民法原理，民事法律行为制度是民事主体实现意思自治的手段，但民事主体之意思自治并非毫无限制，意思自治不得超越法律和道德的容许限度，实施民事法律行为不得违反法律、行政法规的强制性规定，不得违背公序良俗。设置本条的目的是授权法院主动审查当事人之间民事法律行为的目的和内容。规范对象为民事法律行为并且直接规定该行为无效或者禁止该行为的，均属于禁止性强制性规定。

综上，合同生效要件体现的是国家干预原则，由国家对合同的约束力予以干预。如果合同的内容不符合法律规定的生效要件，那就意味着合同当事人的意志不符合国家意志，自然不能取得当事人预期的法律效果。吴某诉称的法律关系系非法关系，其合同行为发生即绝对地损害国家利益或社会公共利益，应被认定为无效或不生效。

（三）应当将法律关系性质作为焦点问题进行审理

《最高人民法院关于民事诉讼证据的若干规定》（以下简称《证据规定》）第53条第1款规定："诉讼过程中，当事人主张的法律关系性质或者民事行为效力与人民法院根据案件事实作出的认定不一致的，人民法院应当将法律关系性质或者民事行为效力作为焦点问题进行审理。但法律关系性质对裁判理由及结果没有影响，或者有关问题已经当事人充分辩论的除外。"陈某在一审答辩状、辩论中均提出原告主张的民事法律关系无效，而一审判决法院归纳的争议焦点为"吴某与陈某之间是否成立合伙关系"，即原审法院未将合同效力作为双方争议焦点进行评价，陈某在答辩和举证中均提出合同无效的观点,但吴某未回应,法院也未对效力问题要求双方进行有效辩论。

二、吴某方观点及思维分析

根据原《民法通则》第 30 条①"个人合伙是指两个以上公民按照协议,各自提供资金、实物、技术等,合伙经营、共同劳动"的规定,以及《最高人民法院关于贯彻执行〈中华人民共和国民法通则〉若干问题的意见(试行)》第 50 条②"当事人之间没有书面合伙协议,又未经工商行政管理部门核准登记,但具备合伙的其他条件,又有两个以上无利害关系人证明有口头合伙协议的,人民法院可以认定为合伙关系"的规定,吴某虽未与陈某签订书面合伙协议,但只要陈某举证证明存在出资等行为,双方民事法律关系成立即生效。

代理思路

我国并未就确认之诉中诉的利益进行过规定,但近年来已被逐步运用在相关司法审判中。上诉人陈某(原审被告)的代理人对该案件准备了两套方案,首先以原告不具备诉的利益为由请求裁定驳回起诉,是基于程序法之考量。其次,就案件实体争议而言,法院应当就合同之有效性依职权进行审查。

代理点睛

本案中代理律师作为上诉人陈某(原审被告)在一审、二审中的代理人,在二审中提出原审法院的程序错误使得案件最终获得胜诉。首先,我国《民事诉讼法》并未就权利保护必要或诉的利益作出明文规制,但法院近年来多借助学说对诉的利益进行审查。其次,合同的成立和生效分别属于事实判断和价值判断,成立考察双方当事人之合意,生效是法律赋予依法成立的合同具有拘束当事人乃至第三人的强制力。最后,2019 年《证据规定》承继了 2001 年《证据规定》第 35 条的精神,进行了适当修改,取消了人民法院应当告知当事人变更诉讼请求的规定。在当事人主张的法律关系性质或者民事行

---

① 该法已失效,本条对应《民法典》第 967 条。
② 该意见已失效。

为效力与人民法院根据案件事实作出的认定不一致时，当事人可以根据法庭审理情况变更诉讼请求，也可以坚持原来的主张不予变更。赋予当事人这种选择权，是民事诉讼处分原则的具体体现。在当事人主张的法律关系性质或者民事行为效力与人民法院根据案件事实作出的认定不一致的情况下，变更诉讼请求不再是人民法院应当向当事人告知的内容，而是由当事人根据审理情况自行决定是否变更诉讼请求，不变更诉讼请求也不妨碍今后按照人民法院认定的法律关系或者以民事行为效力为基础另行起诉。上述代理意见均系程序法之内容，可见程序法对于律师之重要性。

审判观点

法院认为：吴某的诉讼请求仅要求人民法院确认其与陈某在某项目中存在合伙关系，属于单纯的确认事实，法律事实系法院作出相应裁判的依据，而非法院审理民事诉讼的任务。法院需要确认的是法律关系的性质，表现在诉讼请求上应为确认双方合伙协议的效力。而判断协议是否有效，就涉及对合同性质、双方权利义务内容、是否违反强制性规定等作出判断分析为前提。吴某单就确认双方存在某种关系提起本案诉讼，以作为下一步诉讼的目的，既浪费司法资源造成诉累，又非人民法院的受案范围，依法应不予受理。故裁定撤销四川省成都市青羊区人民法院（2022）川0105民初8884号民事判决；驳回吴某的起诉。

案例编写人　　四川天润华邦律师事务所　　何均岚　梁　晶

专家点评

孙鹏　　西南政法大学民商法学院教授、博士生导师，中国法学会民法学研究会常务理事、副秘书长

原告请求确认物权、请求确认合同无效，胜诉后就可以直接享受物之利益或者不再受合同之约束，从而享有诉之利益。与此不同，原告请求确认双方存在某一合同关系或者该合同关系有效，由于有效成立合同的意义在于通过履行实现该合同的目的，即便前述确认主张获得支持，原告也必须进一步提出给付之诉才能实现合同目的。而法院审理原告要求被告履行合同的给付之诉时,也必然审查合同的成立与效力。因此,本案原告单纯请求确认其与被告之间存在合伙关系,并无诉之利益,若允许其先提起确认存在合伙关系之诉讼,胜诉后再对被告提起履行合伙合同之诉,必将浪费司法资源。因此,二审法院驳回原告起诉合法合理。既然驳回原告起诉,法院便没必要对合同效力等实体问题进行认定和处理。

《中华人民共和国民法典》

第一百四十三条 具备下列条件的民事法律行为有效:

(一)行为人具有相应的民事行为能力;

(二)意思表示真实;

(三)不违反法律、行政法规的强制性规定,不违背公序良俗。

第一百五十三条 违反法律、行政法规的强制性规定的民事法律行为无效。但是,该强制性规定不导致该民事法律行为无效的除外。

违背公序良俗的民事法律行为无效。

《最高人民法院关于民事诉讼证据的若干规定》

第五十三条 诉讼过程中,当事人主张的法律关系性质或者民事行为效力与人民法院根据案件事实作出的认定不一致的,人民法院应当将法律关系性质或者民事行为效力作为焦点问题进行审理。但法律关系性质对裁判理由及结果没有影响,或者有关问题已经当事人充分辩论的除外。

存在前款情形,当事人根据法庭审理情况变更诉讼请求的,人民法院应当准许并可以根据案件的具体情况重新指定举证期限。

37 德国 W 公司申请承认和执行外国仲裁裁决案

——外国仲裁裁决在我国承认和执行的实践

案件索引

一审：四川省成都市中级人民法院（2022）川 01 协外认 5 号

基本案情

德国 W 公司与四川 RF 公司因买卖合同发生纠纷，由于双方约定了仲裁条款，德国 W 公司向仲裁条款约定的德国汉堡市商品交易注册协会仲裁庭（以下简称德国汉堡仲裁庭）申请仲裁。2020 年 3 月 18 日，德国汉堡仲裁庭作出仲裁裁决，裁决四川 RF 公司向德国 W 公司支付货款，并通过邮寄及司法协助等途径向四川 RF 公司进行了送达。后因四川 RF 公司未履行仲裁裁决，德国 W 公司于 2022 年向四川成都市中级人民法院提起申请，请求承认和执行该仲裁裁决。四川 RF 公司主张，根据《关于向国外送达民事或商事司法文书和司法外文书公约》(以下简称《海牙送达公约》)，我国对通过邮寄途径直接向身在国外的人送交司法文书的相关条款作出了保留，德国汉堡仲裁庭通过邮寄方式向四川 RF 公司送达仲裁程序文书不符合我国法律的规定。根据《承认及执行外国仲裁裁决公约》(以下简称《纽约公约》) 有关"适当通知"的要求，因其未接获仲裁开庭等程序的适当通知，该仲裁裁决不应被承认和执行。

核心争议焦点

本案是否存在《纽约公约》第 5 条规定的不予承认和执行外国仲裁裁决的情形？

当事人各方观点及思维分析

申请人德国 W 公司认为：双方在买卖合同中明确约定了所有纠纷应当交由汉堡仲裁庭负责仲裁，故德国汉堡仲裁庭有权处理本案纠纷。本案仲裁过程中的所有程序性事项不违反仲裁庭及《德国民事诉讼法》的相关规定，无论是仲裁程序性文件的送达行为，还是仲裁裁决的送达行为均符合对被申请人四川 RF 公司的"适当通知"。此外，在仲裁裁决作出后，申请人还借助司法协助途径，通过司法部、四川省高级人民法院向被申请人四川 RF 公司进行了有效送达，故本案不存在《纽约公约》第 5 条规定的不予承认和执行外国仲裁裁决的情形。

被申请人四川 RF 公司认为：四川 RF 公司未接获关于指派仲裁员或仲裁程序之适当通知，不知仲裁开庭时间、开庭地点，无法参与仲裁并进行申辩。即便仲裁开庭通知送达四川 RF 公司，仲裁开庭日 2020 年 3 月 18 日适逢疫情防控期间，四川 RF 公司亦无法派员参与仲裁进行申辩。此外，我国在加入《海牙送达公约》时对邮寄送达方式作出保留，汉堡仲裁庭不能通过邮寄方式发送仲裁文书，德国汉堡仲裁庭通过邮寄方式向四川 RF 公司送交仲裁程序文书不符合我国法律规定。根据《纽约公约》有关"适当通知"的要求，四川 RF 公司未接获仲裁开庭等程序的适当通知，因此，该仲裁裁决不应被承认和执行。

代理思路

一、检索本案的法律基础，准确适用法律法规及国际条约

《民事诉讼法》明确规定，国外仲裁机构的裁决在中国承认和执行，必须由当事人向有管辖权的人民法院提出申请，人民法院应当依照我国缔结或参加的国际条约或互惠原则进行审理。《纽约公约》于 1958 年在纽约通过，我国于 1986 年 12 月正式加入该公约，《纽约公约》下的"外国仲裁"一般被理解为在该国领土之外作出的仲裁裁决。

与此同时，我国在加入《纽约公约》时作出了两项保留：一是我国将只承认和执行在另一缔约国领土内作出的裁决适用该公约；二是我国将只根据在国内法下被视为商事的法律关系（无论是否为合同关系）所产生的分歧适

用该公约。

综上,外国仲裁裁决通过《纽约公约》在中国申请承认和执行必须满足两个基础要求:(1)该仲裁裁决需在《纽约公约》缔约国的领土内作出;(2)该仲裁裁决所解决的争议法律关系必须依中国法律被认定为属于商事性质的法律关系。

因此,结合本案案情,代理人认为该份德国仲裁裁决满足上述法律及国际条约规定的条件,可以在我国提起申请承认和执行。

二、结合《纽约公约》第5条的规定,逐一对照并审查本案是否存在不予承认和执行的情形

《纽约公约》第5条为不予承认及执行的条款,其明确列举了7种外国仲裁裁决不予承认及执行的事由。因此,一份有效的外国仲裁裁决最终能否在我国得到承认和执行,需要满足的条件如下:

1. 是否存在有效的仲裁协议:双方当事人是否具备完全行为能力;仲裁协议依当事人约定是否存在无效情形;若双方当事人没有约定准据法,仲裁协议依照裁决地所在国法律是否属于无效。

2. 是否在仲裁程序中未进行适当通知而没有给当事人充分陈述意见的机会:被申请承认与执行的当事人是否收到关于指定仲裁员和进行仲裁程序的适当通知;是否因不属于该当事人的情况,致使其未能参加案件程序。

3. 是否构成超裁:裁决所处理的纠纷是否属于约定的仲裁范围内,或者裁决内容是否超出仲裁范围;若裁决的部分内容超出仲裁范围,对超出仲裁范围的仲裁事项将不予承认和执行。

4. 仲裁程序是否违反仲裁规则和仲裁地法律:仲裁机构的组成或者仲裁程序是否与当事人的约定不符;或者在无约定的情况下,是否与仲裁地所在国法律不符。

5. 仲裁裁决是否具有终局性:仲裁裁决是否未发生效力;仲裁裁决是否经裁决地所在国或裁决所依据准据法国家的主管机关撤销或停止执行。

6. 仲裁事项是否违反可仲裁性:仲裁裁决在裁决作出地或申请执行地是否不具有可仲裁性。

7. 是否违反公共政策。

代理人审查本案仲裁裁决及其他证据材料后认为:首先,本案双方当事人之间存在有效的仲裁条款,不存在约定无效的情形。其次,根据仲裁裁决显示，程序不存在违反仲裁规则和仲裁地法律的情形，仲裁事项具备可仲裁性，该份仲裁裁决具有终局性，且不违反我国公共政策和国家利益。

最后，关于仲裁程序中是否作出了适当通知并给予了当事人充分陈述意见的机会，代理人重点核查了本案仲裁相关文件的送达证明材料，并分析了送达的合法性。因本案存在邮寄送达的情形，有可能会对送达的效力造成影响。因此，代理人根据《海牙送达公约》的规定，结合案件材料进行了充分分析论证，形成如下思路：

（1）《海牙送达公约》中约定的邮寄送达系针对司法文书，我国在加入该公约时对邮寄送达作出的保留亦是针对司法文书，因此仲裁的程序性文书以及仲裁裁决均不适用该公约。故仲裁程序性文书（如开庭传票）、仲裁裁决等文书可以采取邮寄送达的方式。与此同时，我国在加入该公约时明确指定中华人民共和国司法部为中央机关和有权接收外国通过领事途径转递的文书的机关，即外国仲裁机构或司法机关可通过领事途径向我国司法部转递文书的形式向我国当事人进行送达。

（2）根据德国 W 公司提供的快递件信息显示，本案中，德国汉堡仲裁庭通过邮寄送达的方式向四川 RF 公司送达了仲裁庭组成人员通知、开庭传票等程序性文件以及仲裁裁决文书，但均被四川 RF 公司拒收。基于此，仲裁庭后又通过领事途径向我国司法部转递仲裁裁决，并最终通过四川省高级人民法院送达给了四川 RF 公司。根据四川省高级人民法院的送达回证显示，四川 RF 公司签收了该仲裁裁决。

（3）综合本案的基本事实，代理人认为：仲裁的程序性文书显然不属于司法文书，故可以通过邮寄形式进行送达，德国汉堡仲裁庭向四川 RF 公司邮寄送达开庭传票等仲裁程序性文书的行为合法有效，应当视为仲裁庭已经对四川 RF 公司进行了"适当通知"。而关于仲裁裁决的送达，仲裁庭不仅采取了邮寄送达的方式，还采取了中央司法机关送达的方式并最终成功送达四川 RF 公司。因此，不论是否将仲裁裁决认定为司法文书，仲裁庭对于仲裁裁决的送达均不违反《海牙送达公约》和我国相关法律的规定。

综上，代理人认为本案不存在《纽约公约》第 5 条规定的不予承认和执行外国仲裁裁决的情形。

三、检索类似司法案例，了解法院对该类案件不予承认和执行的实践做法

代理人通过检索我国近年来承认和执行外国仲裁裁决的相关案例，了解

到近年来我国法院办理申请承认和执行外国仲裁裁决案件的裁判趋势，即秉承严格适用、谨慎解释的原则，力求尽可能减少拒绝承认和执行外国仲裁裁决。

申请承认与执行外国仲裁裁决案件适用特别程序审理。与诉讼程序不同，我国法院在审理该案时仅涉及程序问题的审查，即仅审查是否存在仲裁条款/协议、仲裁裁决是否违反程序性事项、是否违反公共政策等，对于双方的权利义务等实体问题在所不问。因此，确保签署的仲裁条款/协议合法有效以及外国仲裁裁决本身的程序合法，是外国仲裁裁决得到承认与执行的核心和关键。而结合全案材料，本案仲裁条款合法有效，仲裁程序不存在明显瑕疵和程序违法，仲裁裁决应当得到承认与执行。

代理点睛

本案是四川省成都市中级人民法院依法适用国际条约，承认和执行外国仲裁裁决的一起典型案件，已入选成都法院涉外民商事审判十大典型案例（2018—2022）。

本案中，代理人全面研究《纽约公约》第5条规定的各项不予承认和执行的情形，准确分析《海牙送达公约》的适用范围，并结合条款上下文及条约的整体目的，对《纽约公约》第5条第1款乙项规定中"适当通知"的判断标准进行了善意、合理的解释，最终成功使本案外国仲裁裁决得到了人民法院的承认和执行，维护了境外委托人的合法权益，得到了委托人的充分认可。

同时，代理人对本案国际条约的准确理解与适用，体现了国际条约适用的统一性、稳定性和可预见性。本案人民法院的司法判断和裁判结果，也彰显了中国法院严格履行国际条约义务的司法风范和积极支持国际仲裁的司法立场，营造了"仲裁友好型"的司法氛围，发挥了仲裁在国际商事争端解决中的重要作用，有助于国际化营商环境的打造。

审判观点

法院经审理认为：案涉裁决系在德国境内作出，我国与德国均为《纽约公约》的成员国。根据《纽约公约》《最高人民法院关于执行我国加入的〈承认及执行外国仲裁裁决公约〉的通知》相关规定，德国W公司可以向我国法院提出承认缔约国仲裁裁决的申请。案涉裁决是否应当被承认和执行，则应按照《民事诉讼法》第290条及《纽约公约》相关规定进行审查。根据《纽约公约》第5条规定，拒绝承认和执行外国仲裁裁决的情形包括被申请人需提供证据证明的情形及法院依职权主动审查的情形，对此法院分别评析如下：

第一，四川RF公司主张其未接获关于指派仲裁员或仲裁程序之适当通知，未能进行申辩，要求不予承认和执行第04/19号仲裁裁决。故应当对案涉裁决是否存在《纽约公约》第5条第1款乙项规定的"受裁决援用之一造未接获关于指派仲裁员或仲裁程序之适当通知，或因他故，致未能申辩者"情形进行审查。

首先，根据第04/19号仲裁内容，汉堡仲裁庭通过邮寄方式向四川RF公司发送仲裁文书，四川RF公司拒收相关文书，文书被视为已根据《德国民事诉讼法》第179条第3款被送交（对等适用）。根据我国《涉外民事关系法律适用法》第18条"当事人可以协议选择仲裁协议适用的法律。当事人没有选择的，适用仲裁机构所在地法律或者仲裁地法律"之规定，双方未明确约定仲裁适用的准据法，则汉堡仲裁庭依据《德国民事诉讼法》采用邮寄方式送交文书并不违反我国相关法律规定。四川RF公司主张依据中国在加入《海牙送达公约》时对邮寄送达方式作出保留，汉堡仲裁庭不能通过邮寄方式发送仲裁文书。法院认为：《海牙送达公约》仅适用于司法文书，我国对司法文书邮寄送达方式作出的保留不能扩大适用于仲裁文书送达，我国法律对于外国仲裁机构送达文书采取邮寄送达方式并未作出禁止性规定，四川RF公司的该项主张不能成立。

其次，汉堡仲裁庭向四川RF公司邮寄开庭通知的收件地址为四川RF公司的登记住所地，预留联系电话为四川RF公司经办人电话。同时，四川省高级人民法院向该地址成功送达第04/19号仲裁裁决书。基于此，法院认为：汉堡仲裁庭向四川RF公司登记住所地寄送仲裁程序文书应视为寄送实际到达四川RF公司或足以推定四川RF公司能够收到该邮件，达到了"适当通知"的标准。四川RF公司主张该邮单上不能体现送达的文件内容，法院认为：该邮件的邮寄方为汉堡仲裁庭，邮单载明日期与仲裁裁决载明开庭通知的送交时间一致，足以推定该邮件内容即为开庭通知，四川RF公司的抗辩不能成立。至于四川RF公司未实际到庭进行申辩，系其对自身权利的自由处分，不构成拒绝承认和执行案涉仲裁裁决的事由。四川RF公司亦未主张第04/19号仲裁裁决存在《纽约公约》第5条第1款规定的其他应当拒绝承认和执行的情形。

第二，根据《纽约公约》第5条第2款"倘声请承认及执行地所在国之主管机关认定有下列情形之一，亦得拒不承认及执行仲裁裁决：（甲）依该国法律，争议事项系不能以仲裁解决者；（乙）承认或执行裁决有违该国公共政策者"之规定，依照我国法律，案涉裁决所涉争议系契约性商事法律关系引起的争议，属于我国法律允许仲裁解决的事项。经审查，案涉裁决不存在违反我国公共政策的情形。

综上，第04/19号仲裁裁决不存在《纽约公约》第5条规定的应当拒绝承认和执行的情形，应当准许承认和执行。

案例编写人 北京大成（成都）律师事务所 蒋 韬 史 昊

专家点评

俞卫锋 中华全国律师协会涉外法律服务专业委员会主任、上海仲裁协会会长

仲裁是解决民商事争议的一项重要制度，在全世界范围内被长期广泛应用。《纽约公约》自1958年订立，迄今缔约国已经多达170余个。本案所涉德国与我国均为该公约缔约国。根据现行《民事诉讼法》第304条的规定，本案应依照《纽约公约》办理。

本案中，二审被上诉人援引《海牙送达公约》，认为我国对通过邮寄途径直接向身在国外的人送交司法文书的相关条款作出了保留，因此质疑仲裁机构的开庭通知未经适当送达。而"未接获关于指派仲裁员或仲裁程序之适当通知，或因他故，致未能申辩者"属于《纽约公约》第5条第1款明文规定不予承认和执行的事由。

二审上诉代理人抓住《海牙送达公约》规范的范畴为"司法文书"，而我国关于邮寄送达保留的对象也仅限于"司法文书"，因此主张仲裁文件并不属于"司法文书"，并不存在未适当送达之情形。法院也采纳了这一主张。

本案对于境外仲裁程序通知通过邮寄送达的有效性问题具有十分现实的借鉴意义，也反映了我国承认和执行境外仲裁裁决案件的普遍价值取向。

相关法条

《中华人民共和国民事诉讼法》

第二百九十条[①] 国外仲裁机构的裁决，需要中华人民共和国人民法院承认和执行的，应当由当事人直接向被执行人住所地或者其财产所在地的中级人民法院申请，人民法院应当依照中华人民共和国缔结或者参加的国际条约，或者按照互惠原则办理。

《承认及执行外国仲裁裁决公约》

第一条第一款 仲裁裁决，因自然人或法人间之争议而产生且在申请承认及执行地所在国以外之国家领土内作成者，其承认及执行适用本公约。本公约对于仲裁裁决经申请承认及执行地所在国认为非内国裁决者，亦适用之。

第二条第一款 当事人以书面协定承允彼此间所发生或可能发生之一切或任何争议，如关涉可以仲裁解决事项之确定法律关系，不论为契约性质与否，应提交仲裁时，各缔约国应承认此项协定。

第五条第一款 裁决唯有于受裁决援用之一造向声请承认及执行地之主管机关提具证据证明有下列情形之一时，始得依该造之请求，拒予承认及执行：

（甲）第二条所称协定之当事人依对其适用之法律有某种无行为能力情形者，或该项协定依当事人作为协定准据之法律系属无效，或未指明以何法律为准时，依裁决地所在国法律系属无效者；

（乙）受裁决援用之一造未接获关于指派仲裁员或仲裁程序之适当通知，或因他故，致未能申辩者；

（丙）裁决所处理之争议非为交付仲裁之标的或不在其条款之列，或裁决载有关于交付仲裁范围以外事项之决定者，但交付仲裁事项之决定可与未交付仲裁之事项划分时，裁决中关于交付仲裁事项之决定部分得予承认及执行；

（丁）仲裁机关之组成或仲裁程序与各造间之协议不符，或无协议而与仲裁地所在国法律不符者；

（戊）裁决对各造尚无拘束力，或业经裁决地所在国或裁决所依据法律之国家之主管机关撤销或停止执行者。

第二款 倘声请承认及执行地所在国之主管机关认定有下列情形之一，

---

① 该法已于2023年修订，本条被修改为第304条。

亦得拒不承认及执行仲裁裁决：

（甲）依该国法律，争议事项系不能以仲裁解决者；

（乙）承认或执行裁决有违该国公共政策者。

《关于向国外送达民事或商事司法文书和司法外文书公约》

第十条　如送达目的地国不表异议，本公约不妨碍：

（一）通过邮寄途径直接向身在国外的人送交司法文书的自由。

《全国人民代表大会常务委员会关于批准加入〈关于向国外送达民事或商事司法文书和司法外文书公约〉的决定》

第三条　反对采用公约第十条所规定的方式在中华人民共和国境内进行送达。

《最高人民法院关于执行我国加入的〈承认及执行外国仲裁裁决公约〉的通知》

第四条　我国有管辖权的人民法院接到一方当事人的申请后，应对申请承认及执行的仲裁裁决进行审查，如果认为不具有《1958年纽约公约》第五条第一、二两项所列的情形，应当裁定承认其效力，并且依照民事诉讼法（试行）规定的程序执行；如果认定具有第五条第二项所列的情形之一的，或者根据被执行人提供的证据证明具有第五条第一项所列的情形之一的，应当裁定驳回申请，拒绝承认及执行。

38 A 公司与俞某军撤销劳动仲裁裁决案
——竞业限制补偿的履约抗辩权

劳动仲裁： 上海市浦东新区劳动人事争议仲裁委员会浦劳人仲（2019）办字第 13413 号

特别程序： 上海市第一中级人民法院（2022）沪 01 民特 14 号

基本案情

俞某军于 2015 年 10 月 8 日入职 A 公司，担任设备工程师职位，属于负有保密义务的人员；双方在 2015 年 11 月签署《竞业限制协议》，该协议中明确约定了俞某军负有竞业限制义务，同时对有关违约责任及违约金作出了相应约定。

2018 年 12 月初，俞某军因个人原因提出辞职，并与 A 公司约定最后工作日为 2018 年 12 月 31 日。

2018 年 12 月 29 日，A 公司向俞某军发送《离职告知函》和《告知书》，《离职告知函》中明确要求其在双方劳动关系结束后 1 年内履行竞业限制义务；如违约，公司有权要求其返还已支付的竞业限制补偿金。《告知书》约定"公司将在每月 15 日前向你支付上一月的竞业限制补偿金"。俞某军于 2018 年 12 月 31 日签收了上述文件。

2018 年 12 月 31 日，俞某军离职，双方劳动关系解除。

2019 年 1 月 1 日，根据双方《竞业限制协议》《离职告知函》以及《告知书》的约定，俞某军进入竞业限制期，并依约履行竞业限制义务，竞业限制期限为 2019 年 1 月 1 日至 2019 年 12 月 31 日止。

应公司要求，俞某军每月初向 A 公司发送邮件，内容为其在某科技公司

（以下简称B公司）工作，且工作地在北京。经初步检索，该B公司与A公司不存在竞争关系，故A公司按约在每月15日前后向俞某军支付上一月的竞业限制补偿金。

2019年7月至8月，A公司掌握了俞某军数次在日常上班时间至某医疗公司（以下简称C公司）打卡的证据，该公司经营地址在上海，且经营范围与A公司大量重合，主研产品亦高度雷同，属于直接竞争对手关系。然而，俞某军在此期间从未向A公司披露其前往C公司的事实，A公司始终认为其恪守竞业限制义务，故按约已向其支付了1月至8月的竞业限制补偿金。

基于上述证据，A公司在2019年9月27日向俞某军发送《公函》，要求其停止违约行为、支付违约金并继续履行竞业限制义务。俞某军收到上述《公函》，但并未作出任何回复。A公司未再支付其2019年9月至12月的竞业限制补偿金。

2019年10月30日，A公司依法提起劳动仲裁，要求俞某军继续履行竞业限制协议并支付违约金。2020年6月30日，该案一审判决俞某军向A公司支付违反竞业限制违约金15万元。2020年10月16日，该案终审判决维持原判。该案一审阶段，经法官调查，查明俞某军于疫情后（约2020年年初）才停止前往C公司。

与此同时，2019年12月23日，俞某军另案提起本案劳动仲裁，要求A公司支付2019年9月至12月期间的竞业限制补偿金并额外支付3个月竞业限制补偿金共计19425元。本案因关联案件尚在审理中，劳动人事争议仲裁委员会故决定中止审理。

2021年12月1日，本案恢复审理后仲裁裁决A公司向俞某军支付2019年9月至12月的竞业限制补偿金。A公司不服该裁决，委托律师代为向上海市第一中级人民法院申请撤销仲裁裁决。

2022年2月25日，上海市第一中级人民法院经审理后裁定撤销本案仲裁裁决，申请人A公司无需向被申请人俞某军支付2019年9月至12月的竞业限制补偿金。

核心争议焦点

1. 竞业限制期限内劳动者违约的，用人单位主张继续履行竞业限制协议的，能否停止履行支付竞业限制补偿金的义务？

2. 如何确定劳动者履行竞业限制义务与用人单位支付竞业限制补偿金义务的先后顺序？

当事人各方观点及思维分析

A 公司认为：俞某军违反竞业限制义务的事实清楚，且已有生效裁判认定俞某军应当承担违反竞业限制义务的违约金，足以证明俞某军并无履行竞业限制协议的诚意；其多次在正常上班时间前往竞争对手 C 公司并打卡进入办公场所的行为将使 A 公司的商业秘密暴露在很高的泄露风险之中。

同时，俞某军的违约行为发生在竞业限制期限内，在 A 公司向其发送《公函》并要求其停止违约行为的前提下，俞某军未予回复，对于公司的要求也未作任何解释，A 公司基于双方权利义务相一致的原理，要求俞某军排除合理怀疑后，再行支付竞业限制补偿金是合理的，并未侵害俞某军的权利。

事实上，据另案一审已查明的事实可知，俞某军在 2019 年 9 月至 12 月间仍然于工作时间出入于 C 公司，并未停止有关违约行为。因此，俞某军无权主张要求 A 公司继续支付该段期间的竞业限制补偿金，更无权要求 A 公司额外支付 3 个月的竞业限制补偿金。

作为申请人 A 公司来说，其与负有保密义务的劳动者约定竞业限制的初衷并非仅仅是主张劳动者的违约责任，其更希望通过个案促进公司保护商业秘密，营造良性竞争环境。如果本案仲裁裁决生效，意味着即便处于违约状态的劳动者承担了违约责任，但同时用人单位却要就劳动者的违约行为继续支付"对价"即竞业限制补偿金，明显有违公司设立竞业限制协议的初衷及目的，也与公平正义的法治理念相悖。

被申请人俞某军认为：其从 A 公司离职后，一直在 B 公司工作，因 B 公司与 C 公司有业务往来，其的确曾到访过 C 公司，但生效判决已对该事实作出裁判，其也已向 A 公司支付了违约金。由于双方从未解除竞业限制协议，A 公司理应继续支付 2019 年 9 月至 12 月期间的竞业限制补偿金。

代理思路

笔者作为 A 公司代理律师，于本案申请撤销仲裁裁决阶段介入处理，在梳理全案案情并研究有关仲裁裁决书及各方观点后,认为本案的承办难度较大,相关争议属于法律并无明确规定的问题,实践中的司法意见并不统一;但是本案的法律问题聚焦,事实清楚,相关问题的厘清对司法实践和企业用工管理具有相当大的参考指导价值。

根据我国《劳动争议调解仲裁法》第47条之规定,本案裁决适用"一裁终局"。作为A公司,其无权向基层人民法院提起诉讼,仅能向劳动争议仲裁委员会所在地的中级人民法院申请撤销裁决。根据我国《劳动争议调解仲裁法》第49条之规定,立法者对有关撤销裁决的适用情形作了"列举式"的规定,并未设定"兜底条款"。这就意味着,对于撤销仲裁裁决类案件而言,中级人民法院审查的重点将聚焦于劳动争议仲裁委员会所作裁决的法律适用上。因此,我方将申请撤销仲裁裁决阶段的重点工作放在对本案仲裁阶段的法律适用解读上,即围绕我国《劳动争议调解仲裁法》第49条第1款第1项的规定"(一)适用法律、法规确有错误的"展开代理工作。

本案是一起典型的竞业限制案件,而我国劳动法律法规项下关于"竞业限制义务"的规定基本限于我国《劳动合同法》第23~25条,《最高人民法院关于审理劳动争议案件适用法律问题的解释(一)》第36~40条等之中。纵观以上规定,均没有对本案的两个争议焦点作出明确的规定。

在笔者检索归纳的上述法律及最高人民法院司法解释条文中,与本案情形最接近的是《最高人民法院关于审理劳动争议案件适用法律问题的解释(一)》第37条:"当事人在劳动合同或者保密协议中约定了竞业限制和经济补偿,当事人解除劳动合同时,除另有约定外,用人单位要求劳动者履行竞业限制义务,或者劳动者履行了竞业限制义务后要求用人单位支付经济补偿的,人民法院应予支持",以及第40条:"劳动者违反竞业限制约定,向用人单位支付违约金后,用人单位要求劳动者按照约定继续履行竞业限制义务的,人民法院应予支持。"但是,不论是前述第37条抑或第40条的适用,均不完全契合本案情形。

比如第37条中,既规定了"用人单位要求劳动者履行竞业限制义务",又规定了"劳动者履行了竞业限制义务后"这两种情形对于劳动者要求用人单位支付竞业限制补偿金均予以支持,无法得出究竟是用人单位支付竞业限制补偿金系先合同义务,还是劳动者履行竞业限制义务为先合同义务。

再比如第40条中,对于用人单位要求劳动者继续履行竞业限制义务的前提作了规定,即"劳动者违反竞业限制约定,向用人单位支付违约金后"。但实践中，大量案例的剩余竞业限制期限远远短于一个劳动争议案件的诉讼程序时长；以本案为例，终审确定劳动者违反竞业限制义务需要支付违约金的时间已在竞业限制期限届满2年之后。显然，此时作为用人单位再行要求劳动者继续履行竞业限制义务已经没有依据。

因此，对于用人单位能否在没有约定的情况下，在发现劳动者违约后就径行停止支付竞业限制补偿金，确实存在争议及法律适用上的不确定性。

代理点睛

本案的关键在于如何论证两个争议焦点：第一，竞业限制期限内劳动者违约的，用人单位主张继续履行竞业限制协议的，能否停止履行支付竞业限制补偿金的义务？第二，如何确定劳动者履行竞业限制义务与用人单位支付竞业限制补偿金义务的先后顺序？

由于竞业限制协议属于双务合同，用人单位支付竞业限制补偿金的对价是劳动者履行竞业限制义务；反之亦然。因此，在法律并无强行性规定的情况下，若双方对有关争议情形均在竞业限制协议中进行了明确约定，则各方均应信守、按此执行。而本案中双方并未进行针对性的事先约定，因此，本案中双方争议的前提是在双方无明确约定的情况下，如何判定有关责任的承担。

一、关于争议焦点一

由于身负竞业限制义务的劳动者不同于一般劳动者，往往是原用人单位中的高级管理人员或者专业技术人员等负有保密义务的人员，而竞业限制协议设立的目的是希望有关员工可以恪守诚信原则，保护企业商业秘密，在离职后不进入竞争对手公司工作或提供服务来侵害用人单位的合法权益。

但由于人员的流动性以及劳动者的择业选择自由性，原用人单位没有可能也没有条件像原先在职时一样拥有对于相关员工的管理权能。对于身负竞业限制义务的员工是否遵循竞业限制协议的约定履行相关义务，基本有赖于有关劳动者的主动披露。因此，从成本风险控制的角度出发，用人单位遭受劳动者违约的风险明显高于劳动者无法获得竞业限制补偿金的风险。

若在竞业限制期限内，劳动者被发现违约，且用人单位初步掌握有关证据并提出主张的，劳动者应当证明自己积极履行了竞业限制义务的事实，同时应当及时与用人单位联系沟通，消除误解，降低用人单位遭受劳动者违约的风险。若劳动者并未尽到前述善意合理义务的，则用人单位有权停止支付竞业限制补偿金，直至劳动者证明自己在继续履约。

至于用人单位要求劳动者继续履行竞业限制协议，则源于双方竞业限制期限未满，是基于双方协议约定而产生的权利，与具体的履行状况无关，并不存在争议点。

二、关于争议焦点二

鉴于法律并未规定用人单位支付竞业限制补偿金与劳动者履行竞业限制义务的先后顺序问题，因此，本案中作为申请人的 A 公司如何选择"合同履行抗辩权"成了关键。

通过 A 公司在俞某军离职前出具的《告知书》可知，A 公司作为用人单位，明确告知俞某军"公司将在每月 15 日前向你支付上一月的竞业限制补偿金"。因此，俞某军履行竞业限制义务明显是在先义务。根据约定，A 公司有权考察俞某军的履约情况来决定是否向其支付竞业限制补偿金。

而该等竞业限制补偿金的是否支付，并不直接影响俞某军继续履行竞业限制义务；如俞某军提供了足以证明其按约履行竞业限制义务的证明材料，则俞某军有权向 A 公司主张该期间的竞业限制补偿金。

通过 A 公司代理律师对于上述争议焦点的归纳总结，最终法院采纳了关于"在对方明确违约的情况下，守约方有权行使履约抗辩权停止支付竞业限制补偿金"的观点，进而裁定撤销了仲裁裁决，在确认俞某军违约的情形下，A 公司无需再行支付违约期间的竞业限制补偿金。

审判观点

法院经审查认为，用人单位与劳动者在解除或者终止劳动合同后与劳动者签订竞业限制协议的，双方均应按照约定，恪守履行义务。本案中，俞某军入职后与 A 公司签订了《竞业限制协议》，嗣后在协议履行过程中，A 公司与俞某军因竞业限制义务纠纷涉诉，生效裁判认定俞某军违反竞业限制义务属实，需向 A 公司偿付 15 万元违约金。该协议虽未被解除，但鉴于俞某军违约在先，在其未依约履行竞业限制协议约定的义务的前提下，再行主张 A 公司支付剩余未付部分竞业限制补偿金，依据不足。

本案仲裁委员会径行认定 A 公司应支付俞某军 2019 年 9 月至 12 月期间的竞业限制补偿金 11100 元，适用法律法规错误，A 公司请求撤销仲裁裁决的申请理由符合法律规定。

案例编写人　上海蓝白律师事务所　李银燕　董周敏

专家点评

王霞　湘潭大学法学院教授、博士生导师，湖南省法学会社会法学研究会副会长

本案属于竞业限制争议疑难案件，其中涉及的程序问题为：作为一裁终局案件，用人单位能否向法院申请撤销本案的仲裁裁决？根据《劳动争议调解仲裁法》第 49 条第 1 项，用人单位有证据证明一裁终局的仲裁裁决适用法律、法规确有错误的，可以自收到仲裁裁决书之日起 30 日内向劳动争议仲裁委员会所在地的中级人民法院申请撤销裁决。因此，用人单位以仲裁裁决适用法律、法规确有错误为由申请撤销裁决，符合法律规定。

本案涉及的实体争议焦点有两个：一是竞业限制期限内用人单位认为劳动者违约并主张继续履行竞业限制协议的，能否停止履行支付竞业限制补偿金的义务？虽然现行法律法规并无针对该情形的直接规定，但是竞业限制规则的立法目的主要是保护用人单位的商业秘密和竞争利益，如果用人单位有初步证据证明劳动者违约并启动救济程序，理论上有权停止支付竞业限制补偿金以维护自身利益，以实现立法目的。如果经审查确认劳动者并未违反竞业限制约定，劳动者可以根据《最高人民法院关于审理劳动争议案件适用法律若干问题的解释（一）》第 37 条的规定请求用人单位支付补偿金及其他损失，或者根据第 38 条的规定解除竞业限制协议。本案中，劳动争议仲裁是否应支持劳动者的经济补偿金请求，取决于劳动者是否在 A 公司提出主张后履行了竞业限制协议，如果其已经履行，则应予支持；反之，则不予支持。从本案事实看，劳动者违反竞业限制义务的事实已被生效判决所确认，因此法院撤销仲裁裁决符合法律规定。

本案涉及的第二个实体焦点为"如何确定劳动者履行竞业限制义

务与用人单位支付竞业限制补偿金义务的先后顺序？"对于该问题，法律并无明确规定，因此双方如果有约定则依约定。本案中，双方在协议中明确约定劳动者履约在先，法院维护守约方的履行抗辩权有利于维护履约诚信，维护劳资关系的和谐稳定。

相关法条

《中华人民共和国劳动争议调解仲裁法》

第四十七条　下列劳动争议，除本法另有规定的外，仲裁裁决为终局裁决，裁决书自作出之日起发生法律效力：

（一）追索劳动报酬、工伤医疗费、经济补偿或者赔偿金，不超过当地月最低工资标准十二个月金额的争议；

（二）因执行国家的劳动标准在工作时间、休息休假、社会保险等方面发生的争议。

第四十九条　用人单位有证据证明本法第四十七条规定的仲裁裁决有下列情形之一，可以自收到仲裁裁决书之日起三十日内向劳动争议仲裁委员会所在地的中级人民法院申请撤销裁决：

（一）适用法律、法规确有错误的；

（二）劳动争议仲裁委员会无管辖权的；

（三）违反法定程序的；

（四）裁决所根据的证据是伪造的；

（五）对方当事人隐瞒了足以影响公正裁决的证据的；

（六）仲裁员在仲裁该案时有索贿受贿、徇私舞弊、枉法裁决行为的。

人民法院经组成合议庭审查核实裁决有前款规定情形之一的，应当裁定撤销。

仲裁裁决被人民法院裁定撤销的，当事人可以自收到裁定书之日起十五日内就该劳动争议事项向人民法院提起诉讼。

《中华人民共和国劳动合同法》

第二十三条　用人单位与劳动者可以在劳动合同中约定保守用人单位的商业秘密和与知识产权相关的保密事项。

对负有保密义务的劳动者，用人单位可以在劳动合同或者保密协议中与劳动者约定竞业限制条款，并约定在解除或者终止劳动合同后，在竞业限制期限内按月给予劳动者经济补偿。劳动者违反竞业限制约定的，应当按照约定向用人单位支付违约金。

《最高人民法院关于审理劳动争议案件适用法律问题的解释（一）》

第三十七条　当事人在劳动合同或者保密协议中约定了竞业限制和经济补偿，当事人解除劳动合同时，除另有约定外，用人单位要求劳动者履行竞业限制义务，或者劳动者履行了竞业限制义务后要求用人单位支付经济补偿的，人民法院应予支持。

第四十条　劳动者违反竞业限制约定，向用人单位支付违约金后，用人单位要求劳动者按照约定继续履行竞业限制义务的，人民法院应予支持。

39 上海某金融中心建设全过程法律服务项目
——工程建设全过程法律风险指引与防范

　　上海某金融中心项目（以下简称本项目）是由三家重要的金融机构共同投资兴建的大型办公建筑群，本项目于2010年12月被列入上海市重大建设项目。

　　本项目包括三幢超高层办公楼，分属三家业主单位，以"品"字形结构矗立，三个建筑单体塔楼的7~9层由连廊相连，地下部分相互沟通，各自拥有其个性特征，同时又形成一个整体。本项目地下5层，地上22~32层，总用地面积55287.2平方米，总建筑面积519160平方米，其中地上建筑面积269612平方米，地下建筑面积249548平方米。三栋建筑中，A项目建筑高度200米，总建筑面积230253平方米；B项目建筑高度180米，总建筑面积184839平方米；C项目建筑高度138.22米，总建筑面积104068平方米。三幢办公楼的七八层的连廊区域分别包含16142平方米、7446平方米、6512平方米的公益性建筑面积，主要是对外开放的投资者教育中心、培训中心、博览中心和展示中心等区域。

　　本项目业主于2008年2月成功竞得项目用地，到2019年项目竣工并移交业主，此后开始项目结算审计，历时十余载。需要特别说明的是，本项目在上海首创独特的"三合一"建设模式，即三个投资主体，三个项目（由三家投资主体分别立项，组成一个完整项目），在"四统一"（即统一规划、统一设计、统一施工、统一管理）原则指导下，统一委托一家管理公司对整个项目建设进行管理。在设计层面，本项目建筑方案、设计总包、分包等涉及多家中外设计单位；在施工层面，根据工程建设特点和进度计划，本项目采用施工总承包模式，施工总包单位负责对桩基、地下连续墙工程承包方进行总承包管理，同时将业主独立委托的承包方或供应商，如机电安装、智能化安装等承包方纳入总包管理范围，机电、装修等独立承包范围项下又包含众多供应商及分包单位，涉及业主自行采购、与承包方共同采购等多种招采定标模式，参建单位达上百家。除此之外，本项目受到国家和上级主管部门的严格稽核和审计，容错空间极小。

以上工程特点及建设要求，决定了本项目建设全过程极高的合规要求，从项目前期招标采购、勘察设计、合约审查及管理、建设行政手续办理，到建设过程中的施工管理、工程变更、合同变更与调整，直至项目完成竣工验收并办理结算，复杂程度高，建设周期长，方方面面均需要法律顾问从专业视角提出合法合规且符合业主实际情况、具备实际可操作性的法律意见及建议。

一、本项目中的全过程法律服务

在本项目建设全过程中，律师需提供自项目招投标阶段开始至项目结算及审计工作完毕的全程法律咨询服务，涉及工作内容包括但不限于法律文件起草与审查、参与谈判、提供法律意见、完善各项管理制度、处理争议及纠纷、提供法律培训等。

例如，在项目前期阶段，需参与项目招标工作，对项目承发包模式、中介机构之间工作界面划分提出法律建议，对于招标活动的合法性、投标单位及招标代理机构的主体资格与条件、招标文件进行审查，为项目评标、开标及可能出现的招投标工作投诉事件提供法律意见；根据业主的需要，起草或审查、修改工程项目涉及的合同及其他法律文件并参与合同谈判。

在项目建设阶段，一方面，律师需持续关注项目合同的履行情况，针对业主认为对工程价款、工期、质量产生重大影响的工程签证、设计变更文件、索赔和反索赔文件等发表相应法律意见，协助业主收集和运用项目履约、索赔及反索赔资料，处理建设过程中发生的工期、质量或安全问题（包括但不限于提供各类非诉讼处理建议、协助保险事故理赔、建立履约担保机制、建立有效的项目保修体系等）；另一方面，律师需为业主提供与项目建设相关的日常运营法律服务，例如，与各业主方展开交流沟通，起草、审查、修改各业主之间的各类协议，协助建设单位完善治理结构，起草、审查、修改业主日常运营过程中的各项法律事务文书并提供法律意见，指导、协助业主进行法律事务；为参与工程项目建设的人员进行合同交底和提供法律培训；起草内部规章制度、施工现场管理规定等。

在项目后期阶段，律师需协助审查承包方提交的工程竣工验收资料，协助处理因工程质量引起的非诉讼非仲裁争议，参与项目竣工验收，参与有关项目结算的合同及各类协议谈判，起草或审查、修改项目涉及的结算协议，提供项目结算中各类法律意见，并就业主接受有关机构的审计事宜提供法律意见。

此外，在法律服务全过程中，律师皆需为项目合同履行阶段的各类纠纷、争议提供处理方案，随时根据项目建设进展向业主提出合理的、有价值的法律建议，协助业主贯彻落实，并及时配合业主参与同本项目有关的其他需要律师提供的法律服务。

二、本项目全过程法律服务的难点

本项目存在业主多、规模大、周期长等特点，相较于一般的全过程法律服务，对服务律师提出了前所未有的挑战。事后归纳，可以说存在以下比较突出的服务难点：

（一）建设模式特殊

在工程项目中，存在着多种建设模式，例如 EPC、PMC、BOT、DB、PPP 等，①业主特性、项目特性、业主要求、项目要求等多方面的因素决定了建设

---

① EPC（Engineering Procurement Construction），即工程总承包模式，又称设计、采购、施工一体化模式，是指在项目决策阶段以后，从设计开始，经招标，委托一家工程公司对设计—采购—建造进行总承包。在这种模式下，按照承包合同规定的总价或可调总价方案，由工程公司负责对工程项目的进度、费用、质量、安全进行管理和控制，并按合同约定完成工程。

PMC（Project Management Consultant），即项目管理承包。指项目管理承包商代表业主对工程项目进行全过程、全方位的项目管理，包括进行工程的整体规划、项目定义、工程招标、选择 EPC 承包商，并对设计、采购、施工、试运行进行全面管理，一般不直接参与项目的设计、采购、施工和试运行等阶段的具体工作。

BOT（Build-Operate-Transfer），即建造—运营—移交模式。是指一国财团或投资人为项目的发起人，从一个国家的政府获得某项目基础设施的建设特许权，然后由其独立式地联合其他方组建项目公司，负责项目的融资、设计、建造和经营。

DB（Design And Build），即设计—建造模式，在国际上也称交钥匙模式（Turn-Key-Operate）。在中国称设计—施工总承包模式（Design-Construction）。该模式是在项目原则确定之后，业主选定一家公司负责项目的设计和施工。这种方式在投标和订立合同时是以总价合同为基础的。

PPP（Public Private Partnership），即民间参与公共基础设施建设和公共事务管理的模式，统称为公私（民）伙伴关系。具体是指政府、私人企业基于某个项目而形成的相互间合作关系的一种特许经营项目融资模式。

管理模式的选择。而对于某一具体项目,选择何种管理模式受到多种因素的制约。一般而言,这些因素大致包括了诸如:(1)项目层面:项目规模、类型、复杂度、成本、工期、质量、风险、健康安全环境等因素;(2)组织层面:业主经验、业主人员、业主参与度、跨文化管理能力等四个因素;(3)环境层面:法律法规、市场竞争、行业联盟及第三方许可等因素;(4)其他因素:包括工程索赔、对立关系等。

实践表明,没有绝对最优的工程项目交易方式,不同的工程项目交易方式各有利弊,如EPC模式一般有着设计变更少、工期较短的优势,但在满足业主较高的控制偏好方面却不如DB模式。因此,只有综合比较各种影响因素,结合项目最重要以及业主最为关注的需求,才能得出较为适宜的选择。

对于提供全过程项目法律服务的律师,应当对各类工程模式及其优劣势、适应性、各自存在的法律风险等方面有着完整全面的认识及理解,能够结合项目的实际情况以及业主的实际需要,综合判断并提供诸如各个模式之间的法律风险比较意见供委托人参考,协助委托人进行决策。

具体到本项目中,作为一项超大型高层群体建筑工程,项目建设规模超大、功能丰富、结构复杂、质量要求以及工期要求高,因此如何选定建设模式,成为需要讨论研究的重要问题之一。首先,业主需求上将本项目定位于自用办公楼,对项目的把控程度及要求高于一般的商业项目,因此诸如BOT模式或EPC模式等业主监管类型较弱的管理方式将不太适合于本项目。其次,业主并非专业的房地产开发企业,在工程及相关实施人员的管理层面上并不擅长,因此采用自我管理的方式并不切合实际。最后,经多方综合讨论及分析后,本项目采用PM模式①是较为合适的,该模式对业主的管理能力不作较高要求,兼顾多个投资主体并存的实际情况,同时也基于业主较高的管控区间,符合本项目的特性,更有利于落实业主单位作为国有投资主体的责任。

(二)多主体参与、多诉求并存

考虑到本项目的三个投资主体虽同属金融行业,但实质上仍存在差异,如果各自单独管理或各自聘请项目管理公司,会造成管理资源浪费,部分集

---

① PM(Project Management),以项目为对象的系统管理方法,通过一个临时性的、专门的柔性组织,对项目进行高效率的计划、组织、指导和控制,以实现项目全过程的动态管理和项目目标的综合协调与优化。

约能够实现效益的更大化。因此，本项目采用"统一规划、统一设计、统一施工、统一管理"的建设管理模式，能在高度自控的同时，实现建设管理效益最大化。以此为考虑的前提下，三方业主单位共同出资设立项目管理公司并委托项目管理公司对整个项目建设进行管理。

简而言之，最终本项目有三个投资主体，一个项目管理公司。在此背景下，律师事务所及相关服务律师在接受项目管理公司委托的同时，还需要从中协调及满足三家业主单位的各项需要，在服务过程中对多个主体负责。这对于服务律师的能力提出了比较高的要求。

例如，在工程项目设计阶段，三个投资主体各自的设计要求及使用需求均需要在设计阶段得以展示与实现，由于本项目中投资主体数量的增加，个性化需求客观上是一定存在且合理的，但是基于统一建设、统一管理的原则，相关设计内容又需要整体的一致性。因此这一过程需要大量沟通、释明相关法律规定及意见，并且最终在相关文本如设计合同中予以体现。

又例如在采购合约这一环节，是业主方参与自主权程度较高的阶段，本项目中涉及三个投资主体，在基本原则一致的基础上同样需要理解三家业主单位的个性化需求，最后形成统一体系，这个过程是较为复杂及漫长的，且存在较大的不确定性。每个投资主体企业内部都存在着自己特有的采购合约制度与要求，律师在参与制度及流程设计的过程中，所发表的意见需要平衡兼顾三个主体，保证各主体的需求共同实现，并充分满足国有企业合规的要求。

再如，贯穿于整个项目的各个决策环节，项目管理公司根据委托管理协议书的规定执行项目的建设管理任务，在授权范围外和涉及具体使用功能的建设需求，需要项目管理公司与三家业主单位一道进行决策。三家业主单位、项目管理公司在进行本项目的各项建设过程决策时，律师需要对各家单位执行的内部规范，上海市建设和金融行业、国家的有关规定有着充分的认识和理解，对于各类决策所涉及的法律问题尽到提示及意见发表义务，保证各层面决策的合法合规性。

（三）采购体系复杂且涉及类型广、金额大

本项目采用"一体化建设管理模式"和"施工总承包管理模式"，这使得从项目立项至竣工，本项目涉及的合同采购工作是比较复杂的，律师在文本起草及审核修改涉及文件较以往项目范围更广、要求更高。

1. 在采购类型层面,本项目采购类型大致可划分为四类:(1)施工类合同采购;(2)咨询服务类合同采购;(3)材料设备类合同采购(又可分为自行采购与委托采购);(4)其他类合约采购。

具体到施工类与材料设备类而言,施工类与材料设备类合同采购由于金额较大、影响广泛,因此是采购管理中的重要注意点。本项目采用施工总承包模式,总包单位除自行施工部分外还承担总包管理职责,在总承包项下施工类合同采购及材料设备类合同采购又大致可分设:

(1)专业分包合同:为工程施工合同,因其施工专业性和专业资质而单列,由总承包单位及业主单位共同招标确定中标单位后,与总承包单位签订合同。

(2)专业供应合同:为货物类供应合同,视该货物隶属总包或分包项下,分别由总包/业主或总包/分包/业主共同招标确定中标单位后,与总包或分包签订合同。

(3)独立供应合同:为货物类供应合同,独立于总承包施工及管理范围外的供货合同,业主出于对该部分品质要求之目的,而由业主自行招标并直接签订合同,但该货物安装工作须纳入相应总包或分包的范围并由其完成,货物进场、保管等事宜需获得总包和分包的照管。

(4)独立承包合同:为工程施工合同,独立于总承包施工及管理范围外的工程合同,一般为总包进场前的前期工程和具有垄断性质的市政配套工程,由业主自行招标并直接签订合同,但该施工应获得总包配合,并获得其照管。

2. 在采购方式层面,分为招标采购与非招标采购;非招标采购又分为比选采购和直接采购。对于采用何种采购方式,律师需根据包括《政府采购法》《招标投标法》《招标投标法实施细则》《工程建设项目招标范围和规模标准规定》等法律法规提出相应法律意见,以保证本项目采购流程合法合规。例如,针对已列入总承包范围内的工程,总包单位拟进行分包的,业主单位需在避免构成指定分包的前提下,就分包单位的选定,合法合规地表达己方意见。

(四)合约履行及管理界面复杂

本项目建设过程中签署了各类型合约上千份,这些合约种类不一、层次多样,一些专业分包合约也要进行实质照管,合约界面非常复杂,每个合约都有潜在的履约风险,如果没有预先解决措施,形成的纠纷可能多如牛毛。由于体量大、交叉专业多,需求不断明确、设计方案不断调整等原因,工程设计变更数量也非常多。作为本项目的法律服务提供者,必须对上述情况进行充分预估,并尽早提示及设置应对策略,使本项目之潜在风险尽可能地得到避免和控制,为此,律师对本项目合约文本体系提供审核把关,确保其内容严谨;在合约谈判过程中,逐条逐款进行过滤,对存在不详尽之处配合三家业主单位以及项目管理公司加以书面澄清,将各方不明确、不对称之风险加以明确和平衡,从而减少大量的履约纠纷。

又如,就合同履约过程中的合约成本控制问题,于合约条款中明确相应的流程约定,即项目管理公司的工程指令由项目管理公司合约部以"合同工程指令"的形式统一发出,所有涉及造价变更的事项必须以合同工程指令方式发出或加以确认,否则不能作为费用结算依据。发出的变更图纸资料必须加盖印章并有指令对应,才能作为结算依据。合同工程指令的发出必须经项目管理公司合约部核实符合合约要求,经过相关内部会议决策同意,资料齐备并留底后方可发出。以上述措施的有效设置防止错误指令和多方乱发指令造成成本失控的风险。

除此之外,对于索赔管理问题,律师结合以往项目经验,提示通常被索赔风险来自履约经办部门缺乏商务索赔意识所致,故除了建议以诸如培训、论坛讨论等形式对相关经办部门培养灌输索赔和反索赔意识外,律师亦会定期参与合约管理例会,发现索赔苗头,及时收集资料和证据加以应对处理。例如,对于施工过程中施工单位提交的工程联系单,律师建议根据提交的具体内容,采取不同的回复方式,如涉及工期、造价等重大事项变更的,签收人员应注明签字仅表明收到该文件,不代表对其内容予以认可,重大事项变更应以公司加盖公章或项目专用章意见为准;如联系单中包含要求限期回复、如不回复视为认可的默示内容,则建议仍需及时回复,避免在涉诉阶段构成对己方不利的争议性证据。此外,己方发文建议采取一式两份,要求收文一方在该文件上签字确认收到后交由己方存档,以免后期双方对于是否实际收到过该文件引发争议等。

(五)设计工作由境内外单位联合负责实施

本项目是由中外两家设计单位组成联合体进行合作设计,而设计合同的策划设置是构建中外合作设计模式、保证设计顺利进行的基础。中外合作设计合同无范本可循,中外合作设计没有固定的模式,而设计合作模式、设计合同设置的合理与否不仅影响着设计阶段,而且对工程建设的全过程都至关重要。服务律师对于合同条款进行起草及分析,以及后续配合三家业主以及项目管理单位的合同谈判工作十分关键。

具体而言，诸如外方设计单位受限于设计资质问题，其在合法合规的前提下具体可负责实施的设计工作范围如何确定；结合中外设计单位各自的优势及强项，在二者之间的工作界面划分中提出合理化建议，例如外方单位在设计管理及理念上更具优势，而中方单位对于境内的各类规范要求以及项目地管理标准更为熟悉；外方设计单位的设计费外汇委托收支路径设置以及文书起草等事宜，均需在合同条款设置中予以考虑并加以明确。

（六）其他难点

1. 项目服务周期长

从 2007 年本项目启动，一直到 2019 年竣工移交以及后续项目结算收尾工作，时间跨度超过 12 年，这无疑会给项目带来一定的不确定性，例如项目实施过程中时常发生法律法规或政策变化，往往都需要判断其对于项目实施是否会有影响。以工程建设领域保证金提交要求为例，在本项目建设过程中，由于国家出台关于规范工程建设领域保证金的相关通知，律师即需配合业主及管理公司及时调整所涉合同约定，采取承包人或供应商单方承诺、加强工程质量控制等措施，在根据国家监管要求取消或降低原有部分保证金、确保业主作为国有投资主体尽到合规义务的同时，保障本项目的工程质量及成本控制要求。

2. 审计管理要求严格

项目建设过程中，涉及多种审计类型，例如按审计主体分类，该项目审计可分为国家审计、社会审计以及内部审计，而内部审计又可进一步细分为诸如专项检查、过程审计和事后审计等。因此，这对于律师就国有资产监管、审计等方面的知识掌握，提出了较高的要求。

3. 法律服务诉求高

除对于项目日常咨询进行答复外，对于每一份审核文本还需额外单独地出具合规性意见。考虑到此次项目为"多投资主体一体化建设项目"，还需协助客户建立完善建设管理组织体系、内部合同审查流程、项目采购管理办法等各项制度；项目前期需每周至少在项目现场驻场服务一天，对于项目中碰到的难题进行系统梳理及答复。

尽管本项目存在上述种种困难，同时在法律服务层面亦对服务律师提出了非常高的要求，但在担任项目建设全过程法律服务顾问期间，律师通过协助业主进行恰当的合约管理及有效合规监管，建立起项目全过程建设法律及合约依据体系，化解项目建设中发生的争议，成功实现全过程零纠纷零诉讼，切实做到防患于未然。

值得一提的是，本项目入选由上海市司法局主办的上海司法行政历史陈列室"律师服务经济建设经典案例"，项目模型及介绍、相关服务照片将在该历史陈列室中完整展示。

案例编写人　上海市建纬律师事务所　邵万权

温世扬　　武汉大学法学院教授、博士生导师，中国法学会民法学研究会副会长

本项目建设周期长，三家投资主体分别立项，投资主体及项目众多，建设模式特殊，多主体的参与导致不同要求并存，采购体系复杂，为法律服务的提供提出了较高要求。律师服务团队根据项目特点，有针对性地提供法律服务，保障项目建设合法合规进行。本案例的主要价值在于，为复杂项目建设过程中如何根据项目自身特点，进行合约管理、合规监管、细化法律服务提供了范例，对于建设周期长、复杂性高的项目的法律服务顺利进行具有借鉴意义，也体现了律师事务所法律服务模式的创新。

知识产权与反不正当竞争篇

④ 连接公司诉 A 公司等侵害发明专利权纠纷案

——合法来源抗辩的认定和适用

案件索引

一审： 北京知识产权法院（2020）京 73 民初 108 号

基本案情

本案原告即专利权人连接公司是一家国外公司，在多路插头领域拥有十多项专利。近几年来，该专利权人在中国陆续发现了多种类型的侵权产品，并先后针对不同被告提起了多起侵害发明专利权纠纷的诉讼。

2019 年，专利权人即本案原告连接公司在某电商公司的销售平台公证购买了被诉侵权人即本案被告 A 公司销售的侵权产品。经过对购买的产品和专利权利要求所限定的技术方案的对比，连接公司认为被告 A 公司生产并销售的产品侵犯了其专利权，遂委托律师向 A 公司发送律师函要求其停止侵权并赔偿损失。A 公司回复其销售的侵权产品是以合理价格从生产商 B 公司处购买的，产品具有合法来源，销售商不应该承担赔偿责任。连接公司进一步要求 A 公司提供其从 B 公司购买所述侵权产品的采购合同、发票等资料，A 公司拒绝提供。为了维护自身合法权益，原告连接公司遂于 2020 年 1 月以 A 公司和某电商公司为被告在北京知识产权法院提起了侵害发明专利权纠纷诉讼。诉讼过程中，A 公司一方面主张其所销售的产品不侵犯连接公司的专利权，另一方面向法院提交了购买被诉侵权产品的采购合同、发票、送货单等作为证据，主张其所销售的被诉侵权产品具有合法来源，作为销售商其不应当承担赔偿责任。

该案件共涉及四家公司：原告即专利权人连接公司、两个被告即被诉侵权产品的销售商 A 公司和某电商公司（某电商公司通常不直接承担责任，原告把某电商公司作为被告主要是基于案件管辖的考虑），另有一家公司即前述A公司主张其所销售的被诉侵权产品的生产商B公司。

需要说明一点的是，在提起本案诉讼之前，连接公司已经在浙江省杭州市中级人民法院针对生产商B公司生产、销售侵害连接公司专利权产品的行为提起了诉讼。因此，连接公司分别起诉涉案侵权产品的销售商A公司以及生产商B公司的两个诉讼案件在不同法院同时进行。

核心争议焦点

1. 被告A公司所销售的产品是否侵犯原告连接公司的专利权？
2. 被告A公司所主张的合法来源抗辩是否成立？

当事人各方观点及思维分析

原告连接公司通过将被告A公司所销售的被诉侵权产品与涉案专利进行技术对比，认为被诉侵权产品落入了原告专利的保护范围，侵犯了原告的专利权，进而要求被告A公司停止生产、销售、许诺销售侵犯原告专利权的产品，并赔偿原告因被告A公司的侵权行为所遭受的经济损失以及为制止侵权所支出的合理费用。

被告A公司主张其所销售的产品并不落入原告连接公司专利权的保护范围，不侵犯原告的专利权，而且该产品是其以合理价格从B公司处购买的，产品具有合法来源，因此其作为销售商不应承担赔偿责任。

对于被告A公司提出的其所销售的被诉侵权产品具有合法来源的抗辩理由，原告基于《专利法》和《最高人民法院关于审理侵犯专利权纠纷案件应用法律若干问题的解释（二）》中有关合法来源的法律规定、产品本身标注的信息以及A公司所提供的证据，认为被告A公司主张的合法来源抗辩不能成立，被告A公司应当承担赔偿责任。

代理思路

原告代理人首先仔细研究了《专利法》《最高人民法院关于审理侵犯专利权纠纷案件应用法律若干问题的解释（二）》以及《最高人民法院关于知识

产权民事诉讼证据的若干规定》中关于合法来源抗辩的法律规定，明确了认定合法来源抗辩的成立需要同时具备"产品具有合法来源"和"不知道产品侵权"两个要件以及影响该两个要件认定的主要因素，然后基于被告 A 公司提供的证据逐一予以反驳。

首先，原告代理人基于起诉前向被告 A 公司发送律师函进行沟通时即要求其提供购买侵权产品的采购合同和发票等，被告 A 公司当时拒绝提供，因此，代理人主张被告 A 公司在诉讼阶段提交的采购合同、发票及送货单等证据不能确认其真正的产生时间，因此该证据真实性无法确认，不能采信。

其次，原告代理人基于以上合法来源抗辩的法律规定，从被告 A 公司所提供的证据入手，根据采购合同、发票、送货单上显示的信息以及被诉侵权产品上所标识的信息，找出供货商信息、产品信息、价格信息等存在的不一致甚至矛盾之处，以反驳被告 A 公司提出的其仅仅是被诉侵权产品的销售商、其所销售的被诉侵权产品是其以合理的价格从生产商 B 公司处购买的主张。

最后，原告代理人查询了被告 A 公司的官方网站，基于其公开的公司规模、销售网点分布、销售产品系列等信息，可以看出被告 A 公司是一家全球化运作且对侵权产品所属领域的专利有着专业经验的公司，其对该领域的专利应当尽到合理的注意义务。而且，即使涉案被诉侵权产品是被告 A 公司采购而来，其作为一家全球化运作的专业公司，在与生产商 B 公司的采购合同里居然没有设定任何知识产权的瑕疵担保条款，更进一步证明其没有尽到合理的注意义务。

另外，原告代理人还基于原告与生产商 B 公司在浙江省杭州市中级人民法院案件中所获得的信息，指出被告 A 公司所提供的采购合同中的产品数量与生产商 B 公司所陈述的其所生产的产品数量存在巨大出入，因此无法确认销售商 A 公司所销售的被诉侵权产品是由生产商 B 公司生产和售出的。

综上，原告代理人认为销售商 A 公司提出的"其所销售的被诉侵权产品是以合理价格从 B 公司购买的、A 公司已尽到合理注意义务并不知道 B 公司生产的产品侵权"的主张不能成立。

代理点睛

本案代理中的主要亮点在于以下几方面：

第一，紧紧围绕被告 A 公司所提供的证据，找出其中与被诉侵权产品上所显示信息的不一致甚至自相矛盾之处，给予被告 A 公司的主张以有力反击。

首先，被告 A 公司所提供的采购合同、发票、送货单中的产品明细、规格型号等不能明确指向被诉侵权产品；其次，被诉侵权产品上没有任何生产商 B 公司的标识，而是显示销售商 A 公司的商标，标注的生产地也并非生产商 B 公司的所在地。因此，A 公司提供的证明被诉侵权产品系从 B 公司处购买的证据与被诉侵权产品上所标注的产品商标和产地信息自相矛盾，从根本上动摇了被告 A 公司的合法来源抗辩主张。

第二，合法来源抗辩认定的重要因素之一是销售商系以合理价格从生产商处采购的被诉侵权产品，对比销售商 A 公司所提供采购合同中显示的产品单价，以及原告连接公司从电商公司销售平台购买被诉侵权产品的价格，二者之间存在巨大的差异，有力反驳了 A 公司提出的以合理价格从 B 公司购买被诉侵权产品的主张。

第三，基于综合证据和信息，判断 A、B 公司之间可能的法律关系，并向审理法院提交最高人民法院审理类似案件的裁判观点以供参照。结合被诉侵权产品上显示 A 公司商标、标注产地与 B 公司所在地不符，采购合同中有关产品品质、包装的约定等情况，综合判定 A 公司提供设计、委托 B 公司生产的可能性很大，明确了 A 公司和 B 公司之间的委托加工关系，并要求委托方 A 公司就委托加工行为承担生产商的赔偿责任，最终获得了法院支持。

第四，本案审理过程中，原告一直担心被告的合法来源抗辩被法院支持，如此原告提起的本案诉讼将徒劳无功，而且此时原告与生产商 B 公司之间的诉讼已经结束，如果本案诉讼请求被驳回，原告还能否继续针对生产商 B 公司提起侵权诉讼，即使能起诉，诉讼请求能否被支持，能够获得多少赔偿等都是未知的。最终法院不仅驳回了被告 A 公司的合法来源抗辩，支持了原告要求销售商承担赔偿责任的诉讼请求，而且判决的赔偿金额也创下了原告近几年在中国提起的多起侵犯发明专利权案件的新高。一审判决作出后，被告 A 公司没有提起上诉，并且很快向原告连接公司支付了全部赔偿款。

审判观点

北京知识产权法院对原告连接公司的专利权范围、连接公司的侵权指控、连接公司的合理支出、被告 A 公司的抗辩等几方面涉及的有关事实进行了审理和查明，认定如下：

1. 结合原告公证购买被诉侵权产品的公证书所反映的店铺信息、被告A公司的陈述以及被诉侵权产品所标注的信息，认定被告A公司实施了生产、销售、许诺销售涉案被诉侵权产品的行为。

2. 被诉侵权产品落入了涉案专利权利要求的保护范围，被告A公司未经原告许可，制造、销售、许诺销售侵犯涉案专利权的涉案产品，侵犯了原告的专利权，应当承担停止侵权、赔偿经济损失的法律责任。

3. 关于被告A公司主张的合法来源抗辩。首先，涉案被诉侵权产品标有A公司的商标，且合格证上标注有A公司字样，并未标注B公司；其次，虽然A、B公司签订了《采购合同》，但《采购合同》记载：B公司生产的产品品质要跟A公司签字的确认样、确认意见以及A公司的品质标准一致，且包装要求也要以A公司的包装要求为准，由此可见，A公司和B公司之间存在委托加工关系，A公司作为委托方，应当就委托加工行为承担作为生产商的责任，故被告A公司主张的合法来源抗辩无法成立。

综上，判决被告A公司停止制造、销售、许诺销售侵犯原告连接公司发明专利权的涉案产品，赔偿原告连接公司经济损失以及为制止侵权行为所支出的合理费用。

案例编写人　北京市德鸿律师事务所　王雪飞

马一德　　中南财经政法大学法学院教授、博士生导师，中国知识产权研究会副理事长，中国法学会知识产权法学研究会副会长

本案涉及合法来源抗辩的认定，根据《专利法》第77条的认定，销售者不知道是未经专利权人许可而制造并销售的专利侵权产品，能够证明产品的合法来源，不承担损害赔偿责任。但在纷繁复杂的商业实践中，生产者与销售者的合作逐渐密切，尤其是在委托加工过程中，销售者的认定也存在着现实困难。但该条的立法目的在于保护交易安全，对此需要区分不同情况下销售者的主观过错分别处理：如果被告提供制造方案（如提供图纸、技术方案）的委托加工，一般认为委托方是专利法意义上的制造者；如果侵权产品是按照委托方的要求制造并销售的，产品的技术方案体现了委托方的意志，则委托方应当属于

> 共同销售者;"贴牌销售"的行为可作为认定制造者的初步证据,但如果被告能够充分举证,披露完整的交易过程,表明自己不了解也无法控制制造过程而不具有主观过错,则应当认为其是销售者从而可以主张合法来源抗辩。本案裁判对于类似案件的审理也提供了参考。

相关法条

《中华人民共和国专利法》

第七十七条 为生产经营目的使用、许诺销售或者销售不知道是未经专利权人许可而制造并售出的专利侵权产品,能证明该产品合法来源的,不承担赔偿责任。

《最高人民法院关于审理侵犯专利权纠纷案件应用法律若干问题的解释(二)》

第二十五条 为生产经营目的使用、许诺销售或者销售不知道是未经专利权人许可而制造并售出的专利侵权产品,且举证证明该产品合法来源的,对于权利人请求停止上述使用、许诺销售、销售行为的主张,人民法院应予支持,但被诉侵权产品的使用者举证证明其已支付该产品的合理对价的除外。

本条第一款所称不知道,是指实际不知道且不应当知道。

本条第一款所称合法来源,是指通过合法的销售渠道、通常的买卖合同等正常商业方式取得产品。对于合法来源,使用者、许诺销售者或者销售者应当提供符合交易习惯的相关证据。

《最高人民法院关于知识产权民事诉讼证据的若干规定》

第四条 被告依法主张合法来源抗辩的,应当举证证明合法取得被诉侵权产品、复制品的事实,包括合法的购货渠道、合理的价格和直接的供货方等。

被告提供的被诉侵权产品、复制品来源证据与其合理注意义务程度相当的,可以认定其完成前款所称举证,并推定其不知道被诉侵权产品、复制品侵害知识产权。被告的经营规模、专业程度、市场交易习惯等,可以作为确定其合理注意义务的证据。

41 科技集团公司诉国家某部委计算机软件开发合同纠纷案

——关于计算机软件开发合同的软件开发方履行完软件开发合同义务的标准及付款条件成就的认定

案件索引

一审：北京知识产权法院（2019）京73民初1271号
二审：最高人民法院（2022）最高法知民终1544号

基本案情

2010年8月11日，科技集团公司（系承建单位、乙方）与国家某部委（系建设方、甲方）签订《软件合同》。甲乙双方根据软件系统产品的需求，就乙方向甲方提供软件系统产品作出约定。2011年8月18日，科技集团公司与国家某部委签订《软件新增合同》。

双方约定合同标的包括软件系统的总体设计、软件研制、软件支撑环境建立、部署培训、推广验收、质量保障、数据加工等全部相关服务。提交可交付产品包括：本项目源代码、安装盘、车辆监控管理GPS终端1200套及发信系统25套、技术文档、用户手册、管理员手册、安装指南和测试报告等。

合同签订后的15个工作日内，支付合同总金额的10%；项目中每个子系统完成软件第三方测试、试点部署试运行，并通过相关业务部门初步验收确认后，15个工作日内支付该子系统50%的建设费用。软件产品在部署完毕，并完成软件第三方测试、培训推广及最终验收后15个工作日内甲方支付给乙方合同总金额的30%；软件产品自最终验收之日起一年后，如无质量问题，经甲方及甲方所聘请的监理单位确认，15个工作日内甲方支付给乙方剩余10%尾款。

软件系统完成第三方测试及试点试运行后，乙方应当以书面形式向甲方递交初步验收通知书及初步验收方案，经过甲方及监理单位认可后，方可作为项目验收的标准。甲方在收到验收通知书后的15个工作日内，通知乙方确定的具体验收方式、日期及地点。初步验收由甲方相关业务部门负责组织实施。合同标的及第三方测试完成后，乙方应当以书面形式向甲方递交最终验收通知书和最终验收方案，经过甲方组织的专家评审后，方可作为项目验收的标准。甲方在收到验收通知书后的15个工作日内，通知乙方确定的具体验收方式、日期及地点，由甲乙双方按照本合同的规定完成验收。乙方于通过甲方最终验收并试运行3个月后完成最终交付。

合同签订后，科技集团公司按照合同约定组织人力、物力等开发涉案相关软件，交付案涉软件系统并配合进行验收工作。2012年7月，国家某部委出具《某部队"十一五"信息化建设项目初步验收材料——建设总结报告》。2012年7月，科技集团公司与国家某部委共同出具《某部队"十一五"信息化建设项目初步验收材料——技术总结报告》。北京某有限公司出具《某部队"十一五"信息化建设项目技术文件——软件分系统监理总结报告》，记载建设任务完成情况等。国家某部委出具《专家组验收意见》，载明：2012年7月18日，国家某部委在北京组织召开了某部队"十一五"信息化建设项目初步验收会。财政部、中国某科技集团公司电子科学研究院、科技集团公司、北京某有限公司参加了会议。会议成立了专家组，听取了某部队"十一五"信息化建设项目的建设总结报告并形成相关意见。2013年3月27日，财政部办公厅发布《关于印发〈某部队"十一五"信息化建设项目最终验收总体方案〉及成立最终验收委员会的通知》，根据最终验收总体方案，成立某部队"十一五"信息化建设项目最终验收委员会（以下简称最终验收委员会），其工作由某部队信息化建设项目联合工作协调小组承担。最终验收委员会办公室的工作由联合工作协调小组办公室承担，负责最终验收工作的具体组织协调。2013年7月，国家某部委向财政部报送《关于某部队"十一五"信息化建设项目终验申请》的请示，最终验收委员会出具《某部队"十一五"信息化建设项目最终验收材料——总队信息化建设项目终验测试报告》和《某部队"十一五"信息化建设项目最终验收材料——国家某部委机动支队信息化建设项目终验测试报告》。2013年8月5日，财政部发布《最终验收通知》，载明该项目已经达到了最终验收条件，同意通过最终验收。

后双方对合同履行、最终验收、付款条件及违约责任等存在很大争议，协商未果。2019年8月,科技集团公司向北京知识产权法院起诉,诉称涉案项目已经过验收,财政资金已实际拨付到位,涉案系统已实际交付使用,其后续亦提供了运维服务,财政部的最终验收是按照真实性去验收的,可以证明涉案合同项目已通过最终验收。要求国家某部委支付合同后续款项、违约金及资金占用费。而国家某部委则认为:科技集团公司至今仅完成《软件合同》9个子系统,且仅经初步验收,初验后存在大量问题后续也没有解决,并未进行最终验收,同时其余27个子系统至今未交付,也未完成初步验收。财政部对"十一五"信息化建设项目的整体验收属于行政验收,不是合同约定的验收。科技集团公司未进行软件交付,未按照合同约定进行全面部署、培训推广等合同义务。科技集团公司无权要求国家某部委支付合同价款、违约金及资金占用费,且应退还前期已支付的项目费用。国家某部委提起反诉要求确认《软件合同》及《软件新增合同》于2020年11月25日解除;科技集团公司返还国家某部委预付款93.409万元;科技集团公司支付国家某部委违约金328.628万元。

2021年12月,北京知识产权法院作出一审判决:一、确认原告(反诉被告)科技集团公司与被告(反诉原告)国家某部委签订的《某部队信息化建设项目合同——软件分系统建设》《某部队信息化建设项目合同——软件分系统建设新增项目合同》于2020年11月25日解除;二、被告(反诉原告)国家某部委于本判决生效之日起10日内向原告(反诉被告)科技集团公司支付费用910万元;三、被告(反诉原告)国家某部委于本判决生效之日起10日内向原告(反诉被告)科技集团公司支付违约金328.628万元;四、原告(反诉被告)科技集团公司于本判决生效之日起10日内向被告(反诉原告)国家某部委支付违约金328.628万元;五、驳回原告(反诉被告)科技集团公司的其他诉讼请求;六、驳回被告(反诉原告)国家某部委的其他反诉请求。国家某部委不服一审判决提起上诉。2023年11月,最高人民法院作出二审判决:驳回上诉,维持原判。

核心争议焦点

1. 双方在涉案《软件合同》及《软件新增合同》履行中是否存在对方所主张的违约行为以及是否应承担违约责任?

2. 国家某部委反诉主张涉案《软件合同》及《软件新增合同》的解除理

由是否成立及合同是否已解除？

3. 涉案《软件合同》和《软件新增合同》解除的法律后果如何？

当事人各方观点及思维分析

一、科技集团公司的观点及分析

（一）关于科技集团公司是否存在国家某部委主张的违约行为

科技集团公司认为：对于涉案合同，其大部分义务已履行完毕，不存在国家某部委所主张的违约行为。部分次要的合同义务未履行，不构成合同履行的根本违约。科技集团公司已完成某信息系统、某训练系统、运行管理系统及《软件新增合同》项下全部6个系统的初步验收。对于涉案合同未完成部分，其认可一直未完成院校及机关业务处理系统的开发等合同义务。科技集团公司认可基础支撑平台没有在某部队进行形式上的单独部署，涉及其信息系统、运行管理系统、日常工作信息系统、基础支撑平台的14个接口或软件在科技集团公司提交的《软件分系统测试报告》中显示未进行测试。

此外，科技集团公司主张，根据《初验整改报告》《总队终验测试报告》《机动支队终验测试报告》《最终验收通知》中记载的内容，涉案合同项下部分软件系统已完成软件第三方测试、培训推广及部署，通过了财政部2013年8月5日的最终验收。

（二）关于国家某部委是否存在科技集团公司主张的违约行为

科技集团公司认为：国家某部委存在迟延付款的违约行为。根据涉案两份合同中关于结算方式的约定，合同分为四个阶段进行付款。其中第一个阶段是基于合同的签订时间进行付款；第二个阶段约定根据涉案合同项下每个子系统的完成情况针对每个子系统进行付款，而不要求基于整个软件系统的工作完成进行付款。科技集团公司已完成部分软件子系统的初步验收工作，故涉案两份合同第一、第二阶段的付款条件已成就，国家某部委应当依据合同约定的时间进行付款，国家某部委针对涉案两份合同仅支付了1090万元。截至2017年12月27日，科技集团公司向其发送催款函时仍欠相关合同款项未付，构成迟延付款的违约行为。根据《软件合同》第11条第2项的约定，因国家某部委的原因，未能按照合同规定的期限付款，科技集团公司按照涉案两份合同主张逾期付款的违约金。

（三）国家某部委反诉主张涉案合同解除的理由是否成立及合同是否已解除

科技集团公司认为：国家某部委不享有合同约定的解除权和法定的合同解除权，但科技集团公司同意解除涉案合同。主要理由是科技集团公司按照合同约定完成了合同主要义务，未有构成合同解除的根本违约情形，而国家某部委存在逾期付款的违约行为，因此国家某部委无权解除合同。科技集团公司对国家某部委发出解除合同通知的行为予以认可，即国家某部委已向科技集团公司发送《解除合同通知》，科技集团公司已于2020年11月25日收到了合同解除的函件。虽然科技集团公司不认可国家某部委主张的涉案合同解除的理由，但鉴于外界客观情况的变化导致合同实质上无法继续履行，且国家某部委亦无继续履行合同的意愿，因此同意解除涉案合同。

（四）涉案《软件合同》及《软件新增合同》解除的法律后果

鉴于外界客观情况发生变化导致合同实质上无法继续履行，且国家某部委亦无继续履行合同的意愿，故同意解除涉案合同。科技集团公司对此项目投入的相应人力、物力、财力等成本物化于软件系统之上，形成了一定的技术成果，且具有使用价值和经济价值。对于国家某部委已支付的合同款项不予退还。国家某部委还应根据科技集团公司实际完成的软件系统工作量支付费用，以弥补科技集团公司的损失。该交付成果系专门为涉案项目定制，不具有二次处理比如转售、变卖等可能性，请求结合合同实际履行和公平原则等因素综合考量确定损失赔偿责任。关于合同义务未完成的部分，科技集团公司在履行合同过程中，涉案软件系统确有多个子系统软件未能完成，科技集团公司同意就未完成的部分承担责任。此外，由于国家某部委在合同履行中亦存在违约行为，表现为迟延支付第二阶段合同费用，因此科技集团公司有权主张国家某部委因相应迟延支付的违约金。

二、国家某部委的观点及分析

（一）科技集团公司是否存在国家某部委主张的违约行为

国家某部委主张，科技集团公司存在未完成涉案合同义务、迟延交付的违约行为。科技集团公司应依涉案合同约定于2011年6月30日前完成合同约定的软件开发、交付、验收工作，科技集团公司至今仅完成《软件合同》

中的某信息系统、某训练系统、运行管理系统及《软件新增合同》中的 6 个系统,以上共计 9 个子系统的初步验收,初验后存在大量问题后续也没有解决,并未进行最终验收。而且其余 27 个子系统至今未交付,也未完成初步验收。此外,科技集团公司未履行合同约定的软件交付、在国家某部委所属支队大队全面部署、培训推广等合同义务。科技集团公司迟延交付十余年,服务合同履行条件和工作现实情况已发生巨大变化,合同约定的相关技术指标、设备设施均已落后、过时,致使不能实现合同签订之目的。科技集团公司无权要求国家某部委支付合同价款、违约金及资金占用费。

此外,国家某部委认为:财政部发布的《最终验收通知》等文件是一种行政验收,不是合同验收。且最终验收主体是临时性机构,无权替代合同约定的最终验收,相关成果未通过甲方最终验收。

(二)国家某部委是否存在科技集团公司主张的违约行为

国家某部委主张,其不存在科技集团公司主张的逾期付款等违约行为。由于科技集团公司存在未完成的涉案合同义务,因此相应阶段的付款条件尚未成就,国家某部委无需支付相应阶段的合同款项。国家某部委未予付款并非付款存在逾期,而是付款义务不存在,付款无合同依据。

(三)国家某部委反诉主张涉案合同解除的理由是否成立及合同是否已解除

国家某部委主张,其依据《软件合同》第 12 条第 3 项的约定享有约定解除权,并根据《合同法》第 94 条第 4 项的规定享有法定解除权。

关于约定合同解除权,国家某部委主张合同约定的解除条件已经成就。其合同依据为:《软件合同》第 12 条第 3 项约定,当发生下列情况之一时,国家某部委可以变更或解除合同:(1)履行合同时严重损害国家和军队利益的;(2)服务合同履行条件发生重大变化,致使不能实现合同目的的;(4)科技集团公司严重违约的情形。

国家某部委同时主张,其依法享有合同解除权。法定合同解除权的情形为,根据《合同法》第 94 条第 4 项"当事人一方迟延履行债务或者有其他违约行为致使不能实现合同目的"之规定,当事人可以解除合同。国家某部委认为,科技集团公司存在未完成涉案合同义务、迟延交付的根本违约行为,导致合同目的无法实现。

国家某部委认为:涉案合同在《解除合同通知》送达之日已解除。2020年 11 月 17 日,国家某部委向科技集团公司发放《解除合同通知》,其中记载：双方签订涉案合同后，科技集团公司在长达约十年里，至今仍然迟延履行上述合同。按照国家规定，国家某部委正处于国家应急管理消防制度、体制、体系的改制整合过渡期。上述合同的履行条件发生重大变化，致使不能实现合同目的。如果继续履行将严重损害国家和军队利益。国家某部委通知科技集团公司，自本解除通知到达科技集团公司之日起，涉案合同均予解除。

（四）涉案《软件合同》及《软件新增合同》解除的法律后果

国家某部委主张涉案合同已经解除。由于科技集团公司至今未完成涉案合同义务、存在迟延交付的严重违约行为，科技集团公司并未按照合同约定完成最终验收。财政部发布的《最终验收通知》等文件是一种行政验收，不是合同验收，且最终验收主体是临时性机构，无权替代合同约定的最终具体验收，也不代表涉案项目实际已经履行完毕并通过验收，因此国家某部委无需支付后续合同价款。同时，科技集团公司基于该等违约事由，要求科技集团公司返还已支付款项并承担违约金。

代理思路

科技集团公司代理人自承办本案以来，细致梳理了涉案合同履行节点期限，深入研读合同文本协议、过程性资料、会议纪要、来往签证等，积极深挖合同履行各项线索，对涉案工程各方人员多次访谈，通过现有书面资料比对核实相关事实，了解政府验收批文的决策背景，与当事人多轮沟通协商，并向有关主管部门请示汇报，归纳总结案件争议焦点，推动案件管辖受理，在事实和证据的基础上形成案件整体的代理思路及针对各个争议焦点的代理思路。

一、就案件诉讼策略的整体代理思路而言

科技集团公司主张已完成涉案合同的大部分内容，主张《专家组验收意见》显示已经通过初步验收，财政资金已实际拨付到位，涉案系统已实际使用，其后续亦提供了运维服务。财政部验收文件可以证明涉案合同项目已通过最终验收，因此付款条件已成就，国家某部委应当按照合同约定付款。逾期付款的，应当承担迟延付款的违约责任。

二、就案件争议焦点的具体代理思路而言

（一）关于国家某部委违约行为的代理思路

国家某部委的违约行为在于逾期付款。科技集团公司要想证明国家某部委按约付款义务未履行、合同付款条件已成就，首先，应证明科技集团公司完成了相应阶段的合同义务，进行了涉案合同项下约定的软件开发工作，形成了相应技术成果，该技术成果具有使用价值，符合开发要求规范和实际需求。该软件系统已完成第三方测试、培训推广及部署。其次，论证涉案软件通过专家组和财政部的验收，未发现重大质量问题或安全隐患瑕疵等，符合合同约定的交付条件和验收标准。最后，说明该交付成果处于实际使用的状态，后续科技集团公司对交付成果提供了运营维护等服务，从而在合同履行的证据链上做到环环相扣，案件事实展开上层层推进，形成严密自洽的说理逻辑。

（二）科技集团公司合同履行的违约及瑕疵的代理思路

科技集团公司代理人梳理全案事实后发现，科技集团公司就合同实际履行确有部分违约及瑕疵。主要体现为科技集团公司存在不完全履行合同的情形，即对于部分涉案合同约定项下的软件开发，因第三方原因导致后续开发工作无法开展未能完成。对合同义务的未完成部分，科技集团公司予以据实认可。其采取的抗辩思路为，涉案软件未予完成的主要责任不在科技集团公司，而在于第三方软件实际使用方未能对所交付的软件进行修复，从而导致后续软件开发所必需的数据参数等要素存在严重欠缺，后续软件开发的客观条件不具备。

国家某部委提出，科技集团公司已完成的软件存在问题，对此，科技集团公司的代理思路为，该等问题仅为合同履行瑕疵，科技集团公司对此采取了相应补救修复措施。针对案件不利证据即软件问题处理确认会的相关会议纪要，科技集团公司认可该会议纪要的真实性，但在深度挖掘证据的基础上，提出针对性证据《软件分系统测试报告》予以驳斥，证明该会议纪要并不是最终的材料，同时提示法院国家某部委未就已完成部分存在问题向科技集团公司主张过异议的情形，最大限度减弱不利证据对科技集团公司合同履行完整度带来的消极影响。

（三）关于行政部门验收法律效力的代理思路

科技集团公司预判，国家某部委核心观点应是，财政部对"十一五"信息化建设项目的整体验收属于行政验收，不同于软件开发合同约定的验收，也不能替代合同约定的验收。庭审期间，国家某部委如科技集团公司之前的预测，在验收的法律性质、验收主体、验收基础、验收依据、验收内容、验收成果形式等方面提出了大量具体意见，力图论证科技集团公司主张以财政部验收替代合同约定验收的意见不能成立。

针对该观点，科技集团公司提出的针对性代理思路为，验收委员会及财政部均进行了验收，涉案合同约定的验收程序在合同实际履行过程中被该验收程序替代，涉案软件实质上已验收。科技集团公司从实质验收思路进行延伸论述，涉案合同系某部队"十一五"信息化建设项目的一部分，从涉案合同的订立、合同内容及实际履行过程来看，合同订立及履行的依据均为项目审批部门下发的相关文件，且合同的初步验收和最终验收过程亦是依据财政部办公厅下发的《验收管理办法》执行，最终验收委员会对涉案项目的验收针对软件系统实际进行了具体的测试、验证等工作，并非仅是行政性验收。从裁判结果看，上述代理思路策略得到了法院的认可与采信。

（四）关于合同是否解除及法律后果的代理思路

科技集团公司代理人在前期案件准备中，确立了应当根据庭审情况及对方应对态度来处理涉案合同是否解除的代理思路，不在起诉诉请中提出有关合同继续履行的明确诉求，而是把重点放在后续合同价款的实际追偿事项上，避免过多纠缠于涉案合同是否应当履行及能否实际履行的价值事实争议，力图把追讨后续款项诉求与合同履行状态认定在一定程度上分开。因此，科技集团公司虽然不认可国家某部委享有约定及法定的合同解除权，但根据庭审情况和法院释明，庭审时采取同意案涉合同已经解除的策略，简化争议焦点，节约审判资源，将论证重点放在合同解除后主张赔偿损失的请求权基础上，法院判决结果亦印证了该代理思路的有效性。

科技集团公司同意合同解除的策略一旦确立，根据涉案合同约定主张后续合同款项的诉求，因合同解除这一状态确定而转化为赔偿损失的请求权是否具有事实及法律依据的问题。对此，科技集团公司的代理思路调整为，软件系根据项目特定需求而专门定制，无法完全实现恢复原状，主张科技集团公司对此项目投入了资源成本，完成了部分合同义务，形成了技术成果，且具备使用价值和商业价值。科技集团公司付出的劳动、智慧和成本已经全部凝结物化在已完成的涉案软件系统成果中，借此阐明合同解除后赔偿损失的请求权基础确凿充分，科技集团公司无需返还已支付的合同价款，国家某部委仍需支付科技集团公司其余合同款项。

一、突破惯常思维模式，区分合同约定验收和行政部门验收

突破以往类似案件处理中关于行政部门验收不是合同约定验收、不能取代合同约定验收的惯常思维模式，在合同约定验收和行政部门验收的联系和区别方面进行深度论述。关于项目审批部门的相关验收文件内容及效力，应当结合合同履行证据进行综合认定，不能一概否认。凡针对涉案项目软件系统实际进行了具体的测试、验证等工作，并非仅是行政性、形式上的验收，就不应完全拘束于合同约定的验收条件和程序，而应根据合同实际履行情况加以甄别判断。该代理思路为法院所采信，有利于统一处理具有共性事实争点和法律争点的系列案件。

二、注重实际代理效果，加强合同解除后赔偿损失的请求权基础

代理人结合案件基本事实和现有证据，起诉之初提出支付后续合同款项、违约金等主张，而未提出继续履行合同这一明确诉求，是为了避免在合同是否应当履行以及能否实际履行的价值及事实问题上过多纠缠，而把重点放在如何实现对后续合同款项追偿的现实目的方面。对合同是否解除采取了相对模糊的诉讼策略，根据庭审情况、对方回应观点和法院释明情形等予以确定。合同解除后，对于后续合同款项追偿请求权基础，参考类似建设工程款项主张的论证思路，即无形的软件开发和有形的不动产建设工程都具有类似特质，主张软件开发方付出的劳动、智慧和成本已经全部凝结物化在已完成的涉案合同软件系统成果中，这些成果系为需方量身定做，已无法完全实现恢复原状。因此，当事人无需返还已支付的合同价款，并有权支付后续款项。这是代理人在处理本起复杂疑难、延续十余年的纠纷时所作的积极探索，对同类案件代理思路提供了有效参考。

三、衡量案件整体态势，将合同履行的不利因素转化为诉讼时效未过期的证据

关于本案整体代理策略，一审中代理人从案件整体态势出发，对合同履行完成的部分，结合案件事实和证据据理力争。对合同未完成的部分据实认可。针对支付合同价款及违约金的请求已超过诉讼时效的主张，正是由于科技集团公司认可其一直未完成涉案合同约定的部分软件子系统的建设工作，方得适用"分期履行的合同，当事人约定同一债务分期履行的，诉讼时效期间从最后一期履行期限届满之日起计算，故而不存在最后一期履行期限届满的时间，诉讼时效期间亦未起算"之裁判规则。代理人注意到，最高人民法院二审判决是在涉案项目结算尚存争议的情况下，双方债权债务与诉讼时效的起算点均无法确定的角度进行说理，亦支持了诉讼时效未到期的观点。

审判观点

一、关于焦点一：双方在涉案合同履行中是否存在对方所主张的违约行为及应承担的违约责任

法院认为：根据在案证据，可以认定科技集团公司在涉案合同履行过程中仅完成了部分软件子系统的合同义务，存在至今未依约完成部分软件子系统的合同义务、迟延交付的违约行为。根据《软件合同》第 11 条第 2 项的约定，科技集团公司至迟在项目审批部门 2013 年 8 月 5 日最终验收之时仍未完成涉案合同所有项目的建设，每延期一天，科技集团公司应向国家某部委支付合同总价 0.1% 的违约金，违约金不超过合同金额的 10%，本案中科技集团公司主张违约金过高应予以调整，经核算，违约金的金额至今已超过了合同金额的 10%，故应按照涉案两份合同金额的 10% 即 328.628 万元确定。

科技集团公司已完成部分软件子系统的初步验收工作，故涉案两份合同第一、第二阶段的付款条件已成就，国家某部委理应依据合同约定的时间进行付款，现国家某部委针对涉案两份合同仅支付 1090 万元，截至 2017 年 12 月 27 日科技集团公司向其发送催款函时仍有相关合同款项未付，构成迟延付款的违约行为。根据《软件合同》第 11 条第 2 项的约定，因国家某部委的原因,未能按照合同规定的期限付款,每延期一天,国家某部委应向科技集团公司支付合同总价的 0.1%作为违约金,违约金不超过合同金额的 10%,经核算,违约金的金额已超过了合同金额的 10%,故应按照涉案两份合同金额的 10%即 328.628 万元确定。

此外,科技集团公司针对国家某部委迟延付款的违约行为另行主张资金占用费,对此法院认为:双方约定的违约金已足以弥补科技集团公司因国家某部委迟延付款而遭受的损失。科技集团公司亦未对该部分损失提供证据予以佐证,故法院对其该诉讼请求不予支持。

二、关于焦点二:国家某部委反诉主张涉案合同解除的理由是否成立及合同是否已解除

法院认为:涉案合同约定的"履行条件发生重大变化,合同目的无法实现"的解除条件已经成就,国家某部委有权解除涉案合同。具体的合同依据为《软件合同》第 12 条第 3 项约定,当发生下列情况之一时,国家某部委可以变更或解除合同:(1)履行合同时严重损害国家和军队利益的;(2)服务合同履行条件发生重大变化,致使不能实现合同目的;(3)科技集团公司严重违约的情形。

法院认为:首先,涉案合同系针对某部队"十一五"信息化建设软件分系统建设而签订的合同,虽然科技集团公司亦认可涉案合同项下部分软件子系统并未完成,但涉案合同履行之时并不存在严重损害国家和军队利益的情形,故国家某部委主张的第一个解除条件不成就。

其次,科技集团公司确实未依约完成涉案合同项下部分软件子系统的建设,鉴于目前相关计算机技术的飞速发展及更新换代,合同履行条件确实发生了重大变化,致使合同目的不能实现,故国家某部委主张的第二个解除条件成就。

最后,国家某部委主张科技集团公司至今未完成涉案合同义务、存在迟延交付的严重违约行为,科技集团公司针对部分软件系统确实存在上述违约行为,但考虑到科技集团公司实际完成的部分占整个涉案合同软件系统的比例,以及每个子系统之间可以独立运行的情况,科技集团公司的违约行为不足以导致整个涉案合同的目的不能实现,故国家某部委主张的第三个解除条件不成就。

关于国家某部委主张的法定解除权是否成就。根据《合同法》第 94 条第

4项规定,有此情形的,当事人可以解除合同:当事人一方迟延履行债务或者有其他违约行为致使不能实现合同目的的。法院认为:科技集团公司确实存在迟延履行涉案合同义务的违约行为,但不足以致使整个涉案合同目的不能实现,故国家某部委关于其享有涉案合同法定解除权的主张不能成立。

综上,国家某部委享有涉案合同约定的合同解除权。鉴于国家某部委已向科技集团公司发送《解除合同通知》,科技集团公司亦认可其已于2020年11月25日收到合同解除的函件,故法院确认涉案两份合同于2020年11月25日解除。

三、关于焦点三:涉案《软件合同》和《软件新增合同》解除的法律后果

法院认为:鉴于双方均存在违约行为,合同解除后,应结合涉案计算机软件开发合同自身的特点、双方各自的履行情况和违约行为,秉持诚信原则和公平原则确定相应的民事责任,并非当然地恢复原状。

从科技集团公司履行合同的事实来看,涉案软件系统确有多个子系统软件未能完成,且科技集团公司同意就未完成的部分承担责任,对此科技集团公司应负相应责任。

国家某部委在合同履行中亦存在违约行为,表现为迟延支付第二阶段合同费用。由于科技集团公司付出的劳动、智慧和成本已经全部凝结在已完成的涉案合同软件系统的成果中,这些成果系为国家某部委量身定做,已无法完全实现恢复原状。特别是科技集团公司对此项目投入了人力物力,完成了部分合同义务,形成了一定的技术成果,具备一定的价值。因此,综合考虑双方的违约行为、涉案合同软件系统的构成、占比及相互关联情况、科技集团公司为涉案项目付出的成本以及交付的产品等因素,法院酌情确定科技集团公司无需返还国家某部委已支付的合同价款1090万元,国家某部委仍需支付科技集团公司合同款项910万元,以弥补涉案合同解除后给科技集团公司造成的损失。

案例编写人　北京大成律师事务所　翁　飞

专家点评

李顺德　　中国社会科学院法学研究所研究员、博士生导师

> 本案是一起与知识产权相关的技术开发合同纠纷，仅就本案评析文章中所提供的相关事实来看，两审法院对于本案的分析、判决，依法依规、合理合法、处置得当。原告代理律师没有拘泥于双方当事人合同纠纷的具体争议和委托人的委托事由，能够结合处置合同履行、验收、解除的一般法理，提升、拓宽代理思路，特别是能够突破以往类似案件处理中关于行政部门验收不是合同约定验收，不能取代合同验收的惯常思维模式，将合同履行的不利因素转化为诉讼时效未过期的证据，对于本案的妥善解决发挥了积极作用，不失为本案的一个亮点。

相关法条

《中华人民共和国合同法》

第八条[①]　依法成立的合同，对当事人具有法律约束力。当事人应当按照约定履行自己的义务，不得擅自变更或者解除合同。

依法成立的合同，受法律保护。

《最高人民法院关于审理民事案件适用诉讼时效制度若干问题的规定》

第六条[②]　未约定履行期限的合同，依照合同法第六十一条、第六十二条的规定，可以确定履行期限的，诉讼时效期间从履行期限届满之日起计算；不能确定履行期限的，诉讼时效期间从债权人要求债务人履行义务的宽限期届满之日起计算，但债务人在债权人第一次向其主张权利之时明确表示不履行义务的，诉讼时效期间从债务人明确表示不履行义务之日起计算。

---

① 该法已失效，本条对应《民法典》第465条。
② 该解释已于2020年修正，本条被修改为第4条。

42 山东世纪阳光纸业公司诉山鹰国际公司、山鹰纸业公司商业诋毁纠纷案

——"对未审结案件非客观评论的文章"构成商业诋毁的认定

案件索引

一审： 山东省潍坊市中级人民法院（2019）鲁07民初1038号

二审： 山东省高级人民法院（2021）鲁民终276号

再审： 山东省高级人民法院（2022）鲁民申2014号

基本案情

山东世纪阳光纸业公司（以下简称阳光纸业公司）是一家专注于造纸、印刷、包装的现代企业集团，2007年在香港联合证券交易所主板挂牌上市。该公司发明出了一种新型涂布白面牛卡纸产品，于2012年1月25日被国家知识产权局授予发明专利权。

山鹰国际公司是一家以造纸、包装、印刷为主业的上市公司，山鹰纸业公司系其全资子公司。2012年，阳光纸业公司发现山鹰纸业公司未经许可，擅自实施其专利技术，侵犯了其"涂布白面牛卡纸及其制造方法"的发明专利权，遂诉至法院，索赔1亿元，为此开始了双方之间长达8年的专利诉讼战。

2018年8月，就双方之间的专利侵权案件，山东省潍坊市中级人民法院作出一审判决，认定山鹰纸业公司侵权成立并判决其赔偿阳光纸业公司经济损失6000余万元。2019年4月，山东省高级人民法院二审裁定撤销了一审判决，指令山东省青岛市中级人民法院重审。随后，2019年4月26日，山鹰国际公司在其网站首页刊登题为《一审裁决被撤销纸业专利纠纷历时7年异地重审》的文章。阳光纸业公司认为：山鹰国际公司在文中采用编造虚假、误

导性信息的手法，歪曲事实，恶意诋毁阳光纸业公司的商业信誉，实施不正当竞争。阳光纸业公司针对山鹰国际公司诋毁的行为提起专利侵权诉讼之外的派生诉讼，即不正当竞争诉讼，向山东省潍坊市中级人民法院提起商业诋毁纠纷诉讼，要求判令两公司停止侵权、赔偿经济损失500万元并登报消除影响。

山东省潍坊市中级人民法院支持了阳光纸业公司的诉讼请求，判决山鹰国际公司停止对阳光纸业公司的商业诋毁行为，判决山鹰国际公司赔偿阳光纸业公司经济损失100万元并在《中国证券报》上登报消除影响。山鹰国际公司不服一审判决向山东省高级人民法院提起上诉。在二审法院审理期间，山东省青岛市中级人民法院就前述双方专利侵权诉讼作出判决，驳回了阳光纸业公司的诉讼请求。山东省高级人民法院经审理后仍然支持了阳光纸业公司的主张，维持了一审判决，判令山鹰国际公司停止商业诋毁行为，赔偿阳光纸业公司100万元人民币并在《中国证券报》上刊登声明。山鹰国际公司不服一、二审判决再次向山东省高级人民法院提出再审申请。再审法院经审理后采纳了阳光纸业公司的主张，认为在后的专利侵权纠纷生效判决并不能否定山鹰国际公司网站中的涉案文章存在诋毁阳光纸业公司的事实，山鹰国际公司对文章发布时尚未审结的案件进行评论，非基于客观中立的立场，构成商业诋毁，遂驳回了山鹰国际公司的再审申请。最终，山鹰国际公司履行了生效判决。

核心争议焦点

山鹰国际公司在其网站首页刊登《一审裁决被撤销纸业专利纠纷历时7年异地重审》的文章，以阳光纸业公司诉山鹰纸业公司专利侵权的诉讼情况为蓝本，对文章发布时尚未审结的案件进行评论，该评论并非基于客观中立的立场，而是使用了消极负面、没有事实依据的语言评论阳光纸业公司的诉讼行为，是否构成商业诋毁不正当竞争？

当事人各方观点及思维分析

一、山鹰国际公司观点及理由

1. 山鹰国际公司认为其并非涉案文章的作者，涉案文章系中国财富网首先刊发，其在官网上仅是对涉案文章进行了复制转载，受众仅限于公司员工，不能对阳光纸业公司潜在的商业机会和竞争优势构成任何损害。

2. 山鹰国际公司有新证据证明原审法院认定事实错误。涉案文章中的专利纠纷判决已生效，生效判决驳回了阳光纸业公司的诉讼请求，证明山鹰国际公司的转载行为并未超过合理陈述及评论界限。

3. 法院认定山鹰国际公司传播虚假信息、误导信息，事实认定错误。第一，"没有将关注度聚焦在如何提高产品质量和品牌竞争力上""打着知识产权保护的幌子采用不正当手段恶意竞争"系中国财富网新闻报道的引导语，是对知识产权保护中肆意滥用诉权现象的评述，该引语是对整个行业乱象的评述而非针对本案，属于正常的新闻报道内容，不能构成商业诋毁。第二，"关于涂布牛卡纸的制造方法及其产品专利并非阳光纸业公司一家独有，也非阳光纸业公司最早提出"的内容并不失实，涉案文章表述的是生产涂布牛卡纸专利并非独有，而非指称阳光纸业公司不具有专利，根据一般人的认知并无歧义。

4. 法院判令山鹰国际公司承担100万元的赔偿金额，缺乏依据，超出了涉案文章仅在员工内部传播的范围，裁决山鹰国际公司在《中国证券报》登报消除影响，同样缺乏依据。

二、阳光纸业公司观点及理由

山鹰国际公司的"转载"之辩解不能成立。存在其他侵权行为时，是否追究其他侵权人的责任是阳光纸业公司的权利，不是山鹰国际公司逃避本案法律责任的理由。第一，虽然中国财富网登载的涉案文章没有显示作者，山鹰国际公司也没有提供证据证明该文章的作者，但从文章挖空心思编造虚假信息、诋毁阳光纸业公司和抬高山鹰国际公司的目的来看，并不排除该文章是山鹰国际公司所作的可能。第二，山鹰国际公司在自己网站刊载的侵权文章不仅没标明系转载，而且与中国财富网文章相比，从题目到内容均有多处文字不一致且内容有添加，在事实和法律上根本不构成"转载"。第三，中国财富网登载涉案文章，同样构成散布虚假信息或者误导性信息损害阳光纸业公司声誉的行为，是否追究该文章发布主体的侵权责任，是阳光纸业公司的权利。实际上，在阳光纸业公司提出交涉后，中国财富网立即删除了涉案文章，证明其对自己行为的侵权性质有清晰认识。阳光纸业公司在本案中追究山鹰国际公司商业诋毁的法律责任，与其他案外人也存在侵权行为是两个独立的法律关系。中国财富网的侵权行为不影响本案中山鹰国际公司商业诋毁行为的成立。

本案商业诋毁事实的认定以山鹰国际公司刊载侵权文章的时间即2019年4月26日之前的客观事实为依据。山鹰国际公司所谓山东省青岛市中级人民法院在后判决构成新证据的再审理由，不能成立。

涉案文章中"一些企业没有将关注度聚焦在如何提高产品质量和品牌竞争力上，而是打着知识产权保护的幌子采用不正当手段恶意竞争""对于任何企图借诉讼之名打压竞争对手的行径，山鹰国际必将给予坚决回击，维护良好的市场竞争格局"这两句话都不是"中国财富网"文章的原文，甚至后一句话更是"中国财富网"文章中所没有的。这两句话正是山鹰国际公司发布的涉案文章中的内容，结合整个文章的意思表达，可以明确是对阳光纸业公司的恶意诋毁。故原审判决对此部分诋毁事实的认定正确。

山鹰国际公司关于"判决赔偿100万元属于认定事实和适用法律均错误"的再审理由不能成立。涉诉双方当事人既是同行业竞争者，也都是境内外上市公司。在山鹰国际公司发布诋毁文章之前，相关的专利侵权诉讼已进行了7年之久，山鹰国际公司也曾在上海证券交易所多次公布案件信息，行业影响及社会影响巨大。在此背景下，山鹰国际公司的恶意诋毁行为给阳光纸业公司造成的损害是多方面的，经济损失远不是100万元可以弥补的，同样，法院判令消除影响也是正确的。

代理思路

阳光纸业公司和山鹰纸业公司双方之间的专利侵权诉讼历时已久，此前经历过了一审、二审，后又发回重审。笔者后期接手专利侵权案件后，在对案件事实和法律问题进行分析和把握的基础上，建议阳光纸业公司针对山鹰国际公司和山鹰纸业公司的商业诋毁行为提起专利侵权诉讼之外的派生诉讼，即不正当竞争诉讼，使得阳光纸业公司在专利侵权诉讼面临不确定局面的背景下，能够另辟蹊径，通过派生诉讼维护阳光纸业公司自身的声誉和权益。在本案诉讼中，笔者根据《反不正当竞争法》的规定，针对两侵权公司"编造""传播"虚假信息或者误导性信息商业诋毁行为的事实向法院一一阐述，并重点论述两侵权公司诋毁阳光纸业公司、抬高自己的主观恶意和严重情节。再审期间，针对山鹰国际公司的再审请求及事实理由，笔者代理阳光纸业公司进行答辩，具体代理思路如下：

其一，山鹰国际公司违背商业道德，实施了《反不正当竞争法》所禁止的"编造""传播"虚假信息或者误导性信息商业诋毁行为，事实清楚。

山鹰国际公司的"传播"行为确凿无疑，而仅单独"传播"行为即已构成商业诋毁。同时，所谓"转载"之说在法律和事实上并不成立。

第一，"转载"行为的实质要件就是要标明文章的作者及原始来源。但本案中，涉案刊载文章根本没有标注作者和来源，尤其是山鹰国际公司自始至终都不能指出其他媒体刊载文章的作者是谁，而从该文章恶意编造虚假信息、诋毁阳光纸业公司和抬高自己的目的来看，明显不能排除其他媒体文章也是山鹰国际公司撰写的高度可能性。

第二，山鹰国际公司刊载文章也不是对其他媒体文章的"照抄"，在文章的第1段、第2段、第3段、第6段、第8段等，均有文字的增加和改变，以加强诋毁的效果。这与所谓"转载"之说更是自相矛盾。

总之，山鹰国际公司以自己名义刊载涉案侵权诋毁文章，构成《反不正当竞争法》第11条规定的编造、传播虚假信息或者误导性信息，损害竞争对手商业信誉的行为，判决认定事实正确，山鹰国际公司的该项再审理由不能成立。

其二，山鹰国际公司无视事实，企图以法院《民事裁定书》作为其恶意编造虚假信息的挡箭牌，不仅不能成立，且凸显其主观恶意极大。

侵权文章中的相关虚假信息、恶意诋毁的文字，诸如"没有将关注度聚焦在如何提高产品质量和品牌竞争力上，而是打着知识产权保护的幌子采用不正当手段恶意竞争""事实上，关于涂布牛卡纸的制造方法及其产品专利并非世纪阳光一家独有，也非世纪阳光最早提出""2011年4月13日，浙江山鹰向国家知识产权局提出'一种本色涂布牛卡纸及其制造方法'的发明专利申请，并于2012年获得专利权""世纪阳光在诉讼中也曾承认，两家设备工艺存在差异，不可能生产出对方的产品""有证据证明……齐鲁工业大学是原告向一审法院极力推荐的检测机构""齐鲁工业大学提供虚假鉴定"，在文章最后一段中诋毁阳光纸业公司同时抬高山鹰国际公司自身等，其中没有任何一条文字是出现在法院民事裁定书之内的文字，这只能证明山鹰国际公司对其违法行为拒不承认，且百般抵赖，凸显其主观恶意极大。

其三，法院作出山鹰国际公司停止侵权、消除影响、赔偿100万元的判决是合适的。

1. 判令停止侵权，是一项普遍适用的针对侵权行为的救济措施，目的是以法定方式禁止侵权人继续实施侵权行为，在本案侵权纠纷中具有当然的适用性。特别是山鹰国际公司根本不承认其刊载、传播侵权文章的行为是侵权行为，称其删除自己网站文章也不是对侵权行为的悔过，若不判令其停止侵权，那其今后还可以继续刊载或以其他方式传播虚假诋毁信息。

2. 刊登声明、消除影响，是对声誉损害的基本救济方式，未超出阳光纸业公司的诉讼请求。对于声明媒体的选择，需要考虑到不仅本案诉讼双方都是上市公司，而且商业诋毁对于阳光纸业公司造成的商誉损害必须通过适当的公众媒体作出有效的澄清和纠正，仅仅通过山鹰国际公司自己可控的方式消除影响显然是不充分的，有必要通过行业第三方媒体进行声明和消除影响，判决选择《中国证券报》是合适的。

特别是在大力规范上市公司经营行为及市场秩序、强化企业诚信建设的当下，针对本案中山鹰国际公司无视事实和法律，对自身违法行为既不反思更不悔过，一味狡辩、企图规避法律制裁的行为，在《中国证券报》上刊登声明、消除影响就更具法治标榜意义。

3. 正是基于山鹰国际公司前述商业诋毁行为的恶意和影响后果，判决100万元侵权赔偿实际上并不足以弥补对阳光纸业公司的损害。山鹰国际公司的诋毁侵权行为情节极其恶劣，且在诉讼中表现出较大的对法律尊严和他人合法权益的漠视，原审判决是合适的，山鹰国际公司的再审理由实际上均不成立，依法应予驳回。

代理点睛

本案是一起为数不多的因被告对专利侵权诉讼案件进行不当评论而引发的商业诋毁纠纷案件。

在双方之间的另案专利侵权诉讼中，法院作出了有利于案件被告的裁判文书，被告山鹰国际公司遂以此为背景对原告阳光纸业公司专利维权行为的动机和正当性进行否定性评价，采用刻意编造、传播虚假信息的手段诋毁阳光纸业公司，进行不正当竞争。考虑到当时的诉讼策略，代理律师建议阳光纸业公司提起派生诉讼，从不正当竞争的角度出发，制止被告的侵权行为。

本案中，针对商业诋毁的侵权手段，山鹰国际公司提出抗辩称其网站中的文章系其转载，并非其编造，企图以对编造或转载的狡辩来掩盖其传播行为的侵权性质。

第一，仅从形式上而言，山鹰国际公司在自己网站刊载侵权文章的行为并非转载，而应视为著作权法意义上的"剽窃"，其对此应文责自负，其行为构成反不正当竞争法意义上的编造。

山鹰国际公司在自己网站刊载侵权文章，既没有标注文章的作者，也没有标明是从其他来源转载而来，毫无疑问的是，该行为不是任何法律所认可的转载行为。

退一万步讲，假设该侵权文章是他人所写（但本案中没有这样的证据），那山鹰国际公司的行为也是著作权法意义上的"剽窃"，即拿别人文章当作自己文章并公之于众的行为，该行为的法律后果及在反不正当竞争法上的性质，就是文责自负的编造行为。

第二，山鹰国际公司没有证据证明其他媒体刊载的侵权文章系他人所写。而从该文章内容的恶意编造严重程度、诋毁行为的商业获益者等角度，却足以看出该文章的撰写者与山鹰国际公司之间有着难以摆脱的关系。而且山鹰国际公司无法拿出证据证明该文章的撰写者，也就没有证据排除在其他媒体刊载的文章是山鹰国际公司所为或其指使他人所为的可能性。

故本案中有其他媒体也刊载侵权文章的事实，并不能改变山鹰国际公司在自己网站上刊载该文章构成反不正当竞争法意义上的编造和传播的事实。

第三，其他媒体也刊载了侵权文章，涉及阳光纸业公司是否要追究其他媒体责任的问题，这是阳光纸业公司自身的权利，与本案中认定山鹰国际公司的编造和传播没有必然关系，更不能否认山鹰国际公司编造和传播虚假信息行为。

原审一、二审法院经审理均认为：山鹰国际公司转载涉案文章已构成对相关信息的传播，构成商业诋毁。

除了侵权手段的抗辩，山鹰国际公司还称其侵权文章中的内容系真实陈述，对此，阳光纸业公司再次对文章中的虚假信息及误导性信息进行阐述，并着重强调山鹰国际公司具有精心谋划、刻意编造一系列虚假、误导性信息的恶意，指出其发布文章、诋毁同行，旨在造成社会舆论对阳光纸业公司的负面评价，达到进行不正当竞争的目的。一、二审及再审法院经审理后，再次支持了阳光纸业公司一方观点，认定文章内容含有针对阳光纸业公司的虚假及误导性信息，山鹰国际公司的商业诋毁行为成立，构成不正当竞争。

本案的裁判结果具有十分重要的意义，不仅维护了权利人的合法权益，也彰显了法律制度应有的威严，具有引导社会公众及企业严守商业道德和法律规则的良好导向作用。而在专利侵权诉讼面临不利局面的背景下，律师代理权利人仍然赢得了不正当竞争诉讼，极大地维护了企业的声誉和权益。该案体现了律师在复杂法律争议中深刻把握专业问题，精准制定诉讼策略，最大限度维护客户利益的服务能力。

审判观点

一、关于山鹰国际公司是否构成商业诋毁的问题

第一，本案中，山鹰国际公司在其网站上发布《一审裁决被撤销纸业专利纠纷历时7年被判异地重审》一文，虽然山鹰国际公司主张其并非文章的作者和最初发布者，但商业诋毁行为不仅限于编造行为，还包括传播行为，因此山鹰国际公司以其非作者为由进行抗辩不能成立。第二，原审认定涉案文章存在虚假信息、误导性信息事实清楚，并无不当。本案中的涉案文章以阳光纸业公司诉山鹰纸业公司专利侵权的诉讼情况为蓝本，对文章发布时尚未审结的案件进行评论，且该评论并非基于客观中立立场，而是使用消极负面、没有事实依据的语言评论阳光纸业公司的诉讼行为。虽然法院驳回了阳光纸业公司在涉案文章中的诉讼请求，但未认定其存在恶意诉讼的行为，且阳光纸业公司确实拥有"涂布白面牛卡纸及其制造方法"发明专利权，二审法院结合本案的事实认定涉案文章存在虚假、误导性信息并无不当，山鹰国际公司的再审理由不足以推翻原审法院的认定。第三，原审认定山鹰国际公司的行为对阳光纸业公司的商业信誉或商品声誉造成损害并无不当。阳光纸业公司与山鹰国际公司之间存在商业竞争关系，在其网站发布涉案文章的受众也系阳光纸业公司的销售对象，涉案文章的内容也与山鹰国际公司有密切的关系，涉案文章对阳光纸业公司的否定性评价足以使相关公众产生阳光纸业公司以专利诉讼之名恶意打压竞争对手等误解，侵害了阳光纸业公司的商

业声誉。另外,原审查明的事实足以认定涉案文章存在虚假、误导信息,能够认定山鹰国际公司商业诋毁行为的成立,不需要追加其他当事人参加诉讼。

二、关于原审判决山鹰国际公司赔偿阳光纸业公司经济损失100万元并在《中国证券报》上刊登声明是否适当的问题

原审法院根据本案查明的事实,阳光纸业公司的企业类型、规模、知名度,以及山鹰国际公司的主观过错程度,侵权行为的性质、情节、造成的后果和影响等因素,依据《反不正当竞争法》、原《最高人民法院关于审理不正当竞争民事案件应用法律若干问题的解释》及《商标法》等相关规定,酌情确定山鹰国际公司赔偿阳光纸业公司经济损失及合理费用100万元并无明显不当。虽然山鹰国际公司已经删除其发布的涉案文章,但其对阳光纸业公司造成的消极影响已经存在,因此原审判决山鹰公司在《中国证券报》上刊登声明消除影响亦无不当。综上,二审法院裁定驳回山鹰国际公司的再审申请。

案例编写人 山东文康律师事务所 张 瑜

> **黄武双**　　华东政法大学教授、博士生导师,中国科学技术法学会副会长,中国法学会知识产权法学研究会副会长
>
> 　　对案件审理情况可以客观地报道,但不能在其中添加一些对案件审理情况的主观臆测等评论内容,过度的评论很有可能产生不良影响。本案被告山鹰国际公司在其编辑、转发的文章中,有"一些企业没有将关注度聚焦在如何提高产品质量和品牌竞争力上,而是打着知识产权保护的幌子采用不正当手段恶意竞争""对于任何企图借诉讼之名打压竞争对手的行径,山鹰国际必将给予坚决回击,维护良好的市场竞争格局"的文字内容,就容易使读者联想到阳光纸业公司是通过诉讼手段与山鹰国际公司展开不正当竞争,从而使阳光纸业公司的社会评价降低,可能导致损害阳光纸业公司的名誉和造成商业诋毁。因而,不管是作为诉讼当事人还是案外人,对案件审判过程和审判结果应避免使用主观臆断的结论加以评论,如果是非竞争者的案外人所撰写、传播的过度评论可能侵犯法人的名誉权,如果是案件当事人所编撰或传播的过度评论则可能构成商业诋毁。

相关法条

《中华人民共和国反不正当竞争法》

第二条　经营者在生产经营活动中,应当遵循自愿、平等、公平、诚信的原则,遵守法律和商业道德。

本法所称的不正当竞争行为,是指经营者在生产经营活动中,违反本法规定,扰乱市场竞争秩序,损害其他经营者或者消费者的合法权益的行为。

本法所称的经营者,是指从事商品生产、经营或者提供服务(以下所称商品包括服务)的自然人、法人和非法人组织。

第十一条　经营者不得编造、传播虚假信息或者误导性信息,损害竞争对手的商业信誉、商品声誉。

《最高人民法院关于适用〈中华人民共和国反不正当竞争法〉若干问题的解释》

第二十条　经营者传播他人编造的虚假信息或者误导性信息,损害竞争对手的商业信誉、商品声誉的,人民法院应当依照反不正当竞争法第十一条予以认定。

43 T公司与Y公司、J公司因恶意提起知识产权诉讼损害责任纠纷案
——主观恶意考量因素的认定

案件索引

一审： 江苏省苏州市中级人民法院（2021）苏05民初1924号

基本案情

T公司与Y公司（J公司为Y公司的子公司）同为电动自行车行业内知名企业，在2020年8月至9月期间Y公司与J公司提起10起针对T公司（包括其关联公司）的知识产权诉讼，其中包括J公司与T公司侵害外观设计专利权纠纷案①（以下简称前案）。

该案中，J公司是专利号为ZL201930400×××.3，名称为"电动车（19××01）"外观设计专利（以下简称涉案专利）的专利权人，涉案专利的申请日为2019年7月25日，授权公告日为2020年3月6日。另外，涉案专利经J公司申请于2020年8月7日获国家知识产权局出具的外观设计专利权评价报告，初步结论为：全部外观设计未发现存在不符合授予专利权条件的缺陷。J公司据此向法院起诉T公司侵害涉案专利的外观设计专利权。

审理阶段，T公司于2020年9月27日向国家知识产权局提出涉案专利无效宣告请求，国家知识产权局经审查认为：Y公司于2019年5月9日在工业和信息化部装备工业发展中心网站上公示的道路机动车辆生产企业和产品信息显示了Y公司型号为××600DQT-8C的电动摩托车（以下简称该产品），该产品作为涉案专利的现有设计与涉案专利相比不具有明显区别，涉案专利

---

① 一审：天津市第三中级人民法院（2020）津03知民初247号（2021年3月4日）。

不具有新颖性。因此，国家知识产权局作出第 48171 号无效宣告请求审查决定书，宣告专利权全部无效。随后，J 公司向法院申请撤诉，法院作出准许撤诉的民事裁定。

2021 年 9 月 10 日，T 公司以 Y 公司与 J 公司恶意提起知识产权诉讼对其应承担损害责任为由，向法院提起诉讼，诉讼请求：（1）判令二被告赔偿原告经济损失 1 元；（2）判令二被告赔偿原告维权合理支出 13 万元；（3）判令二被告承担本案的全部诉讼费用。后变更诉讼请求为：（1）判令二被告赔偿原告经济损失 300 万元（含合理维权开支）；（2）判令二被告承担本案的全部诉讼费用。

核心争议焦点

Y 公司与 J 公司是否存在恶意提起知识产权诉讼的主观恶意？

当事人各方观点及思维分析

原告 T 公司认为：Y 公司与 J 公司在工业和信息化部装备工业发展中心网站上公开了涉案专利后，在 Y 公司与 J 公司具有较高的认识能力的情况下，明知涉案专利已经不具备新颖性，却依然利用外观设计专利无需进行实质审查的特点，向国家知识产权局申请涉案专利，并在涉案专利授权后恶意利用网络舆论进行商业诋毁，攫取不正当竞争优势，具有主观恶意。

被告 Y 公司与 J 公司认为：其主观心态为过失，并非恶意。第一，包括涉案专利与用于无效涉案专利的对比设计等用来申请专利的设计都是 Y 公司自己的原创设计，而非抄袭设计。只是由于管理上的疏忽，即主观上存在过失，导致自己的设计在申请前提前公开了。需要注意的是，Y 公司每年都要申请几百项专利，专利申请、对外宣传、网站备案等都分属于不同部门、不同人员负责，特别是早年间管理并不完善，存在个别专利因管理疏忽而提前公开的情况，这显然不是 Y 公司主观上追求的结果。反观 T 公司，在 Y 公司启动的 10 起针对 T 公司的专利维权诉讼中，T 公司存在多种模仿、抄袭 Y 公司车型及零部件的行为。第二，Y 公司在启动维权之前，对所有专利均作了专利权评价报告，尽到了合理的注意义务。第三，Y 公司是上市公司，目前为国内电动车企业中规模最大的公司，显然也没有必要为了获取被告的侵权费而提起恶意诉讼，而是的确想基于自己已经授权的专利来进行合法维权，在该涉案专利被宣告无效后，也第一时间撤诉，这一点也显示Y公司合法合理维权的主观愿望。相反，T公司不仅在多款车型上存在恶意模仿抄袭Y公司外观设计的行为，而且穷尽各种法律程序来拖延其侵权行为被法律制裁的时间，来获取非法利益。第四，Y公司在网络媒体上发表的文章均为如实陈述，不存在隐瞒真相、虚构事实的行为，更不存在对T公司的商业诋毁。

代理思路

作为本案被告方代理人，代理思路主要如下：

首先，从被告Y公司与J公司来看，其正当行使自己的专利申请权和专利权，有合法的法律依据，不存在"恶意"，也不存在排除竞争。

对于本案提到的无效程序，在10件维权案件中有8件涉及专利维权，虽然在无效程序中有5件专利被维持有效、3件专利被宣告无效，但是从无效理由上分析，均可以证明上述8件外观设计专利都是Y公司与J公司自主设计的原创设计。

关于被告Y公司与J公司在申请日之前公开了外观设计专利的内容，属于正常经营中的管理疏忽，也应承担由此带来的不利后果。

其次，反观原告T公司，从被告Y公司与J公司提供的证据可以看出，T公司对Y公司与J公司的知识产权侵权之诉涉及外观设计专利权、商标专用权和著作权等多类别的知识产权侵权，其中商标侵权和著作权侵权案件被法院生效判决认定为T公司存在恶意侵权行为，适用惩罚性赔偿；8件专利案件（含专利被维持的5件、专利被无效的3件）反映出T公司的侵权产品均不是由其自主设计，其抄袭、模仿行为明显。可见，T公司自身侵权性质恶劣，主观恶意明显。

综合以上分析，代理人梳理出了原被告双方的主观恶意，并制订了本案的代理方案。

代理点睛

本案中，在形式上判定侵权行为的侵害行为、损害后果以及侵害行为与损害后果之间是否存在因果关系三个要件已经具备的情况下，主观过错的判定是认定恶意诉讼这一侵权行为是否成立的关键。司法实践中，沿用《最高人民法院民事案件案由规定理解与适用》一书①关于恶意诉讼的定义，可从三方面考量主观恶意：一是行为人在提起诉讼时是否知晓其诉讼行为缺乏法律依据和事实依据；二是行为人是否有损害对方当事人利益或者为自己谋取不正当利益的目的；三是行为人在诉讼中是否存在明显不当且有违诚信的诉讼行为。

具体而言，司法实践中，只要能满足上述第一个方面，即"行为人在提起诉讼时是否知晓其诉讼行为缺乏法律依据和事实依据"，法院就认定被告具有主观恶意，如在"拼装模型玩具恶意诉讼案"②"监控摄像机恶意诉讼案"③中，法院认为：被告在涉案专利申请日前已经知晓公开销售与涉案专利基本相同的产品的事实，后被国家知识产权局宣告无效，以此认定被告具有主观恶意；"插座恶意诉讼案"④中，法院认为：被告在涉案专利申请日前已经知晓公开销售与涉案专利基本相同的产品的事实，后被评价报告认定缺乏新颖性，以此认定被告具有主观恶意。由此可见，本案形式上已经具备前述构成主观恶意考量因素的第一个方面。

同时，同样是在起诉前被告J公司针对涉案专利向国家知识产权局申请出具专利权评价报告这一行为，原被告双方对于该行为对认定是否构成主观恶意所起到的作用所持观点截然不同。T公司认为：该行为应当属于认定主观恶意的积极因素（有助于证明主观心态为恶意），恰能证明Y公司与J公司对专利相关制度及外观设计专利权利的特点具备较高的认识能力；而Y公司与J公司则认为该行为应当属于认定主观恶意的消极因素（有助于证明主观心态为过失），可以证明Y公司与J公司尽到了合理的注意义务。在本案的判决中，法院最终采纳了被告代理人的观点，认为申请作出专利权评价报告的行为属于认定主观恶意的消极因素。

本案律师代理的亮点与价值在于，代理人提出了综合相关联的10起知识产权案件，整体认定T公司在前述10案中具有知识产权侵权的故意，Y公司、J公司具有提起知识产权诉讼正当性的抗辩理由。该抗辩理由不仅说服了

---

① 曹建明主编：《最高人民法院关于民事案件案由规定的理解与适用》，人民法院出版社2008年版，第271页。
② 二审：广东省高级人民法院（2017）粤民终2782号（2018年11月28日）。
③ 二审：上海市高级人民法院（2019）沪民终139号（2019年8月19日）。
④ 一审：浙江省宁波市中级人民法院（2022）浙02民初690号（2022年10月27日）。

法院在关键事实的定性上采纳了我方观点，还突破了司法实践认定主观恶意的固有模式，也就是跳出"个案"思维，从原被告双方多起诉讼的角度来整体评价主观恶意，对之后的司法裁判具有启发意义。

恶意诉讼本质上是侵权行为，对于某种具体的诉讼行为是否属于恶意提起知识产权诉讼，应从侵害行为、损害后果、主观过错以及侵害行为与损害后果之间是否存在因果关系等侵权责任的构成要件进行分析，其中行为人起诉时是否具有主观恶意是判断知识产权恶意诉讼成立的关键。一般来说，构成侵权行为可归责的意思状态包括故意和过失，但民事诉讼是彰显权利、保障权利的重要途径，依法提起诉讼是当事人的权利，可以表明权利人认真对待权利的态度。为保障诉权、鼓励当事人保护其知识产权，对因恶意提起知识产权诉讼应当秉持较高的认定标准。因此，知识产权恶意诉讼可归责的意思状态相较于故意应有更为严重的过错，即主观恶意。恶意诉讼中的主观恶意系指行为人明知其诉讼行为缺乏法律依据和事实依据、以损害对方当事人的利益或者为自己谋取不正当利益为诉讼目的。具体而言，应从以下三个方面进行考量：一是行为人在提起诉讼时是否知晓其诉讼行为缺乏法律依据和事实依据；二是行为人是否有损害对方当事人利益或者为自己谋取不正当利益的目的；三是行为人在诉讼中是否存在明显不当且有违诚信的诉讼行为。

具体到本案中，重点是关于主观恶意的判断。首先，前案中，J公司在进行诉讼之前，已经就涉案专利进行过专利检索，国家知识产权局出具了外观设计专利权评价报告。可见，J公司提起该案诉讼具备了一定的权利依据和事实基础，其起诉本身不具有违法性，不存在其明知不具有权利而起诉的权利滥用情形。其次，国家知识产权局专利复审委员会虽然在无效宣告请求审查决定中，作出了宣告涉案专利为无效专利的决定，但同样确认了涉案专利与对比设计存在差别；而且专利权是否有效的判断具有一定的专业性和复杂性，不能简单地以涉案专利在诉讼期间被宣告无效，就认定专利权人在提起知识产权诉讼时，对其专利权是否有效有确定无疑的判断，从而推定其具有主观恶意。尤其本案中T公司提供的对比文件，并非T公司或其他电动自行车生产企业的在先设计，而是Y公司自主设计的××600DQT-8C车型，J公司引起知识产权管理工作过失，导致涉案授权专利设计提前公开，本身并不具有损害对方当事人利益或者为自己谋取不正当利益的目的。最后，还应结合T公司与Y公司之间的10件诉讼来考量J公司的主观恶意。2020年8月至9月间，Y公司、J公司与T公司（包括其关联公司）之间共有10件知识产权诉讼，其中涉及外观设计侵权诉讼8件，商标权、著作权侵权诉讼各1件。8件外观设计侵权诉讼中，因三件专利被宣告无效（宣告无效的对比设计均为Y公司自主设计的其他车型），Y公司申请撤诉；其余5件，Y公司的专利权均维持有效，其中3件认定专利侵权成立，2件认定不构成侵权。在商标权、著作权案件中，T公司更是被法院认定为恶意侵权，适用惩罚性赔偿，共计赔偿近700万元。综合10件诉讼的整个过程来看，T公司及其关联公司是从电动车外观设计、商标、著作权等多方面模仿Y公司的多款电动车及其零部件，一方面可见T公司侵权的主观过错程度较大、侵权行为情节严重；另一方面，亦能说明Y公司知识产权维权之正当且必要，对此法律不应予以否定性评价。因此，就现有证据而言，法院难以认定J公司提起前案具有主观恶意。T公司认为Y公司、J公司属于恶意提起知识产权诉讼的主张不能成立。

案例编写人 江苏漫修（无锡）律师事务所 周晓东

专家点评

李顺德　　中国社会科学院法学研究所研究员、博士生导师

本案的核心问题是恶意诉讼应该如何认定。恶意诉讼的判断，不宜简单地与认定侵权相类比，但与侵权认定中的"主观过错"要件有一定的关联。

"恶意"是一种主观状态的表述，属于我们通常所说的"主观过错"中的一种附有特定条件的、程度比较严重的"主观故意"，"主观过失"及一般的"主观故意"不构成"恶意"。

《最高人民法院关于民事案件案由规定的理解与适用》一书提出的从三个方面考量主观恶意，可以理解为三个各自独立的充分条件，而不是三个必要条件，即只要落入其中之一，就可以构成"恶意诉讼"；但是，判定"恶意诉讼"的充分条件并非只限于这三个。

本案的亮点和启示之一是，判定"恶意诉讼"的视野不能只局限于个案本身，还应该历史地、综合地考虑到双方当事人相关联的一贯行为和表现（如本案中结合相关联的 10 起知识产权案件中 T 公司存在多种模仿、抄袭 Y 公司车型及零部件的行为），作出全面的考察、衡量和判断。

《中华人民共和国民法典》

第一千一百六十五条第一款　行为人因过错侵害他人民事权益造成损害的，应当承担侵权责任。

《中华人民共和国民事诉讼法》

第十三条　民事诉讼应当遵循诚信原则。

当事人有权在法律规定的范围内处分自己的民事权利和诉讼权利。

44 奥桑公司诉中英奥双公司、吴某等商标侵权及不正当竞争纠纷案

——关于自然人与法人构成共同侵权的司法认定

案件索引

一审： 广州知识产权法院（2019）粤73民初2402号

二审： 广东省高级人民法院（2021）粤民终4213号

基本案情

奥桑公司作为华南地区极具知名度的味精生产企业，最开始由广州味精食品厂与奥桑（法国）有限公司于1995年9月1日投资成立，后经股权转让及广州味精食品厂改制，股东即变更为奥桑（英国）有限公司、广州轻工工贸集团有限公司、广州双桥股份有限公司。自成立以来，奥桑公司多次获得"海珠区重点企业""A级纳税人""中国味精制造行业排头兵企业"等众多荣誉称号。

涉案第103701号" "商标早在1980年即被认定为广东省著名商标，双桥牌味精更是在1983年获得"国家质量奖银质奖章"，1988年获得"国家质量奖金质奖章"。此后，在奥桑公司多年的努力经营下，"奥桑""双桥"牌味精在2001年9月至2007年9月连续两届荣获"中国名牌产品"荣誉称号。截至目前，奥桑公司的市场销售网络已经遍布全国数十个省份、上百个地市，"奥桑""双桥"味精产品及商标也早已在相关公众中拥有极高的知名度与美誉度。

2018年，经奥桑公司调查发现，广州市天尚计算机科技有限公司（以下简称天尚公司）将其第11423352号"  "、第9995063号"桑桥"商标不

规范组合使用，改变为"奥双双桥"标识，并授权中英奥双公司在味精产品及包装箱上使用，此外，中英奥双公司还搭配使用了与原告具有一定影响力的包装、装潢近似的包装、装潢。根据进一步调查发现，吴某提供其银行账号用于收取涉案侵权味精的销售款项，郑某负责涉案侵权味精产品的仓储、运输，梁某负责侵权产品的销售及客户维系，三自然人均深度参与侵权行为实施的过程当中。此外，吴某是奥桑公司的原销售部经理，也是奥桑公司股东广州双桥股份有限公司的股东之一，梁某是奥桑公司的原销售部员工，郑某是此前被司法机关及行政机关认定对"双桥"系列商标构成侵权的煌桥公司、溢鲜园公司、奥双公司的股东与高管，三人在明知奥桑公司的"奥桑""双桥"系列商标及产品包装具有极高知名度的情况下，仍与其亲属注册与奥桑公司极具知名度的"奥桑"商标近似的企业名称，大规模地抢注傍名牌的商标并不规范使用，试图让相关公众混淆误认，不正当地攫取奥桑公司的市场利益。三自然人以侵权为业，先后成立多家公司作为工具，侵害奥桑公司的合法权益，谋取不当利益，具有非常明显的主观恶意和侵权历史，两公司（中英奥双公司、天尚公司）的意志即为三自然人的意志，公司已经失去独立的意志自由，五被告构成共同侵权。为此，奥桑公司特提起本案商标侵权及不正当竞争诉讼，要求5人停止侵权、赔偿经济损失及合理费用823万元。

核心争议焦点

吴某、郑某、天尚公司、梁某与中英奥双公司是否构成共同侵权及不正当竞争？

当事人各方观点及思维分析

一、原告方观点

（一）被告客观上提供了帮助侵权行为

吴某、郑某、天尚公司、梁某在中英奥双公司实施本案侵权行为中均发挥了重要作用。其中，吴某以其自身的银行账号收取了相应的味精款项且并未返还给中英奥双公司，郑某负责侵权味精产品的仓储、运输，梁某负责对外销售及维系客户并将涉案侵权包装、装潢申请了外观专利，天尚公司受让涉案侵权标识并授权中英奥双公司在侵权味精产品上使用，同时抢注了许多傍奥桑公司商标的标识。

（二）被告主观上存在共同侵权的故意

吴某、梁某作为奥桑公司的前员工，清楚知悉奥桑公司所使用的商标标识及产品包装、装潢。郑某作为此前与奥桑公司有过商标侵权纠纷的主体的控股股东，同样清楚奥桑公司所使用的商标标识及产品包装、装潢，但三人非但不履行相关的避让义务，仍然为本案侵权行为提供帮助，主观上存在侵权的共同故意。此外，梁某作为天尚公司的大股东同时也是中英奥双公司的销售员，对于中英奥双公司不规范组合使用商标标识的情形必定是知情的。因此，天尚公司并未及时履行商标权利人规范使用注册商标的义务，放任中英奥双公司不规范的组合使用，同样具备共同侵权的主观故意。

（三）三自然人被告以侵权为业

此前存在侵权历史的公司主体均有吴某、梁某、郑某等人的痕迹，其中郑某为上述公司的控股股东，吴某、梁某等人曾参与办理上述公司的开业登记以及厂房租赁事宜。本案中，三自然人被告又同时出现且负责不同的业务，显然并非巧合。结合本案侵权味精产品备注的生产厂址以及联系方式与前述存在侵权历史的公司主体生产的味精产品是一致的情形，足以说明三自然人被告以侵权为业，一直操控不同的壳公司主体实施侵权行为并借此逃避侵权赔偿责任。

二、被告方观点

中英奥双公司：所使用的商标标识已获准注册，且经过合法授权，并且在使用时已标注®标，相关消费者在两个商标组合使用时不会产生视觉及呼叫上的错误，不会造成相关公众混淆、误认，且产品的包装、装潢已申请外观设计专利，主观上并无侵权的恶意。

吴某：签订了劳动合同，提供收款账号的行为是公司授意的，属于职务行为，即使构成侵权，也应由公司承担相应的责任。

郑某：此前签订了劳动合同，现已离职，负责仓储、运输是基于工作职位的安排，属于职务行为，即使构成侵权，也应由公司承担相应的责任。

梁某：签订了劳动合同，销售侵权产品是基于工作职位的安排，属于职务行为，即使构成侵权，也应由公司承担相应的责任。

天尚公司：商标已获得注册，有权许可给中英奥双公司使用。但对于中英奥双公司不规范组合使用商标标识的情况不知情，了解后已通过函件要求中英奥双公司停止使用，主观上不存在过错，不应承担侵权赔偿责任。

代理思路

原告代理律师的代理思路主要如下：

一、注册商标不规范组合使用，改变了显著特征，不应获得保护

根据我国《商标法》的规定，商标应当具有显著特征，便于识别。商标经核准注册后，对注册商标标识本身的使用具有严格的规制，不允许商标权人在使用中自行改变注册商标的显著特征，如拆分、组合、变形商标标识的组成部分，否则便不再属于商标法保护的专用权的范围。本案中，中英奥双公司将"奥双""桑桥"二被控侵权标识分成两列放置，不规范组合使用，将极易使得相关公众误认为是奥桑公司所使用的"奥桑""双桥"商标，属于自行改变注册商标的显著特征行为，因此两个侵权标识即使是已经获准注册，也不应当获得保护。另外，奥桑公司同时针对两个侵权标识提起了商标无效程序，且在一审诉讼过程中成功使两个侵权标识被宣告无效，为认定商标侵权彻底扫除了障碍。

二、侵权连带责任的承担应主客观相结合，即客观上为侵权行为的实施提供了相应的帮助，主观上存在共同侵权的故意

虽然三自然人被告的身影曾出现在此前侵权的壳公司中，但因为没有证据证明其实际参与侵权行为当中，因此无法要求三自然人被告承担侵权连带赔偿责任。本案中，原告特针对三自然人被告展开调查，通过线下调查取证，掌握三自然人被告在侵权行为中的角色与定位，并通过一系列沟通，成功获取到了三自然人被告曾深度参与侵权行为当中的证据，如吴某提供个人银行账号收取款项，梁某销售涉案侵权产品，郑某负责涉案侵权产品的仓储、运输等。此外，为了证明三自然人被告存在侵权的主观故意，原告进一步收集了其作为原告前员工、此前侵权公司的股东、抢注商标以及将侵权产品包装、装潢申请外观设计专利等证据，充分证明三自然人被告是在清楚知悉原告商

标及产品包装、装潢的情况下，仍然深度参与本案的侵权行为之中，且三自然人被告相识已超10年，明显具备侵权的共同故意。

三、多维度举证证明侵权情节严重，助力高额判赔

根据《商标法》的相关规定，侵犯商标专用权的赔偿数额，按照权利人因被侵权而受到的实际损失确定；实际损失难以确定的，可以按照侵权人因侵权所获得的利益确定；权利人的损失或者侵权人获得的利益难以确定的，参照该商标许可使用费的倍数合理确定；以上均无法确定的，适用法定赔偿。本案中，原告从以下多个维度进行举证：

1. 侵权获利，根据被告口述的销售量以及销售单价，推算出销售总额，结合多个上市公司销售味精产品的利润率，估算出被告的侵权获利。

2. 商标许可费，根据原告与商标权利人及原告股东三方的约定，原告每年按照味精产品销售总金额提取相应的比例作为商标授权许可费。此外，原告还在上述基础上计算出赔偿基数，并举证证明几被告存在侵权故意，以及在侵权情节严重的情况下主张顶格5倍的惩罚性赔偿。

3. 法定赔偿。原告品牌及商标具备极高的知名度，双桥牌味精在1983年获得"国家质量奖银质奖章"、1988年获得"国家质量奖金质奖章"。随后在2001年9月至2007年9月连续两届荣获"中国名牌产品"荣誉称号。此外，奥桑公司的市场销售网络已经遍布全国数十个省份、上百个地市，"奥桑""双桥"味精产品及商标在相关公众中拥有极高的知名度与美誉度。

被告实施了多个侵权行为，包括商标侵权以及登记使用与原告具有一定影响的字号相近似的字号，在侵权味精产品上使用原告有一定影响的包装、装潢近似的包装、装潢等不正当竞争行为。

被告在多地销售涉案侵权味精产品，原告在广州、深圳、成都、兰州、南京、宁波、上海多地以及线上购买到了涉案侵权产品，充分说明被诉侵权产品销售范围广阔。实际上，其销售范围远不止上述省市。

被告抢注多个傍名牌商标，原告多年来为维护商标市场利益，花费了大量的财力、人力、物力维护自身利益，应对抢注行为。

被告以侵权为业，侵权主观恶意明显，三自然人被告隐匿在多个壳公司背后实施侵权行为，并在每次被起诉或被投诉后即成立新的壳公司继续实施侵权行为，主观恶意极其明显。

综上，在侵权获利以及商标许可费作为赔偿依据不被支持的情况下，请

求法院在商标侵权及两项不正当竞争行为中考量上述因素，并分别对最高赔偿额进行酌定，从而全额支持原告的诉请金额。

一、法定赔偿中的顶格判赔

本案一审法院仅判决中英奥双公司赔偿经济损失300万元以及合理维权开支20万元，二审法院进一步审理查明各被告在案涉侵权行为中的内在联系和分工合作后，综合考量各被告的共同侵权故意、侵权方式的复杂性与规模性、近10年利用隐蔽手段共谋实施侵权行为的侵权历史等侵权情节，以及奥桑公司在二审诉讼中所支出的调查取证、聘请律师等维权开支，进而改判本案赔偿数额为500万元，其中三自然人被告对其中的300万元承担连带责任。同时，全额支持了原告主张的23万元合理维权开支。本案500万元是《商标法》所规定的法定赔偿上限，也是近年来少有的顶格赔偿的案件。

本案为典型的恶意侵犯知识产权案件，案涉被告主体的侵权行为极为隐蔽且警惕性高。被控侵权产品的主要销售渠道是线下。权利人前期投入大量的精力进行调查取证，才得以掌握其生产工厂和在多个省市侵权产品的销售情况，但除被告吴某某在微信聊天记录中自述被控侵权产品一年的销售量有5000吨以外，未能掌握侵权人确切的销售情况。

知识产权侵权案件中，由于侵权行为相关的账簿资料多由被告掌握，权利人难以获得，因此，举证难一直是知识产权案件处理的难点之一。一审、二审法院均未采信被告微信聊天记录所述的销售数据，而是适用法定赔偿酌定经济损失，在此情况下，二审法院综合考量各被告的侵权情节，在法定赔偿上限顶格判赔，一方面体现了法院严厉打击恶意侵权行为的决心，另一方面也体现了司法在解决知识产权案件举证难、赔偿低问题上所作的改变，对于同类型恶意侵犯知识产权案件的审理具有参考意义。

二、侵权方式复杂多样、侵权行为隐蔽，调查取证困难

本案中，几被告通过登记与原告"奥桑"字号相近似的"中英奥双"企业名称，申请注册与原告"双桥""奥桑"商标近似的"桑桥""奥双"侵权标识并且不规范组合使用，以及将原告味精产品包装、装潢近似的包装、装潢

申请外观专利等"打组合拳"方式来达到傍名牌的目的。同时，上述企业名称、商标、外观专利均由不同的主体进行登记、申请，再进行转让或交叉授权使用，企图使侵权行为合法化以及将自然人的侵权连带责任与壳公司割裂开来，侵权方式复杂多样且手段处心积虑。

在本案之前，原告与几被告之间已经几轮交锋，多次行政查处和诉讼的结果只是让多家壳公司来承担责任，为了让真正的侵权主体承担责任，原告投入了近2年的时间进行调查取证，包括在各省市市场的走访调查以及深入挖掘、联系实际控制公司的自然人。前期调查取证掌握到了几位自然人被告在侵权公司中的角色分工和被控侵权产品的生产、销售证据，案涉证据显示在广州、深圳、上海、南京、宁波、成都、兰州等地销售，而实际上，其侵权规模远不止上述七地，而是在全国范围内大规模销售。前期对于复杂事实的调查取证以及各项证据的梳理为后续诉讼工作打下了良好的基础，对于复合型知识产权侵权行为的取证和证据梳理有一定的借鉴意义。

三、自然人被告作为幕后实际控制人，共同实施了侵权行为，应承担侵权连带责任

与过往的自然人被告承担侵权连带责任的案件情况不同。本案中，三自然人被告均隐匿在中英奥双公司背后，其并非公司的股东或高管，从明面上无法判断其与公司存在利益关系。正因如此，三自然人被告对外一直以员工的身份实际参与收款、仓储运输、销售等核心业务环节，在一审中再次通过所谓的劳动合同逃脱了侵权责任。奥桑公司上诉后，二审法院经过抽丝剥茧，查明多名自然人、多家公司之间复杂的参股控股关系、隐匿实控人常年侵权、部分实控人曾在面临商标诉讼或行政处罚时金蝉脱壳，以另一公司主体继续实施仿冒行为等事实。

在二审过程中，我方绘制多份可视化图表和起草代理意见，着重论述各自然人被告收取被诉产品销售货款、直接参与实施被诉销售行为、授权许可被诉产品使用商标和外观设计以及恶意申请注册多项商标进行交叉许可等行为，与中英奥双公司之间构成共同侵权。同时，通过梳理多家壳公司的工商内档信息证明各被告间的身份关系以及与案外人在公司设立、持股控股关系、法定代表人、公司住所地等方面均存在交叉重合，以及在先商标侵权诉讼、行政处罚决定等记载的案外人侵权历史及其与本案侵权的关联关系，结合被告与原告曾存在长期的劳动合同关系等事实进行综合分析，向二审法院完整

呈现侵权团伙数年来针对原告实施的恶性侵权行为。二审法院综合全案证据，透过公司侵权表象，认定三自然人主导侵权的本质，最终改判各被告共同承担连带责任。该侵权认定对于企图利用有限责任公司独立法人地位和有限责任实施侵权行为的案件极具参考价值。

审判观点

以下仅摘取生效裁判作出法院，即二审法院的审判观点：

中英奥双公司与吴某、郑某、天尚公司、梁某构成共同侵权。

首先，吴某和中英奥双公司存在共同侵权的意思联络，并进行分工合作。二者在本案中同为被告身份，吴某仅凭《劳动合同》（无工资发放凭证、社保记录）不足以证明其与中英奥双公司在被诉侵权行为发生时具有劳动关系。其次，其提供银行账户进行收款，流水显示付款行为并非一次性或临时行为。最后，吴某曾与原告奥桑公司存在长期的劳动合同关系，其理应知晓中英奥双公司存在侵权行为，足以认定吴某与中英奥双公司构成共同侵权。

天尚公司与中英奥双公司存在共同侵权的意思联络，并进行分工合作，天尚公司将受让的"奥双""桑桥"商标授权中英奥双公司用于被诉产品上，视为二者共同生产了涉案侵权产品。此外，天尚公司在多个类别上申请的多件与奥桑公司商标相同或高度近似的商标标识，被国家知识产权局认定为具有极为明显的抄袭、模仿奥桑公司商标的主观恶意。天尚公司恶意申请注册商标并授权中英奥双公司使用，足以认定天尚公司与中英奥双公司构成共同侵权。

梁某与中英奥双公司存在共同侵权的意思联络，并进行分工合作，二者在本案中同为被告身份，梁某仅凭《劳动合同》（无工资发放凭证、社保记录）不足以证明其与中英奥双公司在被诉侵权行为发生时具有劳动关系。此外，梁某曾与原告奥桑公司存在长期的劳动合同关系，其理应知晓中英奥双公司存在侵权行为，结合梁某本人通过微信实施了涉案侵权产品的销售且申请了涉案侵权产品的紫色包装，以及参与了中英奥双公司的设立，足以认定梁某与中英奥双公司构成共同侵权。

郑某与中英奥双公司存在共同侵权的意思联络，并进行分工合作。原告奥桑公司公证购买涉案侵权产品的发货单信息同时指向中英奥双公司和郑某。郑某发起设立的溢鲜园公司变更前住所地与中英奥双公司一致，该公司在本案诉讼前曾被法院认定侵犯了原告奥桑公司的注册商标专用权。郑某作为发起人之一设立的广州奥双公司住所地与中英奥双公司一致，该公司在本案诉讼前因侵犯原告奥桑公司的商标被予以行政处罚。此外，溢鲜园公司、广州奥双公司的设立手续分别由梁某、吴某代为办理，吴某、梁某均参与实施了本案商标侵权行为。综上，足以认定郑某与中英奥双公司构成共同侵权。

综上所述，五被告构成共同侵权，中英奥双公司因实施了商标侵权及不正当竞争两类行为，须承担赔偿责任，被诉商标、装潢、企业名称均属于商业标识范畴，在判赔金额中一并予以考量。此外，二审法院考虑到奥桑公司在二审诉讼中亦有调查取证、聘请律师参加诉讼等合理费用支出，遂改判中英奥双公司赔偿奥桑公司500万元经济损失及合理维权开支23万元，吴某、郑某、天尚公司、梁某在300万元内承担连带责任。

案例编写人　广东卓建（广州）律师事务所　郑昌斌　郑钰腾

黄武双　　华东政法大学教授、博士生导师，中国科学技术法学会副会长，中国法学会知识产权法学研究会副会长

组合使用分别注册的商标，以达到与他人注册商标相同或者近似，是近年来新出现的商标侵权行为。在判断组合商标是否侵害他人的商标权时，以其所使用的商品或者服务是否与他人注册的商品或者服务类别相同或者类似，所组合使用的商标是否与他人的商标构成近似来判断。这种不规范使用商标的行为，是为了让消费者在选购商品或者服务时产生混淆，最终搭乘他人注册并使用的商标的美誉度和在市场上所累积的商誉，把商品或者服务销售出去。这种行为侵害了他人的商标权。

组合使用的商标，在申请商标注册时，可能通过商标注册审查。但在使用过程中，由于故意不规范使用而导致消费者的混淆，扰乱了市场秩序，因而构成侵犯商标权，是近年来司法实践所关注的问题。

《中华人民共和国商标法》

第四十八条　本法所称商标的使用，是指将商标用于商品、商品包装或者容器以及商品交易文书上，或者将商标用于广告宣传、展览以及其他商业活动中，用于识别商品来源的行为。

第五十七条　有下列行为之一的，均属侵犯注册商标专用权：

（一）未经商标注册人的许可，在同一种商品上使用与其注册商标相同的商标的；

（二）未经商标注册人的许可，在同一种商品上使用与其注册商标近似的商标，或者在类似商品上使用与其注册商标相同或者近似的商标，容易导致混淆的；

（三）销售侵犯注册商标专用权的商品的；

（四）伪造、擅自制造他人注册商标标识或者销售伪造、擅自制造的注册商标标识的；

（五）未经商标注册人同意，更换其注册商标并将该更换商标的商品又投入市场的；

（六）故意为侵犯他人商标专用权行为提供便利条件，帮助他人实施侵犯商标专用权行为的；

（七）给他人的注册商标专用权造成其他损害的。

第六十三条　侵犯商标专用权的赔偿数额，按照权利人因被侵权所受到的实际损失确定；实际损失难以确定的，可以按照侵权人因侵权所获得的利益确定；权利人的损失或者侵权人获得的利益难以确定的，参照该商标许可使用费的倍数合理确定。对恶意侵犯商标专用权，情节严重的，可以在按照上述方法确定数额的一倍以上五倍以下确定赔偿数额。赔偿数额应当包括权利人为制止侵权行为所支付的合理开支。

人民法院为确定赔偿数额，在权利人已经尽力举证，而与侵权行为相关的账簿、资料主要由侵权人掌握的情况下，可以责令侵权人提供与侵权行为相关的账簿、资料；侵权人不提供或者提供虚假的账簿、资料的，人民法院可以参考权利人的主张和提供的证据判定赔偿数额。

权利人因被侵权所受到的实际损失、侵权人因侵权所获得的利益、注册商标许可使用费难以确定的，由人民法院根据侵权行为的情节判决给予五百万元以下的赔偿。

人民法院审理商标纠纷案件，应权利人请求，对属于假冒注册商标的商品，除特殊情况外，责令销毁；对主要用于制造假冒注册商标的商品的材料、工具，责令销毁，且不予补偿；或者在特殊情况下，责令禁止前述材料、工具进入商业渠道，且不予补偿。

假冒注册商标的商品不得在仅去除假冒注册商标后进入商业渠道。

《中华人民共和国反不正当竞争法》

第六条 经营者不得实施下列混淆行为，引人误认为是他人商品或者与他人存在特定联系：

（一）擅自使用与他人有一定影响的商品名称、包装、装潢等相同或者近似的标识；

（二）擅自使用他人有一定影响的企业名称（包括简称、字号等）、社会组织名称（包括简称等）、姓名（包括笔名、艺名、译名等）；

（三）擅自使用他人有一定影响的域名主体部分、网站名称、网页等；

（四）其他足以引人误认为是他人商品或者与他人存在特定联系的混淆行为。

第十七条 经营者违反本法规定，给他人造成损害的，应当依法承担民事责任。

经营者的合法权益受到不正当竞争行为损害的，可以向人民法院提起诉讼。

因不正当竞争行为受到损害的经营者的赔偿数额，按照其因被侵权所受到的实际损失确定；实际损失难以计算的，按照侵权人因侵权所获得的利益确定。经营者恶意实施侵犯商业秘密行为，情节严重的，可以在按照上述方法确定数额的一倍以上五倍以下确定赔偿数额。赔偿数额还应当包括经营者为制止侵权行为所支付的合理开支。

经营者违反本法第六条、第九条规定，权利人因被侵权所受到的实际损失、侵权人因侵权所获得的利益难以确定的，由人民法院根据侵权行为的情节判决给予权利人五百万元以下的赔偿。

《中华人民共和国侵权责任法》

第八条[①] 二人以上共同实施侵权行为，造成他人损害的，应当承担连带责任。

---

① 该法已失效，本条对应《民法典》第1168条。

45 M科技有限公司诉L生物科技有限公司侵害发明专利权纠纷案

——专利使用环境特征的适用

案件索引

一审： 广东省深圳市中级人民法院（2022）粤03民初1972号

基本案情

原告M科技有限公司（以下简称M公司）是一家主营眼部美妆的小型科技企业，于2020年7月受让取得涉案"以多极充磁的柔性磁条为载体的睫毛饰件"（专利号：ZL20171108××××.5）的发明专利。而L生物科技有限公司（以下简称L公司）同为眼部美妆行业经营者，旗下拥有"MLEN DIARY 米澜日记"等系列品牌，其关联公司曾与原告进行过商业销售合作。

原告M公司于2022年3月向广东省深圳市中级人民法院起诉立案，诉称L公司在未经其许可的情况下，以生产经营为目的在淘宝网上销售与其涉案专利相同的被控假睫毛产品，要求L公司立即下架删除相关产品、赔礼道歉以及索赔1031万余元。

后原告主动向法院提交撤诉申请，法院依法予以准许。

核心争议焦点

1. 被控假睫毛产品是否属于涉案专利的保护范围？

2. 涉案专利的第一柔性磁条、第二柔性磁条、上假睫毛饰件、下假睫毛饰件是否属于使用环境特征？

当事人各方观点及思维分析

一、原告观点及思维分析

原告 M 公司主张，涉案专利权利要求记载的"上睫毛饰件""下睫毛饰件""适配上睫毛的第一柔性磁条""适配下睫毛的第二柔性磁条"等技术特征是使用环境特征，并非结构特征，只要被控睫毛饰件产品能适用于相应的环境，即可认定被控睫毛饰件产品落入涉案专利的保护范围。

二、被告观点及思维分析

被告 L 公司认为原告所主张的特征不属于使用环境特征，并且被控睫毛饰件产品也不可能适用于原告所主张的使用环境。

（一）原告 M 公司所主张的特征不属于使用环境特征

"使用环境特征"在《专利法》及《专利法实施细则》中并无任何规定，而是在司法实践过程中，经多级法院说理分析，最终经最高人民法院裁判论证后，被纳入司法解释或者司法解释性质文件，方才逐步建立的裁判规则。

《最高人民法院知识产权法庭裁判要旨摘要（2021）》指出，关于使用环境特征的认定，"使用环境特征系权利要求中用来描述发明创造的使用背景或者条件的技术特征，其并不限于与被保护对象的安装位置或者连接结构等相关的技术特征，在特定情况下还包括与被保护对象的用途、适用对象、使用方式等相关的技术特征"。按照技术特征所限定的具体对象的不同，技术特征可分为直接限定专利技术方案本身的技术特征，以及通过限定专利技术方案本身之外的技术内容来限定专利技术方案的技术特征，前者一般表现为直接限定专利技术方案的结构、组分、材料等，后者则表现为限定专利技术方案的使用背景、条件、适用对象等，进而限定专利技术方案，因而被称为"使用环境特征"。常见的使用环境特征多表现为限定专利技术方案的安装、连接、使用等条件和环境。写入权利要求的使用环境特征属于权利要求的必要技术特征，对于权利要求的保护范围具有限定作用，并且，就使用环境特征的侵权判定规则而言，能适用于权利要求记载的相应环境则可以认定具有相应的技术特征。

具体到本案，涉案专利权利要求 1 保护的主题为"以多极充磁的柔性磁条为载体的睫毛饰件"，根据权利要求 1 记载的内容，结合说明书和附图，对第一柔性磁条、第二柔性磁条、上假睫毛饰件、下假睫毛饰件等的特征类型进行理解：

从权利要求 1 内容来看，涉案专利对第一柔性磁条、第二柔性磁条、上假睫毛饰件、下假睫毛饰件的结构、组分、工艺进行明确限定，不属于使用环境特征。涉案专利权利要求 1 载明："第一柔性磁条（10）系多极充磁的，第一柔性磁条（10）上形成有沿磁条的长度方向或宽度方向等距或不等距排列的多对磁极""第二柔性磁条（20）系多极充磁的，第二柔性磁条（20）上形成有沿磁条的长度方向或宽度方向等距或不等距排列"，前述技术特征均是对"第一柔性磁条"和"第二柔性磁条"结构的限定。同时，权利要求 1 载明："第一柔性磁条（10）和第二柔性磁条（20）由合成橡胶粉末、磁体粉末及助剂按 1～10:5～98:1～10 的重量比混合均匀，然后压延或注塑成型，或注塑后再压延而成型。其中，所述磁体粉末为钕铁硼磁粉末、钐铁氮粉末或钐钴粉末中的一种，助剂为硅烷偶联剂"，该系列技术特征是对"第一柔性磁条"和"第二柔性磁条"组分、组分重量比及工艺的限定。因此，"第一柔性磁条"和"第二柔性磁条"不属于使用环境特征。

涉案专利权利要求 1 载明："睫毛饰件包括上假睫毛饰件（100）和下假睫毛饰件（200）。上假睫毛饰件（100），其包括一对磁极方向相反的所述第一柔性磁条（10）和第一假睫毛（30），所述第一假睫毛（30）一端固定在所述第一柔性磁条（10）下侧，另一端向下延伸至等于或长于真睫毛（50）长度；下假睫毛饰件（200），其包括一对磁极方向相反的所述第二柔性磁条（20）和第二假睫毛（40），所述第二假睫毛（40）一端固定在所述第二柔性磁条（20）上侧，另一端向上延伸至等于或长于真睫毛（50）长度"。从该系列技术特征可以看出，整个睫毛饰件包括上假睫毛饰件和下假睫毛饰件，同时还分别对上、下假睫毛饰件的结构组成进行限定，可以明确判定上假睫毛饰件和下假睫毛饰件是以多极充磁的柔性磁条为载体的睫毛饰件的必要结构特征。并且，从该技术特征可以清楚看出，第一假睫毛一端是固定在第一柔性磁条的下侧，另一端向下延伸，第二假睫毛一端固定在第二柔性磁条的上侧，另一端向上延伸，因此上假睫毛饰件与下假睫毛饰件的结构完全不同，不可能根据使用者佩戴方式、佩戴位置的不同，而将上假睫毛饰件认定为是下假睫毛饰件。因此，上假睫毛饰件和下假睫毛饰件不属于使用环境特征。

（二）被控睫毛饰件产品不可能佩戴在下睫毛上，不能适用于原告主张的所谓使用环境

《最高人民法院关于审理侵犯专利权纠纷案件应用法律若干问题的解释（二）》第9条规定："被诉侵权技术方案不能适用于权利要求中使用环境特征所限定的使用环境的，人民法院应当认定被诉侵权技术方案未落入专利权的保护范围。"如涉案专利权利要求所述，上假睫毛饰件通过磁力吸合连接于人眼上眼皮的真睫毛上下两侧，第一柔性磁条适配上睫毛，可随上眼皮的活动而产生相应的形变；两片下假睫毛饰件通过磁力吸合连接于人眼的下眼皮的真睫毛两侧，第二柔性磁条适配下睫毛，可随下眼皮活动而产生相应的形变。被控睫毛饰件产品一和被控睫毛饰件产品二技术方案无下假睫毛饰件，其上假睫毛饰件不可能吸合连接于下眼皮的真睫毛两侧，相应磁条不可能适配下睫毛，不可能随下眼皮活动而产生相应的形变。

同时，在案公证书中载明的产品详情页清楚展示了被控产品为两对上假睫毛饰件，无下假睫毛饰件。由此可见，M公司庭审中认为，一套被控产品中有两对假睫毛饰件，分别为上假睫毛饰件和下假睫毛饰件，这种主张完全违背该假睫毛饰件佩戴的效果图和佩戴方法所示的两对假睫毛饰件都佩戴于左右眼的上眼睫毛的事实，这明显不符合涉案专利所述领域的磁吸假睫毛饰件的佩戴常识。

综上，被告方认为，使用环境特征的适用应当审慎，否则可能被作为不当扩张权利保护范围的工具，进而影响专利的公示性。

代理思路

被告代理律师在本案中的代理思路主要如下：

一、被控产品一、二因缺少必要技术特征从而不落入涉案专利保护范围

发明专利权的保护范围以其权利要求的内容为准，说明书及附图可用于解释权利要求的内容。人民法院判定被诉侵权技术方案是否落入专利权的保护范围，应当审查权利人主张的权利要求所记载的全部技术特征。被诉侵权技术方案包含与权利要求记载的全部技术特征相同或者等同的技术特征的，人民法院应当认定其落入专利权的保护范围；被诉侵权技术方案的技术特征

与权利要求记载的全部技术特征相比，缺少权利要求记载的一个以上的技术特征，或者有一个以上的技术特征不相同也不等同的，人民法院应当认定其没有落入专利权的保护范围。

本案庭审中，M公司明确其主张的权利要求为第1项、第2项、第3项和第7项。

经比对，被告方认为被控产品一、二至少缺少涉案专利权利要求1中的"一个适配下睫毛的经多极充磁的第二柔性磁条（20），该第二柔性磁条（20）上形成有沿磁条的长度方向或宽度方向等距或不等距排列的多对磁极（21），该第二柔性磁条（20）可随上眼皮的活动而产生相应变形"；以及"下假睫毛饰件（200），其包括一对磁极方向相反的所述第二柔性磁条（20）和第二假睫毛（40），所述第二假睫毛（40）一端固定在所述第二柔性磁条（20）上侧，另一端向上延伸至等于或长于真睫毛（50）长度"这一系列必要技术特征，被控产品一、二未落入M公司专利权保护范围，不构成侵权。

二、涉案专利权利要求1中所述的第一柔性磁条、第二柔性磁条、上假睫毛饰件系列特征、下假睫毛饰件系列特征不属于使用环境特征

所谓使用环境特征，是指权利要求中用来描述发明所使用的背景或条件的技术特征。按照技术特征所限定的具体对象的不同，技术特征可分为直接限定专利技术方案本身的技术特征，以及通过限定专利技术方案本身之外的技术内容来限定专利技术方案的技术特征。前者一般表现为直接限定专利技术方案的结构、组分、材料等，后者则表现为限定专利技术方案的使用背景、条件、适用对象等，进而限定专利技术方案，因而被称为使用环境特征。常见的使用环境特征多表现为限定专利技术方案的安装、连接、使用等条件和环境。写入权利要求的使用环境特征属于权利要求的必要技术特征，对于权利要求的保护范围具有限定作用。

具体到本案，涉案专利权利要求1保护的主题为"以多极充磁的柔性磁条为载体的睫毛饰件"，根据权利要求1记载的内容，结合说明书和附图，对第一柔性磁条、第二柔性磁条、上假睫毛饰件、下假睫毛饰件的特征类型进行理解：

从权利要求1内容来看，涉案专利对第一柔性磁条、第二柔性磁条、上假睫毛饰件、下假睫毛饰件的结构、组分、工艺进行明确限定，是实现涉案专利发明目的的必要技术特征，不属于使用环境特征。

涉案专利权利要求1载明："第一柔性磁条（10）系多极充磁的，第一柔性磁条（10）上形成有沿磁条的长度方向或宽度方向等距或不等距排列的多对磁极""第二柔性磁条（20）系多极充磁的，第二柔性磁条（20）上形成有沿磁条的长度方向或宽度方向等距或不等距排列"，前述技术特征均是对"第一柔性磁条"和"第二柔性磁条"结构的限定。同时，权利要求1载明："第一柔性磁条（10）和第二柔性磁条（20）由合成橡胶粉末、磁体粉末及助剂按1～10:75～98:1～10的重量比混合均匀，然后压延或注塑成型，或注塑后再压延而成型。其中，所述磁体粉末为钕铁硼磁粉末、钐铁氮粉末或钐钴粉末中的一种，助剂为硅烷偶联剂"，该系列技术特征是对"第一柔性磁条"和"第二柔性磁条"组分、组分重量比及工艺的限定。因此，"第一柔性磁条"和"第二柔性磁条"不属于使用环境特征。

涉案专利权利要求1载明："睫毛饰件包括上假睫毛饰件（100）和下假睫毛饰件（200）。上假睫毛饰件（100），其包括一对磁极方向相反的所述第一柔性磁条（10）和第一假睫毛（30），所述第一假睫毛（30）一端固定在所述第一柔性磁条（10）下侧，另一端向下延伸至等于或长于真睫毛（50）长度；下假睫毛饰件（200），其包括一对磁极方向相反的所述第二柔性磁条（20）和第二假睫毛（40），所述第二假睫毛（40）一端固定在所述第二柔性磁条（20）上侧，另一端向上延伸至等于或长于真睫毛（50）长度"。

从该系列技术特征可以看出，整个睫毛饰件包括上假睫毛饰件和下假睫毛饰件，同时还分别对上、下假睫毛饰件的结构组成进行限定，可以明确判定上假睫毛饰件和下假睫毛饰件是以多极充磁的柔性磁条为载体的睫毛饰件的必要结构特征。并且，从该技术特征可以清楚看到，第一假睫毛一端是固定在第一柔性磁条的下侧，另一端向下延伸，第二假睫毛一端固定在第二柔性磁条的上侧，另一端向上延伸，因此上假睫毛饰件与下假睫毛饰件的结构完全不同，不可能根据使用者佩戴方式、佩戴位置的不同，而将上假睫毛饰件认定为是下假睫毛饰件。因此，上假睫毛饰件和下假睫毛饰件不属于使用环境特征。

进一步讲，涉案专利权利要求1中如果删除如M公司主张的第一柔性磁条、第二柔性磁条、上假睫毛饰件、下假睫毛饰件的使用环境特征，那么该权利要求几乎没有剩下的技术特征，根本不能构成一个完整的解决本发明目的的技术方案。由此可见，M公司使用环境特征的主张完全背离事实。该主张是对于L公司主张的被控产品一、二缺少第二柔性磁条和下睫毛饰件系列特征的事实确实无法予以辩解的无奈之举，试图以此掩盖被控产品缺少涉案专利权利要求中记载的至少一个技术特征不构成侵权的事实，M公司的该行为严重违背了专利侵权判定的全面覆盖原则、专利制度的公示原则和诉讼诚信原则。

三、被控产品假睫毛饰件不可能佩戴在下睫毛上

《最高人民法院关于审理侵犯专利权纠纷案件应用法律若干问题的解释（二）》第9条规定："被诉侵权技术方案不能适用于权利要求中使用环境特征所限定的使用环境的，人民法院应当认定被诉侵权技术方案未落入专利权的保护范围。"

如涉案专利权利要求所述，上假睫毛饰件通过磁力吸合连接于人眼上眼皮的真睫毛上下两侧，第一柔性磁条适配上睫毛，可随上眼皮的活动而产生相应的形变；两片下假睫毛饰件通过磁力吸合连接于人眼的下眼皮的真睫毛两侧，第二柔性磁条适配下睫毛，可随下眼皮的活动而产生相应的形变。被控产品一和被控产品二的技术方案无下假睫毛饰件，其上假睫毛饰件不可能吸合连接于人眼下眼皮的真睫毛两侧，第二柔性磁条不可能适配于下睫毛，不可能随下眼皮的活动而产生相应的形变。

同时，在案公证书中载明的产品详情页清楚展示了被控产品为两对上假睫毛饰件，无下假睫毛饰件。由此可见，M公司庭审中认为，一套被控产品中，两对假睫毛饰件，分别为上假睫毛饰件和下假睫毛饰件的话，这种主张完全违背该假睫毛饰件佩戴的效果图和佩戴方法所示的两对假睫毛饰件都佩戴于左右眼的上眼睫毛的事实，这明显不符合涉案专利所述领域的磁吸假睫毛饰件的佩戴常识。

代理点睛

除了上述提到的对专利使用环境特征的研究，被告方还同时提起专利无效宣告的应诉手段，这是在专利侵权诉讼中最常见、同时也是对原告权利基础本身进行质疑的最有效的手段之一。当原告的专利保护范围被不合适地扩大或不准确或遭遇有效质疑时，原告很可能为维持专利继续有效而作出主动缩小权利保护范围的决定或陈述，从而使得被控产品不落入新的保护范围。具体到本案中，针对必要技术特征第一柔性磁条和第二柔性磁条的化学组分

重量比，原告在专利无效程序中主动将某制剂小于1%的数值范围（被控产品恰好在0.3%～0.4%）明确排除在涉案专利保护范围外，依据禁止反悔原则，被控产品未落入涉案专利范围，从而不构成侵权。

本案于2022年3月3日立案，中途历经专利无效庭审和诉讼多次开庭，M公司最后于2021年1月17日提出撤诉申请，本案正式落下帷幕。

案例编写人　四川力久律师事务所　王　芸　张　迪

专家点评

王正志　　中华全国律师协会常务理事兼知识产权委员会主任

知识产权司法保护中，法院判断被诉侵权技术方案是否落入专利权的保护范围，主要是通过审查权利人主张的权利要求所记载的全部技术特征，如果被诉侵权技术方案包含与权利要求记载的全部技术特征相同或者等同的技术特征的，法院应当认定其落入专利权的保护范围；如果认定其没有落入专利权的保护范围，则权利人主张对方侵权的主张不会得到支持，即被诉侵权不成立。

本案被告代理律师通过对"必要技术特征""使用环境特征"的解读与分析，推理出被诉侵权技术方案不能适用于权利要求中使用环境特征所限定的使用环境的结论；进而同时提起专利无效宣告质疑原告权利基础。此种场景下的专利权人往往为维持专利继续有效而作出主动缩小权利保护范围的决定。一方有力的抗辩往往可以获得另一方撤诉的成果，有效的代理思路往往事半功倍。

相关法条

《中华人民共和国专利法》

第十一条　发明和实用新型专利权被授予后，除本法另有规定的以外，任何单位或者个人未经专利权人许可，都不得实施其专利，即不得为生产经营目的制造、使用、许诺销售、销售、进口其专利产品，或者使用其专利方法以及使用、许诺销售、销售、进口依照该专利方法直接获得的产品。

外观设计专利权被授予后，任何单位或者个人未经专利权人许可，都不得实施其专利，即不得为生产经营目的制造、许诺销售、销售、进口其外观设计专利产品。

《最高人民法院关于审理侵犯专利权纠纷案件应用法律若干问题的解释》

第七条　人民法院判定被诉侵权技术方案是否落入专利权的保护范围，应当审查权利人主张的权利要求所记载的全部技术特征。

被诉侵权技术方案包含与权利要求记载的全部技术特征相同或者等同的技术特征的，人民法院应当认定其落入专利权的保护范围；被诉侵权技术方案的技术特征与权利要求记载的全部技术特征相比，缺少权利要求记载的一个以上的技术特征，或者有一个以上技术特征不相同也不等同的，人民法院应当认定其没有落入专利权的保护范围。

《最高人民法院关于审理侵犯专利权纠纷案件应用法律若干问题的解释（二）》

第九条　被诉侵权技术方案不能适用于权利要求中使用环境特征所限定的使用环境的，人民法院应当认定被诉侵权技术方案未落入专利权的保护范围。

46 常财股份诉开拓公司商标侵权及不正当竞争纠纷案

——历史沿革因素对判定商标侵权及不正当竞争行为影响的认定

案件索引

一审：江苏省常州市武进区人民法院（2022）苏0412民初4750号

二审：江苏省常州市中级人民法院（2023）苏04民终1784号

基本案情

2021年，常财股份发现开拓公司将常财股份已经注册在先的"常财"驰名商标注册为企业名称，且在其官方网站中，在"关于我们"的介绍中自称其是常财集团的主要成员之一，在产品介绍上，多处使用"常财""常财集团"字样进行不实宣传。同时，常财股份发现拼多多网站中某店铺以"常财""常财动力"字样进行宣传销售的产品正是开拓公司所生产的产品，在其生产的产品中，多处突出使用"常财"字样，如常财股份公证保全的"常财动力5千瓦柴油发电机单三相380组家用220V小型静音3/6/8/10kw"柴油发电机组中，其合格证、发电机铭牌、工具包、《使用说明书》等多处突出使用了"常财""常财集团"字样。而常财股份亦从未授权开拓公司使用相关"常财"商标。同时，常财股份查明2017年8月1日，常财集团向开拓公司发出函件表明开拓公司与常财集团已无任何关联，撤销了开拓公司使用"常财集团"字号名称的授权许可，要求开拓公司自发函之日起不得再使用"常财集团"字样对企业和产品进行任何形式的宣传。2017年10月24日，区市监局信访答复意见称其已通知开拓公司限期内更改公司名称，但该公司至今未办理名称变更登记，市监局已经限制该企业办理除名称登记以外的其他事项的变更登记并进行系统警示。常财股份认为开拓公司突出使用"常财"字样，侵害其注册商标专用权，并同时实施了不正当竞争行为。开拓公司则认为其使用"常财集团"字样进行宣传具有历史正当性，不构成商标侵权或不正当竞争的行为，双方因此发生纠纷。常财股份为维护自身合法权益，向法院提起诉讼。该案经一、二审法院审理后查明，事实如下：

一、商标侵权

常财股份的前身系某柴油机厂，1983年7月5日，某柴油机厂取得第186460号注册商标。1990年3月20日，该厂取得第514771号注册商标。1992年9月28日，该厂取得第611001号注册商标。1995年6月20日，常财股份受让前述商标。1995年4月26日，前述三个常财商标被认定为"中国驰名商标"。2001年4月14日，常财股份取得第1523049号"常财"黑体文字注册商标。2006年4月14日，常财股份取得第3890712号"常财"注册商标。上述商标核定使用商品第7类：柴油机、发电机等，均在有效期内。

而开拓公司在涉案产品上标注"常财集团""中国常财集团"，在工具包上标示"常财集团开拓动力"文字，在相关展会上使用"常财集团开拓动力"字样。

二、不正当竞争行为

开拓公司的前身系某新区常财电动车有限公司，成立之初由某高新技术产业开发区常财实业总公司出资30万元、常财集团进出口有限责任公司（以下简称进出口公司）出资10万元、刘某伦等19人出资10万元共同成立。因其与常财集团之间的持股关系，常财集团于2005年12月15日出具《证明》，允许其使用"常财集团"字样，故后于2006年1月16日，开拓公司将名称变更为"某常财集团开拓电动机械有限公司"。但随着公司的股权变更，2013年6月5日，进出口公司将其持有的股权转让给了自然人丛某，其不再持有开拓公司的股份，故于2017年8月1日，常财集团向开拓公司发函声明不允许其继续使用"常财集团"字样。

常财股份与开拓公司之间的关联关系，因历史上常财集团的组建，使得常财股份与开拓公司的控股企业进出口公司和常财实业总公司产生过关联。江苏省人民政府于1995年12月12日作出苏政复〔1995〕114号关于组建江苏常财集团的批复，同意组建江苏常财集团。江苏常财集团组建后，吸纳了当时较大的企业，其中常财股份、进出口公司、常财实业总公司均为常财集团的紧密层企业，开拓公司则并非江苏常财集团的下属公司。后又于1995年12月15日成立常财集团有限公司作为国有独资有限责任公司，并于章程中规定未经常财集团有限公司同意，集团公司的下属子公司和其他单位及个人不得使用公司标识。常财集团有限公司于2007年7月31日、2009年4月23日、2011年3月28日向江苏省工商行政管理局分别出具情况说明，表明常财集团有限公司属行业管理性质的企业，公司本身不开展生产经营活动，只负责对外投资、资产管理。某产业投资集团有限公司、常财集团有限公司于2017年10月16日出具情况说明，表明常财集团有限公司为国有独资企业，目前公司无实质性经营业务，暂由某产业投资集团有限公司受托管理，为妥善处理历史遗留问题，特保留工商营业执照。

核心争议焦点

1. 开拓公司是否侵犯常财股份的注册商标专用权？
2. 开拓公司的企业名称中使用"常财"字样，是否构成不正当竞争？
3. 开拓公司是否需要停止使用包含"常财"文字的企业名称？
4. 开拓公司如构成侵权，责任如何确定？

当事人各方观点及思维分析

一、常财股份方观点

1. 常财股份系知名企业，常财股份所持有的"常财"商标系驰名商标，开拓公司在企业名称、企业官网、生产产品及展会中使用"常财""常财集团"字样足以引起混淆，侵害了常财股份的商标权。

2. 开拓公司作为注册在后的企业，在其企业名称中加入带有标识作用的"常财"二字，系在后企业名称侵犯在先商标权，将他人注册商标作为企业名称中的字号使用，误导公众，构成不正当竞争行为。

3. 常财股份系"常财"驰名商标的所有权人，系"常财"品牌内燃机的实际生产者，常财集团只是具有管理职能的国企。

4. 开拓公司不具有合法使用"常财"字样的理由，根据常财集团章程及2017年向开拓公司所发的函件、区市场监督管理局信访回复意见等材料均表明：开拓公司无权使用"常财集团"字样，开拓公司存在侵权的主观恶意。

二、开拓公司方观点

1. 开拓公司企业名称中含有"常财集团"字号，由来已久，是经常财集团同意并经核准注册的，依法受法律保护。开拓公司是"常财集团"的主要成员之一。

2. 开拓公司在企业名称中合理使用"常财集团"字号，从未使用"常财"注册商标。开拓公司有"开拓"商标，努力打造"常财集团开拓动力"品牌。开拓公司生产和销售的柴油机及包装上均标明"常财集团开拓动力"字样。

3. 开拓公司在展会上，使用"常财集团开拓动力""开拓动力"等简称，企业名称中也使用"常财集团开拓电动机械有限公司"，没有单独或突出使用"常财"二字，更没有使用"常财"商标，是正当、合理使用企业字号，不会造成相关公众的混淆。

4. 常财股份没有提起诉讼的主体资格，开拓公司名称中含有"常财集团"字样有历史渊源。

5. 区市监局也未强行变更开拓公司名称，开拓公司仍可正常进行年检。如果强制取消"常财集团"字号，将会给开拓公司带来不可估量的损失。

代理思路

原告代理律师在本案中的代理思路主要如下：

一、常财股份系知名企业，"常财"商标系驰名商标，开拓公司在企业名称中使用"常财""常财集团"字样足以引起混淆，系侵害商标权的行为

"常财"作为常财股份所拥有的驰名商标，在同行业中已经具有较高知名度并为相关公众所熟知，开拓公司作为与常财股份生产同类型产品的企业，在企业名称、宣传网站、生产的同类型产品的外观和合作的商家产品中多处使用了"常财""常财集团"字样，足以使相关公众产生混淆，使其误以为系常财股份的商品，且基于对常财产品的优良商誉和质量信任而进行购买，开拓公司的上述行为已经构成对"常财"驰名商标的侵害。

二、在后企业名称侵犯在先商标权，将他人注册商标作为企业名称中的字号使用，误导公众，构成不正当竞争行为

常财股份于 1995 年 6 月 20 日从某柴油机厂承继了注册商标"常财"，第 1523049 号、第 3890712 号注册商标至今一直系常财股份的合法注册商标，其中第 1523049 号商标注册时间早于开拓公司在企业名称中使用"常财"字样。开拓公司于其企业名称中使用"常财"字样，足以引起相关公众混淆，使相关公众认为开拓公司与常财股份所持有的驰名商标具有相当程度的联系。开拓公司依靠该"常财""常财集团"字样为自己的生产经营谋取利益，但由于生产技术无法与常财股份相匹配，导致经常性地出现产品质量问题、无法得到妥善售后等情况，贬损了"常财"这一驰名商标的市场声誉。根据《商标法》第 58 条、《最高人民法院关于适用〈中华人民共和国反不正当竞争法〉若干问题的解释》第 13 条、《最高人民法院关于审理涉及驰名商标保护的民事纠纷案件应用法律若干问题的解释》第 9 条的规定可知，开拓公司显然已构成不正当竞争行为。

三、开拓公司不具有合理使用常财字样的合理理由，存在侵权的主观恶意

《常财集团章程》、2017 年 8 月 1 日常财集团发出的函件、某市区市场监督管理局发出的《关于常财股份信访事项的答复意见》均表明开拓公司不具有使用"常财""常财集团"字样的合理理由。开拓公司在区市场监督管理局作出信访答复意见后仍不进行企业名称、宣传网站及其他相关信息的更正，且从开拓公司并未向市场监督管理局回函、仅向某国资委复函且回函主要内容为改名后的后果，可知开拓公司试图通过更改名称后的各种夸大后果进行责任推诿，拖延改正，继续侵犯常财股份合法权益的意图十分明显。

代理点睛

本案明确了历史沿革因素在商标权侵权及不正当竞争行为判定中的影响，指引了百年民族品牌在新时期法律环境下该如何对无形资产进行有效保护。通过梳理民族品牌的发展历程、知识产权注册情况、品牌所获荣誉、关联企业的发展历程，厘清了在民族品牌发展过程中其他企业利用历史沿革因素进行商标侵权及不正当竞争行为的非法性，为民族品牌无形资产的维护提供了

重要的参考意义。

审判观点

一、认定开拓公司构成侵犯常财股份的注册商标专用权

根据《商标法》第57条规定，未经商标注册人的许可，在同一种商品上使用与其注册商标相同的商标，或在同一种商品上使用与其注册商标近似的商标、容易导致混淆的，均属侵犯注册商标专用权的行为。本案中，开拓公司在涉案产品上标注"常财集团""中国常财集团"，在工具包上标示"常财集团开拓动力"文字，在相关展会上使用"常财集团开拓动力"字样，其中"常财"标识的使用应系区别商品来源的功能，商标起到主要识别作用的"常财"在文字、含义、呼叫上一直起到区别、识别商品来源的作用，属于商标性使用。开拓公司的使用行为容易使相关公众误以为开拓公司与常财股份的产品之间存在特定的联系，容易导致混淆，属于侵犯注册商标专用权的行为。

二、开拓公司的企业名称中使用"常财"字样，构成不正当竞争

根据《商标法》第58条、《反不正当竞争法》第6条第2项、《最高人民法院关于审理不正当竞争民事案件应用法律若干问题的解释》[①]第11条的规定，构成不正当竞争行为，有两个构成要件：一是擅自使用他人企业简称或者字号，二是引人误认为是他人商品。本案中，"常财"作为企业简称，具有很高的市场知名度、为相关公众所熟知并实际具有商号的作用，可以视为企业名称。"常财集团"在相关公众中已经建立起与常财股份生产销售的柴油机产品之间稳定的关联关系，已经产生识别经营主体的商业标识意义。常财集团有限公司于2017年8月1日致函开拓公司撤销"常财集团"名称的授权许可，要求开拓公司的企业名称不得再包含"常财集团"并不得再使用"常财集团"文字对其企业和产品进行任何形式的宣传。参照《国务院国有资产监督管理委员会关于企业国有资产交易流转有关事项的通知》（国资发产权规〔2022〕39号）第9条的规定，开拓公司在其企业名称、官网、产品、企业宣传等之上不再享有使用"常财集团""中国常财集团"字样的权利基础和合法

---

① 该解释现已失效。

依据，开拓公司继续使用"常财集团""中国常财集团"等具有识别和区分市场主体功能的标识，足以让相关公众误认为开拓公司仍然是常财集团、常财集团有限公司及常财股份的成员企业、子公司或参股公司，加之开拓公司与常财股份属于同一行政区划范围之中，开拓公司企业名称"常财"字号与常财股份企业名称"常财"字号相同，易使相关公众对在后使用者与在先企业之间发生市场主体上的混淆。因此，开拓公司作为在后使用者不恰当地利用在先企业的市场知名度和商誉，侵害在先企业的合法权益，构成不正当竞争行为。

三、开拓公司如构成侵权，应承担赔偿责任

对于常财股份诉请的经济损失，法院将综合考虑涉案注册商标的知名度、原告企业名称字号的影响，以及开拓公司名称字号使用的历史因素，包括常财集团通知停止使用的时间起始、侵权行为的性质、侵权商品的价值、开拓公司经营规模等因素，酌情确定开拓公司赔偿原告相应的经济损失。

对于常财股份诉请开拓公司在其官方网站和江苏省省级公开发行的报纸上公开赔礼道歉的主张，因常财股份并未提供开拓公司的行为给其声誉造成不良影响的证据证明，故法院对此诉请不予支持。

案例编写人　浙江金道律师事务所　史　源　张国华　褚皇琴

车捷　　中华全国律师协会理事兼反垄断与反不正当竞争专业委员会主任

本案判决在民族品牌无形资产保护领域很好地实现了法律效果和社会效果的统一。根据法院判决，"常财"作为企业简称，具有很高的市场知名度，为相关公众所熟知，实际上具有商号的作用。法院参照国资委的相关规定，认为开拓公司不再享有使用"常财集团"的权利基础和合法依据，其继续使用该字样容易使相关公众产生误认，认定开拓公司的行为属于侵犯注册商标专用权和不正当竞争行为。该判决对于民族品牌无形资产的保护具有良好的指导意义，对擅自利用民族品牌的行为主体也具有很好的社会警示作用。总体而言，本判决立足我国知识产权保护的发展趋势，对民族品牌的保护起到了积极的推动作用。

相关法条

《中华人民共和国商标法》

第五十七条第一项、第二项 有下列行为之一的，均属侵犯注册商标专用权：

（一）未经商标注册人的许可，在同一种商品上使用与其注册商标相同的商标的；

（二）未经商标注册人的许可，在同一种商品上使用与其注册商标近似的商标，或者在类似商品上使用与其注册商标相同或者近似的商标，容易导致混淆的；

第五十八条 将他人注册商标、未注册的驰名商标作为企业名称中的字号使用，误导公众，构成不正当竞争行为的，依照《中华人民共和国反不正当竞争法》处理。

第六十三条第一款 侵犯商标专用权的赔偿数额，按照权利人因被侵权所受到的实际损失确定；实际损失难以确定的，可以按照侵权人因侵权所获得的利益确定；权利人的损失或者侵权人获得的利益难以确定的，参照该商标许可使用费的倍数合理确定。对恶意侵犯商标专用权，情节严重的，可以在按照上述方法确定数额的一倍以上五倍以下确定赔偿数额。赔偿数额应当包括权利人为制止侵权行为所支付的合理开支。

《中华人民共和国反不正当竞争法》

第六条第二项 经营者不得实施下列混淆行为，引人误认为是他人商品或者与他人存在特定联系：

（二）擅自使用他人有一定影响的企业名称（包括简称、字号等）、社会组织名称（包括简称等）、姓名（包括笔名、艺名、译名等）；

《最高人民法院关于适用〈中华人民共和国反不正当竞争法〉若干问题的解释》

第十一条 经营者擅自使用与他人有一定影响的企业名称（包括简称、字号等）、社会组织名称（包括简称等）、姓名（包括笔名、艺名、译名等）、域名主体部分、网站名称、网页等近似的标识，引人误认为是他人商品或者与他人存在特定联系，当事人主张属于反不正当竞争法第六条第二项、第三项规定的情形的，人民法院应予支持。

第二十五条 依据反不正当竞争法第六条的规定，当事人主张判令被告停止使用或者变更其企业名称的诉讼请求依法应予支持的,人民法院应当判令停止使用该企业名称。

《最高人民法院关于审理商标民事纠纷案件适用法律若干问题的解释》

第十六条第一款、第二款　权利人因被侵权所受到的实际损失、侵权人因侵权所获得的利益、注册商标使用许可费均难以确定的,人民法院可以根据当事人的请求或者依职权适用商标法第六十三条第三款的规定确定赔偿数额。

人民法院在适用商标法第六十三条第三款规定确定赔偿数额时,应当考虑侵权行为的性质、期间、后果,侵权人的主观过错程度,商标的声誉及制止侵权行为的合理开支等因素综合确定。

第十七条　商标法第六十三条第一款规定的制止侵权行为所支付的合理开支,包括权利人或者委托代理人对侵权行为进行调查、取证的合理费用。

人民法院根据当事人的诉讼请求和案件具体情况,可以将符合国家有关部门规定的律师费用计算在赔偿范围内。

《国务院国有资产监督管理委员会关于企业国有资产交易流转有关事项的通知》

九、产权转让、企业增资导致国家出资企业及其子企业失去标的企业实际控制权的,交易完成后标的企业不得继续使用国家出资企业及其子企业的字号、经营资质和特许经营权等无形资产,不得继续以国家出资企业子企业名义开展经营活动。上述要求应当在信息披露中作为交易条件予以明确,并在交易合同中对工商变更、字号变更等安排作出相应约定。

47 联合利华（合肥）公司诉成都公司等不正当竞争纠纷案

——包装装潢类不正当竞争纠纷案件侵权及高额赔偿的认定要素

案件索引

一审：四川省成都市中级人民法院（2021）川01民初5601号
二审：四川省高级人民法院（2022）川知民终1489号

基本案情

联合利华是世界领先的日用消费品跨国集团，公司总部位于英国，产品涉及美妆用品、个人护理用品、家庭护理用品及食品等。"体吉贝赫丰盈动感造型乳"（以下简称TIGI弹力素）是由联合利华旗下的英国联合利华股份有限公司（Unilever PLC.）2002年在英国推出的一种护理卷发的产品，它的作用主要是给卷发定型，增加头发的弹性。TIGI弹力素的外包装采用紫色球状瓶身和绿色泵头组合，其瓶身上标注有黑色英文字体，瓶身上挂有黄色长方形标签。最晚自2008年起，TIGI弹力素即通过联合利华的经销商正式在中国开始销售并持续至今，销售数量巨大。且最晚自2008年起，TIGI弹力素已经由广大互联网媒体、消费者、时尚博主、销售商等通过互联网（包括小红书、新浪、搜狐、天涯、知乎、豆瓣、百度知道以及各种垂直类时尚网站）进行宣传、报道和推荐，也通过请顶流主播进行推广营销，TIGI弹力素以及其特有的包装装潢在相关公众中建立了极高的知名度。

2021年4月1日，联合利华股份有限公司与联合利华（合肥）公司签订授权函，授权联合利华（合肥）公司作为TIGI弹力素在中国的总代理，全权负责该产品在中国地区的销售事宜，并授权联合利华（合肥）公司在中国使用TIGI弹力素相关知识产权，包括但不限于TIGI弹力素的包装、装潢权益。

同时，授权联合利华（合肥）公司对于第三方侵害TIGI弹力素相关知识产权和权益的行为（包括对授权函签署日前发生的侵权行为）单独以自己的名义在中国采取任何及必要的维权行动以及获得赔偿。

联合利华（合肥）公司发现，成都某商贸有限公司、成都某两家化妆品有限公司（合称成都公司）未经联合利华（合肥）公司许可，通过广州市某化妆品有限公司（以下简称广州公司）擅自制造使用联合利华（合肥）公司有一定影响的TIGI弹力素商品包装、装潢的弹力素。除了制造，成都公司还分别通过各自经营的天猫旗舰店、天猫专卖店和京东旗舰店销售被诉侵权产品，并许可其他经营者通过电商平台销售被诉侵权产品。联合利华（合肥）公司还发现，成都公司对被诉侵权产品进行了虚假宣传，被诉侵权产品实际是中国公司在中国境内制造，并使用中国商标。而上诉三公司在被诉侵权产品的商品页面中放置虚构的英文授权书（辅以美国国旗）以及模糊不清的报关单，暗示被诉侵权产品为美国公司授权和进口，成都公司甚至在侵权产品页面上标明"美国进口"字样，直接欺骗消费者。

核心争议焦点

1. 被告使用被诉侵权包装装潢是否构成不正当竞争？
2. 四被告应当如何承担民事责任？
3. 赔偿数额应当如何确定？

当事人各方观点及思维分析

联合利华（合肥）公司诉称：（1）要求判令被告立即停止擅自使用TIGI弹力素商品包装、装潢的行为，包括：①停止制造被诉侵权弹力素产品，立即销毁所有库存的被诉侵权产品及样品，立即销毁库存的被诉侵权产品包装瓶。②停止销售、许诺销售被诉侵权产品。③停止对被诉侵权产品的虚假宣传行为。（2）要求判令被告连带赔偿原告经济损失人民币500万元及合理费用暂计人民币20万元（包含原告因制止不正当竞争行为支出的合理费用，包括但不限于调查费、公证费、差旅费、律师费、翻译费等）。（3）要求判令四被告共同在被告一所经营的天猫旗舰店、被告二经营的天猫专卖店和被告四经营的京东旗舰店首页最上方以醒目方式连续30日刊登声明（声明的字体大小，内容须经原告和法院确认),并在《中国市场监督报》上以不小于 1/8 版面连续 30 日刊登声明,消除影响(声明内容须经原告和法院确认)。

成都公司辩称:(1)成都公司销售了被诉侵权产品,但不认可联合利华(合肥)公司主张的制造行为;(2)成都公司销售的被诉侵权产品取得了商标(其他商标)权利人的认可并享有外观设计专利权,不构成不正当竞争;(3)被诉侵权产品的包装装潢不具有影响力;(4)被诉侵权产品与联合利华(合肥)公司的 TIGI 弹力素在包装上有显著的区别;(5)成都公司作为国内美容美发业领域知名公司,业内对成都公司的认可度极高,故在主观上无攀附的故意,在客观也无攀附的必要;(6)联合利华(合肥)公司所主张的赔偿金额过高,维权费用也完全不合理,律师代理合同约定的是属于风险代理方式,且公证费及保全服务费缺乏付款依据及支出的合理性,不应该得到支持。

广州公司辩称:其受成都公司委托灌装弹力素,并不负责外包装的生产。

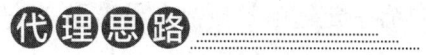

一、被告使用被诉侵权包装装潢是否构成不正当竞争

作为联合利华公司的代理人,律师认为被告制作销售的侵权产品擅自使用联合利华(合肥)公司 TIGI 弹力素具有一定影响的商品包装装潢,构成不正当竞争。而被告成都公司认为:其销售的被诉侵权产品使用的商标(其他商标)系合法注册取得并使用于案涉商品,可以区别产品来源,并且其对案涉产品外观申请并取得外观设计专利权,因此不构成不正当竞争。被告还主张被诉侵权产品的包装装潢不具有影响力,以及被诉侵权产品与联合利华(合肥)公司的 TIGI 弹力素在包装上有显著的区别。对此,原告代理律师的主要观点和理由如下:

(一)TIGI 弹力素产品紫色球形瓶身+绿色泵头组合的包装装潢属于具有一定影响的商品包装装潢

联合利华(合肥)公司所主张的 TIGI 弹力素包装装潢具有极强的显著性和特有性。根据提交的证据显示,各大知名品牌的弹力素产品所使用的外包装无论是形状还是颜色或组合均差异很大,但绝大多数采用的都是圆柱形、扁平形或者其他不规则形,而没有球形瓶身的,更没有采用紫色球形瓶身+

绿色泵头这种组合的。TIGI弹力素产品开创性地采用球形瓶身，给人以独特、圆润、可爱的视觉感受，而采用鲜艳的紫色瓶身和绿色泵头的组合，更能形成强烈视觉冲击，上述包装装潢具有极强的显著性。

经过长期使用，原告TIGI弹力素产品包装装潢具有很高的知名度。根据在案证据，TIGI弹力素至少从2008年起已经进入中国市场并一直使用本案所主张的紫色球形瓶身和绿色泵头的包装装潢，被告对此也无异议。TIGI弹力素通过线上和线下渠道进行销售，其销量逐年提升，2016年到2021年仅天猫和京东线上渠道销售量就超过60万瓶（涉案产品为卷发专用护理产品，且每瓶可以使用时间较长，因此该销售量可称得上很大）。且最晚自2008年以来，经过众多互联网媒体、时尚博主、销售商和广大消费者通过互联网持续进行宣传、报道和推荐，TIGI弹力素以及其特有的包装装潢已经在相关公众中获得了很高的知名度。

因此，联合利华（合肥）公司所主张的涉案TIGI弹力素产品包装装潢属于《反不正当竞争法》第6条第1项规定的具有一定影响的产品包装装潢。

（二）被诉侵权产品使用了TIGI弹力素具有一定影响的包装装潢

被诉侵权产品同样使用紫色球形瓶身和绿色泵头的包装装潢，其无论是瓶身形状和颜色，还是泵头形状和颜色，均与原告产品几乎完全相同，整体视觉效果几无差别。TIGI弹力素包装装潢的瓶身上印有黑色的英文标识，被告使用侵权产品的包装装潢瓶身上也同样印有黑色文字标识，即使文字内容不同，但不构成对紫色球形瓶身+绿色泵头这种组合的包装装潢的显著性的影响。因此，应认定被诉侵权产品使用与原告TIGI弹力素具有一定影响的包装装潢相同的包装装潢。

被告将该包装装潢申请外观专利的行为，不仅不能作为其合法使用的依据，反而更加证明了被告侵权的主观恶意。

二、四被告应当如何承担民事责任

联合利华（合肥）公司主张四被告共同侵权，制造、销售侵权产品，应当承担连带赔偿责任。而被告成都公司仅认可销售行为，被告广州公司主张其不存在侵权行为，仅根据成都公司的委托进行了产品的灌装行为，不应承担任何民事责任。对此，代理律师的观点和理由如下：

（一）被告一、被告二、被告四（成都公司）共同实施制造（委托他人制造）、销售被诉侵权产品的行为，应当承担停止侵权、赔偿损失和消除影响的连带责任

根据在案证据，被告一、被告二和被告四存在混同经营、分工合作共同侵权的事实。被告一为一人有限责任公司，其股东和法定代表人为廖某某。被告二成都某化妆品有限公司的法定代表人为王某某，其有两名股东，其中王某某占股60%，另外一名股东即廖某某，占股40%。被告四成都市某化妆品有限公司创始股东为韩某和廖某，后韩某退出不再作为股东而仅作为公司监事，被告四成为一人有限责任公司，其股东和法定代表人均为廖某。廖某和韩某身份证地址均为同一地址（且其有共同的成都房产）。审理中，被告承认廖某和廖某某为亲属关系，廖某和韩某为夫妻关系。被告一提供了其对外宣传推广的合同和相应付款凭证证据，其中绝大多数付款凭证中，王某某作为制单人、出纳、复核人或者记账人签字。被告二委托被告三（广州公司）生产被诉侵权产品的委托加工合同中，韩某同时作为委托方署名并签字。韩某和被告二分别就相同的文字图案商标在第3类和第8类、第11类和第35类上申请了注册商标。王某某以个人名义申请注册涉案装潢外观设计专利，并与被告一签订协议许可其使用该外观容器瓶生产、销售弹力素产品。原告从被告一经营的天猫旗舰店公证购买的被诉侵权产品，其发货人为王某某。审理中，被告一代理人在庭审中明确表述，其虽然没有直接生产被诉侵权产品，但承认其委托被告三（广州公司）生产。

综上，被告一、被告二、被告四（成都公司）为关联企业，其股东/实际控制人之间为夫妻或近亲属关系，并结合三被告实际的销售和营销行为，足以认定三被告以及其股东/实际控制人存在侵权的共同故意，分工合作，共同实施委托被告三（广州公司）生产，并在不同电商平台开设店铺共同销售侵权产品，三被告（成都公司）应当承担连带责任。

（二）被告三（广州公司）应当与被告一、被告二、被告四（成都公司）承担连带赔偿责任

广州公司辩称其仅受被告二的委托生产被诉侵权产品，已经尽到审慎义务，主观上没有过错，且获利较少，故不应承担连带侵权责任。但是，其作为业内专门制造化妆品的厂家，对于TIGI弹力素包装装潢为具有一定影响的弹力素产品的包装装潢应当是明知的，其作为产品的制造者以及涉案产品的

化妆品备案许可的备案人，应当与被告一、被告二、被告四（成都公司）承担连带责任。

（三）赔偿数额应当如何确定

本案件起诉时，原告主张赔偿500万元及维权合理开支。后在诉讼过程中，经律师申请，持法院调查令先后获取了各被告在淘宝网络平台销售侵权产品的后台数据，以及原告进口产品在海关记录的进口价格。根据实际调查取证证据情况，律师认为，本案应按照被告侵权获利确定损害赔偿数额，并主张以被告侵权获利为计算基数，适用惩罚性赔偿。

原告代理律师主张，首先，关于被告侵权获利的基数，被诉侵权产品自2018年8月11日起仅法院查明的4个店铺截至2021年7月30日获利即高达人民币700余万元，被告主张，其还存在营销、管理等成本，应扣除上述营销、管理等成本，但被告无法提供相关证据。其次，本案应当适用2019年修订的《反不正当竞争法》并参照2019年《商标法》。被诉侵权产品销售时间不晚于2018年8月11日，并至少持续到2022年1月22日一审庭审时，跨越2019年《反不正当竞争法》和《商标法》的修改和实施，故应适用2019年修订的《反不正当竞争法》。根据《最高人民法院关于审理不正当竞争民事案件应用法律若干问题的解释》①第17条"确定反不正当竞争法第五条、第九条、第十四条规定的不正当竞争行为的损害赔偿额，可以参照确定侵犯注册商标专用权的损害赔偿额的方法进行"之规定，以及2019年《商标法》第63条"对恶意侵犯商标专用权，情节严重的，可以在按照上述方法确定数额的一倍以上五倍以下确定赔偿数额。赔偿数额应当包括权利人为制止侵权行为所支付的合理开支"之规定，被控侵权产品销售数量巨大，且利润极高，再加上惩罚性赔偿，数额远超原告主张的500万元。据此，律师认为，原告主张的赔偿额应当全部得到支持。

代理点睛

本案从立案管辖开始，代理律师即开始了设计论证，从案件关联的角度，广州知产法院及成都法院依法均有管辖权，但从主要被告所在地及有利于案

---

① 该解释现已失效。

件执行角度考虑，律师最终选择了在成都提起诉讼，并且在诉讼保全阶段即成功足额查封了被告的资产。此后，经四川省成都市中级人民法院出具一系列调查令，进一步成功查明了被告的侵权获利情况，最终为原告起诉索赔奠定了坚实的证据支撑基础。本案生效判决下达后，被告即立即主动全额履行了支付义务。案件取得了良好的社会效果和法律效果。

一、联合利华（合肥）公司主张的 TIGI 弹力素产品紫色球形瓶身 + 绿色泵头组合的包装装潢属于具有一定影响的商品包装装潢

法院认为：TIGI 弹力素产品采用的球形瓶身，给人以独特、圆润、可爱的特殊视觉感受，而采用鲜艳的紫色瓶身和绿色泵头的组合，更能形成强烈视觉冲击，上述包装装潢具有极强的显著性。联合利华（合肥）公司至少从 2008 年起已经进入中国市场并一直使用本案所主张的紫色球形瓶身和绿色泵头的包装装潢，并通过线上和线下渠道进行销售，销售量大，销售总额高，销售范围广，评价多。且经过众多互联网媒体、时尚博主、销售商和广大消费者通过互联网持续进行宣传、报道和推荐，TIGI 弹力素以及其特有的包装装潢已经在相关公众中获得了较高的知名度。现有采用涉案包装装潢的产品品牌有 7 家，但销售量均不大，知名度不高，再结合 TIGI 弹力素产品的销量、宣传等因素，在被告没有其他证据的情况下，少量其他品牌使用该包装装潢，并不必然导致 TIGI 弹力素包装装潢成为弹力素产品的通用包装装潢，故对被告认为被诉侵权产品的包装装潢不具有影响力的相反意见不予支持。综上，联合利华（合肥）公司所主张的涉案 TIGI 弹力素产品包装装潢属于《反不正当竞争法》第 6 条第 1 项规定的具有一定影响的商品包装装潢。

二、四被告的被诉侵权行为构成不正当竞争

法院认为：被诉侵权产品的紫色球形瓶体和绿色泵头的形状和颜色均与 TIGI 弹力素基本相同，绿色泵头装配完毕后，其整体外观与 TIGI 弹力素产品整体外观基本相同。故被诉侵权产品使用与原告 TIGI 弹力素具有一定影响的包装装潢相同的包装装潢。TIGI 弹力素特有的包装装潢经过长期使用后，已经获得较高知名度，和 TIGI 弹力素产品建立起了特定联系，能够起到区分商

品来源的作用。被诉侵权产品和TIGI弹力素为相同产品,其消费对象、销售渠道等基本相同,被诉侵权产品使用被诉侵权包装装潢,容易引起消费者的混淆误认。在被诉侵权产品使用与联合利华(合肥)公司所主张的产品包装装潢基本完全相同的情况下,结合被诉侵权产品瓶身上使用的黑色字体,瓶身所附的黄色长方形标签等产品外包装细节设计布局也同TIGI弹力素一致,仅凭附加被告商标和瓶身使用不同的英文文字,不足以阻却混淆误认的发生。且成都公司提交的宣传合同无法和弹力素产品形成对应关系,只能证明从2020年7月10日起,成都公司才开始对其品牌进行宣传和推广,在无其他证据予以佐证的情况下,不足以证明其品牌具有较高的知名度,更不能证明其弹力素产品具有较高的知名度,从而能避免混淆误认。

成都公司委托广州公司生产被诉侵权产品,被告四法定代表人王某某申请注册涉案装潢外观设计专利,并与成都公司签订协议许可其使用该外观容器瓶生产、销售弹力素产品。同时,结合各被告为关联企业,其股东/实际控制人之间为夫妻或近亲属关系,联合利华(合肥)公司自被告一旗舰店公证购买的被诉侵权产品,其寄件人显示为被告四的法定代表人王某某等。可以看出,被告成都公司存在侵权的共同故意,分工合作,共同实施委托广州公司生产,并在不同电商平台开设店铺共同销售侵权产品的行为。

广州公司作为业内专门制造化妆品的厂家,应知TIGI弹力素包装装潢为具有一定影响的弹力素产品包装装潢,其作为产品的制造者以及涉案产品的化妆品备案许可的备案人,应当具有较高的审查义务,且被诉侵权产品的白色外包装盒上明确载明生产厂家为广州公司,并非被委托生产厂家,故应当认定广州公司与成都公司共同实施了制造被诉侵权产品的行为。

综上,四被告共同制造被诉侵权产品,成都公司共同制造、销售被诉侵权产品。四被告未经联合利华(合肥)公司许可,擅自使用与联合利华(合肥)公司有一定影响的紫色球形瓶身+绿色泵头组合相同的包装装潢,引人误认为被诉侵权产品是联合利华(合肥)公司的商品或者与联合利华(合肥)公司存在特定联系,构成不正当竞争。

三、宣传被诉侵权产品为美国进口构成虚假宣传

法院认为,根据《反不正当竞争法》第8条的规定,经营者不得对其商品的性能、功能、质量、销售状况、用户评价、曾获荣誉等作虚假或者引人误解的商业宣传,欺骗、误导消费者。成都公司在网页中宣传被诉侵权产品

为美国进口的行为构成虚假宣传。

四、四被告的民事责任承担问题

被告擅自使用与联合利华（合肥）公司有一定影响的紫色球形瓶身＋绿色泵头组合相同的包装装潢，引人误认为被诉侵权产品是联合利华（合肥）公司的商品或者与联合利华（合肥）公司存在特定联系，构成不正当竞争，应当承担停止侵权、赔偿损失和消除影响的连带责任。

关于损害赔偿。案件查明被诉侵权产品在各大电商平台总共6家店铺销售总量达到145349瓶，销售总额为699544.52元，平均价格约为48.12元/瓶。法院认为：侵权获利的计算除了依据被诉侵权产品的销售价格、出厂价格，还应当扣除营销、管理等成本，同时还要考虑包装装潢对被诉侵权产品的贡献率，即侵权获利的基数应当是（销售价格－成本价格）×净利润率×包装装潢贡献率，故侵权获利的基数难以确定。但鉴于本案侵权损害确已实际发生，法院综合考虑TIGI弹力素产品的知名度、四被告侵权行为的性质、主观恶意及被诉侵权产品的销售数量和价格等因素，酌情确定四被告连带赔偿联合利华（合肥）公司经济损失300万元，其中广州公司在100万元的范围内承担连带赔偿责任。

关于合理开支。联合利华（合肥）公司在本案中主张的维权开支包括律师费、保全费、公证费、翻译费、差旅费，以及无法提供相应凭证的海外公证费，共计主张20万元。最终，法院确定支持维权合理开支141410.3元。

法院最终判决：一、被告立即停止制造侵权产品；二、被告成都公司立即停止销售侵权产品；三、被告四立即停止在其经营的京东店铺网页中宣传侵权产品为美国进口；四、被告连带赔偿原告联合利华（合肥）有限公司经济损失300万元及维权合理开支141410.3元，共计3141410.3元，其中，广州公司在100万元的范围内承担连带赔偿责任；五、被告在天猫旗舰店、天猫专卖店和京东旗舰店首页最上方以醒目方式连续30日刊登声明（声明的字体大小、内容须经法院确认），并在《中国市场监督报》以不小于1/8版面连续30日刊登声明，消除影响（声明内容须经法院确认）。

案例编写人 北京大成（上海）律师事务所 杨宇宙 赵 云

专家点评

李顺德　中国社会科学院法学研究所研究员、博士生导师

　　本案属于一起比较典型的包装装潢类不正当竞争纠纷侵权案件，案情不复杂，法院对案情的梳理、分析及审判思路清晰，判处得当，适用法律准确；原告代理律师的代理思路明确，积极维护委托人的合法权益，采取优选立案管辖、在诉讼保全阶段财产保全、及时申请一系列调查令成功查明被告的侵权获利情况等一系列措施，体现了律师应有的尽职敬业的职业精神，最终以有效证据锁定被告的实际侵权获利，并促使被告积极履行生效判决，值得称赞。

　　应该指出的是，本案最终裁判被告连带赔偿原告经济损失300万元及维权合理开支14万余元，相对于美妆用品的包装装潢类不正当竞争案件，可堪称是高额赔偿，且本案拒用"惩罚性赔偿"，以法定赔偿作出这一判决是值得肯定的。

相关法条

《中华人民共和国反不正当竞争法》

第六条第一项　经营者不得实施下列混淆行为，引人误认为是他人商品或者与他人存在特定联系：

（一）擅自使用与他人有一定影响的商品名称、包装、装潢等相同或者近似的标识；

第八条　经营者不得对其商品的性能、功能、质量、销售状况、用户评价、曾获荣誉等作虚假或者引人误解的商业宣传，欺骗、误导消费者。

　　经营者不得通过组织虚假交易等方式，帮助其他经营者进行虚假或者引人误解的商业宣传。

第十七条第四款　经营者违反本法第六条、第九条规定，权利人因被侵权所受到的实际损失、侵权人因侵权所获得的利益难以确定的，由人民法院根据侵权行为的情节判决给予权利人五百万元以下的赔偿。

48 厦门某动漫公司诉深圳某科技公司著作权侵权纠纷案

——著作权许可合同的解释规则

案件索引

一审：广东省深圳市南山区人民法院（2022）粤 0305 民初 10096 号

二审：广东省深圳市中级人民法院（2022）粤 03 民终 30811 号

基本案情

厦门某动漫公司系某动漫作品的著作权人。厦门某动漫公司发现，深圳某科技公司在其运行的 App 中使用了其享有著作权的动漫作品，故取证后提起诉讼。在诉讼过程中，深圳某科技公司提交了其与厦门某动漫公司签署的《视频合作协议》，该协议显示，厦门某动漫公司曾授权深圳某科技公司使用案涉的动漫形象，授权期限为 2018 年 2 月 1 日起至 2019 年 1 月 31 日，协议第 5 条约定合作结束后，深圳某科技公司可以在应用渠道内继续保留协议所约定音视频内容，并且可以向深圳某科技公司关联子平台推广该内容。深圳某科技公司以《视频合作协议》的上述约定内容，抗辩其可以在授权期限届满后仍可使用案涉动漫作品，其不构成侵权。

核心争议焦点

授权期限届满后，深圳某科技公司是否仍有权继续使用案涉动漫形象，应如何解释双方约定的内容？

当事人各方观点及思维分析

厦门某动漫公司认为,综合分析《视频合作协议》约定的内容以及相关法律规定、民事合同、著作权合同解释的基本原理,深圳某科技公司与厦门某动漫公司的约定明确,在授权期限届满后,深圳某科技公司无权使用案涉作品。

针对厦门某动漫公司的起诉,深圳某科技公司根据《视频合作协议》的约定内容,认为其可在授权期限届满后仍然使用案涉的动漫作品,其不构成侵权。

代理思路

原告代理人通过综合分析《视频合作协议》的具体条款、合同目的、交易习惯和商业逻辑等内容,结合相关法律规定、合同解释原理、著作权合同的解释原理,认为在授权期限届满后,深圳某科技公司无权使用案涉作品。具体理由如下:

一、根据《视频合作协议》约定之内容及合同解释的基本原理,在授权期限届满之后,深圳某科技公司无权使用案涉作品

1. 根据《视频合作协议》第5条内容的文义,深圳某科技公司无权使用案涉作品

《视频合作协议》第5条明确,在合作期限届满后,深圳某科技公司是厦门某动漫公司的优先合作伙伴,深圳某科技公司可继续保留案涉视频,在同等条件下,就合作项目的后续内容,厦门某动漫公司应优先与深圳某科技公司合作,相关合作细节另拟协议约定,双方可通过增补授权书的方式追加授权内容。因此,根据该协议内容,双方的意思表示非常清楚,深圳某科技公司保留案涉视频的条件是,双方另行协议确定合作内容,深圳某科技公司仅享有同等条件下的优先合作权。如果双方并非此意,而是深圳某科技公司所称的其可以继续使用视频而无需其他条件,则双方没有必要浪费笔墨谈论优先合作权。而且,《视频合作协议》以附件授权书的形式再次明确了合作期限,双方在第5条中又重申,如双方继续合作,则可通过增补授权书的方式追加授权内容。这同样说明如双方继续合作,需另行确定授权内容。

2. 根据《视频合作协议》的整体内容，深圳某科技公司无权使用案涉作品

《视频合作协议》第 1 条约定了授权作品名称、授权性质、授权期限、授权范围等内容，其中授权性质为信息网络传播权、授权期限为 2018 年 2 月 1 日至 2019 年 1 月 31 日。《视频合作协议》第 3 条约定了费用的计算和付款，双方合作期间内，深圳某科技公司将按厦门某动漫公司用户带来的真实付费播放流量，与厦门某动漫公司进行分成。具体结算时间为：本协议有效期内，双方以在自然年内的 1 月、4 月、7 月、11 月、合同期满或提前停止合作后的次月，为结算月……《视频合作协议》第 5 条约定了合作期限届满后的后续合作问题。因此，从《视频合作协议》的整体内容来看，双方约定了授予的权利、授权的期限以及合同期限内如何分成、如何进行结算，而第 5 条不可能约定深圳某科技公司在合作期限届满后可继续使用合作作品，否则《视频合作协议》的其他全部条款均成具文。

3. 根据《视频合作协议》的合同目的，深圳某科技公司无权使用案涉作品

根据《视频合作协议》内容可以明确的是，双方合作的核心内容是通过合作期限内的合作获取收益，双方签订此协议的目的，是就所涉合作作品进行分成，双方为此明确了合作期限内的分成方式。因此，双方自然不会约定在合作期限届满之后，深圳某科技公司可以继续使用合作作品，深圳某科技公司称其在合同期限届满后仍可继续使用案涉作品，不符合《视频合作协议》的合同目的。

4. 深圳某科技公司一直刻意使用案涉作品，不符合正常的交易习惯和商业逻辑

如前所述，双方在《视频合作协议》内明确了合作期限内的分成方式，而按深圳某科技公司的理解，深圳某科技公司在合作期限届满后仍可继续使用双方合作的作品，即双方在合作期限内，深圳某科技公司要给厦门某动漫公司分成，而合作期限届满后反而无需向厦门某动漫公司分成，这不符合正常的交易习惯和商业逻辑。

二、根据《著作权法》之相关规定及著作权授权合同的解释原理，在授权期限届满之后，深圳某科技公司更无权使用案涉作品

2010 年修正的《著作权法》第 24 条规定："使用他人作品应当同著作权人订立许可使用合同，本法规定可以不经许可的除外。许可使用合同包括下列主要内容：（一）许可使用的权利种类；（二）许可使用的权利是专有使用权或者非专有使用权;(三)许可使用的地域范围、期间;(四)付酬标准和办法;(五)违约责任;(六)双方认为需要约定的其他内容。"

该法第27条规定:"许可使用合同和转让合同中著作权人未明确许可、转让的权利,未经著作权人同意,另一方当事人不得行使。"

1.根据上述规定,《著作权法》对著作权的许可作了明确规定,需签订许可使用合同,许可使用合同应明确权利种类、许可范围、许可期间、付酬标准等内容,且未经著作权人明确许可的权利则不得行使。深圳某科技公司与厦门某动漫公司在《视频合作协议》中明确约定了授权作品名称、授权性质、授权期限、授权范围、分成方式、违约责任等内容。然而,如像深圳某科技公司所称,其可继续使用合作作品,而这种使用并没有明确具体的权利内容、授权期限、授权范围、分成方式等内容,不符合《著作权法》的上述规定。

2.《著作权法》的上述规定,是基于著作权法以保护权利人的权益为中心,无论是许可合同的解释,还是法定限制的解释,都区别于普通合同和法律的解释。著作权许可合同的特别解释规则,要求著作权许可合同中所有有歧义之处,都将作有利于著作权人的解释。只有明晰的语言才能剥夺著作权人对自己劳动成果享有的权利。①

因此,根据《视频合作协议》约定之内容、《著作权法》的规定以及著作权合同的解释原理,深圳某科技公司与厦门某动漫公司的约定是非常明确的,在授权期限届满后,深圳某科技公司无权使用案涉作品。

代理点睛

通过深入研究合同文义、合同整体内容、合同目的、商业逻辑等具体情况,充分运用民事合同及著作权合同的解释原理,代理人成功对关键条款作出了有利于己方的阐释。

审判观点

一审法院认为:当事人对合同条款的理解有争议的,应当按照合同所使

---

① 何怀文:《著作权侵权的判定规则研究》,知识产权出版社2012年版,第130页。

用的词句、合同的有关条款、合同的目的、交易习惯以及诚实信用原则,确定该条款的真实意思。根据法院审理查明的事实,原、被告双方的《视频合作协议》约定的主要内容为原告将案涉视频的信息网络传播权以非独家授权的形式授予被告使用,被告按照收费播放流量向原告支付分成款,该协议的主要目的在于双方通过合作获取收益,且协议中明确约定了案涉视频的授权使用期限为2018年2月1日至2019年1月31日,双方的合作协议自作品授权期限届满之日起终止,结合合作协议之附件授权书亦明确约定了授权期限,按照通常理解,被告拥有案涉作品的合法授权期间应为2018年2月1日至2019年1月31日。授权期限终止后,若双方仍有意愿继续合作,后续的相关合作细则需双方另拟协议约定,被告主张其在合作结束后仍有权使用案涉作品的抗辩意见实质系主张其所获授权为永久授权,该主张明显与双方的约定不符,亦不符合正常的交易习惯和商业逻辑,故不予采信。

综上,根据在案证据,法院认定被告在2018年2月1日至2019年1月31日期间具有案涉作品的合法授权,案涉被控行为的公证时间为2019年12月17日,此时已超出了前述授权期间,被告超过授权期限通过案涉App提供案涉作品的下载、在线播放服务,使得公众可以在个人选定的时间和地点获得案涉作品的行为,侵害了原告就案涉作品享有的信息网络传播权,应依法承担停止侵权和赔偿损失的责任。

案例编写人　广东维邦律师事务所　屈文静

王正志　　中华全国律师协会常务理事兼知识产权委员会主任

本案是一起因当事人对合同条款有不同理解而产生的争议。

在当代私法注重信赖保护的基本趋向下,当表意人的意思表示获得对方的信赖后,法律应当保护信赖人的期待利益。在解释合同条款及内容时,不能只考虑合同的字面含义,也不能局限在合同的某一条款,更不能仅凭只言片语就认定合同的真实含义。原告代理律师较好地运用了这一原则,提出合同条款解释应当立足于合同文义、合同整体内容、合同目的、商业逻辑等具体情况的观点获得法院支持,被告主张其在合作结束后仍有权使用案涉作品的抗辩意见实质系主张其所获授权为永久授权，该主张明显与双方约定不符，亦不符合正常的交易习惯和商业逻辑，法院未予采信。

相关法条

《中华人民共和国著作权法》

第二十六条　使用他人作品应当同著作权人订立许可使用合同，本法规定可以不经许可的除外。

许可使用合同包括下列主要内容：

（一）许可使用的权利种类；

（二）许可使用的权利是专有使用权或者非专有使用权；

（三）许可使用的地域范围、期间；

（四）付酬标准和办法；

（五）违约责任；

（六）双方认为需要约定的其他内容。

第二十九条　许可使用合同和转让合同中著作权人未明确许可、转让的权利，未经著作权人同意，另一方当事人不得行使。

49 种子集团江苏分公司诉李某贵侵害植物新品种权纠纷案

——侵害植物新品种案惩罚性赔偿的适用

案件索引

一审： 浙江省杭州市中级人民法院（2022）浙01知民初96号

基本案情

种子集团江苏分公司为先正达集团旗下中国种子集团有限公司全资分公司，立足于江浙皖地区，主要从事水稻、小麦、荞麦等农作物品种的选育、推广工作，其中扬麦25为江浙皖地区众多城市的推介品种，公司经许可在浙江区域享有"扬麦25"小麦品种的独占实施权。公司经过调查发现，在2021年9月，李某贵通过手机抖音软件发布多个视频宣传销售白皮袋装的假种子，其中一个视频信息载明出售"白包装杨麦25"，并宣称销量大并保证出芽率。律师接受委托后，经公证购买该种子后提起诉讼，主张李某贵的行为侵害"扬麦25"植物新品种权，请求法院判令其停止侵权、赔偿损失135万元和合理费用69400元，共计1419400元，并主张适用惩罚性赔偿。

法院综合考虑"杨麦25"与"扬麦25"的字形相近、读音相同，李某贵经法院释明仍未举证证明实际存在"杨麦25"的小麦品种，以及李某贵在取证过程中的具体情节，现有证据已经初步证明被诉侵权种子与授权品种为同一品种，提交反证推翻二者不具备同一性的责任在于李某贵。

法院综合考虑李某贵在取证过程中表述的销售规模、侵权手段、销售侵权种子的价格、侵权行为的持续时间、地域范围等因素，按照侵权获利的计算方式确定支付补偿性赔偿数额为396000元。李某贵销售白皮袋种子属于侵权行为情节严重，确定惩罚性赔偿的倍数为2倍。最终判决李某贵停止侵害，并赔偿损失 1188000 元和维权合理开支 69400 元，合计 1257400 元。

一审判决后双方均未上诉，判决已发生法律效力。

核心争议焦点

1. 被诉侵权种子是否被作为繁殖材料销售；
2. 被诉侵权种子与涉案品种权的同一性认定；
3. 李某贵的行为认定及侵权判定；
4. 李某贵的免责抗辩是否成立；
5. 李某贵应承担的法律责任。

当事人各方观点及思维分析

一、原告方种子集团江苏分公司观点及思维分析

1. 李某贵通过抖音平台宣传及售卖白皮包装的"杨麦25"种子的销售行为已构成侵权，其销售数量高达数百万吨，严重侵害了原告的权益，扰乱了种子市场的秩序。被告李某贵在未经原告许可的情况下，长期以来非法大量生产、储存以及持续向周边农户销售白皮包装的"杨麦25"种子，此种行为侵害了原告享有的"扬麦25"植物新品种权。同时，李某贵在宣传和销售的过程中使用了原告所有的麦种名称，使消费者在购买时产生误认，从而对种子的来源产生混淆，此种不正当竞争行为严重影响了原告的正常经营，扰乱了种子市场的正常秩序。

2. 关于赔偿依据及计算方式，结合原告在取证时被告的自述及现场仓库存放的白皮包装袋的种子数量，李某贵的销售时间，单笔成交量以及国家发改委公布的小麦最低收购价格，推断出每斤种子的获利为 0.45 元/斤，综合判断下来，李某贵 2021 年销售的种子数量在 100 万斤以上，获利在 45 万元以上。因李某贵侵权形式具有多样性，且其侵权行为系主观故意，侵权情节严重，故原告要求其承担 3 倍的惩罚性赔偿；并承担其他原告为维权的合理支出如种子购买费、公证费等。

二、被告方李某贵意见

1. 李某贵并非本案的适格主体；
2. 李某贵不存在侵权的主观故意，亦不构成侵权；
3. 本案中并无证据证明李某贵销售的麦子是"扬麦25"；
4. 种子集团江苏分公司主张的经济损失和维权费用没有相关的事实和法律依据。

一、证据保全之难

侵害植物新品种权纠纷证据保全极其困难，原因在于：其一，侵权人侵权行为极其隐蔽，大部分侵权人通过微信、微信群、抖音等短视频进行宣传、销售，权利人需要借助群众举报等形式才能发现，而这种形式是不确定的，也不可能形成规模，类似于"专业打假人"，所以权利人能够找到的侵权对象非常有限。其二，权利人取证非常困难，即使权利人通过群众举报找到了具体的侵权人，但是由于小麦种的种植范围非常广泛，侵权人的分布也并不集中，权利人及律师取证就非常困难。本案律师及公证人员为了取证，只能以客户的名义购买小麦种，并亲自到工厂拉运货物，一旦侵权人提起警觉，取证人员的人身安全也会面临极大的风险。其三，大部分侵权人有着完整的体系链，生产、存储、销售分工明确，一旦侵权行为被诉至法院，侵权人会找到上家或者下家进行推脱，混淆视听。

二、如何确定赔偿基数

本案关于赔偿基数的确定非常有代表性。2015年修订的《种子法》第73条规定的赔偿数额确定规则为：实际损失—侵权所得利润—品种权许可使用费的倍数。一般情况下，对于权利人的实际损失是非常难以确定的，所以大部分植物新品种侵权纠纷从侵权所得的利润着手：首先，根据现有证据，比如微信聊天记录、现场或电话录音、农业综合行政执法大队的笔录等，确认侵权人每年假种子的销售量、销售时间和销售单价（不同年份的淡旺季单价各不相同）；其次，明确侵权地区当年亩产量及国家政策规定的小麦最低收购价格，对比权利人同时段对外销售小麦种的价格，对于侵权人的利润空间可以推算出合理的利润比例，从而确定侵权人因侵权获利的赔偿基数。

三、是否适用惩罚性赔偿及倍数

首先，需要明确哪些情况适用惩罚性赔偿，对此，《最高人民法院关于审理侵害植物新品种权纠纷案件具体应用法律问题的若干规定（二）》[以下简称《品种权规定（二）》]第17条第1款作出了明确的规定："除有关法律和司法解释规定的情形以外，以下情形也可以认定为侵权行为情节严重：（一）因侵权被行政处罚或者法院裁判承担责任后，再次实施相同或者类似侵权行为；（二）以侵害品种权为业；（三）伪造品种权证书；（四）以无标识、标签的包装销售授权品种；（五）违反种子法第七十七条第一款第一项、第二项、第四项的规定；（六）拒不提供被诉侵权物的生产、繁殖、销售和储存地点。"

其次，要注意惩罚性赔偿适用的倍数，对此多个法律作出了规定，惩罚性赔偿倍数在1~5倍，从判决结果上看，法院支持的赔偿倍数在2~3倍。

四、巧妙运用举证责任倒置维护权利人权益

本案中，代理人两次巧妙地运用了举证责任倒置的方式：第一次是李某贵辩称被诉侵权商品并非具有繁殖的性质，不作为种子销售。《品种权规定（二）》第9条明确了侵权人的举证责任，侵权人必须对此作出相应的反证证明被诉侵权商品并非作为繁殖材料销售。第二次是关于李某贵在抖音视频发布的"杨麦25"与权利人的小麦种"扬麦25"的字形相近、读音相同，并且权利人已经作了初步举证，根据《品种权规定（二）》第6条的规定，证明被诉侵权种子与授权品种不具备同一性的责任在于李某贵，而李某贵既不申请鉴定也未作其他说明。

代理点睛

本案是合理运用举证责任转移和因销售"白皮袋"种子适用惩罚性赔偿的植物新品种侵权案件。本案基于案情适时转移举证责任，有效降低植物新品种权人的维权难度。考虑侵权人存在销售"白皮袋"种子的严重侵权情节，在准确、合理确定赔偿基数的基础上依法适用惩罚性赔偿，取得了维护品种

权人合法权益与重拳打击侵权行为的良好效果。

　　侵害植物新品种权的惩罚性赔偿倍数呈增长的趋势，也可以据此看出国家对于此类侵权行为的态度是"严厉打击"。此类侵权行为不仅不利于对市场上新兴品种的选择开发与保护，也会使农民及当地农业经济产生巨大的损失。权利公司通过推广优异的种子产品，使当地农民粮食作物得以增收，提高了农民的亩产收益，为农业增产提供动力，为国家粮食安全提供保障。人民法院充分发挥审判职能，审理的一大批种业知识产权案件，为推动种业创新和高质量发展提供了有力司法保障，是认真贯彻落实习近平总书记关于种业发展的重要指示和党中央决策部署的重要表现。本案从知识产权保护的角度出发，为保障国家种业安全提供了新的思路和新的出口。

审判观点

　　法院经审理认为：（1）关于繁殖材料的性质。李某贵在抖音视频中明确客户对象为种植户、向取证人员确保出芽率和确认品种，故足以认定其系将被诉侵权商品作为繁殖材料销售。（2）关于品种同一性。李某贵抖音视频中使用与授权品种"扬麦25"有一字之差的"杨麦25"名称，经释明其未举证证明有"杨麦25"小麦品种的存在。二者字形相近、读音相同，结合李某贵在销售中对取证人员所提"扬麦25"均予确认的事实，可认定名称差异系其笔误，本案被诉侵权种子使用了与授权品种相同的名称。种子集团江苏分公司就同一性已尽到初步举证责任，反证证明义务在于李某贵。鉴于李某贵明确不提出鉴定申请，故足以认定被诉侵权种子与授权品种"扬麦25"具有同一性。（3）关于侵权行为的认定。李某贵实施了储存并销售种子的行为。2021年修正后的《种子法》将为侵权而储存繁殖材料作为单独的侵权形态，但此前并未将储存行为单独列明。李某贵储存被诉侵权种子的行为构成侵权销售行为的一部分，故不再对此予以单独评价。（4）关于免责抗辩。李某贵辩称其系为案外人推销。对此，一方面证人应当出庭接受询问，书面证言不具有证据效力；另一方面，李某贵在抖音视频中明确其销售的是白皮袋包装的种子，系明知侵权性质而进行销售，故其合法来源抗辩不能成立。（5）关于惩罚性赔偿的适用。李某贵经释明未提供与侵权行为相关的账簿、资料，应承担举证不能的不利后果。对于惩罚性赔偿的基数，根据李某贵在微信聊天记录中自称的销售2年以及年销量数百吨的规模，结合侵权种子单价，可认定其侵权销售额为132万元，另根据侵权种子单价与2021年国家小麦（三等）1.13元的差价，可认定侵权种子利润率为30%，由此确定侵权获利共计396000元。李某贵公然以无标识、标签的包装销售授权品种，侵权恶意明显，侵权情节严重，应适用惩罚性赔偿，惩罚性赔偿的倍数根据本案具体情况确定为2倍。维权费用均系实际合理支出，应予全额支持。

案例编写人　北京中凯（上海）律师事务所　苗武松　江佳燕

专家点评

吴汉东　　中南财经政法大学教授、博士生导师，中国法学会知识产权法学研究会名誉会长，教育部人文社科重点研究基地知识产权研究中心名誉主任

本案作为植物新品种权保护的典型案例，在减轻权利人举证负担与强化恶意侵权人惩戒力度两个层面具有重要的示范作用。植物新品种权的法律保护不仅关乎种业振兴，更是国家粮食安全的重要保障。本案通过举证责任倒置的方式巧妙地化解了植物新品种同一性认定的难题，并结合侵权地区当年亩产量、最低收购价格等多重因素明确了侵权获利的赔偿基数，以惩罚性赔偿的方式对侵犯植物新品种权的行为给予严厉打击。在后续的司法实践中，应充分借鉴本案的裁判经验，在有力保护种业创新者合法权益的同时，加大侵犯植物新品种权行为的惩治力度，从而提高种业从业者的知识产权保护意识，为我国培育具有自主知识产权的优良品种提供法律保障。

相关法条

《中华人民共和国种子法》（2021年修正）

第二十八条　植物新品种权所有人对其授权品种享有排他的独占权。植物新品种权所有人可以将植物新品种权许可他人实施，并按照合同约定收取许可使用费；许可使用费可以采取固定价款、从推广收益中提成等方式收取。

任何单位或者个人未经植物新品种权所有人许可，不得生产、繁殖和为繁殖而进行处理、许诺销售、销售、进口、出口以及为实施上述行为储存该

授权品种的繁殖材料，不得为商业目的将该授权品种的繁殖材料重复使用于生产另一品种的繁殖材料。本法、有关法律、行政法规另有规定的除外。

实施前款规定的行为，涉及由未经许可使用授权品种的繁殖材料而获得的收获材料的，应当得到植物新品种权所有人的许可；但是，植物新品种权所有人对繁殖材料已有合理机会行使其权利的除外。

对实质性派生品种实施第二款、第三款规定行为的，应当征得原始品种的植物新品种权所有人的同意。

实质性派生品种制度的实施步骤和办法由国务院规定。

第七十二条 违反本法第二十八条规定，有侵犯植物新品种权行为的，由当事人协商解决，不愿协商或者协商不成的，植物新品种权所有人或者利害关系人可以请求县级以上人民政府农业农村、林业草原主管部门进行处理，也可以直接向人民法院提起诉讼。

县级以上人民政府农业农村、林业草原主管部门，根据当事人自愿的原则，对侵犯植物新品种权所造成的损害赔偿可以进行调解。调解达成协议的，当事人应当履行；当事人不履行协议或者调解未达成协议的，植物新品种权所有人或者利害关系人可以依法向人民法院提起诉讼。

侵犯植物新品种权的赔偿数额按照权利人因被侵权所受到的实际损失确定；实际损失难以确定的，可以按照侵权人因侵权所获得的利益确定。权利人的损失或者侵权人获得的利益难以确定的，可以参照该植物新品种权许可使用费的倍数合理确定。故意侵犯植物新品种权，情节严重的，可以在按照上述方法确定数额的一倍以上五倍以下确定赔偿数额。

权利人的损失、侵权人获得的利益和植物新品种权许可使用费均难以确定的，人民法院可以根据植物新品种权的类型、侵权行为的性质和情节等因素，确定给予五百万元以下的赔偿。

赔偿数额应当包括权利人为制止侵权行为所支付的合理开支。

县级以上人民政府农业农村、林业草原主管部门处理侵犯植物新品种权案件时，为了维护社会公共利益，责令侵权人停止侵权行为，没收违法所得和种子；货值金额不足五万元的，并处一万元以上二十五万元以下罚款；货值金额五万元以上的，并处货值金额五倍以上十倍以下罚款。

假冒授权品种的，由县级以上人民政府农业农村、林业草原主管部门责令停止假冒行为，没收违法所得和种子；货值金额不足五万元的，并处一万元以上二十五万元以下罚款；货值金额五万元以上的，并处货值金额五倍以上十倍以下罚款。

《最高人民法院关于审理侵害植物新品种权纠纷案件具体应用法律问题的若干规定（二）》

第六条 品种权人或者利害关系人（以下合称权利人）举证证明被诉侵权品种繁殖材料使用的名称与授权品种相同的，人民法院可以推定该被诉侵权品种繁殖材料属于授权品种的繁殖材料；有证据证明不属于该授权品种的繁殖材料的，人民法院可以认定被诉侵权人构成假冒品种行为，并参照假冒注册商标行为的有关规定确定民事责任。

第九条 被诉侵权物既可以作为繁殖材料又可以作为收获材料，被诉侵权人主张被诉侵权物系作为收获材料用于消费而非用于生产、繁殖的，应当承担相应的举证责任。

第十三条 销售不知道也不应当知道是未经品种权人许可而售出的被诉侵权品种繁殖材料，且举证证明具有合法来源的，人民法院可以不判令销售者承担赔偿责任，但应当判令其停止销售并承担权利人为制止侵权行为所支付的合理开支。

对于前款所称合法来源，销售者一般应当举证证明购货渠道合法、价格合理、存在实际的具体供货方、销售行为符合相关生产经营许可制度等。

第十五条 人民法院为确定赔偿数额，在权利人已经尽力举证，而与侵权行为相关的账簿、资料主要由被诉侵权人掌握的情况下，可以责令被诉侵权人提供与侵权行为相关的账簿、资料；被诉侵权人不提供或者提供虚假账簿、资料的，人民法院可以参考权利人的主张和提供的证据判定赔偿数额。

第十七条 除有关法律和司法解释规定的情形以外，以下情形也可以认定为侵权行为情节严重：

（一）因侵权被行政处罚或者法院裁判承担责任后，再次实施相同或者类似侵权行为；

（二）以侵害品种权为业；

（三）伪造品种权证书；

（四）以无标识、标签的包装销售授权品种；

（五）违反种子法第七十七条第一款第一项、第二项、第四项的规定；

（六）拒不提供被诉侵权物的生产、繁殖、销售和储存地点。

存在前款第一项至第五项情形的，在依法适用惩罚性赔偿时可以按照计算基数的二倍以上确定惩罚性赔偿数额。

《最高人民法院关于审理侵害植物新品种权纠纷案件具体应用法律问题的若干规定》

第六条 人民法院审理侵害植物新品种权纠纷案件，应当依照民法典第一百七十九条、第一千一百八十五条和种子法第七十三条的规定，结合案件具体情况，判决侵权人承担停止侵害、赔偿损失等民事责任。

人民法院可以根据权利人的请求，按照权利人因被侵权所受实际损失或者侵权人因侵权所得利益确定赔偿数额。权利人的损失或者侵权人获得的利益难以确定的，可以参照该植物新品种权许可使用费的倍数合理确定。权利人为制止侵权行为所支付的合理开支应当另行计算。

依照前款规定难以确定赔偿数额的，人民法院可以综合考虑侵权的性质、期间、后果，植物新品种权许可使用费的数额，植物新品种实施许可的种类、时间、范围及权利人调查、制止侵权所支付的合理费用等因素，在300万元以下确定赔偿数额。

故意侵害他人植物新品种权，情节严重的，可以按照第二款确定数额的一倍以上三倍以下确定赔偿数额。

50 腾讯成都公司、深圳腾讯公司诉北笙公司不正当竞争纠纷案

——商业代练干扰竞技网络游戏运营行为不正当性之判定

案件索引

一审：上海市浦东新区人民法院（2022）沪 0115 民初 13290 号

基本案情

腾讯成都公司是《王者荣耀》游戏的著作权人，并授权深圳腾讯公司独家运营该游戏。该游戏向用户提供免费下载，用户协议要求实名制登记，并不得将账号提供给他人作代练代打等商业性使用。游戏配有"防沉迷"措施，未成年人仅能在国家新闻出版署规定的时间段内登录游戏。北笙公司运营的"代练帮 App"以"发单返现金"、设立专区的形式引诱包括未成年人在内的用户通过其平台进行商业化的游戏代练交易并从中获得收益。接单者可以非真实身份登录涉案游戏，而未成年人也可以通过接单获得他人的游戏账号绕开"防沉迷"机制进入游戏并赚取费用。"代练帮 App"通过"安全保证金"等方式保障交易，从中抽取一定的比例作为平台收益。腾讯成都公司、深圳腾讯公司以北笙公司的前述行为构成不正当竞争为由提起本案诉讼。

核心争议焦点

被告针对原告的竞技网络游戏提供商业化代练服务是否构成不正当竞争？

当事人各方观点及思维分析

一、原告观点及理由

（一）原告享有基于竞技类网络游戏《王者荣耀》的竞争利益

网络游戏《王者荣耀》由腾讯成都公司自主研发完成。腾讯成都公司拥有该游戏著作权，并授权深圳腾讯公司独家运营该游戏。经过二原告投入大量资金进行推广、运营，《王者荣耀》游戏已具有极高的知名度，并拥有非常广泛的玩家群体。作为竞技类网络游戏，《王者荣耀》游戏向用户免费提供下载，并通过营造公平的竞技环境，吸引更多用户，向用户提供游戏角色、"皮肤"等增值服务以从中获利。因此，向用户提供游戏竞技的体验不仅是该游戏的卖点，也是原告获得竞争优势的基础。为保障竞技环境健康公平，该游戏内设公平匹配机制，根据账号的游戏行为数据，分析玩家竞技水平等级，帮助用户匹配竞技水平相当的对手组成游戏队伍或进行游戏对战，使得水平相近的用户能有效参与游戏，以获得更好的游戏体验，增加用户留存率。

（二）原告因严格落实监管"防沉迷"措施而享有盛誉

为落实未成年人保护要求，《王者荣耀》游戏账号严格采用实名制并配有完备的"防沉迷"措施，未成年人仅能在国家新闻出版署出台的《关于进一步严格管理切实防止未成年人沉迷网络游戏的通知》所规定的时间段内登录游戏。

（三）禁止商业代练是网络游戏行业公认的商业道德

原告通过《腾讯游戏许可及服务协议》等相关协议要求其游戏用户按照国家法律法规确立的实名制要求登记和使用网络游戏账号，明确强调不得将游戏账号以任何方式提供给他人作代练代打等商业性使用。

（四）被告行为及其不正当性

被告北笙公司运营的"代练帮"客户端以"发单返现金"、设立"王者荣耀"专区的形式引诱、鼓励包括未成年人在内的用户通过其平台进行商业化、规模化的《王者荣耀》游戏代练交易并从中获得收益。借助该客户端，接单者可以非真实的身份登录涉案游戏，未成年人也可以通过接单获得他人的游戏账号绕开"防沉迷"机制进入游戏并赚取费用。

原告认为：被告商业化、规模化地宣传并组织游戏代练交易的行为，具有不正当性：

第一，被告实质性地破坏了原告游戏竞技匹配机制及游戏平衡，损害游戏消费者的游戏体验和合法利益。

第二，被告经营活动建立在涉案游戏的基础之上，其将原告享有竞争性权益的网络游戏作为获利工具，并造成损害游戏用户体验和用户黏性的后果，减损了原告的交易机会和经济利益。

第三，被告的经营活动妨碍了原告提供网络游戏服务的正常运营，干扰了原告正常的游戏管理秩序。被诉行为带来的损害包括但不限于：对原告而言，破坏原告游戏的实名制、公平匹配机制和防沉迷机制，造成公众对原告是否按照国家规定采取防沉迷措施、是否承担社会责任产生质疑，给原告商誉造成影响。对用户而言，降低了用户的游戏体验，减损了用户游戏账户安全。对公共利益而言，极大地增加了未成年人沉迷网络游戏的风险，对未成年人的健康成长造成不可逆转的损害，同时也破坏了互联网环境中业已建立的良好市场竞争秩序。

综上，原告认为被告北笙公司提供的"代练帮App"客户端利用技术手段，通过组织原告游戏商业代练的方式，妨碍原告网络游戏业务的正常开展，对原告和游戏用户利益、社会公共利益均造成损害，违反《反不正当竞争法》第12条第2款第4项、第2条，构成不正当竞争。

二、被告观点及理由

被诉行为不构成不正当竞争。第一，原告系提供游戏服务，被告系提供游戏代练，并非同一领域。游戏代练等同于游戏陪玩，都是服务性质，是为了给游戏用户提供更好的游戏体验，不构成不正当竞争。原告自身经营的"应用宝"中也提供代练性质的客户端。第二，被告会与用户充分沟通，协商处理可能存在的法律问题，不存在纠纷隐患。第三，游戏代练增强了游戏用户的体验，没有给原告造成损失，反而给原告增加了流量和用户黏性。第四，原告主张的金额过高，被告经营的被诉软件没有盈利。

代理思路

一、从多个角度组织证据并论述被告行为的不正当性

作为完全没有先例的开创性案件，在办理这起涉及为竞技游戏提供商业化代练的不正当案件中，代理人尝试从多个角度组织证据并论述被告行为的不正当性。

（一）组织商业化代练违反法律关于实名制和未成年人防沉迷的相关规定

作为保护未成年人身心健康，避免其沉迷网络游戏的行业重要基础设施，网络游戏实名制结合防沉迷系统关乎网络游戏行业整体的健康可持续发展。相关企业是否有效落实防沉迷的要求不仅关乎企业的合规经营，亦关乎企业的社会声誉。

因此，从代练绕过实名制和防沉迷这个角度，代理人主要通过对防沉迷系统及相关法律法规的目的、产生背景和演进过程向法庭进行说明，再结合使用未成年人身份信息注册代练平台账号并完成一笔代练订单的方式，直观地呈现了代练平台是如何帮助未成年人绕过网络游戏实名制和防沉迷系统，在法规禁止未成年人访问网络游戏的时间段玩网络游戏的。

（二）禁止基于商业目的出借网络游戏账号、禁止网络游戏代练是网络游戏行业公认的商业道德

代理人通过对包括《中国游戏行业自律公约》《网络游戏行业防沉迷自律公约》在内的多项行业自律公约，以及国内外各类游戏产品的用户协议、国内外各家游戏企业打击代练的公告等诸多涉及禁止商业代练措施的证据进行举证。证明禁止基于商业目的出借网络游戏账号、禁止网络游戏代练是网络游戏行业公认的商业道德和行业惯例。

此外，代理人查找、翻译并作为证据提交了韩国2018年12月24日修订的《游戏产业振兴法》中新增的有关禁止商业代练的相关条款及其后依据该条款所产生的刑事案件的判决。从比较法的角度进一步说明了商业代练行为将严重危害游戏和电竞产业发展，已经成为网游产业发达国家的社会共识。

（三）商业代练行为对竞技类游戏的游戏环境破坏尤甚

作为一个体系庞大的娱乐形式，网络游戏的种类众多，商业代练对不同

种类游戏所造成的影响不尽相同,而在其中,对竞技类游戏的游戏环境的破坏尤甚。代理人通过对包括案涉游戏《王者荣耀》以及诸如《英雄联盟》《Dota2》等目前业界的主流竞技网络游戏的商业模式进行分析,总结出竞技游戏典型的商业模式,并提炼出"多维度公平的竞技体验"是竞技类游戏商业模式的核心要素。

在此基础上,代理人通过整理大量的各学科针对竞技游戏的学术研究文章,再通过对竞技体育、电子竞技比赛中禁止代打的相关规则的收集、整理工作相结合,完整地呈现出商业代练对竞技游戏商业模式核心的破坏以及由此所导致的竞技游戏商业模式的破坏。向法庭说明了对于竞技游戏而言,商业代练对其商业模式的危害要远超其他游戏。

二、在全面分析商业代练盈利模式的基础上证明侵权获利

代理人通过对被诉"代练帮 App"的充值、发单、接单、提现在内的所有业务流程的使用,以及对 App 内所有界面的浏览和分析,总结出该 App 包括广告收益、资金冻结占用、充值提现手续费、代练结算手续费等大部分的获利渠道。再结合该 App 在全网的下载情况、被告在该 App 中对交易数量的披露等众多涉及被告侵权获利的证据,为本案提供了更为充分的判赔依据。

代理点睛

一、申请诉前禁令及时制止不正当竞争行为

商业代练的持续将会损害案涉游戏的商业模式,并破坏基于实名制的防沉迷系统。若不对涉案侵权行为加以制止,将给原告造成难以挽回的损害。基于此,代理人在立案前即收集整理了充足的证据并申请了诉前行为保全。在申请书中,针对行为保全的审查重点考量因素——"申请人的请求是否具有事实基础和法律依据、不采取行为保全措施是否会对申请人的合法权益造成难以弥补的损害、采取行为保全措施是否会导致当事人间利益显著失衡、采取行为保全措施是否损害社会公共利益"均进行了较为充分的论述。

最终,法院作出行为保全裁定,认为案涉商业化代练不仅影响游戏用户的消费体验、减损申请人的用户黏性,而且破坏了网络游戏的运营秩序;"难以弥补的损害"不限于商业机会的丧失、经济利益的减损,亦包括由商业代

练引发的公众对原告是否按照国家规定依法采取防沉迷措施、是否承担社会责任产生质疑，进而给申请人的商誉造成难以挽回的损害，该损害通过事后停止侵权、经济补偿也难以挽回，应认定构成"难以弥补的损害"。

二、发散性的理论、证据收集和整理

作为该类型案件的首案，本案在办理时既没有类案作为参考，甚至在法学学术研究领域也罕有针对商业代练不正当竞争的讨论，如何论述、证明案涉商业化代练的不正当性就成了难点。代理人从以下三个角度展开发散性的理论、证据收集和整理：

在理论研究资料方面，代理人在法学研究成果的基础上，从计算机、新闻传播、心理学、体育、软件工程等多学科针对竞技游戏及其相应匹配机制的运作原理、玩家心理、商业模式等多角度收集和整理资料，证明商业代练对竞技游戏商业模式的破坏。

在没有类案可供借鉴参考的情况下，代理人将案例检索的范围扩大，检索、收集涵盖了由代练而引发的次生民事纠纷以及刑事案件，并将上述案例进行归纳、整理，最终提取出案例中涉及商业代练的事实及法院认定，进一步证明商业代练给整个游戏产业尤其是对竞技游戏所造成的危害。

网络游戏产业先发国家针对该行业的立法及司法经验可以从侧面反映出相关行业发展过程中所面临的问题，以及相应尝试解决问题的方案。作为目前唯一针对代练行为进行了刑事责任层面规制的国家，韩国在2018年修订了其《游戏产业促进法》，在该法第32条第11项中将商业化代练行为归入"妨碍游戏物流通秩序"的违法行为，并可被处以二年以下有期徒刑或2000万韩元以下罚款。目前，也已经有依据该法律条文作出的刑事判决。代理人将相应的法律条文及案例进行收集、整理，证明商业代练行为将严重危害游戏和电竞产业的发展已经成为网游产业发达国家的社会共识，本案判决作为中国第一起对商业代练进行禁止的案件也具有里程碑式的意义。

三、规范行业有序发展

防治未成年人沉迷游戏是一项系统工程，既需要游戏企业切实履行法律义务，不断优化治理技术，加强身份识别，最大程度减少未成年人的作弊行为，也需要游戏代练等周边产业承担起必要的社会责任，共同构筑起保护未成年人权益的屏障。本案裁判对互联网产业的公平竞争秩序、游戏产业的健康发展和社会公共利益的保护具有重要意义。

本案系全国首例网络游戏商业代练行为不正当竞争案件，入选2021年上海浦东法院知识产权司法服务保障"双区联动"典型案例、数字经济知识产权司法保护典型案例（2017—2022）、上海法院知识产权司法保护十大案件、最高人民法院2023年人民法院反垄断和反不正当竞争典型案例。

本案裁判向全社会亮明了司法保护未成年人权益的鲜明态度，也给此类游戏周边平台敲响了警钟，期待整个游戏产业都能从此案中吸取教训，不为眼前利益所惑，共同为未成年人的健康成长打造一个和谐的网络空间。

审判观点

法院认为：《王者荣耀》游戏内设"ELO等级分系统"的公平匹配机制，根据游戏行为数据分析评价玩家的竞技水平，吸引并积累用户，最终获得游戏收益，这一竞争优势应受法律保护。涉案游戏落实国家关于未成年人游戏防沉迷的要求，基于此获得的良好商誉亦应受到法律保护。北笙公司通过"代练帮App"组织商业化的代练服务，致使涉案游戏的实名制及未成年人防沉迷机制落空，妨碍网络游戏运营秩序，不利于网络生态治理和未成年人权益保护，损害社会公共利益。同时，该App绕开了《王者荣耀》游戏的实名制和未成年人防沉迷机制，导致相关公众质疑权利企业的合规运营和社会责任的有效承担。此外，被诉行为导致其他实名游戏用户无法匹配到水平相当的对手及队友，无法获得公平竞技的游戏体验，增加未成年玩家沉迷游戏的风险，影响未成年人身心健康。故北笙公司的被诉行为构成不正当竞争。最后，上海市浦东新区人民法院一审判令北笙公司赔偿原告经济损失及合理开支共98.5万元。一审判决后，双方均未上诉，判决已发生法律效力。

案例编写人 上海市协力律师事务所 傅 钢

专家点评

| 王迁 | 华东政法大学法律学院教授、博士生导师，中国版权协会副理事长 |

法律的规定再精细，与层出不穷的社会现象和不断花样翻新的商

业模式相比，也会显得概括和抽象。代练平台撮合游戏玩家和代练者在平等、自愿的基础上进行交易，表面上使双方都得益，而且代练行为也没有被法律所明确禁止，那么代练平台经营者的行为能否构成对相关游戏经营者的不正当竞争？

事实上，代练行为对公平竞技的游戏生态、其他用户的游戏体验和"防沉迷"机制的冲击都是巨大的。代练本质上和"外挂"一样，都是作弊机制，玩家通过代练平台聘人代练，实际上就是花钱买到了无法通过正常的游戏竞技获取的竞争优势，会使其他诚实守信的用户觉得游戏缺乏公平性，从而离开游戏或者也被迫请人代练。比"外挂"危害更大的是，未成年人也可以通过成年玩家的账号以代练的方式参与游戏，从而使"防沉迷"机制形同虚设，加剧了未成年人沉迷游戏的社会问题。而这一切也会严重损害游戏经营者的合法权益。可以想象，对于一款作弊者众多、许多未成年人参与代练的游戏，游戏经营者将面临用户流失、商誉受损甚至受到社会谴责的后果。

对此，审理本案的法院精准把握《反不正当竞争法》的立法精神，认定代练平台经营者不仅在明知上述后果的情况下，提供商业化的代练交易服务，还刻意规避游戏经营者防止代练的管理措施，具有主观恶意，实施了扰乱市场竞争秩序、损害其他经营者或者消费者合法权益的不正当竞争行为，应当承担相应的赔偿责任。该案的判决对于维护游戏市场的公平竞争秩序和防止未成年人沉迷游戏具有积极的作用，既落实了法律规定，又实现了良好的社会效果，值得赞许。

相关法条

《中华人民共和国反不正当竞争法》

第二条 经营者在生产经营活动中，应当遵循自愿、平等、公平、诚信的原则，遵守法律和商业道德。

本法所称的不正当竞争行为，是指经营者在生产经营活动中，违反本法规定，扰乱市场竞争秩序，损害其他经营者或者消费者的合法权益的行为。

本法所称的经营者，是指从事商品生产、经营或者提供服务（以下所称商品包括服务）的自然人、法人和非法人组织。

第十七条第一款 经营者违反本法规定，给他人造成损害的，应当依法承担民事责任。

《最高人民法院关于适用〈中华人民共和国反不正当竞争法〉若干问题的解释》

第一条 经营者扰乱市场竞争秩序,损害其他经营者或者消费者合法权益,且属于违反反不正当竞争法第二章及专利法、商标法、著作权法等规定之外情形的,人民法院可以适用反不正当竞争法第二条予以认定。

第二条 与经营者在生产经营活动中存在可能的争夺交易机会、损害竞争优势等关系的市场主体,人民法院可以认定为反不正当竞争法第二条规定的"其他经营者"。

第三条 特定商业领域普遍遵循和认可的行为规范,人民法院可以认定为反不正当竞争法第二条规定的"商业道德"。

人民法院应当结合案件具体情况,综合考虑行业规则或者商业惯例、经营者的主观状态、交易相对人的选择意愿、对消费者权益、市场竞争秩序、社会公共利益的影响等因素,依法判断经营者是否违反商业道德。

人民法院认定经营者是否违反商业道德时,可以参考行业主管部门、行业协会或者自律组织制定的从业规范、技术规范、自律公约等。